スポーツ事故対策マニュアル

著者：弁護士によるスポーツ安全対策検討委員会
編者：大橋 卓生、合田 雄治郎、西脇 威夫
監修：望月 浩一郎

株式会社 体育施設出版

発刊によせて

編著者代表　西脇　威夫

　同種のスポーツ事故のニュースがよく報道されています。ニュースだけでなく、裁判例や事故事例を調べると、同種の事故が多く起こっていることが分かります。怪我も含むスポーツに関連する事故について、「スポーツには危険が内在している」、「スポーツをしている以上怪我は受け入れるべきだ」という意見もあります。確かに、スポーツにそのような側面があるかもしれません。しかし、累積した事故事例を分析し、その原因を究明し、事故が起こらないよう注意することにより、防止できる事故も多くあります。科学・医学の知識も発達しているのですから、事故の原因の究明もより正確に詳しくすることが可能になっています。裁判例でも、指導者などが、事故防止などに関する科学的・医学的知識があることを前提に責任を認めたものが多く出されています。すなわち、事故の防止方法について「知らなかった」ではすまされないのです。

　本書は、弁護士が中心となり、事故事例を体系化し、スポーツによる事故がなぜ起こるのか、原因と対策について解説しています。また、事故が起きた際の法的責任についても法律の専門家ならではの視点からまとめており、「事故を起こしてはいけない」という危機感の醸成に対するアプローチを試みています。弁護士の職務には、事故が起こってしまった時にその責任を追求し、損害賠償を請求することもあります。しかし、いくら高額の損害賠償を取ったとしても、事故を原因にして亡くなった方は生き返らないですし、後遺症も元に戻らないことが多くあります。失った時間も取り返すことはできません。そのような事案に触れるたびに、そもそも事故が起こらないようにすることもわれわれの重要な責務だと強く感じます。また、スポーツ事故対策につながる文献、資料などについても、できる限り紹介しています。それは本書を通して、こうした情報を確認して、事故対策を万全にしていただきたいと考えるからです。

　毎年少なからず発生しているスポーツ事故の発生件数を限りなくゼロにしたいという強い想いで企画した本書が、スポーツに携わるすべての方にとって、事故防止のための最良のパートナーとなることを願います。

本書の特色

本書は1章で、スポーツ事故の類型、判例から見る事故類型、法的責任の所在などについてまとめています。2章・3章では競技種目／施設ごとに起こり得る事故についての対策、法的問題点などをまとめました。4章では、1～3章を踏まえて、事故を起こさないためになさねばならないことを、さまざまな角度からまとめています。また、体罰、暴力、いじめ、イップスなども広義のスポーツ事故であると考え、法的問題点について解説をしています。

> 各項目の1頁目に、事故のポイント、事故防止対策などを端的に説明しています。
> また、図表、写真、イラストをみれば、競技種目のことや事故内容を簡単に把握でき、理解が深められるよう工夫しています。

> それぞれの頁は、見やすい見開きで構成しています。

> 競技者、指導者、施設管理者、競技イベント主催者など、それぞれのお立場でお読みいただけます。

豊富な事故事例・事故判例

弁護士が各種目の競技団体などからヒアリングを行い、事故事例、事故判例を収集分析。
法律の専門家としての立場から、スポーツ事故発生の問題点を解説しています。さらに、附録には、スポーツ事故関連法の解説や、関係省庁、諸団体などの法令通達一覧を収録するなど、さまざまな情報を網羅させました。

本書の使い方

① 項目ごとで完結してはいますが、類似種目なども併せてお読みいただくと、さらに深度が高まります。事故類型や対策などについてお読みいただいたのちに、各々の状況と照らして、きちんと対策が練られているか、危険はないかどうか、再確認してください。

② 各項目下段にまとめてある参考文献などについても、併せてご参照いただくと、より深度の高い知識が得られます。

③ 4章では、エマージェンシーアクションプランや、常備すべきマニュアルほか事故を起こさないための組織づくり、体制づくりについて解説しています。それぞれの立場において、事故を未然に防ぐための対策を講じる一助としてください。抜けがある場合には、本書を参考にそれぞれのお立場に見合った、かつ万全の対策を講じてください。

---

1 はじめに

日本において野球は、競技人口の多いスポーツであるゆえ、事故事例も非常に多い。金属ないし木製のバット・ボール(軟式・硬式)というその物自体に危険性をはらむ用具を用いたスポーツであるから、これらの用具による事故が多い。プロを含み若年層から壮年層まで競技者が多く、特に若年層を統括する各種団体において安全対策が講じられ、他競技より比較的安全対策が進んでいるスポーツである。

2 事故類型と対策

(1) 総論
野球はバット・ボールなどの用具を用いて行うスポーツであるため、以下のように用具が関係する事故が非常に多く、野球での事故の大半を占める。その他選手同士の接触事故も多い。

(2) 事故類型
1) 通常の事故
① 事故事例
イ バットによる事故
素振り中の不注意で周りの者にバットが直撃し、歯牙障害、聴力障害を発症するケースや、ノッカーのバットがノッカーに球を渡す者に直撃し、歯牙障害、神経障害を発症させた事案がある。
ロ ボールによる事故
グラウンドの整備不良によるイレギュラー、暗い曇天時のプレーなどにより、取り損ねたボールが野手の顔面や胸面などを直撃し、歯牙障害、視力障害、手指機能障害などを発症した事案が多く見られる。次に、ノック練習中に打球から目を離していた選手に打球が直撃し、歯牙障害、視力障害を発症したというケースも多い。
また、防球ネットの破損や配置ミスにより、打撃練習中に打球が防球ネットをすり抜け、打撃投手・マシン操者・野手を直撃し、視力障害、歯牙障害、胸腹部臓器障害を負った事案がある。ティー打撃練習中に、トスを上げる者に打球が直撃した事案もある。そして、自打球が顔面などに直撃する際に、視力・眼球運動障害、歯牙障害、胸腹部臓器障害を発症したというケースもある。複数の場所で打撃練習を行う際に、同時に打撃することにより、投手や守備中の選手に打球が当たる事案もある。
さらに、頭部へのデットボール※2やファウルチップがマスクを着用していた○○○○○○○○○○視力障害を発症したというケースもある。
ハ 交錯などによる事故
守備中に野手が交錯、衝突して下肢切断といった重大事故を引き起こ○○○○○○○○○○○○○○失敗して下腹部を強打し、胸腹部の臓器障害を発症したり、脊髄を損傷○○○○○○○○○○○○○○○
ニ 心臓震盪
多くの事案が18歳以下の若年層で生じている。キャッチボールの○○○○○○○○○○○○○○○○が胸部に直撃して心臓震盪を発症した事案、他人の振った金属バ○○○○○○○○○○○○○○○ある ※3。心臓震盪が発症したほとんどの事案では死亡という重大○○○○○○○○○○○○
ホ オーバーユース
普段の練習時からの投球過多、試合での連投による投げすぎにより肩や○○○○○○○○○○○

※1 [心臓震盪](しんぞうしんとう) 胸部に衝撃が加わったことによる心臓停止。比較的弱い衝撃を心臓の真上周辺に受けることにより、心臓の筋肉が痙攣する空間節のような状態となり、致死的な不整脈が起こり心停止するという例が多い。子どもに多発し、野球、ソフトボールなどの球技や遊びの中で起こる。迅速な除細動の実施が必要(松村明編「大辞林(第三版)」心臓震盪の項目から引用)。
※2 [頭部へのデッドボール] 大正9(1920)年8月16日に、米大リーグ・インディアンズのレイ・チャップマン選手が投球を頭部に受け、翌日死亡した例がある。日本では、昭和45年8月26日に田淵幸一選手が投球を左のこめかみ部分に受けて昏倒した例がある。その後、耳あて付のヘルメットが義務付けられることになった。
※3 心臓震盪から子供を救う会 HP

注意点

1 判例の記載方法

地判	➡	地方裁判所判決
高判	➡	高等裁判所判決
最判	➡	最高裁判所判決
判タ	➡	判例タイムズ
判時	➡	判例時報
民事	➡	最高裁判所民事判例集

2 書籍の記載順

「書名」 著者 発行社名 価格 の順で記載

3 記事の記載順

収録刊行物名―「記事/論文名」 著者名 発行元 の順で記載。

4 参照のホームページは、検索して、データをご確認ください。

5 文中、下段の参考文献や資料などについては、可能な限り確認可能なものを提示しましたが、現時点(発刊日)で品切れや絶版のものもございます。各自でご確認ください。

種目に関する事故は、下記4つに大別しています。
1) **通常の事故** 主として、競技者に起因して起こる事故
2) **施設に関係する事故** 主として、施設の保守管理の問題で起こる事故
3) **用具・器具に関係する事故** 主として、用具・器具の保守管理の問題で起こる事故
4) **天災に関係する事故** 主として、気温、天候に起因して起こる事故

下段では、用語解説、判例、凡例、参考文献、より深く学ぶための参考図書・記事など補足情報をまとめています。

目次 CONTENTS

第1章 「スポーツ事故事例類型と法的責任」

1. 主な事故事例 10
2. 判例からみる事故の類型パターン 14
3. 施設所有者・管理者の法的責任 22
4. 指定管理者の法的責任 24
5. 指導者・監督・保護者などの法的責任 26
6. スポーツ器具製造者などの法的責任 30

コラム「コンタクトスポーツの安全性」 32

第2章 「事故の原因と対処法（競技種目編）」

《球技》

1. 野球 34
2. サッカー 40
3. テニス 44
4. バドミントン 48
5. バスケットボール 52
6. バレーボール 56
7. ラクロス 60
8. ゴルフ 64
9. ラグビー 70
10. アイスホッケー 74

《伝統武術・格闘技》

1. 柔道 78
2. 剣道 82
3. 空手 86
4. 相撲 92
5. アーチェリー／弓道 96
6. ボクシング 102
7. レスリング 106

《陸上競技・体操競技・水泳・ウエイトリフティング》

1. 陸上競技（トラック） 110
2. 陸上競技（跳躍） 114
3. 陸上競技（投てき） 118

4	陸上競技（ロード）	122
5	体操競技	128
6	水泳	134
7	ウエイトリフティング	138

《季節スポーツ・自然系スポーツ》

1	スキー／スノーボード	142
2	フィギュアスケート／スピードスケート	146
3	オープンウォータースイミング	150
4	スキューバ・ダイビング	154
5	パラセーリング	158
6	パラグライダー／ハンググライダー	162
7	トライアスロン	166
8	登山／クライミング	170
9	馬術	176

《レクリエーションスポーツ》

| 1 | ゲートボール | 180 |
| 2 | ターゲット・バードゴルフ | 184 |

《障がい者スポーツ》

| 1 | 障がい者スポーツ | 188 |

コラム 「スポーツ法の実践」 192

第3章 「事故の原因と対処法（施設編）」

1	体育施設総論	194
2	体育施設器具	200
3	野球場	204
4	サッカースタジアム	208
5	体育館	212
6	プール	216
7	陸上競技場	220
8	フィットネスクラブ	224
9	公園施設	228
10	モータースポーツ場	232
11	スキー場	236

| コラム | 「スポーツ事故予防には具体的な基準が必要」………… 240

第4章 「安全対策各論」

1 スポーツ現場における安全管理体制の構築 ………… 242
2 エマージェンシーアクションプラン（EAP）………… 246
3 緊急時の救急対応 ………… 248
4 事故発生後の対応および再発防止 ………… 250
5 施設に常備すべきマニュアルおよび日誌 ………… 254
6 応急対応（突然死とAED）………… 262
7 応急対応（脳振盪）………… 266
8 天災対応（落雷・熱中症など）………… 270
9 各種保険制度について ………… 274
10 指導者による暴力／グループ内のいじめ ………… 278
11 イップスについて ………… 280
12 免責同意 ………… 282

| コラム | 「損害賠償金と慰謝料」………… 284

《附録》
1 スポーツ事故関連法の解説 ………… 286
2 民事訴訟・刑事訴訟手続の基本的な流れ ………… 292
3 主要スポーツ事故判例 ………… 294
4 関係省庁、関係諸団体法令・通達一覧 ………… 303
索引 ………… 306
スポーツ事故に関する記事 ………… 308
著者略歴 ………… 310
スポーツに関する問題の相談窓口一覧 ………… 318

第1章

スポーツ事故事例類型と法的責任

1 主な事故事例

1 繰り返されるスポーツ事故

スポーツは、その性質上危険を伴うものであり、スポーツに参加する者はある程度のその危険を引き受けているといえる。しかしながら、死亡やスポーツができなくなる程の後遺障害を負うような危険は、通常引き受けていない。このため、スポーツを行う選手やその指導者などスポーツに関わる者は、死亡やスポーツができなくなる程の一種の後遺障害を負うような危険を防止し、危険が生じたときにはこれを軽減するようにしなければならない。

（独）日本スポーツ振興センターや（公財）スポーツ安全協会の事故データ、裁判例および報道を見ると、同種の事故が繰り返し生じていることが分かる。

なぜ、同種の事故が繰り返されるのであろうか。

「よそで起きた事故であり、自分のところでは起きないから大丈夫」と他人事として事故を見るのは誤りである。事故はどこにでも起こり得るのであり、そのような心構えで、日々、事故防止を怠らないことが肝要である。

では、事故防止のため具体的に何を行えばよいだろうか。

裁判例[※1]を踏まえると、担当しているスポーツに関する知識のみならず、社会的に認知されている安全基準や医科学的知見を広く押さえておく必要がある。

2 どこから学ぶか

スポーツの指導に関わる者やスポーツ施設の運営に関わる者は、安全にスポーツができるよう、広い知見を持つ必要があるが、こうした知見をどのように身につければよいだろうか。このことについて、あまり難しく考える必要はなく、実は身の回りを改めて見直せば、多くのことを学ぶことができることに気がつく。

(1) ニュース

新聞などのニュースは事実を伝えるものであるが、こうしたニュースから身の回りでスポーツ事故が生じていることを把握できる。他人事と捉えるのではなく、他で生じた事故は、いつ自らのところでも起きるか分からないという姿勢で、安全対策を見直す契機になる。

(2) 裁判例

スポーツ事故に関する裁判は、裁判所が事案を精査し、その責任の所在の有無を具体的に判断することから、事故を防止するための具体的なポイントを学ぶことができる。

裁判所のHPや裁判例検索サイトあるいは雑誌などで判決書が公開されており、比較的に容易に入手可能である。ただし、判決書は、裁判官が書く文書であり、独特の形式で書かれていることから、ある程度読み方を覚え、判決書に慣れる必要がある。

もっとも、次に述べるとおり、弁護士ら専門家が裁判例を解説した記事や書籍も多く発行されており、こうした文献で容易に学ぶことが可能である。

(3) 本書をはじめスポーツ事故予防の専門書

スポーツ事故の防止に特化した専門書は多く発行されており、具体的な安全対策がまとめられていて容易に学ぶことが可能である。

（独）日本スポーツ振興センターでは、学校安全Webにて学校の管理下で発生した事故のデータベースを公開しており、また各種事故予防の研究成果を公表している。

各競技の競技団体においても、（公財）日本水泳連盟、（公財）日本柔道連盟や（公財）日本ラグビーフットボール協会などスポーツ事故の安全対策をHPで公表している団体も多く、こうしたHPにアクセスすることで、安全対策に関する情報を容易に取得できる。

事故の発生状況

学校[※2]でのスポーツ事故 [※3]

	平成27年度	平成26年度
死亡	16件 （うち突然死11件）	18件 （うち突然死12件）
障害	260件	220件

学校以外でのスポーツ事故[※4]

	平成27年度	平成26年度
死亡	14件	18件
突然死	52件	50件
後遺障害	442件	429件
入院を伴う傷害	12,713件	12,147件
通院のみの傷害	158,926件	158,829件

(4) スポーツに詳しい専門家

スポーツと法律に関する学術団体である日本スポーツ法学会やスポーツ相談室を設置しスポーツ事故予防の支援を行っている（一社）日本スポーツ法支援・研究センターにアクセスして、専門家による講演を依頼するなどが可能である。

(5) 経験

もっとも基本的な方法であるが、現場で指導にあたる指導者などスポーツに携わる者が行ってきた工夫やヒヤリ・ハット事例から考えた安全対策、先人から教えられた安全対策などは重要な情報源である。

3　繰り返し生じているスポーツ事故事例

前述のとおりスポーツの安全に関して、広く知見を身につけることは可能であるのに、同種の事故が繰り返し生じているのが現状である。こうした事故が繰り返されないように、スポーツに携わる各人が注意を払わねばならない。

(1) プールにおける飛び込み事故

その多くがスタート時の飛び込みの際、プールの底に頭部を衝突させることで生じている。原因としては、不適切な指導や危険な方法による飛び込みなどの人的な要因（注意義務違反）とプールの構造上の問題（水深が浅いなど）という物的な要因があり、ときにはその両者が相まって事故が生じることがある。

こうした飛び込み事故は、必ずしも水泳の技量が未熟な者にだけ生じているものではなく、水泳の熟達者にも多く生じていることに留意する必要がある。

この点、飛び込み事故に関する裁判例は、昭和41年から平成24年までの間に28件に上る※5。また、名古屋大学内田准教授によれば、昭和58年から平成25年度の間に、学校管理下のプールにおける飛び込み事故で障害を負った事故は169件に上るとされている。

近時の報道でも、平成27年6月26日、岐阜県内の中学校で体育の授業中に、男子生徒（14）が飛び込み台からプールに飛び込み、頭を底に打つ事故が生じた。担当教諭は他の生徒の指導にあたっており、事故を見ていなかったという。また、同年7月14日には、長野県の県立高校で3年の男子生徒（17）がプールに飛び込んだ際、底に頭をぶつけ首を骨折した。

飛び込み事故の予防については　参照216頁

(2) プール排（環）水口事故

プールの排（環）水口に吸い込まれて溺死する事故も繰り返し生じている。裁判例を見るだけでも、排（環）水口の蓋がずれていたため、中学生が排（環）水口に吸い込まれて溺死した事故※6、高校生が蓋のない排（環）水口に足を引き込まれて溺死した事故※7、排（環）水口の蓋が固定されておらず、何者かによって蓋が取り外され、小学生が排（環）水口に吸い込まれて溺死した事故※8がある。こうした事故事例をきちんと検証していれば、排（環）水口の蓋を固定し、手足が引きずり込まれないようにするなど安全対策をとり得たはずだ。

しかし、平成18年6月に、埼玉県内のプールで女児が吸水口に吸い込まれて死亡した事故が発生している。吸水口を覆う防護柵を固定することを怠ったことから、吸水口が開いてしまったのである。この事故を受け、ようやく文部科学省と国土交通省は「プールの安全標準指針」を策定し、公表した。排（環）水口に関しては、二重構造の安全対策やその仕様・工法など具体的に示唆している。

こうした対策が出されても、平成22年7月、愛媛県内の市営プールにて小学生が排（環）水口に吸い込まれて意識不明の重体となる事故が発生している。なお、当時の報道によれば、この事故が生じたプールの排（環）水口は、国の安全標準指針に適合していたという※9。

プール排（環）水口事故の予防については　参照216頁

(3) 脳振盪など頭部外傷事故

ラグビー、柔道、サッカー、アメリカンフットボールなど選手同士の身体接触のあるコンタクトスポーツで問題となっている。柔道では、昭和58年から平成23年の29年間に、合計118人の生徒が死亡していたことが分かっている。コンタクトスポーツ以外でも転倒や練習中の選手同士の衝突など頭部に外傷が加わる事故が生じるため、コンタクトスポーツ特有の事故という認識は誤りである。

特に、近年、脳振盪の問題について、アメリカのプロスポーツや大学スポーツで元選手らがリーグなどを相手に訴訟を提起する事態に至っている。アメリカンフットボール

MEMO

※1　最判平成18年3月13日最高裁判所裁判集民事219号703頁など
※2　[学校] 小学校、中学校、高校や特別支援学校、幼稚園、幼保連携型認定こども園、保育所などの特定保育事業
※3　「学校の管理下の災害」（独）日本スポーツ振興センター発行のデータを元に筆者がスポーツ活動に関する事故件数を合計したもの
※4　「平成26年度・平成27年度スポーツ安全保険の加入者及び各種事故の統計データ」（公財）スポーツ安全協会
　　　（各種保険給付の件数、各項目データは他の項目と重複分を含む場合あり）
※5　「スポーツ事故の法務―裁判例からみる安全配慮義務と責任論」
　　　日本弁護士連合会弁護士業務改革委員会　スポーツエンターテインメント法促進PT編著　（株）創耕舎　3,333円（本体）
※6　京都地判昭和48年7月12日判夕299号338頁
※7　大阪地判昭和56年2月25日判夕449号272頁
※8　静岡地沼津支判平成10年9月30日判夕1025号133頁
※9　朝日新聞2010年7月21日

のプロリーグであるNFL、アイスホッケーのプロリーグであるNHL、大学スポーツの統括団体であるNCAAやサッカーに関する訴訟については、4章にて後述するとおりである。プロ野球のMLBやプロバスケットボールのNBAでは、訴訟は提起されていないが、MLBにおいて危険なクロスプレーが禁止され、ファウルチップによる捕手の脳振盪問題の対応についてもリーグ側と選手会側で協議が続いている。

日本でも、脳振盪の問題がクローズアップされつつある。コンタクトスポーツにおいては国際競技連盟の対策強化もあり、脳振盪への取り組みが始まっているが、コンタクトスポーツ以外のスポーツにおいてはまだ脳振盪問題への意識が薄い。近時、平成26年11月のフィギュアスケート中国GPで、男子フリーの最終滑走組の公式練習中に羽生結弦選手が他の選手と衝突し、試合出場を強行したことが話題となったことは記憶に新しい。

この点、アメリカでは、青少年を保護するため、脳振盪対策に関する立法がなされており、わが国においても参考にすべきである。

脳振盪の予防については 参照 266頁

(4) 熱中症

暑さの中で起こる障害の総称で、熱失神※10、熱けいれん※11、熱疲労※12、熱射病※13の4つの類型がある。

（独）日本スポーツ振興センターによれば、平成2年から平成24年の間に学校管理下で生じた熱中症死亡事故は、野球が最も多く19件、次いでラグビー10件、サッカー9件、剣道8件、柔道6件などとなっている。必ずしも屋外で生じるものではなく、屋内でも生じていることに留意が必要である。文部科学省や（独）日本スポーツ振興センター、（公財）日本体育協会、各教育委員会などが、熱中症対策についてガイドラインを出し、啓発・注意喚起を図っている。例えば、（公財）日本体育協会では、暑さ指数31℃以上での、運動は原則中止としている。

だが、こうしたガイドラインがあるにもかかわらず、熱中症事故は後を絶たない。

熱中症は、プレーをする選手だけでなく、スポーツ観戦をする観客にも生じ得る事故である。平成27年7月に、高校野球を観戦していた男女3人が熱中症で病院に搬送され、うち1人は心肺停止状態となる事故が生じている。また、同年5月には、県立高校で、野球部の練習中に29℃以上あったグラウンドで、100m走50本の練習中に生徒が熱中症で倒れて死亡した事案で、高松高等裁判所は、県に対し、約4,500万円の支払を命じた。その他、平成28年12月、最高裁判所は、平成19年5月に県立高校のテニスの部活動中に熱中症で倒れて重い意識障害が残った被害者が提訴した損害賠償請求訴訟において、県の責任を認め約2億4,000万円の支払を命じる原審の決定を維持した。

海外では、オーストラリアの組織、The Climate Instituteが、気候の変化がスポーツに与える影響についてレポートを公表した。このレポートにおいて、スポーツ団体などに試合の延期や中止に関する具体的な基準などを示すHEAT POLICYの策定を推奨している。

熱中症の対策については 参照 270頁

(5) 落雷事故

サッカー大会に参加していた高校生が落雷に遭って重度の障害を負った事故について、一審・二審で事故発生の予見可能性を否定していたのに対し、平成18年3月13日に最高裁判所はこれを覆して予見可能性を認め、その後、平成20年9月17日に差戻審において、市の体育協会および当該高校に3億円を超える損害賠償を命じる判決が出て以降、多くのスポーツ団体などが落雷事故対策に関するガイドラインを出し、啓発・注意喚起を図っている。

落雷事故対策は、古くから労働安全の場面で講じられ、ガイドラインが出され、あるいは指導書などで分かりやすく解説されていたが、スポーツの場面では十分に生かされてこなかった。

こうしたガイドラインが出された後でも、平成26年8月に、高校の野球部の練習試合中、落雷に遭った高校生が死亡する事故が生じている。

落雷事故の対策については 参照 270頁

(6) 突然死

世界保健機関の定義によれば、突然死は、「発症から24時間以内の予期せぬ内因性（病）死」と定義されており、急性心不全、急性心停止または特別な外因が見当たらない頭蓋内出血などが直接の死因とされている。近時、心臓震盪が突然死の原因として注目されている。

（独）日本スポーツ振興センターが発刊している「学校における突然死予防必携」によれば、平成11年から平成20年までの10年間の突然死の発生状況は、年間35～83件で推移しており、死亡全体の57％を占めている。また、突然死のうち心臓系の突然死は約71％に上る。次いで、中枢神経系の頭蓋内出血（特に脳動静脈器系の破裂）である。

こうした突然死は、従来、心疾患などを早期発見し、健康管理体制を構築するなどで対処してきたものである。

しかしながら、近年、認識されるようになった心臓震盪は4章で後述するとおり、心疾患がなくとも、胸部への衝撃が一定のタイミングで加わることで生じるものである。特に骨格が柔らかい若年者に発症例が多い。心臓震盪の発生原因としては、野球のボールがもっとも多い※14。

心臓震盪の予防としては、胸部を保護するパッドを使用することである。心臓震盪が発生してしまった場合は、ただちにAEDを用いて救命措置を施すことが必要である。

突然死（心臓震盪）とAEDについては 参照 262頁

(7) オーバーユース

近年、青少年スポーツにおいてオーバーユースが問題になっている。オーバーユースは、練習のしすぎや、使いすぎにより、微少の外傷が蓄積され機能障害を起こす障害である。

日本においては、特に野球で問題となっている。平成25

年の春の選抜甲子園大会で当時、県代表のエースであった投手が9日間で772球を投げたこと、および平成26年の夏の軟式高校野球大会準決勝の試合で延長50回（延べ4日間）を戦った両校の投手がそれぞれ50イニングで709球、689球を投げたことについて賛否両論が出た。

アメリカでは、野球のプロリーグMLBとアマチュア野球の統括団体である米国野球連盟が、18歳以下のアマチュア投手を対象にした1日球数制限や休養日に関するガイドライン"PITCH SMART"を策定・公表している。

野球以外のスポーツでも、一つのスポーツを長期に続けていることでオーバーユースによる障害は生じる。アメリカでは、女子の陸上やフィールドホッケーなどでオーバーユースが生じる確率が高いとの研究報告がなされている[※15]。

日本では、日本中学硬式野球協議会[※16]において、平成27年度より球数制限を設けている。高校野球やその他のスポーツにおいては、現在、オーバーユースを防止するためのガイドラインは存在していない。

（8）ゴールポストの転倒事故

用具に関する事故として多く発生しているのがゴールポストの転倒事故である。（独）日本スポーツ振興センター[※17]によれば、平成10年から平成20年の間に、中学・高校においてサッカーゴールやハンドボールゴールの転倒による死亡・障害事故が16件あったと報告されている。裁判例としては4件[※18]と少ないが、ゴールポストの転倒事故は繰り返し生じている。平成25年には、5月12日、5月31日および9月2日にそれぞれ異なる場所でゴールポストの転倒により死傷事故が生じたことを全国紙が報道している。

こうした事故が生じる都度、注意喚起が行われ、文部科学省などからサッカーゴールなどについて取り扱いに留意するよう告知されている。だが、そこで告知される事故防止対策は包括的であり、具体的な安全基準が示されていない。例えば、サッカーゴールなど、「強風や児童生徒などの力により転倒しないように、杭などにより固定したり、十分な重さと砂袋などで安定させたりする」などの対策が必要とされているが、そもそも常設できない学校グラウンドの場合や、どの程度の強風を想定しているか、十分な重さとは何kgかなど具体的な基準が明示されていない。過去に生じた事故を分析したり、シミュレーションしたりすることでさらに具体的な基準を示すことは可能ではないかと思われる。

（9）組体操事故

組体操は、学校の運動会や体育祭の演目として取り入れられており、組体操事故は、もっぱら学校事故の一つとして、近年、問題視されるようになった。さかのぼると、昭和58年に群馬県の小学校で2段タワーの練習中に転落した児童が死亡した事故、昭和63年に愛媛県の小学校で人間ピラミッドが崩れ児童が圧死した事故、平成2年に神奈川県内の私立中学校にて教員8人が補助にあたっていた「人間タワー」がリフトアップの際に崩れ、男子生徒が首を骨折して死亡した事故などこれまでに多くの報道がなされている。裁判例においても、県立高等学校の体育大会の種目として8段のピラミッドを採用し、授業内での練習中、崩落し、最下段の生徒が頚椎骨折などの傷害を負った事故で県に1億円強の損害賠償責任を認めた事案、区立小学校において5人による組体操の練習中に転倒して負傷した事故で区の安全配慮義務違反を認めた事案や、公立小学校の組体操の練習中に4段ピラミッドの最上位から落下し傷害を負った事故で区の安全配慮義務違反を認めた事案などがある。

スポーツ庁が平成28年3月に出した事務連絡によると、平成23年度以降、平成26年度まで4年連続して組体操の事故は8,000件を超えており、脊椎の骨折や脳挫傷など重大な事故は毎年80件以上ある。このように多くの事故が生じていたが、国は特段の安全対策を講じておらず、学習指導要領にも記載されていない。

平成28年2月、超党派の議員有志が開催した組体操安全勉強会において「ピラミッド」や「タワー」の危険性が指摘され、大阪市などの教育委員会が組体操のうち「タワー」を5段、「ピラミッド」を3段に規制した例について、その根拠が不明であると指摘された。機を同じくして、大阪市教育委員会は、組体操のうち「タワー」と「ピラミッド」を同年4月から全面禁止することを決定した。スポーツ庁は、確実に安全な状態で実施できるかをしっかり確認し、出来ないと判断される場合は、実施を見合わせることを求めている。

MEMO

- ※10 【熱失神】皮膚血管の拡張により血圧低下、脳血流が減少することで生じる。めまい、一時的な失神、顔面蒼白という特徴がある。
- ※11 【熱けいれん】大量に発汗し、水だけを補給し、血液中の塩分濃度が低下した時に、足、腕、腹部の筋肉に痛みを伴うけいれんが起こる。筋肉痛、手足がつる、筋肉がけいれんするという特徴がある。
- ※12 【熱疲労】大量に発汗し、水分補給が追いつかない場合、脱水状態となり熱疲労となる。
- ※13 【熱射病】体温の上昇のため中枢機器に異常を来した状態。意識障害やショック状態となる場合がある。
- ※14 『スポーツ現場における心臓疾患 対処と予防』（社医）社団カレスサッポロ 北光記念クリニック所長 佐久間 一郎氏作成資料参照
- ※15 The JOURNAL PEDIATRICS, 2013 OCT「Epidemiology of Overuse Injuries among High-School Athletes in the United States」Allison N. Schroeder, R. Dawn Comstock, PhD, Christy L. Collins 他
- ※16 【日本中学硬式野球協議会】（公財）日本野球連盟、（公財）日本少年野球連盟、（一社）日本リトルシニア中学硬式野球協会、（公社）日本ポニーベースボール協会などで構成。
- ※17 ゴールポストの事故に注意!!（独）日本スポーツ振興センター
- ※18 岐阜地判昭和60年9月12日 工作物責任が問題とされている。鹿児島地判平成8年1月29日判夕916号104頁（死亡事故・責任肯定）、札幌地判平成15年4月22日裁判所ホームページ（負傷事故・責任否定）など。

2 判例からみる事故の類型パターン

1 はじめに

　主な事故事例でも述べたとおり、スポーツにおいて、同種の事故が繰り返し起こっている例が多数みられる。同種の事故は、過去の事故の原因を分析し、それを防ぐ手段を探求し実行することによって防止できることが多い。同種の事故が繰り返し発生している原因の一つには、事故原因の分析やそれに基づく事故予防の手段の実行、これらの知識の共有が足りなかったことが挙げられる。

　安全にスポーツができるよう広い知見を持つためのソースについても前項「主な事故事例」に書いているとおりであるが、スポーツ事故に関連する裁判例は、当事者間では解決しきれなかった紛争の解決例といえる。裁判所は、案件ごとにさまざまな事実を考慮し、法律上、どの当事者に、どのくらいの責任を負わせるのが妥当で、各当事者に公平といえるかを総合的に考慮して判断する。そのために、事故の原因を特定し、当事者は何をどのくらいやるべきであったかという判断も含まれるので、事故の予防に有用である。

　これらの判断をするための重要な要素として、当該事故がどのくらい予想できるものであったか、または予想しなければならなかったか、また、当該結果を回避する義務（注意義務）があったか、加害者と被害者の間に何らかの契約関係がある場合に安全配慮義務[※1]に違反していたか、どのような立場であったかなどがある。当該事故が予想できないものであれば法的責任を問われる可能性は低いし、また、当該当事者が事故を回避すべき立場になければ注意義務違反や安全配慮義務違反の責任を問われる可能性も低い。例えば、施設管理者については、当該施設が、予測される使用方法に応じて通常備えているべき安全性を欠いている場合に、当該事故を回避する注意義務違反があったとして、そこから生じた損害を賠償する責任があることになる。通常備えるべき安全性があるにもかかわらず、施設管理者が予想できないような使い方を利用者がしたために事故が発生してしまった場合は、施設管理者は必要な注意をしていたと認定され、施設管理者は責任を負わないとされる可能性が高い。すなわち、施設管理者として責任を負わないようにするためには、損害の発生を防止するために必要な注意をしておけばよいということになる。対策をどこまで講じる必要があるのかの判断基準は、過去の裁判例において何をどこまでやっておけば「損害の発生を防止するために必要な注意をした」と判断されているのか、何をやっていないことが理由になって損害を賠償しなければならない旨の判決が出されたのか、分析することが有用である。なお民法では、施設管理者と当該施設の所有者が異なる場合は、施設管理者が損害の発生を防止するために必要な注意をしていれば、所有者が当該損害を賠償することになっている。

　このように、裁判では、当事者の責任を検討するにあたり、何を注意して、どのようにすれば事故を未然に防ぐことができたのか、または発生した事故の損害を小さくとどめることができたのかなどを分析することが多い。したがって、判例を検討することにより、どうすれば法律上の責任を負わされないかだけでなく、将来同じ事故が起こらないようにするためにはどうしたら良いのかについても、非常に参考になる。確かに、判例はその言葉遣いや構成から理解するのが残念ながら簡単とは言えないかもしれないが、是非事故予防のために積極的に活用したい。以下、今後の事故防止のために参考になりそうな判例を、その責任の主体に分けて紹介する。

　なお、事故の原因などが、事故事例の累積、科学的・医学的な分析、科学・医学の知識の発達により、明らかになれば、以前の判例では責任がないとされたものも、責任があるとされる可能性があることも注意しなければならない。例えば、熱中症防止については、文部科学省などからマニュアルやガイドラインが出されており、誰でも容易に知り得るようになった。裁判例でも、指導者などの責任を判断する際に、これらガイドラインなどが参照されている。したがって、スポーツ事故の防止に責任を負う者は、これら事故の発生原因や防止方法についての情報を、常に更新しておかなければならない。

2 スポーツ指導者の責任に関連する判例

(1) 総論

　スポーツ指導者にも、学校の先生、スポーツクラブなどのインストラクター、トップアスリートのコーチ・指導者、ボランティアの指導者など、当該指導者の地位・立場だけでなく、その指導対象も子どもからトップアスリートまで多岐にわたる。指導者は、基本的に、指導の対象となる選手の身体、健康および生命を危険から保護すべき義務を負っている[※2]。以下判例を紹介するが、その立場や指導対象、それぞれの組み合わせによって、その責任は異なってくるので、個別案件ごとに詳細に検討する必要がある。

(2) 競技中の事故

　競技中の事故で指導者の責任が問われた事例として、部活動の間に起きた事故についての事例など、顧問の教諭に注意義務違反があったとして、国や県などに責任を認める判例が多数ある。多くの事例で主な争点となっているのは、

安全配慮義務・注意義務違反の有無である。すなわち、当該事故が、安全配慮を尽くしても避けられなかった偶発的なものであれば学校側の責任は否定されるし、顧問教諭の指導が注意義務を欠いたために発生したものであれば、学校側の責任が肯定される。市立中学校の生徒が課外クラブ活動としての柔道部の練習中に、急性硬膜下血腫の障害を負った事故で、「柔道の指導にあっては、その指導に当たる者は、柔道の試合または練習によって生ずるおそれのある危険から生徒を保護するために、常に安全面に十分な配慮をし、事故の発生を未然に防止すべき一般的な注意義務を負う」とした上で「教諭が被上告人を回し乱取り練習に参加させたことに、前記注意義務違反があるということはできない」と判示して、教師の責任を否定した判例がある[※3]。これら判例における責任の有無の判断のポイントは、柔道に限らず、スポーツ一般、特にコンタクトスポーツ全般に参考になるものである。

競技中の事故に関する指導者の責任に関する判例には、小学生がプールに飛び込んでプールの底部に頭を打ちつけて骨折などの重症を負った事案がある。水泳は他の体育科目に比較して事故が発生しやすく、直接生命に対する危険をも包含しており、特に逆飛び込みはその蓋然性が高いため、これを指導する教師は一般的に児童の身体の安全に対し十分な配慮をし、事故を未然に防止する高度の注意義務を負っているが、担当教諭は、注意義務に反し、本件プールの安全性を盲信し、原告の逆飛び込みの技術を十分把握せず、安全に飛び込みができることを確認しないで、形式的に段階的練習をさせただけで、「自信のある者はプールサイドから飛び込んでみろ」と指示し、飛び込みたいと考える原告に最浅部に近いプールサイドから中腰で逆飛び込みをさせたことについて、過失があるとして学校の設置者である市に責任が認められた判例[※4]がある。

市立高校の生徒が学校の体操部における平行棒演技の練習中に負傷し後遺障害が生じたことにつき、顧問教諭に過失があったとして、市の国家賠償責任が認められた事案では、体操部顧問の注意義務について、顧問は、部活動の内容である運動などに内在する危険性を十分に理解した上で、活動を行う部員の安全を確保するための十分な事前措置、指導をなすべき義務を負っているとした。本件事故の原因である平行棒の演技は、空中での演技を内容としており、着地の際には身体を回転させるなどするため、失敗した場合には必然的に床などで身体を強打して傷害を負う高度の危険性を内在するものである。顧問は、部員が新たに難易度が増した技に挑戦するような場合、当該生徒の技量、技の習熟度、失敗の可能性や危険性などを考慮して、仮に演技が成功しなくとも、最低限身体の強打などによる傷害や後遺障害を負うことがないよう、十分な補助態勢やマットなどの設備を整えた上で、自らの指導の下で演技を行わせるべき注意義務を負っている。本件事故時のマットの敷設状況は、前方に大きく飛び出した場合も想定したときには、安全確保のためには不十分な範囲での敷設であったといわざるを得ないとして、本件事故時における顧問は、この点に関する注意義務に違反していたと判断した[※5]。

指導者の責任については、競技時間中だけではなく、競技前後についても注意義務を問われる場合がある。例えば高校の柔道部員が練習前に練習場の清掃をしていた際に、先輩部員よりプロレス技をかけられ重傷を負った事故がある。「高校の管理者である校長や部活動の顧問教諭は、教育活動の一環として行われる部活動（格技である柔道部）に参加する原告に対し、安全を図り、特に、心身に影響する何らかの事故発生の危険性を具体的に予見することが可能であるような場合には、事故の発生を未然に防止するために監視、指導を強化するなどの適切な措置を講じるべき安全保護義務がある。格技を練習、修得する高校の柔道部において、格技の専門家である教諭自身が危険であるから禁止すべきであると認識するプロレスごっこをしてさまざまなプロレスの技（パワーボムなど）を掛け合うことが、本件事故が発生する前年の二学期頃から、複数の柔道部員によって練習時間の前後に行われ、本件事故当時もほぼ毎日のように行われていたのであるから、このような柔道部における部活動の状態は、柔道部員の心身に影響する何らかの事故発生の危険性を具体的に予見することが可能な場合に当たり、被告高校および教諭としては、本件事故の発生を未然に防止するために監視、指導を強化するなどの適切な措置を講じるべき義務があったというべきである。そして、それにもかかわらず、被告高校および教諭は、プロレスごっこが練習時間の前後の時間帯（前記のとおり部活動の一部と認められる）に前記のとおりの態様で行われていた実態を認識、把握せず、柔道部員に対し、練習時間帯の前後にプロレス技などの格技の技をふざけて掛ける行為の危険性について指摘し、一律に厳しくこれを禁止したり、見回りを強化したりするなどの対策を講じる措置を取ったことはなかった」として、裁判例では被告高校の安全配慮義務違反を認めている[※6]。

(3) 自然に関する事故

落雷や熱中症など、天候などの自然に起因した事故は、注意していれば防げるものがほとんどであり、事故が発生した場合に、指導者がその責任を問われることがあり得る。高校のテニス部の練習中に突然倒れて心停止に至り、低酸素脳症を発症して重度の障害が残った事故判例では、顧問は、「部員らの健康状態に配慮し、事故当日の練習としては、通常よりも軽度の練習にとどめたり、その他休憩時間をもうけて十分な水分補給をする余裕を与えたりするなど、熱中症に陥らないように、あらかじめ、指示・指導すべき義務があったといえる」として、安全配慮義務違反を根拠に国家賠償法に基づく損害賠償を認めた[※7]。熱中症については、この他にも、例えば県立高校のラグビー部員が対外試合後に熱中症で死亡した事案において、「熱中症、特に熱射病は、死亡率の高い重篤な疾病であり、ラグビー競技中に発症しやすい疾病であるから、ラグビー競技の部活動の指導者としては、部員が熱中症に罹患しないように十分に配慮すべき注意義務を負うべきである。部員に熱中症の罹患

を疑うべき症状をひとたび発見した場合には、直ちに安静にさせ、アイシングなどの応急処置をとるとともに医療機関に搬送すべき義務を負っているのにこれを怠った」ことなどを理由に、国家賠償を認めている[※8]。県立高校の山岳部の夏山登山合宿に参加中、部員が熱射病によりショック死をした例では、「登山活動には天候急変などの自然現象による危険の発生や体力、登山技術の限界などに伴うさまざまな危険が存在することは公知の事実であるから、登山活動が学校の部活動において行われる場合には、部員を引率する教師は、部員の安全について一層慎重に配慮することが要求され、登山活動の計画立案に当たっては、事前に十分な調査を行い、生徒の体力・技量にあった無理のない計画を立てるとともに、登山活動中においても、部員の健康状態を常に観察し、部員の健康状態に異常が生じないよう、状況に応じて休憩、あるいは無理のないように計画を変更すべきである」とし、「熱射病が登山における代表的疾患としても一般的に認知されていることからすれば、引率教諭は、登山活動中、部員が熱射病に罹患することがないように十分配慮すべきことはもちろん、部員に体温の過上昇や意識障害その他の異常が現れ、熱射病の罹患が疑われる場合には、直ちに部員を安静にさせ冷却措置などの応急措置を開始するとともに、速やかに医師と連絡をとり、緊急に下山させるための方策をとるべき注意義務を負っているというべきである」ところ、医療機関に搬送する義務を果たさなかったため過失があると判断して国家賠償を認めた事例[※9]など、スポーツの現場ではたびたび起こる問題である[※10]。

自然に関する事故には、落雷の事例もある。屋外運動広場で開催されたサッカー競技大会で、サッカー部員が落雷にあって負傷した案件について、最高裁は「雷鳴が大きな音ではなかったとしても、同校サッカー部の引率者兼監督であった教諭としては、上記時点ころまでには落雷事故発生の危険が迫っていることを具体的に予見することが可能であったというべきであり、また、予見すべき注意義務を怠ったものというべきである。このことは、たとえ平均的なスポーツ指導者において、落雷事故発生の危険性の認識が薄く、雨がやみ、空が明るくなり、雷鳴が遠のくにつれ、落雷事故発生の危険性は減弱するとの認識が一般的なものであったとしても左右されるものではない」ので、「その指導監督にしたがって行動する生徒を保護すべきクラブ活動の担当教諭の注意義務を免れさせる事情とはなり得ない」として、引率者兼監督であった教諭には落雷事故発生の危険が迫っていることを具体的に予見することが可能であったというべきであり、また、予見すべき注意義務を怠った旨について判断した[※11]。平均的なスポーツ指導者が落雷事故発生の危険性の認識が薄かったとしても、この予見すべき注意義務を怠ったと判断している。すなわち、指導者は、天災にしても平均的なスポーツ指導者以上の知識を持っていなければならないということである。

(4) セクハラ、パワハラ、体罰

セクハラ、パワハラ、体罰は、民事事件だけでなく、暴行罪、傷害罪、傷害致死罪、(準)強制わいせつ罪など刑事事件にもなり得るものであり、裁判になった例も多数ある。

民事の判例では、市立中学校バレー部の顧問教諭が、同中学校2年生の生徒に対して、試合の反省を迫って平手で顔面や頬を数回殴打し、生徒はよろけてコンクリートの壁に頭部を打ちつけたため、頭部打撲、頚椎捻挫などの傷害を負い、後遺症も残った案件について、「第一試合のような試合内容では、第二試合には勝てないという焦りの感情をそのまま生徒らにぶつけたにすぎないと認めるのが相当であって、当該顧問に、本件行為を正当化し得るに足りる教育的配慮などがあったものとは認められず、当該顧問が、その職務である教育活動の過程において生徒らに対して暴行を加え、傷害を負わせたものである」ことを理由に、市に対し180万円の損害賠償の支払いを認めた判決[※12]や、県立高校陸上部の顧問教諭の体罰、侮辱的発言などに誘発されて陸上部の女子高校生が自殺するに至った事案について、県に150万円の損害賠償を認めた判決[※13]などがある。前者では、体罰の責任を認めただけでなく、体罰後の学校・教諭側の不適切な対応、例えば教育委員会に対する「教職員事故報告書」の一方的記載、訂正申入れに対する不誠実な対応も慰謝料の算定に際し考慮されることもある。学校側は、教諭の殴打行為などに対し、事後まで適切な対応をする必要があるといえる。

刑事の判例では、相撲部屋の17歳の少年が親方および兄弟子から長時間にわたるぶつかり稽古や金属バットなどによる殴打を受け死亡した事案について、当該ぶつかり稽古が正当業務行為にあたらず、暴行に該当するとして親方に傷害致死罪を認め、懲役5年とした判決[※14]や、市立高校バスケットボール部のキャプテンだった男子生徒が体罰を苦にして自殺した事件で、男子生徒への傷害と暴行の罪で起訴された当時の顧問教諭に対する裁判がある。「被害者は、肉体的な苦痛に加え、相当な精神的な苦痛を被っており、これは被害者の自殺および被害者作成の書面からも明らかであるし、被害者を傷つけるようなことは何もしておらず、要するに被告人が満足するプレーをしなかったからという理由で暴行を加えたのであって、このような暴行は被害者が書き残したように理不尽というほかない」として、被告人を懲役1年(執行猶予3年)に処した[※15]。

3 スポーツ設備の所有者・管理者の責任に関連する判例

(1) 総論

スポーツの設備や器具に欠陥があり、それが原因となって事故が発生した場合は、スポーツ設備の所有者・管理者に責任が発生し得る。その責任の根拠となるのは、民法717条の「土地工作物」の設置・保存に瑕疵があるときの責任および国家賠償法2条の「公の営造物」の設置・管理に瑕疵があるとされる場合である。民法717条に規定される「瑕

疵」とは、工作物がその種類に応じて通常備えるべき安全な性状または設備を欠いていることと解釈されている。また国家賠償法2条に規定される「瑕疵」は、営造物が通常有すべき安全性を欠いていることをいい、これに基づく国または公共団体の賠償責任については、その過失の存在を必要としないとされている。この「通常有すべき安全性」の解釈基準は、当該営造物の構造、用法、場所的環境および利用状況など諸般の事情を総合考慮して具体的個別的に判断するとされている。

(2) 施設における設置または管理の瑕疵

プールにおける溺死やプールの底に頭を打ちつけて重度の後遺障害が生じた事故についての判例も多数ある。その根拠として、プールに営造物の人的施設および管理体制の瑕疵があったことが挙げられる。判例では「国賠法2条1項の営造物の設置または管理の瑕疵とは営造物が通常有すべき安全性を欠いていること」であり[16]、その瑕疵の判定にあたっては「当該営造物の構造、用法、場所的環境および利用状況など諸般の事情を総合考慮して具体的、個別的に判断すべきものである」と判示する[17]。具体的には、監視体制が十分でなかったこと[18〜21]、排(環)水口に足が挿入されないように防護柵を設けなかったこと[22]、プールに幼児が入りこまないようにするフェンスが低かったこと[23]、扉に隙間があったこと[24]、外柵に破れ目があったこと[25]、水深が浅すぎたこと[26]などを理由に、国や市、スイミングスクール運営会社に損害を認めているものがある。

スキー場は自然を利用したものであるが、プールと同様、国家賠償法2条1項の営造物責任や民法717条の土地の工作物などの占有者および所有者の責任が問題となり得る。スキー場でパトロール員が、当該スキー場において発生した雪崩の現況の確認および堆積物の処理を行っていたところ、新たに発生した雪崩に巻き込まれ、雪中に埋没し死亡した事故では、スキー場が、本件事故当時、通常備えているべき安全性を欠いた状態にあり、その設置および管理に瑕疵があったものと認められ、かつ、スキー場の瑕疵と原告らの損害との間に相当因果関係が認められるとして、国家賠償法上の責任を認めた。なお、この案件では、事故において、自然力が関与していたものと認められるから、損害の公平な分担という過失相殺の制度趣旨に照らし、損害額の減額を認めるのが相当であるとして、3割の減額をしている[27]。他には、スキー場のコースから外れて転落した事故について、「防護ネットは、橋上を滑走中、防護ネットに衝突したスキーヤーの転落を防止するための防護設備としては極めて不十分な状態にあったことは明白であり、橋は、スキーコースに要求される通常有すべき安全性を備えておらず、設置・管理の瑕疵があったといわざるをえない」[28]「本件事故当時に駐車場東側段差とゲレンデとの境の南端数メートルの部分(被害者の進入箇所を含む)に防護ネットなどスキーヤーが駐車場内に進入してくるのを防止するものが何もなかったのは、スキーゲレンデのコース裾部分としては、スキーヤーの生命身体の安全を確保するために通常要求される措置を欠くものである」[29]など防護ネットなどを設置しなかったことについて、スキー場の施設管理者などの国家賠償法2条1項や民法717条の責任を認める判決がある。なお、これらの判例においては、当該危険を回避しなかったスキーヤーにも過失があるとして、当該管理者などが支払うべき損害賠償の金額が減額されている。

ゴルフ場でキャディにボールが当たり、骨折や打撲などの怪我を負わせた事故では、ゴルフ競技において、打球がキャディの体に当たる危険があるから、キャディの安全を図るため、ゴルフ場の管理者にはレイアウトの変更や防護柵などの設置義務があることを前提に、これらの義務を怠ったとして、ゴルフ場の管理者に民法717条の土地の工作物の占有者および所有者の責任を認めた判例がある[30〜33]。なお、そのうちの一つの判決では、ゴルファーは技量に応じたクラブを選択するなどすべきであるのに、自己の技量を過信してドライバーをもってティーショットをした過失があったとして、球を打ちこんだゴルファーにも過失による不法行為責任を認められたが[34]、ゴルファーの責任を許された危険の法理などから否定した判例もある[35]。

上記以外のスポーツ設備の所有者・管理者の責任に関連する判例では、プロ野球の試合を観戦中、打者の打ったファウルボールが観客の一人に直撃し、視力が低下した案件がある。この判決では、内野席のフェンスについて「プロ野

MEMO

[1] 最判昭和50年2月25日 ある法律関係に基づいて特別な社会的接触の関係に入った当事者間において、当該法律関係の附随的義務として当事者の一方または双方が相手方に対して信義則上負う義務として一般的に認められた。
[2] 最判昭和62年2月13日 学校の教師は、学校における教育活動によって生ずるおそれのある危険から児童、生徒を保護すべき義務を負っている旨の判断をした。
[3] 最二小判平成9年10月21日判タ955号126頁
[4] 大分地判昭和60年2月20日判時1153号206頁
[5] 大阪地判平成22年9月3日判時2102号87頁
[6] 横浜地判平成13年3月13日判タ1116号256頁
[7] 大阪高判平成27年1月22日
[8] 佐賀地判平成17年9月16日
[9] 浦和地判平成12年3月15日判タ1098号134頁
[10] 静岡地判平成7年4月19日
[11] 最一小判平成18年3月13日判タ1208号85頁
[12] 浦和地判平成5年11月24日判タ864号215頁
[13] 岐阜地判平成5年9月6日判タ851号170頁
[14] 名古屋高判平成22年4月5日
[15] 大阪地判平成25年9月26日
[16] 最判昭和45年8月20日民集24巻9号1268頁、判タ252号135頁
[17] 最判昭和53年7月4日民集32巻5号809頁、判タ370号68頁
[18] 福岡地判昭和59年8月9日判タ545号204頁
[19] 広島地判昭和52年12月22日判時889号76頁
[20] 大阪高判昭和49年11月28日判時706号97頁

球の観客の中には、ファウルボールが観客席に飛来する危険性があることを踏まえた上で、なおかつ、フェンスやネットなどによる視線障害を受けるよりは、臨場感のある観戦を望む者が少なからずいたことが窺われ、プロ野球の観戦にとって臨場感が本質的な要素であり、これが社会的に需要されていたものと認められる」などの理由から、本件球場の所有者および同球場を管理、運営していた者の責任を否定した※36。これと同様のファウルボールが観客の一人の顔面に直撃し失明した別の事故では、高裁は、「通常の観客にとって、基本的にボールを注視し、ボールが観客席に飛来した場合には自ら回避措置を講じることが困難であるとは認められないし、本件打球が通常の観客の注意をもって衝突を回避することがおよそ不可能なものであったとも認められない。そして、上記「瑕疵」の有無については、通常の観客を前提として判断すべきものであること、多数来場する観客の中には上記危険性をあまり認識していない者や自ら回避措置を講じることを期待し難い者が含まれているとしても、そのような者を前提として、危険がほとんどないような徹底した安全設備を設けることを法律上要求することは、プロ野球観戦の娯楽としての本質的な要請に反する面があり、相当とはいえないこと、本件、当時、本件ドーム（特に本件座席付近）における上記内野フェンスは、他の安全対策を考慮すれば、通常の観客を前提とした場合に、観客の安全性を確保するための相応の合理性を有しており、通常有すべき安全性を欠いていたとはいえないから、本件ドームに上記「瑕疵」があったとは認められない」として、市と当該ドームの責任については否定した。ちなみに一審では「本件事故当時、本件ドームに設けられていた安全設備などの内容は、本件座席付近で観戦している観客に対するものとしては通常有すべき安全性を欠いていたものであって、工作物責任ないし営造物責任上の瑕疵があったものと認められる」などとして、球場の管理・運営を行っていた当該ドーム、主催者かつ占有者のプロ野球チームおよび所有者の市に「設置または保存の瑕疵」ないし「設置または管理の瑕疵」について責任を認めていた。なお、高裁では、小学生を試合に招待する企画をしたプロ野球チームについては、招待した小学生およびその保護者らの安全により一層配慮した安全対策を講じるべき義務を負っていたところ、招待した被控訴人ら家族の安全により一層配慮した安全対策を講じていたとは認められず、安全配慮義務を十分に尽くしていたとは認められないから、債務不履行（上記安全配慮義務違反）に基づく損害賠償責任を負うと判断されている※37。今後の判決も検討しつつ、観客の満足と安全のバランスを検討する必要がある。

サッカーでは、サッカーゴールが民法に規定する土地の工作物（民法717条）や国家賠償法に規定される、設置管理する公の営造物と判断され、サッカーゴール転倒による事故について、その管理者に責任を認めている。すなわち、サッカー場の所有者および管理者は、サッカーゴールが倒れないよう、細心の注意を払うべきであるとした判例がいくつかある。例えば、幼稚園の授業終了後、サッカーゴールが転倒し、幼稚園児の頭部に当たり、幼稚園児が死亡した事故では、当該ゴールを杭も打たずに放置した点について、通常講じられるべき転倒防止のための措置がとられていなかったことを認め、サッカーゴールの設置管理者である学校法人の責任を認めた※38。他には、中学生が一般公開前の市営多目的広場に置かれたサッカーのゴールを倒して同級生を死亡させた事故がある。ゴールを保管する被告の市は、同ゴールの転倒による危険が生じないように、立てた状態であればもちろん、倒しておく場合でも、地面やフェンスなどに金具などで固定して保管しておく必要があったというべきであるところ、そのような保管方法をとらず、当該ゴールを含め2基を同広場内にて立てたまま、または単に倒したまま放置していた。そのためゴールをいったん倒してから移動させるという方法は、ゴールの取り扱いとして通常予想されるものであって、異常な行動とはいえないと解される。したがって被告の市は、本件ゴールを通常備えるべき安全性を欠いた状態に置いていたといえ、同ゴールの設置または管理には瑕疵があったというべきであるとして、国家賠償法2条1項の責任を認めた※39。

スポーツクラブを運営する会社に損害賠償を支払う義務を認めた判例のうちの一つ、スポーツクラブの個人正会員が、柱付近の個所にたまっていた水に足を滑らせて転倒し、左手が柱の角に当たり、手首などを骨折した件で、「濡れた水着のままで上がってくるプールの利用者が通行するため、利用者の身体から水滴が落ち、素足で通行する利用者にとって滑りやすい箇所が生ずるという危険性を有していたものというべきである。したがって、本件施設には、設置または保存の瑕疵があったものと解するのが相当である」として、所有する建物にスポーツ施設およびその関連施設を設置、所有してスポーツクラブを開設し、その運営・管理を行っているスポーツクラブ運営会社に損害倍書を支払うよう命じた※40ものがある。

4 競技大会の主催者の責任に関連する判例

競技大会の主催者には、大会に参加するものに起こり得る事故を予見し、その予見に基づいて当該事故の発生を未然に防止する措置をとる義務があり、これを怠った場合は、不法行為責任を負う。また、主催者と参加者の間には契約関係がある場合が多く、その場合は、参加者の安全を配慮する義務を負う。

前記のとおり、プロ野球の試合を観戦中、打者の打った打球が観客の一人の顔面に直撃し失明した事故では、主催者のプロ野球チームに主催者としての責任が認められている。また、先述の落雷事故も、主催者も責任を負うと判断されている。他には、公道で行われたサイクリングの行事で、参加者が一般歩行者に衝突し、当該歩行者が亡くなった案件がある。「沿線住民との使用競合が避けられない一般道路を、200名近くもの者がスポーツ系自転車に乗って時速30キロ、時にはそれを超えるスピードで走行することもあり得るような行事を行おうとするものであることや、ま

た本件行事当日は誘導係も少なく、沿線住民には一層本件行事が行われていることが分かりにくい状況下で実施することになることなどからすれば、主催者は、本件行事の実行委員長として、あらかじめ本件行事参加者の自転車走行と沿線住民との間で不測の事態が生じ得ることを予測すべきであったものというべく、そして、それを回避するために、事前に本件行事を実施することを沿線住民に十分周知させるべく広報などすべきものであったというべきである」。また、「本件事故現場付近には横断歩道があって一般歩行者と本件行事参加者の自転車走行者とが交錯し易い場所であること、そして、自転車は自動車と異なりほとんど無音である上、本件行事に参加するようなスポーツ系自転車に乗る者は、参加者がそうであったように前傾姿勢になりがちであることなどにかんがみると、本件行事のようなスポーツ系自転車を一般道路で走行させる行事を開催しようとする者は、上記のような特殊性に応じた対策を講じておくべきで、本件においては、一般人が道路に入ることが予想される前記横断歩道近辺にコース監視員を配置し、本件のような一般人との事故を未然に防ぐ措置を採っておくべきものであったと言わざるを得ないところである」。という理由から、当該自転車を運転していた参加者だけでなく、大会主催者に不法行為に基づく損害賠償を認めた[※41]。

競技大会の主催者の責任を認めなかった例には、トライアスロンにおける水泳競技において競技者が溺れ、亡くなった事案がある。判決では、「競技を主催した者は、その競技に関する契約に基づき、参加者に対し、競技を実施する義務を負うが、これに付随し、その競技が危険を伴うものである場合には、その参加者が、安全に競技できるように配慮し、救助を要する事態が発生した場合にはただちに救助すべき義務を負うことはいうまでもないことである。そして本件大会のように沖合で長距離を泳ぐというような水泳競技においては、競技者に溺れる者が出るなどの事故が発生する可能性を否定できないから、その主催者は、競技コースの設定に配慮するとともに監視者、救助担当者も配置し、救助機器を用意して救助態勢を整え、かつ、参加者に救助を要する事態が発生した場合や、参加者からの救助の要請があった場合には直ちに救助する義務がある」ことについては認めているが、原告が主張した主催者の各安全配慮義務について検討を加え、主催者は、安全配慮義務を欠いたとはいえない旨の判断をし、また、救助義務違反もないと判断して、原告の請求を棄却した[※42]。

5 競技者の責任に関連する判例

スポーツには、怪我などの危険が内在しており、スポーツを行う者は暗黙のうちにその危険を了承しているものであるから、そのスポーツのルールやマナーに照らし、社会的に許容される範囲内における行動により、他人に傷害を負わせた場合は、いわゆる正当行為のため、ないし正当業務行為のためとして違法性が阻却される場合がある。また、不法行為のための要件の一つである過失がなかった場合は、怪我を負ったなど原告の請求が棄却される。

例えば、フットサルの試合中に相手選手と接触して腓骨関節内骨折の怪我を負った案件では、「フットサルは、ゴールキーパーを含めて5人ずつのチームに分かれた上で、ボールを蹴るなどしてゴールに入れて、得点を競うことを目的とするスポーツであることから、ゲーム中においては、ボールの獲得を巡って、足と足が接触し合う局面がどうしても出てくることは、容易に想定されるのであって、フットサルの正規のルール上も、過剰な力を用いて体を投げ出し、安全を脅かす場合以外は、反則として禁じられていない」。また「ボールを保持し、または保持しようとする者としては、相手方にボールを奪われまいとして、相手方の動作を予想して、これとは逆の動作をすることが頻繁にあることも、経験則上明らかである。これらの点を踏まえると、競技者において、相手方の動作を予想した上で、相手方の身体との衝突によって、相手方に傷害を生じさせる結果を回避すべき義務に違反したことが肯定されるのは、相当程度限られた場合になるものといわざるを得ない」ところ「本件事故においても、その態様に照らして、被告において、左足が原告の右足と衝突するであろうことまでは、予見することができたということはいえたとしても、更に進んで傷害を生じさせる結果までは、予見することができたと認めるに足りる的確な証拠はないから、過失があったとすることは

MEMO

- [※21] 大分地判平成23年3月30日
- [※22] 大阪地判昭和56年2月25日判タ449号272頁
- [※23] 最判昭和56年7月16日判タ452号93頁
- [※24] 神戸地尼崎支判昭和48年7月30日判時737号76頁
- [※25] 福岡地小倉支判昭和47年3月30日判タ283号285頁
- [※26] 奈良地葛城支判平成11年8月27日判タ1040号135頁
- [※27] 松江地判平成26年3月10日判時2228号95頁
- [※28] 東京高判平成10年11月25日判タ1106号119頁、判時1662号96頁
- [※29] 東京地判平成2年3月26日判タ737号173頁
- [※30] 横浜地判平成4年8月21日判タ797号234頁
- [※31] 神戸地伊丹支判昭和47年4月17日判タ278号196頁
- [※32] 東京地判平成6年11月15日判タ884号206頁
- [※33] 大阪地判昭和61年10月31日判タ634号174頁
- [※34] 横浜地判平成4年8月21日
- [※35] 神戸地判昭和47年4月17日
- [※36] 仙台高判平成23年10月14日
- [※37] 札幌地判平成27年3月26日／札幌高判平成28年5月20日
- [※38] 岐阜地判昭和60年9月12日判時1194号103頁
- [※39] 鹿児島地判平成8年1月9日
- [※40] 東京地判平成9年2月13日判タ953号208頁
- [※41] 最二小判平成18年3月13日判タ1208号85頁
- [※42] 広島地尾道支判平成19年10月9日
- [※43] 東京地判平成19年12月17日

できない」として、怪我を負わせた相手選手の責任を認めなかった[※43]。ただし、ルールないしマナー違反は、社会的に容認される範囲と言うことはできないから、他人に傷害を負わせた場合は、正当行為とも正当業務行為ともならず被告の行為の違法性は阻却されない[※44]。

試合中、相手選手に暴力を振るうことは、決して上記正当行為とはならないのであり、民事上も刑事上も責任を負うことになる。例えば、男子高校生が、体育の授業のバスケットボールの試合中に、同級生の男子高校生の顔を蹴り、脳脊髄液減少などの傷害を負った案件では、当該男子高校生に損害賠償を支払うよう命ずる判決が出されている[※45]。

故意によるものでなくても過失が認められて損害賠償を認められることがある。例えばサッカーの社会人リーグにおける試合中、相手チームの選手から左脛部を蹴られたことにより、左下腿脛骨骨折、左下腿腓骨骨折の傷害を負ったとして、約689万円の損害賠償を求めた裁判では、相手チームの選手の過失を認め、約247万円の損害賠償を認めた[※46]。被告である相手方チームの選手は、トラップして手前に落ちたボールを原告が蹴り出そうと足を振り上げることは当然予見しており、スパイクシューズを履いている自身の足の裏が、ボールを蹴ろうとする原告の左足に接触し、原告に何らかの傷害を負わせることは十分に予見できたというべきであるとし、無理をして足を出すべきかどうかを見計らい、原告の接触を回避することも十分可能であったというべきであったとして、相手方チームの選手の過失が認められたのである。なお、本判決でも、「サッカーの試合に出場する者は、このような危険を一定程度は引き受けた上で試合に出場しているということができるから、たとえ故意または過失により相手チームの選手に負傷させる行為をしたとしても、そのような行為は、社会的相当性の範囲内の行為として違法性が否定される余地があるというべきである」ことを認めている。本判決では、この社会的相当性の範囲内の行為か否かについては、当該加害行為の態様、方法が競技規則に照らして相当なものであったかどうかという点のみならず、競技において通常生じ得る負傷の範囲にとどまるものであるかどうか、加害者の過失の程度などの諸要素を総合考慮して判断すべきとしている。それを前提にして、被告の相手方チームの選手が、原告がボールを蹴るために足を振り上げるであろうことを認識、予見していたにもかかわらず、走ってきた勢いを維持しながら、膝のあたりの高さまで左足を振り上げるようにして、左足の裏側を原告の下腿部の位置へ体を向ける行為が原告に傷害を負わせる危険性の高い行為であること、退場処分が科されるということも考えられる行為であることは、常識的に考えて競技中に通常生じ得る障害結果とは到底認められないなどの理由から、相手方チームの選手の行為は、社会的相当性の範囲を超える行為であり、本件では違法性は阻却されないとしている。

前述のような対戦型以外のスポーツで競技者の責任を認めた判例の一つに、スキー場において、上方から滑降する者が、下方を滑降する者に接触し、下方を滑降する者に怪我をさせた事例がある。上方から滑降する者の過失を認め、不法行為責任を認めたもの[※47]で、スキー場において上方から滑降する者は、前方を注視し、下方を滑降している者の動静に注意して、その者との接触ないし衝突を回避することができるように速度および進路を選択して滑走すべき注意義務を負うものというべきところ、本件事故現場は急斜面ではなく、本件事故当時、下方を見通すことができたというのであるから、この判決は上方から滑降してくる者は、下方を滑降する者との接触を避けるための措置をとり得る時間的余裕をもって、下方を滑降している者を発見することができ、本件事故を回避することができたというべきであり、注意義務を怠った過失があるとして、本件事故により被った損害を賠償する責任があると判断した。

6 まとめ

前述のとおり、スポーツの指導者は、学校の先生、スポーツクラブなどのインストラクター、トップアスリートの指導者など、その教え子との間に、教える者、教えられる者など民法上の契約関係があると解釈される場合が多く、当該契約には安全配慮義務があるため、事故が起こった場合には、注意義務違反の責任を負い、損害賠償を求められる可能性がある。また、競技大会の主催者についても、参加者との間に契約関係があると解釈されることが多く、競技大会での事故では、注意義務違反を根拠とした損害賠償義務が認められる場合が多い。

加害者と被害者の間に契約関係がない場合は、例えば、選手間の事故の場合は、上記契約を前提とした安全配慮義務違反・注意義務違反は認められないが、加害者の故意または過失によって、被害者に死亡・怪我などの損害が生じたことを根拠に、損害賠償が認められ得る（不法行為責任）。ここにいう「過失」とは、事故の発生を予見し、それを回避する注意義務があるのに、それを怠ったということである。不法行為責任は、労働者などの被用者がその事業の執行について第三者に加えた損害についても、その雇い主などの使用者が、損害賠償責任を負うとされている。また、責任能力のない者の監督義務者も当該責任能力のない者の不法行為について損害賠償責任を負う。これら使用者などの責任や監督義務者の責任は、被用者の選任およびその事業の監督などについて相当の注意をした時、または相当の注意をしても損害が生ずべきであった時はその責任を負わない。なお、この責任は、契約関係があっても認められる。

スポーツの施設・設備管理者については、当該施設・設備に欠陥があることによって他人に損害が生じたときは、その損害を賠償する責任を負うのは前述のとおりである。ただし、占有者が損害の発生を防止するのに必要な注意をしたときは、所有者がその損害を賠償しなければならない。

最後にスポーツ事故において、民法上の責任を負わされないためにはどうしたらよいか、事故を防止するためにはどうしたら良いかを検討するために、安全配慮義務違反または注意義務違反とされるのは、どのような場合が多いの

か、判例を分析する※48。なお、分析内容ははあくまでも大きな傾向を記載したにすぎず、競技の性質、個々の事案の個々の事情によって、場合によっては逆の結論にもなり得ることにご留意いただきたい。

まずは、スポーツの指導者および競技大会の主催者の責任については、当該競技への参加者の年齢が低い、成熟度が低い、競技能力が低いなど、当該事故が発生しやすい状況であれば、当該参加者が事故が起こらないよう注意する責任がより大きいと考えられやすく、事故が発生した場合に、これらの者の責任とされる可能性が高い傾向がある。特に初心者が参加するような競技会では、場合によっては、無過失責任に近い注意義務が課される場合もある。したがって、スポーツの指導者および競技大会の主催者の責任については、年齢・成熟度・競技能力が低い者が参加する場合は、より事故が起こらないように細心の注意する必要があるということになる。例えば、指導を丁寧にする、目を離さない、技術レベルにあった危険のない練習内容にするなどが考えられる。

競技者同士の事故における競技者の責任については、加害者は、年齢・成熟度・競技能力が高いほど注意義務も高いものが要求され、当該競技者の注意義務違反とされ、不法行為責任が認められやすい傾向がある。

競技者同士の事故では、被害者の年齢・成熟度・競技能力が高ければ、当事者である加害者は相手方に対してしなければならない注意の度合いは少なくてすむのであり、低いほど安全配慮義務や注意義務違反の責任を追求されやすくなる。

特に加害者と被害者のこれらの能力に差があればあるほど、その実力差や競技者の意図によって事故が発生しやすくなるのであり、指導者、大会主催者、強い競技者側の安全配慮義務違反や注意義務違反が認められる場合が多くなると考えられる。したがって、実力差が少なくなるよう組み合わせについて考慮することにより、防止できる事故も多いだろう。また競技者としては、事故を防ぎまた自分が責任を負うリスクを避けるために、相手が自分よりも、年齢、成熟度または競技能力が低い場合には、相手に怪我を負わせないよう注意しなければならない。

次に、競技の危険性によって、安全配慮義務や注意義務がどのように変わってくるか検討する。一般的には、事故発生のリスクが事前に分かっているスポーツであれば、万一事故が発生した場合、分かっていたのに十分な対策がなされなかったとして、スポーツ指導者や競技大会の主催者の責任は追及されやすいということになる。発生し得る事故の原因を追究し、どうしたら事故の発生を防ぐことができるのか、検討し、その手段を講じ、事故発生を未然に防ぐよう最善の努力を講ずる必要がある。

以下のとおり、裁判で責任を追及されないため、すなわち、事故の発生を予防するためには、①当該競技に事故が起こる可能性はないか、競技の特性、天候、現地の状況、当事者の健康状態、年齢、成熟度、競技能力なども含むさまざまな場合を想定して専門的な知識も踏まえて検討する、②①の検討結果を踏まえ、監視、組み合わせ、競技の続行の有無など当該事故を防ぐための手段および救護体制や連絡など事故が発生した場合の整備をしておく、③事故が発生した場合には、①②の検討・整備に従い、迅速に対応することが必要である。

MEMO

※44 名古屋地判平成13年7月27日判時1767号104頁
※45 鹿児島地判平成23年11月22日
※46 東京地判平成28年12月26日（原稿執筆時点で控訴中）
※47 最判平成7年3月10日判タ876号142頁
※48 第一東京弁護士会スポーツ法研究部会報告

3 施設所有者・管理者の法的責任

1 はじめに

スポーツ施設における事故の場合、指導者などの責任が問われるだけでなく、当該施設に欠陥があり、それが事故の原因となっている場合は、当該施設の所有者、管理者にも責任が問われることになる。すなわち、スポーツ施設において事故が発生した場合は、場合に応じて、当該施設の管理者または所有者に、施設・設備の欠陥については、土地工作物責任、営造物責任(民法717条、国家賠償法2条)、指導・監督の過失については、不法行為責任(民法709条、国家賠償法第1条)が問題となり得る。不法行為責任については、26頁 2 (1)を参照されたい。

2 土地工作物責任と営造物責任

(1) 総論

スポーツを行う際には、プール、グラウンド、スキー場などのさまざまな施設を利用してスポーツが行われる。

スポーツ事故発生防止のためには、スポーツ施設の安全性が十分に保たれていなければならないことは自明であるが、施設の安全性に問題があり、それによりスポーツ事故が発生した場合には、土地工作物責任(民法717条)(以下、「土地工作物責任」)、施設の所有者が国または地方公共団体の場合には、営造物責任(国家賠償法2条)(以下、「営造物責任」)が発生し得る。

(2) 土地工作物責任

土地工作物責任とは、土地工作物の設置または保存に瑕疵があり、これにより他人に損害を発生させた場合に、その工作物の占有者が、被害者に対してその損害を賠償する責任である(民法717条1項)。ただし、占有者が損害の発生を防止するのに必要な注意をしたときは、所有者がその損害を賠償しなければならないとされている。

土地工作物責任が生じる「土地の工作物」は、一般的には「土地に接着して人工的に作為を加えることによって成立した物」とされている。スポーツ施設としては、体育館、プール、野球場などがこれに該当するのは当然であるが、プールの排(環)水口、プールに併設された飛込台など主となる工作物の一部を構成するものも含まれるし、ゴルフ練習場のネット、サッカーゴール、グラウンドを囲む金網塀、砂場、スキー場ゲレンデなど特に主たる建物が存在しない場合でも、これに該当し得る。

例えば、ゴルフプレーヤーが隣接ホールからの打球により負傷した事故について、ゴルフ場の施設に設置・管理の瑕疵があるとしてゴルフ場の運営・所有会社に損害賠償義務を認めた裁判例がある。

ここにいう「占有者」とは、原則として、工作物を事実上支配する者をいい、物権法上の占有者のことであり、賃貸人など所有者ではない間接占有者も含むとされている[※1]。したがって、スポーツ施設の管理者は、施設の占有者として、施設の設置または保存に瑕疵があり、損害の発生を防止するのに必要な注意をしていない場合には、土地工作物責任を負う。

このように、民法上、土地工作物の責任は、一次的には施設管理者などの占有者であるが、当該施設管理者などが損害の発生を防止するために必要な注意をしていれば免責される。この場合には、当該施設の所有者が責任を負うとされている。この所有者の責任は、無過失責任とされている。

すなわち、当該所有者が適切に当該施設を管理していたか否かとは関係なく、占有者が免責される場合には、所有者が責任を負担しなければならない。なお、施設管理者などの占有者が損害の発生を防止するために必要な注意をしていたとして免責を受けるためには、「損害の発生を防止するに足るだけの注意」が必要であり、単に所有者に修繕を行うよう申請を行うことや、「使ってはいけません」という標識を立てるだけでは十分な注意とはいえない場合があることに留意する必要がある。

ただし、これらの場合において、損害の原因について、他にその責任を負う者があるときは、占有者または所有者は、そのものに対して求償権を行使することができるとされている(民法717条3項)。

土地工作物責任が認められるのは、土地工作物の設置または保存に「瑕疵がある」と判断される場合である。

これら「瑕疵」とは、それぞれ当該工作物が通常有すべき安全性を欠いていることをいい、上記「瑕疵」の有無については、当該工作物の構造、用法、場所的環境および利用状況など諸般の事情を総合考慮して、具体的に個別的に判断すべきであるとされている[※2]。

具体的な事情によって異なるが、例えば、プロ野球の観戦中、打者の打ったファウルボールが被控訴人の顔面に直撃し右眼球破裂により失明した事故について、「プロ野球の球場の『瑕疵』の有無につき判断するためには、プロ野球の試合を観戦する際の上記危険[※3]から観客の安全を確保すべき要請、観客に求められる注意義務の内容および程度、プロ野球観戦にとっての本質的な要素の一つである臨場感を確保するという要請、観客がどの程度の範囲の危険を引き受けているかなど諸要素を総合して検討することが必要であり、プロ野球の球場に設置された物的な安全設備につい

ては、それを補充するものとして実施されるべき他の安全対策と相まって、社会通念上相当な安全性が確保されているか否かを検討すべきである」として、「通常の観客にとって、基本的にボールを注視し、ボールが観客席に飛来した場合には自ら回避措置を講じることがおよそ不可能なものであったとも認められない。そして、上記『瑕疵』の有無については、通常の観客を前提として判断すべきものであること、多数来場する観客の中には上記危険性をあまり認識していない者や自ら回避措置を講じることを期待し難いものが含まれているとしても、そのような者を前提として、危険がほとんどないような徹底した安全設備を設けることを法律上要求することは、プロ野球観戦の娯楽としての本質的な要請に反する面があり、相当とはいえないこと、本件当時、本件ドーム(特に本件座席付近)における上記内野フェンスは、他の安全対策を考慮すれば、通常の観客を前提とした場合に、観客の安全性を確保するために相応の合理性を有しており、通常有すべき安全性を欠いていたとはいえないから、本件ドームに上記『瑕疵』があったとは認められない」と判断している。

(3) 営造物責任

道路、河川その他の公の営造物の設置または管理に瑕疵があったために他人に損害を生じたときは、国または公共団体は、これを賠償する責任を負うものとされている(国家賠償法2条1項)。当該公の営造物に、「設置または管理に瑕疵」があることが必要とされ、この営造物責任は、国または公共団体の過失の有無にかかわらず発生する[※4]。一般的に本来の安全性を欠くということに重点がおかれる。

なお、営造物責任は、その占有を要件とするものではないため、公の施設を民間事業者などに管理・運営させる指定管理者制度を利用した場合でも、営造物責任は、国または公共団体が負うことになる。ただし、指定管理者も、この注意義務違反などがある場合には、当該不法行為の責任を負うことがあり得る。

営造物責任が生じるのは、「公の営造物」であり、国または公共団体の特定の目的に供される有体物ないし物的設備をいうとされている。上記土地工作物責任が生じる土地の工作物も、国または公共団体が設置し、公の目的に供されれば、「公の営造物」に該当する。土地工作物責任における「瑕疵」と営造物責任の「瑕疵」について、同義であると解釈されている。営造物には動産も含まれると解釈される点で、一般に民法の工作物よりも広く解釈されているといえる。例えば、集会室内に設置されたトランポリンやテニスの審判台を公の営造物に含めた判決がある。

スキーヤーがスキーコース途中の橋から転落・死亡した事故において、本件ネットは、「最上部が約3m間隔に立てられていた支柱のフックに掛けられ、最下部がガードレール四段目下部の支柱部分にビニール紐で結び付けられていたのみで、支柱の中間部や支柱と支柱の間では結束されておらず、風によっても内側または外側にたわむような状態であり、<u>被害者が</u>本件ネットへの衝突による衝撃と身体の重みを支えきれずに外側にたわみ、<u>被害者</u>は本件ネットとガードレールの間にできた隙間から転落してしまったのであるから、本件ネットは、本件橋上を滑走中、本件ネットに衝突したスキーヤーの転落を防止するための防護設備としては極めて不十分であったことは明白であり、本件橋は、スキーコースに要求される通常有すべき安全性を備えておらず、設置・管理の瑕疵があったといわざるを得ない」旨を判示し、地方公共団体の橋の設置管理上の瑕疵を認め、地方公共団体に対して国家賠償法に基づく損害賠償責任を課した判例[※5]などがある。

(下線部は著者による変更)

MEMO

※1 最判昭和31年12月18日
※2 最判昭和53年7月4日民集32巻5号809頁、判夕370号68頁
※3 もし安全設備がなければ、観客席の位置によってはさまざまなスピードおよび軌道の打球が飛来する可能性があり、広い球場で1個のボールが観客の身体の枢要部に衝突する確率は低いものの、観客に公式球であるボールが衝突した場合には、当該観客が重大な傷害を負うことや、死亡する危険もある。実際にも、プロ野球の球場では、観客にファウルボールなどが衝突する事故が少なからず発生している。当該観客の救急車搬送や、骨折などの比較的重い結果が生じるケースは多くはないものの、本件事故前にも毎年数件はあった。打球は、観客席のどこに落ちた場合であっても危険であるものの、一般的には、ボールの滞空時間が長ければ長いほど、空気抵抗により減速し、衝突時の速度も弱くなるから、バッターボックスから離れれば離れるほど、相対的には上記危険の程度は低くなると考えられる。球場におけるプロ野球の試合の観戦は、本質的に上記のような危険性を内在しているものである」
※4 最判昭和45年8月20日
※5 東京地判平成10年2月25日

4 指定管理者の法的責任

1 はじめに

「官から民へ」の行政改革を反映し、平成15年地方自治法改正により、指定管理者制度が導入された。指定管理者制度の下では、従前、地方公共団体や外郭団体に限定していた「公の施設」の管理、運営を、民間企業やNPOなどに包括的に代行させることができようになった。

指定管理者制度の導入により、①地方公共団体にとっては、民間事業者の手法を活用することにより、管理に関する経費を削減することができる。また、②住民にとっても民間事業者のノウハウなどによりサービスの質が向上することで、利用者の満足度の向上や利便性向上といったメリットを享受することができる。さらには、③事業者にとっては、全国に多数存在する公の施設の管理に関して新たなビジネスチャンスが生まれるといったメリットがあると考えられている。ただし、指定管理者の制度設計の肝については、地方公共団体に委ねられている部分が大きく、必ずしも上記メリットがあるとは言い切ることができない。

2 国・地方公共団体の安全責任

(1) 選定前のチェック

指定管理者制度が公の施設の管理について指定管理者に委ねることを認めているといっても、地方公共団体が指定管理者に公の施設の管理を丸投げすることを認めるものではない。指定管理者が十分な施設の管理能力を有するか否か、指定管理者の選考基準を設けるとともに、事故が発生した場合の対応などについても団体募集要項や仕様書などに盛り込み、事故対策をきちんと盛り込んだ施設管理を行うことが可能かどうかをきちんと考察して指定管理者の選定を行う必要がある。

特に、過失責任の割合などに関して、地方公共団体と指定管理者の間での無用な争訟などの発生を避けることなどの理由から、指定管理者に対しては保険の加入を求めた上で、指定管理者が損害賠償請求に対応する支払能力を有するか、被害者に対して、迅速な対応が可能かどうかを見極めることが重要である。実際の指定管理者の選定においては、過去の実績なども考慮し、著しい管理義務違反のあった業者は選定対象から除外するなどの運用も必要であろう。横浜市[※1]は、「指定管理者は、複数の損害保険会社により提供されている「施設賠償責任保険」（指定管理者特約条項などの付いたもの）に加入し、当該保険からの保険金支払いによって損害賠償責任に対応することを原則としている。

当該保険への加入については、指定管理者の費用負担に基づき、指定管理者を記名被保険者、市を追加被保険者、利用者などを保険金請求権者として、指定管理者が加入手続を行う。市は、保険の付保範囲、必要な補償内容、既加入の保険の内容などについて公募要項に明記する」旨を定めて、指定管理者の保険加入を求めている。

(2) 選定後のチェック

地方自治法上、「指定管理者は、毎年度終了後、その管理する公の施設の管理の業務に関して事業報告を作成し、地方公共団体に提出する」（地方自治法244条の2第7項）こととされ、指定管理者から地方公共団体は報告を受けることから、地方公共団体は、指定管理者からの報告を受けた上で、適正な管理がなされているかチェックするべきである。

また、地方自治法上、「地方公共団体の長または委員会は、指定管理者に対して、管理の業務または経理の状況に関し報告を求め、実地について調査し、または必要な指示をすることができる」（地方自治法244条の2第10項）とされていることからも、地方公共団体が自ら実地で調査を行うなどにより、施設の安全性のチェックを行うべきである。

指定管理者制度による施設管理の委託ではないが、地方公共団体が十分なチェックを行っていなかった事案として、平成18年、埼玉県内で発生したプール事故（流水プールの吸水口の防護柵が外れ、小学2年生の児童1人が吸水口に吸いこまれ死亡した事故）において、市教育委員会体育課長と同課係長にそれぞれ禁錮1年6ヵ月、禁錮1年（両名に3年の執行猶予）の判決が下された例がある。

この事故においては、吸水口の防護柵がネジやボルトなどで固定されなければならないことが埼玉県プール維持管理指導要綱の施設基準において定められていたにもかかわらず、吸水口の防護柵は針金で固定されており、かかる事実を市が見過ごしていた点や、無断の再委託が禁止されていたにもかかわらず、施設管理受諾者は市に無断で第三者に管理を委託し、その事実を市も見抜くことができなかった点、プール監視員についても、市が要求する経験者などの人員が十分に確保されていないことについて市は見過ごしていた点など、安全管理の基準が作成されていたとしても、実際に基準に従った管理がなされていたかの点について市のチェックが不十分であったと言わざるを得ないケースであった。

(3) 施設不備の修繕リニューアル

管理者（指定管理者）側からの施設改善要望などを確認し、危険度の高いものから優先順位をつけて予算付けをし、改善していくことは当然のことだが、要望書面、管理者から

のヒアリングだけでなく、きちんと現地を確認した上で、その優先順位が正しいかを判断する必要がある。平成21年に静岡県での油圧式バスケット台折りたたみ式支柱に首を挟まれて死亡した事故は、メーカーの保守点検時に「交換や修理をしないと機能を損なうか危険な状態になるおそれがあり、特に早急な修理・交換が必要」とした報告を、指定管理者が自治体に対して、早急な改善の必要性・危険性を伝えなかった結果、優先順位が低くなってしまい、早急な改善が行われなかったことで招いた事故である。本事案では、指定管理者ではなく施設所有者である地方公共団体が、遺族に損害賠償金を支払うことで示談が成立している。

3 指定管理者の安全責任

(1) 共同不法行為者の責任

公共施設の場合、前述の営造物責任が生じ、国もしくは地方公共団体が損害賠償を負うことになる。民事訴訟においては、共同不法行為者として施設所有者である国や地方公共団体と同時に管理者に対して賠償請求をすることができるため、管理者（指定管理者）も被告となり得る。

(2) 仕様書、協定書による賠償分配

営造物責任において賠償義務を負った国、地方公共団体が、施設管理者に対して賠償請求を行うことが考えられる。そのため、事故が起きた際のリスク分配について、国、地方公共団体と指定管理者の間で交わす協定書に、きちんと協議した上で明示しておくべきである。

4 事故を発生させた加害者の責任との関係

施設管理責任は、傷害など事故を発生させたプレーヤー自体の責任の有無にかかわらず、施設が通常有すべき安全性を満たさない場合に発生する。

23頁のゴルフ場のケースにおいて裁判所は、ゴルフボールを打ったプレーヤーの責任については、被害者が木陰から現れた点を指摘するとともに、「すべてのスポーツ競技に共通して認められるところの『許された危険』の概念に照らして考察するとき」には、「本件打球について被告の過失を認めることは相当でないと言うべきである」と判示して、プレーヤーの責任が否定されているにもかかわらず、ゴルフ場を運営・所有する会社の損害賠償責任を認めている。

5 安全配慮義務と注意事項

(1) 安全配慮義務

施設の管理者は、単に施設を物理的に管理するだけでなく、当該施設を利用する者から直接利用料や場合によっては指導料を徴収し、または使用料や指導料を徴収しないとしても、当該施設を利用させたり、指導させたりすることが多くある。このようにスポーツ施設の管理者が、その利用者に対して、直接利用させる関係にある場合、スポーツ施設の管理者は、当該施設を利用させる契約に付随する義務として、事故の発生を予見し、それを回避する注意義務を負う。したがって、当該施設で事故が起こった場合に、その事故が予見でき、回避できたにもかかわらず、施設の管理者が適切な対応をとらなかったために発生した場合は、当該施設の管理者は、安全配慮義務違反で損害賠償義務を負うことになる。例えば、スイミングクラブのプールで会員が水泳練習中に溺死した場合、安全配慮義務違反があるとして、同プールの管理者である団体の損害賠償責任が認められることがある。スポーツにおいては人、施設、用具、プログラムに対する安全配慮義務などが考えられる。

(2) 注意義務

安全配慮義務違反にならない程度に注意義務が尽くされていたか否かは、それぞれの個別の状況などに応じた要素よって判断されることになる。具体的には、①競技者の属性（年齢、性別、健康状態、初心者・上級者、プロ・アマなど）、②競技の種目（球技、格闘技、個人競技・団体競技など）、③事故の状況（競技中・競技外、天候、場所など）、④当事者の属性（競技者、指導者、主催者、施設管理者、観客、第三者など）などが挙げられる。

MEMO

※1 指定管理者制度運用ガイドライン　横浜市　HP

〈項目の参考文献〉
▽「指定管理者制度のすべて 制度詳解と実務の手引 改訂版」成田頼明監修　第一法規（株）　2,800円（本体）
▽「最新事例　指定管理者制度の現場」出井信夫、吉原康和著　（株）学陽書房　品切れ
▽「指定管理者制度」出井信夫著　（株）学陽書房　品切れ

5 指導者・監督・保護者などの法的責任

1 はじめに

スポーツ指導者・監督・保護者（以下、「スポーツ指導者」）のスポーツ事故に対する責任としては、①スポーツ指導者と被害者との間に、契約などの特殊な関係が存在しない場合の不法行為責任と、②スポーツ指導者と被害者との間に契約関係がある場合の債務不履行責任がある。

2 責任の根拠

(1) 不法行為責任

事故発生までに何のつながりもなかった者にスポーツ指導者が怪我を負わせた場合、例えば野球の指導者がノックをしていて、一般の人にボールをぶつけてしまった場合に、当該スポーツ指導者に発生するのは、不法行為責任である。また、スポーツ指導者と被害者が、民間のスポーツクラブ、スポーツ少年団、私立学校などの、特定の私的団体を通じてつながりがある関係の場合も、当該スポーツクラブなどのスポーツ指導者は、不法行為の成立要件を備えれば、個人的に被害者に対して損害賠償責任を負う。

また、上記の場合において、当該スポーツ指導者を雇用するスポーツクラブや私立学校は、使用者としての使用者責任（民法715条）を負う可能性がある。そして、当該スポーツクラブのチーフや学校の校長は、スポーツ指導者や教員を監督する者として、代理監督者としての責任を被害者に対して負担する可能性がある（民法715条2項）。スポーツ指導者と被害者が、学校など公的団体を通じてつながりがある場合は、学校など当該公的団体を設置・管理する国や地方公共団体が損害賠償責任を負う（国家賠償法第1条）。

なお、(2)で検討する債務不履行責任が生じる場合でも、不法行為責任による損害賠償の追求も可能である。

(2) 債務不履行責任

スポーツ指導者と被害者が、スポーツ指導契約などで、直接契約関係にある場合は、スポーツ指導者は、「ある法律関係に基づいて特別な社会的接触の関係に入った当事者間において、当該法律関係の付随的義務として当事者の一方または双方が相手方に対して信義則上負う義務として一般的に認められるべきもの」として、被害者に対して安全配慮義務を負う[※1]。したがって、スポーツ指導者が、指導にあたって生徒の安全や健康に対して十分な配慮を行わなかった場合には、指導者に安全配慮義務違反による契約上の責任または不法行為責任としての損害賠償責任が発生する可能性がある。上記不法行為の項でも検討したスポーツ指導者と被害者が、民間スポーツクラブなど私的団体や、国公立学校の教員と児童・生徒のように公的団体を通じてつながりのある関係の場合も、通常は、当該スポーツ指導者を雇用などする私的団体や公的団体と、被害者の間に契約関係が存在するため、実際に注意義務違反をしたのがスポーツ指導者であっても、当該スポーツ指導者は当該団体の「履行補助者」と解釈することにより、当該団体が、安全配慮義務違反として、債務不履行責任を負うことがある。

(3) 過失の内容・判断要素

内在的危険を有するスポーツを指導するにあたっては、当該スポーツ指導者は、安全を確保する注意義務を負っていることは明白であり、注意義務を果たさなかった場合に、過失があるとされ、不法行為責任・債務不履行責任を負うことになる。訴訟で最も争われるのは、注意義務違反の有無である。注意義務違反とされるのは、一般的には、①結果発生を予見できたのにそれをせず（予見義務違反）、②結果の発生を回避できたのにしなかった（結果回避義務違反）場合である。注意義務違反があったか否かは、諸要素を総合的に判断して行う。

これは、指導者がボランティアであったとしても同様である。無償であるから、その注意義務が軽減されるということはない。例えば、剣道少年団のキャンプで、友人の飛ばした竹とんぼが目に当たって負傷した子どもの事故について、ボランティアでキャンプを引率していた引率者に、当該引率者は「保護者の団体である後援会から少年団の団員の指導、監督を委嘱され、少年団の団長たる地位にあり、本件キャンプにおいては引率者たる地位にあったものである」から、「民法714条2項の代理監督者として被害者を監督すべき義務を負担しているものと解するのが相当なところ、指導者の監督、指導は奉仕活動であること、後援会と指導者は一体の協力関係にあり、保護者の干渉を排するものではないこと、個々の保護者と指導者との間に、子息の指導、監督の委託がないことをもって、左右されるものではない」として、指導にあたっていた団長に治療費、逸失利益などを支払うよう命じた事例などボランティア指導者の責任を認めた判決がある[※2]。

どの程度の注意をすればよいかの標準は、一般的には、加害者自身の注意能力ではなく、その職業・地位・階級などに属する普通の人の注意能力であるとされている。この考えによれば、スポーツ指導者の注意の程度は、一般的なスポーツ指導者を基準にすることになる。ただし、スポーツ指導者といっても、学生を指導する学校の先生や顧問、学校外活動での指導者、成人を対象としてスポーツを指導

するインストラクター、スキューバーダイビングなどレジャースポーツに帯同するインストラクター、トップアスリートの指導者などさまざまな人がいる。「スポーツ指導者」としてこれらの人を一括りにして注意義務の内容を検討し、過失の判断をするのではなく、それぞれの対象者、指導場所などを考慮して判断される。

スポーツ指導者は、通常、自己が指導するスポーツの専門家であることから、競技そのものから発生する事故や危険については、危険を予見しやすいといえるが、気候や自然災害など競技以外の外的要因については、スキューバダイビングのインストラクターなどのレジャースポーツ帯同型インストラクターの場合を除けば、必ずしも十分な知識を有しているわけではなく、どこまで事故や危険について注意をしなければならないのか判断が困難な場合もある。それでは、一般的なスポーツ指導者が通常判断が困難であれば、スポーツ指導者に注意義務違反はなかったとして、不法行為責任や債務不履行責任を逃れることができるのであろうか。

これについては、「高等学校生徒サッカー部試合中落雷による不祥事件」に関する判決※3が参考になる。この判決では、裁判所が、「このことは、たとえ平均的なスポーツ指導において、落雷事故発生の危険性の認識が薄く、雨がやみ、空が明るくなり、雷鳴が遠のくにつれ、落雷事故発生の危険性は減少するとの認識が一般的なものであったとしても左右されるものではない。なぜなら、上記のような認識は、平成8年までに多く存在していた落雷事故を予防するための注意に関する本件各記載などの内容と相いれないものであり、当時の科学的知見に反するものであって、その指導監督にしたがって行動する生徒を保護すべきクラブ活動の担当教諭の注意義務を免れさせる事情とはなり得ないからである」と判示している。これは一般的なスポーツ指導者には知られていないとしても、それを知らなかったことについて注意義務違反があったと判断しているものと考えられる。すなわち、他の指導者が知らないから、というのは、事故が起こったことの責任を逃れる理由にはならないということである。

指導者がどのような安全配慮義務を負うのかはケースバイケースであるが、学校の体育授業や部活動における教師である場合、会員制フィットネスクラブにおける施設内インストラクターの場合、レジャースポーツ帯同型インストラクターの場合、トップアスリートの指導の場合、ボランティアコーチの場合など、さまざまな指導形態に応じて安全配慮義務の中身を検討することとなる。

例えば成年を指導する会員制フィットネスクラブなどにおけるインストラクターに関しては、受講者が、学校の部活動における生徒よりも自己の健康管理能力に優れていると一般的には言えるため、学校の部活動の指導者に比べて受講者の健康状態に対する安全配慮義務が軽減されるといえる。

3 安全配慮義務の範囲

(1) 競技そのものから発生する事故について

競技に直接関係する行為により事故が発生したり、発生することが予想されたりする場合には、指導者は、自己が指導する競技について知識、経験を有する以上、かかる知識、経験に基づき、危険を防止する義務がある。

例えば、柔道の乱取り稽古においては、指導者が生徒の技能格差や体格差などについて配慮し、重大な事故が発生することをあらかじめ防止するなどの安全配慮義務の遵守が期待される。

また、自己の健康管理について十分な判断能力を持たない未成年の生徒の指導においては、生徒の健康状態や疲労具合、練習環境などについて指導者は日ごろから配慮するべきであり、かかる配慮を怠った場合には指導者や指導者を雇用する学校などの使用者も損害賠償責任を負う場合がある。

ラグビー部の合宿に参加した高校生が練習中に呼吸困難になって倒れ、多臓器不全にて死亡するに至った裁判例※4においても、ラグビー部監督がランニングパス練習中の生徒の体調の不調を認めた時点で生徒をただちに休ませ、同人に水分を補給させるなどの措置を講じていれば、生徒が熱中症に罹患し、もしくは既に罹患していた熱中症をさらに悪化させ、死亡するに至ることはなかったといえることから、被告の注意義務違反と本件事故との間には因果関係があるものといわざるを得ないと判示されていることからも、スポーツ指導者は、生徒の体調や競技の際の気温、環境などについて配慮し、生徒の健康、安全が害されないように配慮する義務が課せられている。

MEMO

※1 最判昭和50年2月25日
※2 福岡地小倉支判昭和59年2月23日判タ519号261頁
※3 最判平成18年3月13日
※4 静岡地沼津支判平成7年4月19日

(2) 競技外の要因による事故について

スポーツ指導者は、スポーツの練習中や競技中に通常想定される怪我や体調の急激な悪化などの危険防止だけでなく、スポーツの練習中や競技中に発生した自然現象などによる危険についても一定の場合には指導者は注意義務を尽くすべきである。

例えば、高校の生徒がクラブ活動としてサッカーの試合中に落雷により負傷した事故について、裁判所（最判平成18年3月13日）は、「落雷による死傷事故は、平成5年から平成7年までに全国で毎年5〜11件発生し、毎年3〜6人が死亡しており、また、落雷事故を予防するための注意に関しては、平成8年までに、本件各記載などの文献上の記録が多く存在していたというのである。そして、更に前記事実関係によれば、A高校の第2試合の開始直前頃には、本件運動広場の南西方向の上空には黒く固まった暗雲が立ち込め、雷鳴が聞こえ、雲の間で放電が起きるのが目撃されていたという。そうすると、上記雷鳴が大きな音ではなかったとしても、同行サッカー部の引率者兼監督であったB教諭としては、上記時点ころまでには落雷事故発生の危険が迫っていることを具体的に予見することが可能であったというべきであり、また、予見すべき注意義務を怠ったものというべきである」旨を判示し、落雷による生徒の負傷についてスポーツ指導者の注意義務違反を認めている。

熱中症については、県立高校のラグビー部員が対外試合の後熱中症で死亡した事案において、「熱中症、特に熱射病は、死亡率の高い重篤な疾病であり、ラグビー競技中に発症しやすい疾病であるから、ラグビー競技の部活動の指導者としては、部員が熱中症に罹患しないように十分に配慮すべき注意義務を負うのはもちろん、部員に熱中症の罹患を疑うべき症状をひとたび発見した場合には、直ちに安静にさせ、アイシングなどの応急処置をとるとともに医療機関に搬送すべき義務を負っているのにこれを怠ったこと」などを理由に、国家賠償を認めた判例[※5]や、県立高校の剣道部で、発声を返さず、熱中症のため自分が竹刀を払われて落としたことに気が付かず竹刀を構える仕草を続ける行動をした生徒に対して、「演技をするな」などと言いながら生徒の右横腹部分を前蹴りし、さらに熱中症で倒れた生徒の上にまたがり、生徒の頬に10回程度平手打ちをし、死に至らしめたことについて、顧問には、竹刀を落としたのにそれに気が付かず竹刀を構える仕草を続けるという生徒の行動を認識した時点で、生徒について、「ただちに練習を中止させ、救急車の出動を要請するなどして医療機関へ搬送し、それまでの応急措置として適切な冷却措置をとるべき注意義務があった」と認められるとして意識障害が生じた後の午前11時55分頃から実際に救急車の出動を要請した午後0時19分頃まで、救急車の出動を要請するなどして医療機関へ搬送するという措置を怠ったものであり、この点において、顧問には過失があり、また冷却措置を行わなかった病院にも過失があったと認められるとして、国家賠償を認めた判例など[※6]多くみられる。

(3) 指導者が注意をすべき危険の範囲について

前述のように、スポーツの指導者は競技そのものについて生徒の安全に配慮するだけでなく、気候や天候などにより生徒の安全に危険が生じそうな場合には、生徒の安全を確保するための措置をとらなければならない。

前述の落雷の判決からも明らかなとおり、スポーツ指導者は、指導を担当する競技自体の危険だけでなく、競技外の自然現象のような外的な要因についても、前記事案のように平均的なスポーツ指導者における一般的な感覚で、雨がやみ、空が明るくなり、雷鳴が遠のいたといったような事情から、危険は去ったから安全であろうと判断するべきではなく、過去の事例や参考文献などについても指導者は知った上で、対応策をとるべきであるといえる。

また、競技中だけでなく、競技前後においても、当該スポーツに関連した活動において、競技時間に近接した時間に発生した事故について、スポーツ指導者の安全配慮義務が問題となり、スポーツ指導者の責任が認められた判例[※7]がある。

例えば、高校の部活動前の清掃中に、先輩部員からプロレス技をかけられた後輩部員が四肢麻痺の障害を負ったことについて、顧問教諭の指導監督を及ぼすべきであるとし、学校法人の責任を認めた判例である。この判決では、当該スポーツに関連している場合に、競技の前後に発生した事故についてもスポーツ指導者の責任が認められている。

他に、県立高校の陸上部員が課外活動のため、やり投げ用の槍を、カバーをつけずに自転車で運搬中、それが一般女性にあたり、負傷させ、後遺障害を負わせた案件で、指導教諭は、カバーをつけるなどの安全措置を講ずるよう指導監督する注意義務があったとして県の責任を認めた判決などがある。

4 体罰・暴力・セクハラ・パワハラについて

指導を受ける者に対して、殴るなど有形力を行使したり、罰走をさせたりという体罰を与えたりすることがある。特にスポーツの現場では日常的に行われることが多いといわれている。

指導者個人のストレスをはらすためや自己満足のために体罰を与えてはならないことはいうまでもないが、指導を受ける者の競技力を向上させるため、ということも体罰を正当化する理由にはならない。そもそも体罰を与えても、競技力の向上にはプラスの効果はないというのが一般的な見解である。体罰は、刑法上も、暴行罪や傷害罪などに該当するものである。

また、指導者と指導を受ける者という関係にある場合、指導者が強いという権力関係にあるため、指導者に悪気がなかったとしても、指導者の性的言動、その他の言動や行為により、指導を受ける者が、恐怖を感じたり、不快な思いをしたりすることがあり、いわゆるセクシャル・ハラスメントやパワー・ハラスメントに該当することがあり得る。

平成24年9月にバスケ部主将となった公立高校の男子生

徒が、同年12月、「一生懸命やったのに、なぜ僕だけあんなにシバきまわされなければならないのか。理不尽だと思う。もう学校に行きたくない」とする顧問宛ての手紙や家族への遺書を残し、自宅で自殺した件で[※8]、東京地裁は、体罰と自殺の因果関係を認め、市に7,500万円の賠償を命ずる判決を出した。公立高校であるから、顧問個人に賠償は認められなかったが、顧問の行為が違法とされたものである。これ以外にも体罰を受けて自殺をした案件や傷害を負ったという案件は多数あるが、指導の一貫としても、体罰を用いることはしてはならないと強く認識しなければならない。

（公財）日本体育協会も「スポーツ界における暴力根絶宣言[※9]」を出しているので、参考までに、その中のスポーツ界における暴力行為根絶の宣言を抜粋する。

一．指導者
○指導者は、スポーツが人間にとって貴重な文化であることを認識するとともに、暴力行為がスポーツの価値と相反し、人権の侵害であり、全ての人々の基本的権利であるスポーツを行う機会自体を奪うことを自覚する。
○指導者は、暴力行為のためによる強制と服従では、優れた競技者や強いチームの育成が図れないことを認識し、暴力行為が指導における必要悪という誤った考えを捨て去る。
○指導者は、スポーツを行う者のニーズや資質を考慮し、スポーツを行う者自らが考え、判断することのできる能力の育成に努力し、信頼関係の下、常にスポーツを行う者とのコミュニケーションを図ることに努める。
○指導者は、スポーツを行う者の競技力向上のみならず、全人的な発育・発達を支え、21世紀におけるスポーツの使命を担う、フェアプレーの精神を備えたスポーツパーソンの育成に努める。

二．スポーツを行う者
○スポーツを行う者、とりわけアスリートは、スポーツの価値を自覚し、それを尊重し、表現することによって、人々に喜びや夢、感動を届ける自立的な存在であり、自らがスポーツという世界共通の人類の文化を体現する者であることを自覚する。
○スポーツを行う者は、いかなる暴力行為も行わず、また黙認せず、自己の尊厳を相手の尊重に委ねるフェアプレーの精神でスポーツ活動の場から暴力行為の根絶に努める。

三．スポーツ団体および組織
○スポーツ団体および組織は、スポーツの文化的価値や使命を認識し、スポーツを行う者の権利・利益の保護、さらには、心身の健全育成および安全の確保に配慮しつつ、スポーツの推進に主体的に取り組む責務がある。そのため、スポーツにおける暴力行為が、スポーツを行う者の権利・利益の侵害であることを自覚する。
○スポーツ団体および組織は、運営の透明性を確保し、ガバナンス強化に取り組むことによって暴力行為の根絶に努める。そのため、スポーツ団体や組織における暴力行為の実態把握や原因分析を行い、組織運営の在り方や暴力行為を根絶するためのガイドラインおよび教育プログラムなどの策定、相談窓口の設置などの体制を整備する。

（公財）日本体育協会は、このほかに、人道的問題（指導者の競技選手に対する暴力やセクシャル・ハラスメントなど）あるいは補助金などの不適切な処理問題など諸問題に対する十分な留意が必要との認識から、常に公明正大でかつ健全化を目指した組織体制の整備と健全な組織運営を図っていくための指針として、倫理に関する諸事項をガイドラインとしてまとめた。「スポーツ指導者のための倫理ガイドライン」や、（公財）日本体育協会が理想とする「望ましいスポーツ指導者像」について取りまとめた「21世紀のスポーツ指導者－望ましいスポーツ指導者とは－」を作成しHP上で公開しているので、参考にされたい。

MEMO
※5 佐賀地判平成17年9月16日
※6 大分地判平成25年3月21日
※7 横浜地判平成13年3月13日
※8 東京地判平成28年2月24日判時2370号7頁
※9 「スポーツ界における暴力根絶宣言」（公財）日本体育協会 PDF

6 スポーツ器具製造者などの法的責任

1 責任が発生する場合

スポーツ器具製造者などは、製造物※1の欠陥に起因するスポーツ事故について、無過失での賠償責任を負う※2（製造物責任法第3条第1項）。また、製造物の欠陥とまではいえなくとも、スポーツ器具製造者などの過失によって損害が生じた場合には、不法行為に基づく損害賠償責任を負う※3（民法第709条）。

2 責任の範囲

(1) 責任主体

当該製造物の①製造業者、②加工業者、③輸入業者は、製造物責任法の責任主体である。また、これらの者でなくとも、④自ら当該製造物の製造業者として当該製造物にその氏名、商号、商標その他の表示をした者または当該製造物にその製造業者と誤認させるような氏名などの表示をした者も責任主体である。さらに、これらの者のほか、⑤当該製造物の製造、加工、輸入または販売に係る形態その他の事情からみて、当該製造物にその実質的な製造業者と認めることができる氏名などの表示をした者も責任主体である。

最も注意しなくてはいけないのは、④についてである。④の具体例としては、実際には製造・加工・輸入をしていなくても、『製造元』、『輸入元』などの表示とともに自己の名称を表示した者などが挙げられる。さらに、例えば、製造・加工・輸入をしていないのにブランド名などの商標の使用を許諾した商標権者についても、事情によっては④に含まれ得るが、この点については具体的な事案に応じた慎重な検討が必要となる。この責任の根拠は、利用者が、このブランド名の表示をもって製造業者を示すものと誤認する可能性が高いので、その利用者の信頼を保護する点にあるから、そのような信頼が生じるような有名な商標なのか否かが検討される必要があるからである。これらの責任は、他の事業者が明確に『製造業者』として名称を記していても、そのことのみをもって責任が否定されるわけではない。

(2) 製造物の欠陥

主として、「欠陥」に該当するか否かが問題となることが多いが、「欠陥」とは、「当該製造物が通常有すべき安全性を欠いていること」とされている（同法第2条第2項）。

欠陥の類型として、一般的には、設計上の欠陥（製品の設計自体が安全性を欠いている場合）、製造上の欠陥（設計や予定された仕様と異なって製造された場合）、指示・警告上の欠陥（製品に付属して提供すべき適切な指示・警告を欠いている場合）の3点での分類がなされている。このように、製造業者としては、設計や製造についての安全性への配慮だけではなく、指示・警告の内容および方法についても安全性への配慮が必要となる。そして、宣伝で製造物の安全性が強調されている場合には、消費者が宣伝内容を念頭において指示・警告の効果を弱めることになる可能性があるから、指示・警告の欠陥の判断においては、宣伝の有無および内容も総合的に考慮される。

(3) 欠陥部分の特定の要否

実際の訴訟において、製造業者が、『製造物のどの部分に欠陥があったのか明らかにせよ』と反論することがある。しかし、製造物についての情報は、主に製造者などが有している。そのため、もし被害を受けた者が欠陥の部分を特定しなければならないとなると、製造者などへの責任追及が困難となる。

この点について、裁判例では、欠陥部分を特定する必要まではないと判じている※4。また、別の裁判例では、「通常の用法にしたがって使用していたにもかかわらず、身体・財産に被害を及ぼす異常が発生したことを主張・立証することで、欠陥の主張・立証としては足りるというべきであり、それ以上に、具体的欠陥などを特定した上で、欠陥を生じた原因、欠陥の科学的機序まで主張立証責任を負うものではない」とも判じている※5。

(4) 不法行為に基づく損害賠償責任

引渡時には「欠陥」がなかったが、経年劣化などによって安全性に問題が生じることがあり得る。このような場合には、製造業者には一切責任がないのであろうか。

例えば、製造業者が定期的にメンテナンスを実施している場合において、経年劣化により製造物が危険な状態であることを認識できたにもかかわらず、そのことを見落としていたなどの事情があれば、その他の具体的な事情にもよるが、不法行為上の責任が肯定される場合もあり得る。

ただし、製造物を一度は引き渡している製造業者に対して、具体的に、どれほど厳格な注意義務を課すことができるのかは慎重に検討する必要がある。例えば、危険性があることを認識した場合には、その旨を管理者や利用者などに伝えて修理や買替を打診すること、あるいは危険性を一般利用者に周知徹底することは、通常必要であろう。しかし、それを超えて、使用禁止の措置をとる、あるいは強制的に回収する措置をとることが必要か否かについては、当該時点において想定される使用態様、ならびに危険性の内

容・程度および管理者の協力の有無・程度などにもよると考えられる。

3 国または団体の安全基準との関係

実際の訴訟においては、製造者などは「国の安全基準を満たしているので、欠陥はない」と反じる場合があるが、国の基準は守るべき最低限度の基準であるという位置付けを考えると、それを守っていたからといって、ただちに製造者などの責任が否定されるわけではない。裁判例でも製造者などが国の基準を守っていた事案においても欠陥を認めている[※6]。

4 賠償の範囲

製造物責任法に基づく責任の内容は、物的損害、人的損害（逸失利益、休業損害、精神的損害）、弁護士費用などが挙げられる。

製造物責任法には免責を認める規定が存在するものの、現時点において、この免責規定の適用が認められた例は存在しない。また、製造物について「当社は、一切の責任を負いません」などという記載があっても、基本的には効力を有しないと考えられる。

また、製造物責任法は、冒頭にも記載したように無過失責任を規定する。

そのため、製造業者などは、事前に対策をとることにより、「欠陥」（指示・警告上の欠陥を含む）に該当するような製品を製造しないということが重要である。

5 PL保険

以上の責任は、製造業者側から見れば、無過失責任という大きな企業経営上のリスクである。そのため、万が一注意を尽くしていても起きてしまう不慮の事故に備えて、生産物賠償責任保険（いわゆるPL保険）が存在する。

PL保険の保険契約者となり得る者は、対象となる製品の流通過程に携わるすべての者である。また、現実に保険金の支払いを受ける被保険者は、製造物責任法上の責任主体である製造業者・加工業者・輸入業者に加えて、販売業者であってもよい。

この保険によって担保され得る損害には、物的損害、人的損害（逸失利益、休業損害、精神的損害）、弁護士費用にとどまらず、緊急措置のための費用および損害の防止、もしくは軽減のために支出した必要または有益な費用も含まれる。

その他、PL保険は、保険商品の１つなので、保険約款および保険会社との契約内容によることになる。例えば、保険金が支払われない場合（いわゆる免責事由）として、保険約款は、故意による事故、天変地異による事故などを挙げている。

MEMO

※1 【製造物】製造物責任法における「製造物」とは、「製造または加工された動産[※7]」を意味する（同法第2条第1項）。製造物責任は、引き渡した製造物の欠陥が原因となって生じた損害が当該製造物についてのみの場合には発生しない（同法第3条但書）。この場合には、売主の民法上の契約責任、および製造業者に過失があるときには不法行為に基づく損害賠償責任の問題となる。
※2 製造業者などは、その製造、加工、輸入または前条第三項第二号若しくは第三号の氏名などの表示をした製造物であって、その引き渡したものの欠陥により他人の生命、身体または財産を侵害したときは、これによって生じた損害を賠償する責めに任ずる。
※3 故意または過失によって他人の権利または法律上保護される利益を侵害した者は、これによって生じた損害を賠償する責任を負う。
※4 スポーツ器具ではなくテレビからの発火の事案・大阪地判平6年3月29日判時1493号53頁
※5 仙台高判平22年4月22日判時2086号42頁
※6 最判昭53年7月25日判時909号45頁
※7 【動産】空間の一部を占めて有形的存在を有する固体・液体・気体の全てが「動産」に該当する。他方、不動産であれば、「製造物」に該当しないので、製造物責任法は問題とならず、過失があった場合に民法上の損害賠償責任が問題となるにすぎない。また、「製造」または「加工」に該当するか否かは、危険性の除去可能性などについて、社会通念に照らして総合的に判断される。

《項目の参考文献》
▽「くらしの法律相談⑨　ＰＬ法（製造物責任法）の知識とＱ＆Ａ」木ノ元直樹著　（株）法学書院　品切れ
▽「ＰＬ法と取扱説明書・カタログ・広告表現」梁瀬和男著　産能大学出版部　品切れ
▽「企業のＰＬ対策」北川俊光著　（株）日科技連出版社　3,300円（本体）

コンタクトスポーツの安全性

表参道総合法律事務所　弁護士　川添　丈

　スポーツが身体活動を伴うものである以上、スポーツ事故による生命や身体への危険を完全に防ぐことはできない。ただし、スポーツの種目によって危険の原因や内容はさまざまである。例えば、ハンググライダー、ダイビング、登山などの大自然を舞台とする種目は、自然の力に翻弄されれば生命も危険にさらされる。モータースポーツのようなスピードを競う種目は、一度事故が発生すれば生命の危険に直結する。また、射撃、アーチェリー、投てき競技など、危険を伴う器具を用いる種目においては、器具の用法を誤ることで生命や身体に危険が生じかねない。

　これに対して、コンタクトスポーツといわれる種目においては、主としてプレーヤー同士の身体接触により危険が発生するものである。ボクシング、柔道などの格闘技のように相手の身体への直接攻撃を内容とする種目もあれば、サッカー、ラグビーのように得点やスピードを競う過程で身体接触を伴う種目もある。種目によってコンタクトのレベル、程度は異なるが、危険の発生原因がプレーヤー同士の身体接触である点は異ならない。自然環境や器具により生じる危険ではなく、身体の接触、人力による危険であるから、必ずしも常に生命の危険に直結するほどの危険ではなく、その点では上述の他のスポーツに比べれば危険のレベルは高くないが、競技の過程で身体接触が常に行われるという点では危険の発生頻度は高いということができる。

　プレーヤー同士の身体接触により危険が発生するのであるから、コンタクトスポーツにおける安全性を確保するためには、当該種目における「ルール」が大きな重要性を持つ。身体接触が避けられないとしても、過度な接触、危険な接触方法を排除することが、相手プレーヤーの身体の安全を確保する上で重要であり、それこそが「ルール」の役割といえる。さらに、プレーヤーにこの「ルール」を遵守させなければ、相手プレーヤーの安全は確保できないのであるから、「ルール」の重要性をプレーヤーに認識させるための啓蒙活動、指導方法も同様に極めて重要である。その点では、当該種目を統括するスポーツ団体の果たす役割も重要である。統括団体として、ルールの見直しも含めて常に適切なルールを設定し、適切な啓蒙活動、指導方法を確立することが、コンタクトスポーツの安全性を実効的に確保するために重要なのである。

　サッカーにおいてルール改正は毎年のように行われているが、背後からのチャージやタックルの禁止がなされたことは、その良い一例といえる。プレーヤーが予期できない背後からのチャージやタックルは、選手生命にも影響を与える重大な傷害の原因となりかねないが、従前は明確に禁止されていなかったところ平成2年頃に禁止され、以後は国際サッカー連盟（FIFA）や各国協会による指導者や審判への講習、研修も含めてルールに関する啓蒙活動が行われ、現在では危険性が広く認識され、違反には厳しい処分がなされている。コンタクトスポーツにおいては、このような適切なルールの設定や改正、そして統括団体による徹底した指導が安全確保に大きな機能を果たすといえる。

　さらに、スポーツがより身近になった現代社会では、単に危険防止の目的だけでなく、年齢や身体状況に応じた細かなルール設定も必要となっている。体力的に劣る少年やシニアの場合には、タックルを禁止したり、ボディタッチのみでプレーを停止させたりするなど、コンタクトレベルを下げるルール上の工夫をすることで、より多くの人がコンタクトスポーツをプレーしやすい環境を作ることができる。これが、タッチラグビー、フラッグフットボールのように新たな種目として認知されるとともに、競技人口の拡大や競技年齢の拡大にもつながり、スポーツの普及、わが国のスポーツ文化の発展、充実につながるともいえよう。

第2章

事故の原因と対処法
（競技種目編）

球技

1 野球

事故のポイント／争点

○ バット、ボールなど**用具に起因**する事故が多い。
○ 近年、特に少年野球において**心臓震盪**※1による死亡事故が問題となっている。
○ 守備中、野手が交錯・衝突する事故も多い。

事故防止対策

○ 心臓震盪対策には胸部保護パッドの装着やAEDの設置が有効である。
○ バットを振る際や、ボールを投げる際には**周りを見る、ボールから目を離さない**といった基本を徹底する。

お互いに合図して
ぶつからないように
してください。

MEMO

基本情報をチェック！
（公財）日本野球連盟　　http://www.jaba.or.jp/
（一財）全日本野球協会　http://www.baseballjapan.org/jpn/
（公財）日本学生野球協会 http://www.student-baseball.or.jp/
（一社）日本プロ野球機構 http://npb.jp/

1 はじめに

　日本において野球は、競技人口の多いスポーツであるゆえ、事故事例も非常に多い。金属ないし木製のバット・ボール（軟式・硬式）というその物自体に危険性をはらむ用具を用いたスポーツであるから、これらの用具による事故が多い。プロを含み若年層から壮年層まで競技者が多く、特に若年層を統括する各種団体において安全対策が講じられており、他競技より比較的安全対策が進んでいるスポーツである。

2 事故類型と対策

（1）総論

　野球はバット・ボールなどの用具を用いて行うスポーツであるため、以下のように用具が関係する事故が非常に多く、野球での事故の大半を占める。その他選手同士の接触事故も多い。

（2）事故類型

1）通常の事故

① 事故事例

イ　バットによる事故

素振り中の不注意で周りの者にバットが直撃し、歯牙障害、聴力障害を発症するケースや、ノッカーのバットがノッカーに球を渡す者に直撃し、歯牙障害、神経障害を発症させた事案がある。

ロ　ボールによる事故

グラウンドの整備不良によるイレギュラー、暗い曇天時のプレーなどにより、取り損ねたボールが野手の顔面や胸部などを直撃し、歯牙障害、視力障害、手指機能障害などを発症した事案が多く見られる。次に、ノック練習中に打球から目を離していた選手に打球が直撃し、歯牙障害、視力障害を発症したというケースも多い。

また、防球ネットの破損や配置ミスにより、打撃練習中に打球が防球ネットをすり抜け、打撃投手・マシン操者・野手を直撃し、視力障害、歯牙障害、胸腹部臓器障害を負った事案がある。ティー打撃練習中に、トスを上げる者に打球が直撃した事案もある。そして、自打球が顔面などに直撃し、視力・眼球運動障害、歯牙障害、胸腹部臓器障害を発症したというケースもある。複数の場所で打撃練習を行う際に、同時に打撃することにより、投手や守備中の選手に打球が当たる事案もある。

さらには、頭部へのデットボール[※2]やファウルチップがマスクを着用していなかった球審の目に直撃し、視力障害を発症したというケースもある。

ハ　交錯などによる事故

守備中に野手が交錯、衝突して下肢切断といった重大事故を引き起こす事案がある。また、ダイビングキャッチに失敗して下腹部を強打し、胸腹部の臓器障害を発症したり、脊髄を損傷したりするといった重大事故も起きている。

ニ　心臓震盪

多くの事案が18歳以下の若年層で生じている。キャッチボールのボールが胸部直撃や、ノックで取り損なったボールが胸部に直撃して心臓震盪を発症した事案、他人の振った金属バットが胸部に当たって心臓震盪を発症した事案などがある[※3]。心臓震盪が発症したほとんどの事案では死亡という重大な結果が生じている。

ホ　オーバーユース

普段の練習時からの投球過多、試合での連投による投げすぎにより肩や肘の故障が問題となっている。

※1【心臓震盪】（しんぞうしんとう）胸部に衝撃が加わったことによる心臓停止。比較的弱い衝撃を心臓の真上周辺に受けることにより、心臓の筋肉が痙攣する心室細動の状態となり、致死的な不整脈が起こり心停止するという例が多い。子どもに多発し、野球・ソフトボールなどの球技や遊びの中で起こる。迅速な除細動の実施が必要（松村明編「大辞林（第三版）」心臓震盪の項目から引用）。

※2【頭部へのデッドボール】大正9（1920）年8月16日に、米大リーグ・インディアンズのレイ・チャップマン選手が投球を頭部に受け、翌日死亡した例がある。日本では、昭和45年8月26日に田淵幸一選手が投球を左のこめかみ部分に受けて昏倒した例がある。その後、耳あて付のヘルメットが義務付けられることになった。

※3 心臓震盪から子供を救う会　HP

② 対策
イ　バットによる事故
バットを振る範囲に人がいないことなど安全確認や、バットを放り投げたりしないことを徹底する[※4]。

ロ　ボールによる事故
イレギュラーしたボールが野手の顔面や胸部などを直撃するという事故への対策については、練習を開始する前に小石や異物がグラウンドに落ちていないか状態をチェックし[※5]、練習中も「一定程度の練習を行ったら常にグラウンドを整備する手間を惜しまずやること」という基本を徹底することが必要である[※6]。

指導者は、練習の実施の時間帯や方法に応じて、きめ細かく安全に配慮する義務があるとされている[※7]。照明設備がないグラウンドでの練習の場合には、ボールが見にくくなる暗い曇天時や日没後にはボールを使った練習を行わないといった対応も必要である。

次に、ノックをする場合、準備が整ったことを確認し、十分意思疎通を図って行い、同時に打球の方向にいる選手の動静にも注意を払い、選手の態度如何によっては一時中止して注意喚起し、危険の発生を未然に防止すべき義務があるとされている[※8]。このことからすれば、ノッカーはノックの対象となる選手のみならず、ノックに参加していない者も含め全選手にノック中のボールの行方から目を離さないよう注意を促し、打つ前に声をかけ選手に注意を促してから打つようにする。また、外野へのノックにあたっては、選手の注意がノック球に向けられていることを確実に確認した上で実施するということも事故防止にとって重要なことである。誤った送球による事故を防ぐためには、「打球を処理してからの送球先を十分声掛けをして行うこと」や「野手がファンブルした時に、送球先が変わることがあることも十分理解して守備につく」という意識をプレーヤーが自ら持ち、指導者としても常にそうした意識付けを行うことが挙げられる[※9]。打撃練習中に防球ネットを打球がすり抜け、打撃投手などを直撃する事故への対策について、指導者には、自ら防球ネットの損傷の有無を確認するか、選手に対し絶えず確認し、損傷がある場合には必要な補修をするよう指導すべき義務があるとされている[※10]ことから、選手・指導者ともに防球ネットの損傷の有無を確認し、損傷がある場合には必要な補修をすることが必要となる。また、防球ネットの配置が適切でないことから防球ネットで捕捉できなかったり、防球ネットのフレームに当たり方向が変わり打球が選手を直撃したりする事故の対策として、ネットを適切な位置に設置し、マシン操作者がネットで保護されるように、同ネットから出ないようにすることが考えられる[※11]。防球ネットを設置する際は、複数名で安全確認を行う。その他、防球ネットの配置の具体的な方法については、（公財）日本高等学校野球連盟発行の「高校野球の事故防止対策について」において、詳しく記載されている。

打撃投手にボールが直撃する事故を防ぐために、打撃投手には必ずヘルメットを着用させる必要がある[※12]。投手用ヘルメットと打者用ヘルメットでは衝撃に対する基準が異なるため、投手は絶対に打者用ヘルメットを使用してはならない。

ファウルチップが主審の目に直撃するという事故への対策としては、指導者には、審判をする場合の危険性について周知徹底するとともに、必ずマスクを着用することを指示するなどして指導する義務があるとされている[※13]。マスク、プロテクター、レガースの着用をせずに審判行為をすることは無謀であり、公認野球規則で義務化している捕手同様に考えるべきである。

ハ　交錯などによる事故
交錯の防止については、プレーヤー同士の「声掛けが不十分」であることが原因として挙げられる。そこで、このような事故防止のために、「守備をしている野手全員で声掛けをし、次のプレーへの集中力を高める」ことが重要である。もっとも、大会では声援のため声が聞こえないこともあり、あらかじめ野手間で守備範囲を把握させることも重要である。本塁上での衝突を防ぐため、コリジョンルール[※14]が平成28年度の公認野球規則で採用されている。

なお、ダイビングキャッチでの事故への対策としては、芝生などの柔らかい場所で普段から正しいダイビングキャッチの仕方を練習しておくことが重要である。

MEMO

※4、5 「部活動中の事故防止のためのガイドライン」東京都教育委員会　**HP**
※6 「高校野球の事故防止対策について」（公財）日本高等学校野球連盟　**HP**
※7 東京高判平成6年5月24日判タ849号198頁
※8 広島高判平成4年12月24日判タ823号154頁、名古屋地判平成18年11月28日判タ241号189頁、徳島地判平成26年3月24日
※9 「高校野球の事故防止対策について」5頁②（公財）日本高等学校野球連盟　**PDF**
※10 神戸地尼崎支判平成11年3月31日判タ1011号229頁
※11 横浜地判平成25年9月6日LLI／DB判例秘書登載
※12 「高校野球の事故防止対策について」2頁（公財）日本高等学校野球連盟
※13 京都地判平成5年5月28日判タ841号229頁

ニ 心臓震盪対策

心臓震盪防止には、胸部パッドの装着が有用である。リトルリーグでは胸部パッドの装着を義務付けている。心臓震盪を発症した場合、ただちに除細動を実施する必要があり、AED[※15]が必要となる。AEDの操作方法を習得し、練習場などのAEDの設置を確認する必要がある。

ホ オーバーユース

MLBではPitch Smartを策定し、若年層の1日の球数と休息日数を整理して公表した[※16]。日本においても、(一社)日本臨床スポーツ医学会整形外科部から若年層の球数制限が提言されている[※17]。また、(公財)運動器の10年・日本協会、日本整形外科学会、全日本野球連盟が共同で「長く野球を続けるための10の提言」を打ち出している。

2) 施設に関係する事故

① 事故類型

グラウンドの状態が悪かったり、小石や異物が落ちていたりした場合に、打球がイレギュラーバウンドし選手を直撃するという事故が多い。防球ネットを超えボールがグラウンド外へ飛び出し、人や民家などを直撃する事故もある。

② 指導者、管理者の対策

グラウンドに関しては、前述したように練習前後や試合前後に入念に整備を行うことが必要である。ボールのグラウンド外の飛び出しについては、防球ネットの設置や増設、飛び出しをしないよう練習場所や方法の変更など工夫が必要である。

> 野球場で起こり得る事故については 参照 204頁

3) 用具・器具に関係する事故

① 事故類型

ピッチングマシンの不具合による事故、前述したようなピッチングマシンと防球ネットの配置ミスや破損によって打球がマシン操者や打撃投手を直撃するという事故が多い。また、ボールの打ち出し穴から打球が打ち返されて、補給者に当たる事故もある。

② 対策

打撃練習前に、周りに誰もいない状況でバッティングマシンの調整を行う。漏電防止のため、雨天時には使用しないこと、補給者に捕手用マスクを装着させることや、マシン専用の仕切りネットを設置することも重要である。また、日々のメンテナンスで、ドラムのチェックや油の補給を行うなど機器の不具合に注意する必要がある。また、説明書記載の使用方法以外の使用をプレーヤーにさせないことはもちろん、指導者不在時にマシンを使用させないことも事故防止としては重要である。防球ネットについては、前述の2(2)②ロを参照されたい。

4) 天災に関係する事故

① 事故類型

屋外で行う競技であるため、熱中症や落雷事故[※18]などが起きる可能性がある。

② 対策

イ 熱中症への対策

こまめに水分を摂取することが何よりも重要である。指導者は、季節に応じ適切な休憩時間を設定し、飲水を奨励チェックすることが重要である。指導者は、熱中症について環境省作成の「熱中症環境保健マニュアル」などを一読し、その

※14【コリジョンルール】衝突防止のための規則で、公認野球規則6.01項に規定されている。
※15【AED】Automated External Defibrillator(自動体外式除細動器)。突然、心停止状態に陥った人に用いる救命装置。心電図を自動計測して、必要な場合は電気ショックを与える。多くの装置は音声指示にしたがって簡単に操作できる(松村明編「大辞林(第三版)」AEDの項目から引用)。
※16「MLB Pitch Smart」 HP
※17「青少年の野球障害に対する提言」(一社)日本臨床スポーツ医学会 HP
※18 平成26年8月6日、愛知県内の高校のグラウンドで、練習試合中にマウンドに立っていた投手が突然倒れた。関係者によると、まず雷音が鳴り、その約10秒後に「ドーン」という音とともに目の前がパッと光り、マウンドで投手が動かなくなっていたという。同投手は、病院に運ばれ、意識不明の重体となっていたが、翌日死亡した。

概要を理解しておく必要がある。このような資料を参照せず、また、同マニュアルなどに記載のある熱中症予防運動指針、その他信用できる情報源の指針にしたがって判断せず、漫然と練習を続けさせた結果、生徒が練習中に熱中症で倒れた場合に指導者は、監督者としての責任を問われる場合がある[19]。

□ 落雷への対策

詳細は第4章にて述べる。なお、高校野球の試合で避雷針が12本もあったにもかかわらず、グラウンドに雷が直撃した事例がある。したがって、指導者は避雷針があるからといって過信せず、雷音がしたら速やかにプレーをやめ、避難させることが対策として考えられる。

落雷事故および熱中症事故に関する法的責任については 参照 270頁

3 事故発生分析

（1）総論

（独）日本スポーツ振興センターの学校事故事例検索データベースによると、災害共済給付において平成17年から平成27年の間に給付した野球における死亡障害事例は、734件に及ぶ。

（2）事故発生件数

1）障害内容件数

① 死亡事例

同データベースによると、学校関係で起きた野球による死亡事例は30件ある。その原因としては、心臓系突然死が12件と最も多く、以下、熱中症が4件、頭部外傷が3件、中枢神経系突然死が3件、内臓損傷が1件と続く。

② 障害事例

同データベースによると、学校関係で起きた野球による障害の内容としては、視力・眼球運動障害が321件、歯牙障害が240件あり、この2つが大半を占めている。その他の障害内容としては、胸腹部臓器障害が42件、精神・神経障害が39件、外貌・露出部分の醜状障害が33件、手指切断・機能障害が13件、下肢切断・機能障害が6件、聴力障害が6件、上肢切断・機能障害が2件、脊柱障害が1件、そしゃく機能障害が1件である。

2）事故発生状況

障害発生原因のほとんどが、バット・ボールなどの用具を原因とする事故である。同データベースにおける平成24年度の事故発生状況を見ると、取り損ねたボールが野手の顔面、胸部などを直撃したという事故をはじめ、自打球が直撃したという事故、打撃練習中に防球ネットを打球がすり抜け、打撃投手・マシン操者・野手を直撃したという事故、素振りしたバットが直撃したという事故などがみられる。

4 事故と法的責任

（1）指導者に対する法的責任

前述した裁判例のほか、過去の裁判例を見ると、指導者には以下の民事上の責任が問われている。

バットを放投するというスイング修正練習中に、放投したバットが他の選手の左眼にあたり失明させたことに対して、指導者に過失（バットを放投するという危険な練習を行う際には、周りに注意を促し、バットが飛ぶおそれのある範囲にいる者を移動させるなど危険が及ばないよう配慮すべき注意義務違反）があるとされた[20]。

また、高校の野球部員のフリーバッティングの打球が、同一グラウンドでコートのライン引きをしていたハンドボー

MEMO

[19] 高松高判平成27年5月29日判時2267号38頁
[20] 福岡地小倉支判平成17年4月21日判時1896号136頁
[21] 福岡地小倉支判昭和59年1月17日判時1122号142頁
[22] 仙台地判平成17年2月17日判時1897号52頁
[23] 東京地判平成元年8月31日判時1350号87頁
[24] 大阪地判平成11年7月9日判時1920号161頁
[25] 「安全対策マニュアル リトルリーグ北関東連盟」 HP

ル部員の頭部に当たり、外傷性くも膜下出血、脳挫傷の傷害を負わせた事故につき、校長に事故対策の徹底と指導を怠った過失（事故対策の周知徹底を図るだけでなく、野球部と他部間の利害がからむ練習時間、練習方法の組み合せなどを各部の生徒の自主的決定のみに委ねることなく、指導者間で積極的に打ち合わせ、計画し、かつ厳守するよう事故防止のための人的物的な仕組みないし体制の確立と実行を具体的に指示し、事故の発生を未然に防止すべき注意義務違反）があるとされた[21]。

　上記の裁判例のほか、先の事故対策で指摘した裁判例からすれば、指導者の注意義務は、特に練習の場面において多岐に及んでいる。指導者としては、各練習におけるリスクをできる限り洗い出し、絶えず、その対策が十分か入念に検討する必要がある。

　オーバーユースについて、指導者の法的責任を認めた裁判例は現在のところ存在しない。米国では、選手の休息（特に睡眠）の必要性が重視されており、メジャーリーグベースボールにおいては、選手会との労働協約において、平成30年のシーズンから、シーズン中の休息日を増加するなどの施策を基本合意している。こうした傾向からすれば、十分な休息を付与せずに連投をさせた場合、指導者に法的責任が認められる時代が来る可能性が高いことに留意すべきである。

　脳振盪の問題について、野球はコンタクトスポーツではないことから、その対策がサッカーやラグビーなどと比べて遅れている。先に事故事例で挙げた選手同士の衝突事故や頭部へのデッドボール、そして打者のフォロースルーが捕手の頭部を直撃するなどの脳振盪事例が起きている。また、平成28年には、（一社）日本プロ野球機構が、脳振盪の疑いで出場選手登録を外れた場合に、機構が定めたプログラムにしたがって段階的に6段階のメニューを消化し、医師から問題ないと診断されれば通常の再登録期間である10日を待たずに再登録ができるという脳振盪特例措置を導入しており、関心が非常に高まっている。このような現状からすると指導者としては脳振盪の対応についても知識を得て実践できるようにすべきである。こうした対策を怠った場合には指導者の責任が認められる可能性があるといえる。

　心臓震盪については、小学生が公園内で軟式ボールを使用しキャッチボールをしていたところ、投球が誤って付近で遊んでいた別の小学生の心臓部に当たり、心臓震盪を引き起こして死亡させた事案がある。周りに遊具があり、しかも他のグループも遊びに興じていたという危険な状況でのキャッチボールを避けるよう注意義務を怠ったという投球者の親の過失を認めたという裁判例である[22]。この裁判例は親の責任を認めたものであるが、前述のように、心臓胸部パッドの装着を義務付けている団体があることや、AEDの設置が求められており心臓震盪についての関心が高まっている現状からすると、指導者にも責任が認められる可能性があるといえる。指導者としては脳振盪と同様に心臓震盪の対応についても知識を得て実践できるようにすべきである。

（2）競技者に対する法的責任

　ルールにしたがってプレーをしていれば、基本的には法的責任を問われない[23]。しかし、ダブルプレーの練習において、指導者や捕手の指示を不注意で聞いていなかったため、予期しない選手めがけて送球し、相手選手が失明した選手の過失を認め、損害賠償を命じた裁判例[24]もあるとおり、ルールから逸脱した行動をとった場合は法的責任が認められる。

5　競技関連団体の予防対策

　（公財）日本高等学校野球連盟では、「高校野球の事故防止対策について」というマニュアルを作成し、各都道府県連盟を通じて加盟各校に配布している。また、リトルリーグ、シニアリーグ、ボーイズリーグ、ポニーリーグなどのリーグは、心臓震盪事例が他の年代に比べて多いため、胸部パッドの着用を義務付け、心臓震盪予防を行っている団体・チームが多い[25]。各都道府県教育委員会は、部活動中の事故防止ガイドラインを作成し、各校に配布している。

競技種目について学ぶための書籍
▽「プロ直伝!!野球ひじ・野球肩の治し方と予防法」（株）日東書院本社　1,300円（本体）

《項目の参考文献》
▽「スポーツ事故の法務―裁判例からみる安全配慮義務と責任論」
　日本弁護士連合会弁護士業務改革委員会　スポーツエンターテインメント法促進PT編著　（株）創耕舎　3,333円（本体）
▽「学校における体育活動中の事故防止について」体育活動中の事故防止に関する調査研究協力者会議　HP
▽「部活動中の事故防止のためのガイドライン」神奈川県教育委員会　HP

球技 2 サッカー

事故のポイント／争点

○ <u>ゴールポストの転倒</u>事故も発生している。
○ <u>蹴ったボールが衝突</u>することにより眼や頭などの怪我も発生している。

事故防止対策

○ 事故事例を学び、事前にその**危険を排除**する。
○ 現場に必要な**救急のための知識と技術**を身に着ける。
○ **競技規則を遵守**し、フェアプレーを心掛ける。
○ 自己の身体を知り、自己の身体を**コントロール**する。
○ 怪我の予防やコンディショニングに効果的な**ウォーミングアップ**を実施する。

頭部にボールがぶつかった際には脳振盪に気を付けてください。

MEMO

基本情報をチェック！
（公財）日本サッカー協会（JFA）　http://www.jfa.jp/

1 はじめに

　サッカーは、ボール以外に特別な道具を必要とせず、ルールが比較的単純なため、老若男女を問わず、世界中のあらゆる地域でプレーされており、競技人口および国際的な知名度の点で、世界で最も人気のあるスポーツの一つである。
　ピッチ内には22名以下の選手が入り乱れて、主に足を使ってボールを奪い合いながら得点を競う。ラグビーやアメリカンフットボールほどではないにしても、激しい身体的接触を伴うスポーツであるため、サッカーには怪我がつきものといわれており、傷病的にはあらゆる外傷事故発生の危険性がある。

2 事故類型と対策

（1）総論

　サッカーに関しては、他の選手との衝突・接触による事故、地面との衝突による事故、非接触プレーによる自損事故、ボールの衝突による事故、ゴールポストの転倒による事故、落雷による事故などが発生している。また、競技中の突然死が多数報告されている。

（2）事故類型

1）通常の事故

① 事故事例

　他の選手との接触により、関節捻挫、骨折、靭帯損傷など、傷病的にはあらゆる外傷事故が発生している。相手選手の悪質なタックルにより、選手生命を脅かすほどの重篤な障害を負う悲劇的な事故が後を絶たない。
　また、空中にあるボールを競り合う状況下で、急性硬膜下血腫、脳挫傷、急性硬膜外血腫、頚髄損傷などの重篤な障害を負う事故が発生している。空中のボールを競り合って、頭部同士が衝突する、頭部を足で蹴られる、競り合い後、地面に頭を打ち付けるといった状況で発生している。グラウンドでプレーをしていたところ、ボールが路外へ飛び出したことに起因する交通事故も発生している。
　また、ボールが身体に衝突し、脳振盪、心臓震盪、網膜剥離などの障害を負う事故が発生している。脳振盪となり受け身が取れず、地面に頭を打ち付け、より重篤な障害を負った事故、ボールが胸部に衝突し心臓震盪となる事故が発生しており、注意が必要である。
　なお、サッカーに関連した突然死が多数報告されている。突然死の原因は、その多くが心疾患などによる心臓突然死であり、競技中、突然意識を失いグラウンドに倒れるなどといった状況で発生している。

② 対策

イ　競技者（当事者）

　フェアプレー[※1]の精神を理解し、あらゆる面でフェアな行動を心掛ける。ルールを守り、ルールの精神にしたがって行動し、他のプレーヤーやレフェリーなどにも友情と尊敬をもって接する。他競技者へ危険を及ぼすような悪質なタックルは絶対に行わない。
　また、脳振盪の頻度が高いスポーツであることを理解し、頭を打った場合には、速やかにプレーを中止し、症状推移を観察しつつ、躊躇なく医療機関を受診する[※2]。
　さらに、怪我の予防やコンディショニングに効果的なウォーミングアップを実施する。怪我の予防のためのセルフチェック、定期的なメディカルチェックを行うことが望ましい。
　なお、予期しない外圧を受けた場合に、より重篤な外傷が生じることが多いため、競技者は、ピッチの状況を常に把握し、次の展開を予測して、危険を回避するよう努める。ボールが凶器となり得ることを自覚し、ボールに関与していない

[※1]【フェアプレー】1. ルールを正確に理解し、守る：フェアプレーの基本はルールをしっかりと知った上で、それを守ろうと努力することである。2. ルールの精神（安全・公平・喜び）：ルールは、自分も他人も怪我をしないで安全にプレーできること、両チーム、選手に公平であること、みんなが楽しくプレーできることを意図して作られているのである。3. レフェリーに敬意を払う：審判は両チームがルールにしたがって公平に競技ができるために頼んだ人である。人間である以上ミスもするだろうが、最終判断を任せた人なのだから、審判を信頼し、その判断を尊重しなければならない。4. 相手に敬意を払う：相手チームの選手は「敵」ではない。サッカーを楽しむ大切な「仲間」である。仲間に怪我をさせるようなプレーは絶対にしてはならないことである。
[※2]「JFAサッカーにおける脳振盪に対する指針」（公財）日本サッカー協会　HP

者へは、故意にボールを衝突させない。

複数のボールを使う練習ではスペースの確保や練習隊形を工夫する。特に、シュート練習では、蹴る側と受ける側双方にボールが頭部や顔に当たらないよう注意喚起する。

そして、競技中、ゴール前の競り合いの延長で、サッカーゴールなどと衝突する事故、他の競技の活動中に、グラウンドに設置されているサッカーゴールに衝突する事故が発生している。

□ **施設、大会主催者、指導者、監督者**

指導者は、競技者にフェアプレーの精神を理解させ、あらゆる面でフェアな行動を心掛けること、ルールを守り、ルールの精神にしたがって行動すること、他のプレーヤーやレフェリーなどにも友情と尊敬をもって接することを理解させる。競技者には、何が危険な行為であり、どのような場面で事故が発生するかを理解させ、他競技者へ危険を及ぼすようなプレーをさせてはならない。

またサッカーが脳振盪・心臓震盪の頻度が高く、突然死が多数報告されているスポーツであることを理解し、選手の脳振盪、心臓震盪などの兆候を見逃さないよう注意する。競技中に、ボールが頭部・顔面へ衝突した場合には、脳や眼への影響を見逃さない。ボールが胸部に当たるなど、胸部に衝撃が加わり突然倒れたような場合には、ただちに救命措置を施す。チームであれば最低限、救急箱を用意し、万が一に備えて、練習場にAEDを常設（常時携帯）することが望ましい。練習場にAEDがあるか否か、あるとすれば設置場所はどこなのかを把握し、使い方を習得しておく。

AEDについては **参照 262頁**

さらに、怪我の予防やコンディショニングに効果的なウォーミングアップを実施させる。怪我の予防のためのセルフチェック、定期的なメディカルチェックを行うことが望ましい。

なお、施設管理者は、路外へのボールの飛び出しを防止する措置をとるべきである。

2) 施設に関係する事故

① 事故事例

サッカーゴールの転倒による死亡・障害事故が多数発生している。転倒原因として、移動の際の不注意、サッカーゴールのクロスバーへのぶら下がり、突風の影響などが報告されている。

② 対策

イ 競技者（当事者）

サッカーゴールを使用する際に、グラウンドに確実に固定[※3・4]されているかを確認する。飛びつく、ぶら下がるといった転倒事故の原因となる行為は行わない。

また、校庭や公園でボールを蹴る際には、路外へボールが飛び出ないよう注意し、路外へボールが飛び出すような場所ではボールを蹴らない[※5]。

□ **施設、大会主催者、指導者、監督者**

サッカーゴールはグラウンドに確実に固定する（未使用時には、前方に倒して保管することが有効である）。どのような場面で転倒事故が発生しているかを理解させ、転倒事故の原因となる行為は行わせない。

3) 天災に関係する事故

① 事故事例

サッカー特有の事故ではないが、高校生のサッカーの大会中に、落雷が選手を直撃したという事故がある[※6]。また、熱中症事故が増えており、生死にかかわるケースが報告されている。

MEMO

※3 国民体育大会 サッカー競技 施設ガイドライン　（公財）日本サッカー協会 **PDF**
※4 (株)ルイ高「サッカーゴールの転倒事故を防ぐために」 **HP**
※5 最高判平成27年4月9日民集第69巻3号455頁／大阪高判平成24年6月7日
※6 最高判平成18年3月13日民集第219号703頁／高松高判平成16年10月29日
※7【**サッカー競技規則 (Laws of the Game)**】国際サッカー評議会（IFAB：The International Football Association Board）によって制定される。そして、その冊子もIFAB により発行され、国際サッカー連盟（FIFA：Federation International deFootball Association）ならびにFIFA に加盟する各大陸連盟および加盟協会下で行われるサッカー競技は、すべてこの規則に基づきプレーされる。
※8 東京地判平成9年12月17日　フットサルの事案でドリブルをしていた選手に横から膝をぶつけた事案で不行為責任が否定されている。
※9 東京地判平成28年12月26日　東京都社会人4部リーグの試合で、公務員（被害者）がボールをトラップして蹴った際、走り込んできた会社員（相手方競技者）のスパイクシューズ裏側が左脚に当たって左脚を骨折した事故について、会社員の不法行為責任が肯定された事例

② 対策
イ 競技者（当事者）
サッカー競技規則[※7]では、雨が降ったら試合を中止するという規定はないが、落雷の予兆があった場合は、速やかに活動を中止し、危険性がなくなると判断されるまで安全な場所に避難する。
また、熱中症予防のため、日頃から健康を管理し、自らのコンディションを把握する。活動中は、十分な休息と水分補給をし、少しでも身体の異常を感じたら指導者らに進言する。

落雷・熱中症については　参照 270頁

ロ 施設、大会主催者、指導者、監督者
すべてのサッカー関係者は、落雷の予兆があった場合は、速やかに活動を中止し、危険性がなくなると判断されるまで安全な場所に避難するなど、安全確保を最優先事項として常に留意する。特に、ユース年代〜キッズ年代の活動に際しては、自らの判断により活動を中止することが難しい年代であることを配慮し、指導者などは安全に対して全責任を負わなければならない。
指導者は、熱中症が最終的には死に至ることを理解させ、十分な水分補給を促すなど、熱中症の予防対策を講ずる。軽症の時点で見逃さず、症状を最小限に抑えるため、指導者は絶えず選手の動きを観察し異常の有無をチェックする。指導者は、プレーヤーが進言しにくい立場に置かれていることを十分に自覚して、例えば、試合で負けたペナルティーとして、選手が疲弊しきっているにもかかわらずダッシュを何本もやらせるなど、精神論的な発破をかけて、無理をさせてはいけない。

3 事故発生分析

サッカーは主に足を使う競技なので、下肢の怪我が多い。重篤な症状が残るような事故については、相手競技者との衝突か、接触後転倒して地面に頭を打つような状況がほとんどである。接触プレーについては、レベルが高くなるほど、その危険度が増している。重篤な結果が生じる可能性のある損傷の発生率は、試合のレベルが高くなるほど上昇する傾向がある。特にヘディングで競る場面、ゴール前での接触プレーで明らかに多く発生している。なお、ボールの衝突による損傷は、小学生とコーチのように、レベルに差がある場合にも危険度が増すため、重篤な結果が発生している。

4 事故と法的責任

競技中の接触プレーに起因する事故について、相手方競技者の不法行為責任を否定した事案[※8]、肯定した事案[※9]がある。なお、最判平成27年4月9日は、未成年者が蹴ったサッカーボールが路外へ飛び出したことに起因する交通事故について、親権者の不法行為を否定している。また、競技中の損傷事故について、指導者などの不法行為責任を否定した事案として、大分地判昭和60年5月13日、最判昭和62年2月13日がある。ゴールポストの転倒事故について、管理者の責任を否定した事案として千葉地木更津支判平成7年9月26日、肯定した事案として鹿児島地判平成8年1月29日がある。また、最判平成18年3月13日は、落雷事故について、指導者などの不法行為責任を肯定した。さらに、熱中症事故に関連して、指導者などの責任が問われた事案について、原審（京都地判平成4年6月26日）は責任を肯定したが、控訴審（大阪高判平成6年6月29日）では責任が否定されている。

5 競技関連団体の予防対策

（公財）日本サッカー協会は、サッカーに関わるすべての人の安全確保が最優先とし、各種指針を作成し、日本でサッカーを行っているすべての人に指針として使用することを推奨するなどに努めている。

《項目の参考文献》
▽「サッカー競技規則／競技規則の解釈と審判員のためのガイドライン／Jリーグにおける脳振盪に対する指針／サッカー活動中の落雷防止対策について」（公財）日本サッカー協会　HP
▽「JFAサッカー行動規範」（公財）日本サッカー協会　HP
▽「コーチとプレーヤーのためのサッカー医学テキスト」（公財）日本サッカー協会スポーツ医学委員会編著　金原出版（株）3,800円（本体）
▽「JFAメディカル通信」（公財）日本サッカー協会　HP
▽「グリーンカード制度の積極的導入に関して」（公財）日本サッカー協会　PDF
▽「スポーツ事故の法務 - 裁判例からみる安全配慮義務と責任論」
日本弁護士連合会弁護士業務改革委員会　スポーツエンターテインメント法促進PT編著　（株）創耕舎　3,333円（本体）

球技 3 テニス

事故のポイント／争点

○ 本来、ハードなスポーツでありながら、生涯スポーツとしても広く普及している関係上、個人間のレベル差が大きく、**幅広い層に対応**した事故防止対策が必要となる。
○ **ボールやラケット**が他者に当たる事故や**捻挫など**の怪我が起こり得る。

事故防止対策

○ 事故情報と対応策の**共有をする**。
○ 関係者それぞれにおける**危機意識**の徹底をする。
○ 競技者への**周知をする**。

事前のグラウンド整備はしっかりと行ってください。

MEMO

基本情報をチェック！
（公財）日本テニス協会　　　http://www.jta-tennis.or.jp/
（公社）日本テニス事業協会　http://www.jtia-tennis.com/

1　はじめに

　テニスは、1つの球を互いに打ち合うというシンプルな競技であり、施設環境さえ整えば、最少2名から、ボールとラケットのみで競技可能という手軽さから、広く世界中で親しまれているスポーツである。わが国においては、昭和40年代から50年代にかけてのテニスブームが不動産価格の高騰に伴う遊休地の有効利用の活性化の流れと重なったことにより、全国各地にテニスコートが設けられた。そのため、一定の施設環境が整備されたこともあり、今日においても年齢性別を問わず楽しめる生涯スポーツとして広く親しまれている。

　しかし、テニスはコートを縦横無尽に走り回ることが要求されるハードなスポーツであり、競技中の負傷事故の危険を常にはらんでいる。また、幅広い競技者層を有するが故に、多数の競技者が参加する練習中の事故も多い。

2　事故類型と対策

（1）総論

　競技者のレベルによって、その運動性が極端に異なるスポーツでもあることから、自らの技術的・身体的レベルを十分に把握することなく競技に臨んだ結果、重大な傷害を負う事例は後を絶たない。テニススクールや学校における練習段階では同一の敷地内に複数のコートが設置され、各コートで多数の競技者が同時に練習することが通常であるため、これに起因する事故が最大の問題となっている。

（2）事故類型

1）通常の事故

① 主な事故事例

　プレー中に起こる事故として、捻挫、肉離れ、アキレス腱の断裂など脚部の負傷、背走中の転倒の際の手首の骨折や筋痙攣、脱水、心室細動などが挙げられる。練習時には、他者のラケットによる負傷（ジュニア世代に多い）、別メニューで練習中の他者の打球による負傷などが起こる場合もある。

② 対策

イ　競技者

　プレーや練習中の事故を防ぐためには、ストレッチなど十分な準備運動の実施、こまめな給水、そして、何よりも自分の実力を把握し、身の丈に合わない動きを避けることが重要である。特に、全盛期と比較して肉体的に衰えが見られるものの、一定以上の筋力を保持している30代〜40代は、自己過信に陥らないよう、謙虚に自らの「現在の」実力を見極める必要がある。

　また、練習時には指導者の指示に従い、自らの力量に応じた練習を行うことも事故防止に必要なことである。また、複数人で練習を行う場合には、思いもよらない方向からボールが飛来する可能性を認識し、練習中・休憩中を問わず周囲に気を配ることも必要である。

ロ　指導者・施設管理者

　指導者は、競技者に対して上記対策を周知徹底して試合に臨み、普段は練習を行うよう指導をする必要がある。また、テニススクールなど多数の競技者が同時に練習を行う場合、指導者の人数や指導能力に応じた適切な練習参加人数の設定（練習参加人数の制限）を行った上でメニューを作成することが大切である。特にジュニア世代に対しては、フープの設置などによる待機場所の指定や、スポンジボール、子ども用ラケットを使用させた方がよい。試合、練習前には、状況に応じて防球ネット・補助ネットなどを設置することも必要である。競技者に対しては、掲示板などでの表示に

よる注意喚起も効果がある。
　また、事故が起こった際の対応マニュアルの作成およびスタッフへの周知を行い、有事に迅速に対応をする訓練を行う必要がある。施設管理者は、事故が起きた際に迅速な対応ができるように、担架や松葉づえの設置や給水施設の設置管理、AEDの設置管理などを行い、事故が起こった際のために指導者と共同で対応マニュアルを作成し、スタッフへ周知させていく必要がある。

2）施設が関係する事故
① 事故事例
　コートの表面素材の違いによって事故の性質も異なる。砂入り人工芝のコート[※1]では、滑り、引っ掛かりによる足首の捻挫、ハードコート[※2]では、滑り、引っ掛かりによる足首の捻挫だけでなく表面の亀裂・盛り上がりによる転倒・捻挫が多い。
　コートの整備不良に起因する事故としては、特にクレイ系コート[※3]でラインテープの浮き上がり、釘の飛び出しにより怪我をした事故事例がある。また、屋内練習場コートサイドスペースの不足によって壁への激突をするという事故が起きている。

② 対策
イ　競技者
　コートの形状に起因する事故は、コート素材の特性を知り、コートにあったテニスシューズを使用するとともに、あらかじめコートの形状に気を配ることが必要である。また、悪天候時にはプレーを控えたい。壁への衝突を防ぐために、あらかじめコートサイドスペースの広狭を確認しておくことも事故防止につながる。
ロ　大会主催者・テニス場運営者
　怪我の危険について周知徹底した上で、コート素材の特性を知り、コートの形状に気を配った管理運営が何よりも肝要である。また、競技者の壁や設備への衝突を防ぐために緩衝のためのマットを用意するなど、施設環境に応じた対応を行うことも必要である。

3）天災に関係する事故
① 事故事例
　熱中症および落雷事故が生じている。
　熱中症については、テニスの部活動中に熱中症で倒れ重い障害が残った事案で、学校側（自治体）に対して約2億3,000万円の損害賠償が認められた裁判例がある[※4]。
　落雷事故については、過去にカーボンラケットに落雷して重体となった事案などが報道されている。

② 対策
　熱中症については、夏場の気温の高さに加えてテニスコートの照り返しで体感温度は高温になることを知る必要がある。（公財）日本テニス協会においては公式トーナメント競技規則にヒートルール（会場の気温が摂氏35℃以上になった場合、最終セットの前に、10分間のコート外での休憩（セットブレーク120秒を含む）が認められる）が定められており、厳格に適用するよう通達されている。全豪オープンでは独自のエクストリーム・ヒート・ポリシー（気温が摂氏35℃を超えるか、WBGTが28℃を超えた場合、主審が試合開始時間を遅らせるなど）が定められている。
　落雷事故については、テニス関連団体から出されている資料は見当たらないが、他の多くの団体から出されている資料を参照するなど落雷事故の防止を図る必要がある。

熱中症落雷事故については 参照 270頁

※1【砂入り人工芝】全天候型の舗装材。人工芝に粒土を調整した硅砂が充填されている。グラスコートは、天然芝を用いたコートのこと。
※2【ハードコート】主にセメントやアスファルトの上に化学樹脂がコーティングされたコート。
※3【クレイ系コート】単一土、人工土、混合土、改良土を用いたコート。
※4　大阪高判平成28年5月24日

3 事故発生分析

(1) 総論
　(独)日本スポーツ振興センターが毎年集計公表している「学校の管理下の災害（平成28年版）」によると平成27年度中に小学校～高等学校において、4万2,910件の怪我（重複あり）が報告されている。中でも挫傷・打撲が一番多く1万5,857件、次いで捻挫の9,659件と、全体の6割近くを占めている。前項でも述べた通り、準備運動が十分になされないで練習や試合を行ったり、身の丈に合わない動きを無理に行ったりしたことによるものと推察できる。テニスボールを顔面に受け、視力眼球障害を負うというケースや、テニスコートにネットを張る際のワイヤーによる負傷なども散見できる。

(2) 事故発生件数
　事故発生件数は、右記表の通り。中学生の事故発生件数がとびぬけて多いことがわかる。

区分	体育授業（保健体育）	特別活動（体育的クラブ活動）	競技大会・球技大会	体育的部活動	計
小学校	1	36	0	9	46
中学校	239	0	48	13,212	13,499
高等学校	738	0	13	6,387	7,138
合計	978	36	61	19,608	20,683

（学校の管理下の災害（平成28年度版）より抜粋し筆者作成）

4 事故と法的責任

　テニス事故については、指導者の注意義務の範囲、使用者責任などがポイントとなった判例[※5]や、コート内におけるプレーヤーの危険引受の有無などが争点となった判例[※6]など、他者の打ったボールを顔面に受けて傷害を負ったことに端を発して、訴訟となった例が多数存在する。打球を打った者の責任については、他者にボールを当てる故意をもってしない限り、責任は否定されるのが一般的である。
指導者の責任については、判例の傾向から、生徒や受講生の経験や技能、練習の態様など諸事情に応じて、結論が分かれる。テニス経験の浅い者を指導する場合には、指導者がその安全に注意する義務の範囲が広くなる傾向にあるといえる。

5 競技関連団体の予防対策

　(公社)日本テニス事業協会（以下、JTIA）では安全委員会を組織し、テニス競技における安全・危機管理に関する調査・研究を行っている。
　主な取り組みとして、
①安全管理委員会通信を断続的に発行し、突然の豪雨や台風など天候の状況判断、怪我をした際の初期対応、熱中症対策や感染症などを取り上げ、時宜にあわせた事故防止意識向上の啓蒙。
②安全管理推進ツール[※7]として、「安全管理セルフチェックシート」や「応急手当（RICE）の掲示物」、「災害（火災・地震・雷）時の対応マニュアル」、「事故状況報告書」、「事故フォローシート」などの作成。
③テニスクラブへのAED普及に努めており、JTIA会員限定で特別価格販売を行っている。
　これらは、JTIAのHPにおいて確認・ダウンロードできる。

[※5] 横浜地判昭和58年8月24日
[※6] 大阪高判平成10年7月30日、横浜地判平成10年2月25日
[※7]「安全管理推進ツール」(公社)日本テニス事業協会安全委員会 HP

📖 **競技種目について学ぶための書籍**
▽「テニス指導教本」(公財)日本テニス協会編　(株)大修館書店　2,800円（本体）
▽「テニスパーフェクトマスター」石井弘樹監修　(株)新星出版社　1,400円（本体）
▽「テニスレベルアップマスター」石井弘樹監修　(株)新星出版社　1,500円（本体）
▽「わかりやすいテニスのルール」川延尚弘監修　成美堂出版(株)　700円（本体）

球技 4 バドミントン

事故のポイント／争点

○ 練習時には、一度に多人数の競技者がコート内に入るので、<u>お互いのラケットが接触する</u>事故が起きやすい。
○ <u>シャトル</u>はそれ自体軽いものの、目に当たった場合には失明など重大事故につながるおそれがあるので注意を要する。
○ 前後左右に急な動きが多く、<u>足首、膝</u>への負担が大きい。
○ 体育館という閉鎖された空間で行われるため、夏場は<u>熱中症</u>に注意が必要である。

事故防止対策

○ コートに多人数が入るときには、<u>周りの動きに気をつける</u>とともに、声掛けを行うなどして注意を促す。
○ 競技レベルに合った<u>練習内容</u>となるよう心掛ける。
○ <u>十分な準備運動</u>により思わぬ怪我を防ぐことができる。
○ 水分の補給など<u>熱中症対策</u>を行う。

シャトルのスピードが速いので、眼などに当たらないように気をつけてください。

MEMO

基本情報をチェック！
(公財) 日本バドミントン協会　http://www.badminton.or.jp/
(公財) 日本バドミントン協会　バドミントン競技規則　http://www.badminton.or.jp/rule/
(公財) 日本バドミントン協会　用具器具検定　http://www.badminton.or.jp/download/
(株) ベースボール・マガジン社　「バドミントンスピリット」　http://www.badspi.jp/

1 はじめに

　バドミントンは、ネットを挟み、シャトル※1と呼ばれる半球状のコルクに水鳥の羽根などを接着剤で固定した物を、ラケット※2を使って床に落とさずに打ち合う体育館で行われる競技である。1対1のシングルスと2対2のダブルスとがある。なお、平成18年からラリーポイント制が採用されている。シャトルは、ゆっくりと飛ばすこともできるし、鋭く打つこともできるため、初心者でも競技を楽しめ、年齢や体力に応じて競技を楽しむことのできる生涯スポーツの一つといえる。

2 事故類型と対策

（1）総論

　ネットを挟んで行うという競技の特性上、基本的には身体接触がないといってよく、コンタクトスポーツ※3に比べると安全性が高い競技であるといえる。しかし、競技レベルが上がると試合展開がスピーディーとなり、身体、特に下半身に過度な負担がかかるだけでなく、シャトルスピードも初速400km/h※4にもなることから、シャトルが眼に当たるなど危険がある。

　また、試合とは異なり練習中は周りに人も多いことから、練習特有の事故も見られる。

（2）事故類型

1）通常事故

① 事故事例

　トップレベルの競技者の事故と、小中高校の体育や部活での事故とを分けて考えることが事故事例の把握に有用である。

イ　競技者

　慢性的な怪我として、肩や肘の怪我が挙げられる。同じ肩・肘を使う競技である野球と異なり、肩や肘にかかる一振りあたりの力のかかり方が小さいため、少々の痛みがあっても無理して競技を続けてしまいがちである。慢性的に痛みを感じている競技者も多い。また、シャトルを踏んで足首の靱帯損傷（捻挫）・断裂といった事故や、勢いあまって、周りの壁に激突してしまう事故も起きている。

・トップレベルの競技者に比較的多い事故

　バドミントンでは、細かい前後左右の動きが多く、アキレス腱炎やアキレス腱断裂、足首の靱帯損傷（捻挫）・断裂、膝の怪我が多く発生する。特にトップレベルの競技者となるとゲームスピードも速く、急な動きも多くなるので、足首や膝の怪我が起きやすい傾向にあるといえる。

・トップレベルの競技者以外に比較的多い事故

　練習中に振ったラケットが周りの競技者に当たる事故、ダブルスの試合あるいは練習中にパートナーのラケットが当たる事故が起こり得る。こうした事故は、周りがよく見えていなかったり、パートナー同士の意思疎通が十分でなかったりすることが原因で起こるものであり、技術レベルの問題と考えられる。

　また、相手選手ないしはレシーブ練習の相手が打ったシャトルや、全く予期せぬ方向から飛んできたシャトルが眼に当たり、怪我をする事故も起こり得る。特に練習中にこうした事故が起こるのは、スマッシュを打つ側（指導者のことが多いであろう）の技術レベルが十分でないことや、シャトルを打つ側と受ける側との技術レベルにギャップがありすぎることが影響していると言われている。

② 対策

イ　競技者

　準備運動を十分に行い、特に、足首や膝、肩、肘の柔軟性を高めておく必要がある。練習中にラケットを振る場合には、

※1【シャトル】バドミントンで使われるボール代わりの羽のことで重さは5g程度と大変軽い。シャトルには水鳥シャトルとナイロンシャトルの2種類あり、主要な大会では水鳥シャトルが使用されている。
※2【ラケット】下記の部位で構成するボールを打つ用具。
　【ヘッド】網目状になっている楕円形の部分。
　【ガット】ストリングスともいう。網目を作っている糸状の部分のこと。ガットの緊張度合いを「テンション」という。
　【シャフト】グリップとヘッドとをつなぐ棒状の部分のこと。
　【グリップ】手で握る部分のこと。グリップのうち、一番下の部分を「グリップエンド」という。
※3【コンタクトスポーツ】競技者同士の接触の多いスポーツ。また、接触によって、勝敗や支配権を奪い合うスポーツ。
※4【初速400km/h】バドミントンの初速400km/hは、相手側に到達した時点でも100km/hを超える。

常に、周りの状況に気を配り、ラケットが周りの者に当たらないよう注意する。ダブルスの試合や練習時など、コートに多人数が入るときは特に注意が必要であり、声掛けをするなどして注意を促すことを心掛ける必要がある。
誤ってシャトルやラケットを踏んでしまわないよう、シャトルの管理を徹底する。

ロ　指導者

ラケットの素振り練習を行う際の一定のルールを決めるなど、ラケットが周りの選手に当たることのないよう練習方法を考える必要がある。特に予想しない動きをすることのある年少者の指導の際には注意が必要である。
また、レシーブ練習を行う際には、一定以上の技術レベルを有した者がシャトルを打つようにし、受ける側のレベルに合わせて打つシャトルスピードなどを考える。練習（試合）中は、コート内外の障害物（ラケットやシャトルなど）について、十分に注意させ、日頃から整理整頓に努めさせる。

2）施設に関係する事故

① 事故事例

体育館の床の木片が剥がれて身体に刺さる事故や、汗が床に落ちるなどして滑りやすくなるか、もしくは著しく滑りが悪くなることで、足首の捻挫、アキレス腱断裂といった事故が考えられる。

② 対策

イ　競技者・指導者

床に破損がないか、練習・試合前には必ずチェックを行うべきである。また、汗などで床が濡れた場合には、速やかにタオルやモップなどで拭き、常に乾いた状態を保つよう心掛ける。
指導者は、施設の不備・危険個所がないか事前に確認し、発見した場合には危険個所の周知を徹底するとともに、場合によっては活動の中止も検討する。

ロ　施設管理者

設備に破損がないか、日常点検および定期点検を実施する。破損などが見つかった場合には、速やかに応急処置を行い、危険を除去しきれない場合には、使用中止措置も考えるべきである。

3）用具・器具に関係する事故

① 事故事例

ネットをポスト（柱）に結びつけて固定する際に、ポストの高さを調節する金具に指を挟んだり、飛び出している金具で顔面を負傷したりする事故が起きている。また、過去には、ラケットのグリップ（ハンドル）から鉄製のシャフト部分が抜け、眼に当たって傷害を受けた事例もある。

② 対策

イ　競技者

ラケットを使用する際、毎回、破損などがないか確認の上、使用するようにし、用具の整備を怠らないようにする。

ロ　指導者

コート作りも練習の一環ではあるが、危険が伴う作業は指導者も一緒に行うか、もしくは指導者自らが行うべきである。また、用具や器具類などについて外観を観察するだけでなく、例えばラケットであれば、自らグリップとヘッドをもって捻ったり引っ張ったりするほか、実際に素振りをするなどして、事前に状態を点検・確認しておくことが肝要である。

ハ　施設管理者

施設管理者が用具を貸し出す場合には、貸し出すにあたって、破損がないか利用者と一緒に確認を行う。

器具に関する事故については　参照 200頁

MEMO

《項目の参考文献》
▽「スポーツ事故の法務・裁判例からみる安全配慮義務と責任論」
　日本弁護士連合会弁護士業務改革委員会　スポーツエンターテインメント法促進PT編著　（株）創耕舎　3,333円（本体）
▽「体育・部活のリスクマネジメント」小笠原正・諏訪伸夫編　信山社出版（株）　1,600円（本体）
▽「スポーツのリスクマネジメント」小笠原正・諏訪伸夫編　（株）ぎょうせい　2,857円（本体）　品切れ
▽「運動部活動指導の手引　運動部活動の在り方～安全・安心の確保のために」大分県教育委員会　PDF
▽「部活動における事故防止のガイドライン」神奈川県教育委員会・神奈川県高等学校体育連盟・神奈川県高等学校野球連盟　PDF

4）天災に関係する事故
① 事故事例
熱中症の事故が増えている。体育館は、閉鎖された空間であるため、熱気がこもりやすく湿度も高くなりがちで、屋外よりも熱中症になりやすい環境であり、特にバドミントンは風の影響を受けやすい競技のため、冷房や風通し確保を避ける傾向にあることから、特に注意が必要である。

② 対策
イ　競技者
水分、塩分の補給をこまめに行い、体調の異変を感じたら、すぐに競技を中止する。

ロ　指導者
競技者の個々の体調に細心の注意を払い、異変に気づいた時点で競技を中止させる。気温、湿度などの環境に合わせて、休憩をとるタイミングを調整する。緊急時の体制を整えておく。適度に空気の入れ替えを行う。

ハ　施設管理者
空調管理に気をつける他、自動販売機や水道など、競技者が水分補給を行うことができる環境を整える。

ニ　大会主催者
大会時の天候に注意し、冷暖房の調整や、冷暖房がない場合には、窓やドアを開けるなどして風通しを確保するよう努める。試合中にインターバルを設けるなど、選手の体調に配慮した試合のマネジメントを行う。

熱中症については　参照 270頁

3　事故発生分析

（独）日本スポーツ振興センター「学校管理下の災害」では、着地に失敗して転倒した事故や、レシーブ練習ないし試合中に、相手が打ったシャトルが眼に入る事故などが紹介されている。

4　事故と法的責任

バドミントン特有の事情はなく、他の競技と同様に考えてよい。

まず、競技者同士の事故（ラケットで打つあるいは、打ったシャトルが当たるなど）により相手を死傷させた場合には、事故に伴う損害を賠償する責任を負う可能性があるほか（不法行為責任）、刑事責任を問われる可能性もある。その際、指導者が事故の発生について、きちんとした予防策を講じなかったような場合には、指導者も法的責任（民事・刑事）を追及される可能性がある。なお、指導者は、事故発生現場にいた場合はもちろん、事故発生現場にいなかった場合であっても、その場にいなかったことの責任を問われる可能性があるので注意が必要である。事故が大会期間中に発生した場合には、大会主催者も責任を負う可能性がある。施設の問題が事故につながった場合には、施設の管理者が責任を負う可能性がある。用具・器具に起因する事故の場合には、用具・器具の製造者の責任が生じる可能性がある。

5　競技関連団体の予防対策

（公財）日本バドミントン協会では、用具器具検定審査規定を設けており、安全性の確保および改良進歩を図っている。

競技種目について学ぶための書籍

▽「バドミントンパーフェクトマスター」松野修二監修　（株）新星出版社　1,400円(本体)
▽「基本レッスン　バドミントン」阿部一佳・渡辺雅弘著　（株）大修館書店　1,400円(本体)
▽「いちばんやさしいバドミントンの基本レッスン」池田信太郎著　（株）新星出版社　1,200円(本体)
▽「バドミントン教本ジュニア編　改訂版」(公財)日本バドミントン協会編　（株）ベースボール・マガジン社　1,800円(本体)
▽「ぐんぐんうまくなるバドミントン練習メニュー」小林重徳著　（株）ベースボール・マガジン社　1,200円(本体)

球技 5 バスケットボール

事故のポイント／争点

○ 競技の特性上、**人と衝突・接触**することによる事故が最も多い。
○ プレー中に**熱中症など**を発症し後遺症が残る。最悪の場合、死亡に至ってしまうこともある。
○ 勢いあまって、壁やバスケット台の支柱などに**衝突する**事故も毎年発生している。

事故防止対策

○ ルールを正しく理解し、**危険なプレーを行わない**ことが何より重要である。
○ 指導者には、選手の状態をよく観察し、**十分に水分補給**をさせたり、適宜**プレーを中止**させたりすることなどが求められている。
○ バスケット台の支柱には、**クッションを装着**するなどの工夫が必要である。

壁やバスケット台の支柱に衝突する事故に十分注意をしましょう。

MEMO

基本情報をチェック！
(公財) 日本バスケットボール協会　http://www.japanbasketball.jp/
(一社) バスケットボール女子日本リーグ　http://www.wjbl.org/pc_index_html
(公社) ジャパン・プロフェッショナル・バスケットボールリーグ　http://www.bleague.jp/

1 はじめに

バスケットボールは、アメリカで室内用として考案されたスポーツで、5人ずつの2つのチームがコートの中に双方入り交じり、一定時間内に相手チームのバスケットゴールにボールを入れ合う競技である。日本においても、小中高等学校の体育の授業で取り入れられるなど、広く浸透している。

狭いコートの中で激しい接触プレーを行うこと、大きくて硬いボールを扱うこと、めまぐるしく攻守の切り替えがなされ運動量が多いことなどを特徴とする。

2 事故類型と対策

(1) 総論

上記のような競技の特徴から、人と衝突・接触することによる事故、急激なストップやターンの際の足の怪我、ボールが当たることによる事故が多い。練習中や試合中、体調に異常をきたし、それが原因で後遺症を負うことや、そのまま死亡してしまう事故も多い。少数ながら、壁やゴールの支柱などに衝突することによる事故も毎年発生している。

1) 通常の事故
① 事故事例

イ 人と衝突・接触することによる事故

オフェンスが、ゴールに向かう際にディフェンスに対して強引に肩からぶつかったり、ランニングシュートなどの空中動作を行った際に膝をディフェンスにぶつけてしまったりすることがある。また、相手に足を踏まれてバランスを崩し転倒したり、ボールキープ時にオフェンスが急に張った肘にディフェンスの顔が当たったりするなどの事例がある。こうした事故によって、打撲、捻挫、骨折、歯が欠ける、視力が低下するなどの怪我が発生している。

ロ 急激なストップやターンの動作による事故

めまぐるしく攻守の切り替えがなされる競技のため、人と衝突・接触しなくても、急激なストップやターンの動作が原因で、膝や足首の靱帯を損傷してしまうことも考えられる。

ハ ボールが当たることによる事故

ボールをカットする際やキャッチし損ねた際に指先をボールにぶつけたり、パスされたボールに気付かずに顔面にボールをぶつけたりすることで、突き指、爪の剥離、歯が欠ける、視力が低下するなどの怪我が発生している。

ニ 練習中や試合中に体調に異常をきたす事故

急性心不全や小脳出血、熱中症などにより後遺症が残ったり、死亡に至ったりしてしまう事例がある。

ホ 脳振盪

ジャンプ後に着地を失敗したり、他の競技者との接触によって転倒したりすることなどによりコートに頭を打ち付けることで脳振盪を起こす可能性がある。(公財)日本バスケットボール協会では、これを重く受け、対策を講じている。米国において平成7年から平成17年に学齢児童および青年を対象にバスケットボール関連事故で救急病院にかかった事案を調査した結果、頭部外傷は2.6%であったが、調査期間を通じて70%増加しているとのことである[※1]。米国のバスケットプロリーグNBAでも平成21年から脳振盪対策を講じている[※2]。

② 対策

イ 競技者

競技の特性上、人との接触は避けられないが、意図的な危険行為は重大な危険を招く要因となるので、ルールを正しく理解し遵守することが何より重要である。特に、ジャンプして空中にいる選手に対して接触するプレーや、その着

※1 Basketball-Related Injuries in School-Aged Children and Adolescents in 1997-2007 (2010、Charles Randazzo、BA、Nicolas G. Nelson、MPH、and Lara B. McKenzie、PhD、MA)
※2 NBA「NBA Institutes Concussion Policy」 HP

地点に入るようなプレーは絶対に行ってはならない。髪飾りや指輪・ピアスなどは必ず外しておく、爪は短く切っておく、眼鏡はきちんと固定しておく、といったことも重要である。

準備運動を入念に行うことはもちろん、基礎的な動作の練習を繰り返し行うことも大切である。足関節捻挫や膝の靱帯損傷の発生を防止するためには、つま先と膝をねじらないような正しい身体の使い方を習得しておく必要がある。競技専用のバスケットシューズには足を保護する役割があるので、自分の足のサイズに合ったシューズを履くことも怪我の防止につながる。関節を補強するためテーピングの利用も有用である。

他の競技に比べ、ボールのサイズが比較的大きく重量もあるので、正しいボールキャッチの方法を習得しておくことはもちろん、競技中は集中を切らさず、常にボールがどこにあるかを確認しておくことも必要である。

急病に対する対策としては、水分補給を十分に行うこと、高温多湿な環境では適宜プレーを控えることが必要である。

□ 指導者

指導者としては、まず、競技者に対し正しいルールやバスケットボールの特性に基づく危険性を理解させることが必要である。危険なプレーが行われた場合には、その都度、十分に注意を行わなければならない。

ジャンプやストップ、ターンなどの動作時における怪我を防ぐために、競技前に十分に準備運動をさせることはもちろん、日頃から、正しい身体の使い方も指導しておかなければならない。

狭いコートで大きなボールを扱うことから、試合に集中していない競技者がいるとすぐに事故が起きてしまう。しっかりと声を出し合うことや、相手が捕球できる体勢に入っているかを確認した上でパスを行うということも徹底させる必要がある。

また、競技者は知らず知らずのうちに無理を押してプレーしてしまうことがあるので、それぞれの性格・性質なども踏まえた上で、絶えず競技者の体調に気を配らなければならない。脳振盪についても注意喚起を行い、ラグビーやサッカーが採用しているような脳振盪対策を講じる必要がある。

脳振盪については 参照 266頁

2）施設に関係する事故

① 事故事例

ランニングシュートをした後、勢いあまって壁やバスケット台の支柱に激突してしまう事例や、移動式バスケット台にふざけて登り、バスケット台と共に転倒してしまうなどの事例がある。また、屋内コート用の支柱が折りたたまれるタイプのバスケット台のケースで、不具合により急激に降下してきた支柱に首を挟まれる、という事故も起きている。

② 対策

支柱に激突する事故への対策としては、防護マットを装着するなどの措置が必要である。設備の破損や不安定な体勢からの落下を防ぐため、バスケットリングをつかむことができる者に対しては、リングにぶら下がらないように注意する。

また、コート内における床板の破損、ほこりや汗は、転倒による怪我を招くことから、きちんと補修をしたりこまめにモップがけを行ったりすることも重要である。屋外にコートが設置されることもあるが、その場合には、コートの凹凸を整備するとともに、砂利、石といった危険物をきちんと除去しておく必要がある。また転倒を防止するために、しっかりと杭で固定し、重しを置くなどの措置を講じる必要がある。

屋内コート用の移動式バスケット台に関しては、器具庫からの出し入れの際に車輪や土台の隙間に足を挟んだり、本体と壁の間に体を挟んだりしないよう注意がなされなければならない。電動式の油圧タイプの場合には、シリンダーハンガーの磨耗の度合いなどを十分チェックした上で必要な修理・交換などを行わなければならない。

施設器具については 参照 200頁

MEMO

※3 鳥取地米子支判昭和63年2月18日
※4【ミニバスケットボール】主に12歳以下の小学生により行われる。5対5で行うことなど、基本的なルールはバスケットボールと異ならないが、コートの大きさ・ゴールの高さ・ボールの大きさ・試合時間などに配慮がなされている。
※5 大分地判平成20年3月31日
※6 松山地西城支判平成6年4月13日
※7 京都地判平成25年8月28日
※8【書類送検】被疑者が身柄を拘束されていない状態で、警察から検察官へ事件が送られること。
※9【不起訴処分】公訴を提起しない旨の検察官による処分のこと。嫌疑がなかったり不十分であったりする場合のほか、嫌疑があっても事件の態様や示談の有無などの事情により公訴提起を必要としないと考えられた場合に、この処分がなされる。

3 事故発生分析

(独)日本スポーツ振興センター「学校事故事例検索データベース」(平成17年～平成27年)によると、全241事例のうち、小学生の事例が17事例、中学生の事例が98事例、高校生の事例が124事例となっており、部活動が活発になるほど事故事例が増加している。また、事故類型別に見ると、ゲーム中に転倒するなど人と衝突・接触することによる事故が多くみられる。

4 事故と法的責任

(1)「通常の事故」について

「通常の事故」として分類した事故は、主に指導者の責任が問題となる。

もっとも、人と衝突・接触することによる事故や、急激なストップやターンの際の足の怪我、ボールが当たることによる事故に関しては、競技の特性上やむを得ない場合も多く、指導者が責任を問われるケースは少ないと思われる。この点に関し、裁判例[※3]も、小学4年生の児童が、ミニバスケットボール[※4]の試合中に他の児童の手が眼に当たったことが原因で失明した事案で、ミニバスケットボールのルール、特に相手方選手との身体接触によるファウルについての一般的な指導が行われていたことなどを理由に、指導者の責任を否定している。

練習中や試合中に選手が体調に異常をきたす事故に関しては、比較的指導者の責任が肯定されることが多い。この点に関しては、高校2年生の生徒が練習中に発症した熱中症が原因で記憶障害の後遺症を残してしまったことについて、「バスケットボールは走ることを基本とする運動量の多い球技であり、特に夏季の練習においては体育館の温度が上昇するため熱中症に対する配慮が必要になる」と述べた上で、高温多湿の環境下で練習を軽微なものにしたり十分な水分補給をとるよう指示しなかったりしたことを理由に指導者の責任を認めた判例[※5]や、高校1年生の生徒が熱中症で倒れその後死亡してしまったことについて、生徒が倒れた時点で救急車を手配するなどしてただちに医師の診断を受けさせなかったことを理由に指導者の責任を認めた判例[※6]がある。

(2)「施設に関係する事故」について

「施設に関係する事故」に分類される事故に関しては、主に施設管理者・提供者の責任が問題となる。この点については、小学6年生の児童がレイアップシュートをした際、勢いあまって体育館の壁下部の窓枠に激突し骨折した事案で、バスケットゴールと壁の間が90cm程度しかなく、ゴール裏に設置された鉄製の床窓枠にクッションなどが装着されていなかったことなどを理由として、大会主催者や施設管理者である地方公共団体の責任を認めた判例[※7]がある。また、練習を終え後片付けをしていた男性が、急激に降下してきた油圧式ゴールの支柱に首を挟まれ死亡した事案で、ゴールに不具合があることを知りながら放置したとして、施設管理者らが業務上過失致死の疑いで書類送検[※8]された例がある(示談が成立したことや、ゴールを新調するよう県に予算要求をしていたことなどが考慮され、結論としては不起訴処分[※9]となっている[※10])。

5 競技関連団体の予防対策

(公財)日本バスケットボール協会(JBA)では、児童、生徒、学生向けに、外傷予防プログラムの動画・資料を作成し、指導者向けにも、子どもの体の発育状況に合わせた練習テキストを作成している。器具・施設のメンテナンスについても、日頃より行う日常点検、使用者や管理者が行う定期点検、設置後2年を経過した器具・設備に必ず行う保守点検の各項目を区分した上、検定工場会社を示し、専門の保守業者による保守点検も怠らないよう、細かく基準を設けている。

※10 平成22年12月27日朝日新聞

〈項目の参考文献〉
▽「部活動における事故防止のガイドライン」神奈川県教育委員会・神奈川県高等学校体育連盟・神奈川県高等学校野球連盟 PDF
▽「部活動中の重大事故防止のためのガイドライン」東京都教育委員会 PDF
▽「スポーツ事故の法務―裁判例からみる安全配慮義務と責任論」
　日本弁護士連合会弁護士業務改革委員会　スポーツエンターテインメント法促進PT編著　(株)創耕舎　3,333円(本体)
▽「バスケットボール指導教本」改訂版 (公財)日本バスケットボール協会　(株)大修館書店　上2,100円(本体)　下2,600円(本体)

球技 6 バレーボール

事故のポイント／争点

○ 室内競技であり、床やネット設備などの**設備の瑕疵**に伴う事故が存在する。
○ 競技の性質上、**突き指や捻挫**が起こりやすい。

事故防止対策

○ 予防のためには、試合前、練習前に用具、床の**安全性の確認**を徹底することが必要である。
○ 捻挫や打撲を防ぐため、**サポーター、テーピング**を行い、**準備運動**を行うことが必須である。
○ 熱中症対策のため**水分補給**が必要である。

> 下半身の怪我を避けるためにも、十分なウォーミングアップをしてください。

MEMO

基本情報をチェック！

（公財）日本バレーボール協会	https://www.jva.or.jp/
スポーツ活動中の熱中症8ケ条	https://www.jva.or.jp/play/protect_heat/heat08.html
バレーボールにおける暑さ対策マニュアル	https://www.jva.or.jp/play/protect_heat/
（一社）日本バレーボールリーグ機構	http://www.vleague.or.jp/
日本バレーボールリーグ機構規約	http://www.vleague.or.jp/code/

1 はじめに

バレーボールは、アメリカ合衆国で19世紀初頭にテニスをもとに考案された「ネット越しにボールを打ち合って得点を競いあう」球技である。近年では、攻撃スタイルが複雑化し、チーム内のコンビネーションもよりいっそう求められるようになってきている。

2 事故類型と対策

(1) 総論

1) 通常の事故

① 事故類型

バレーボールでは、プレー中に生じる捻挫が、事故全体のうちの過半数を占めている。特にブロックなどでジャンプをした際、他人の足の上に乗って足の関節を捻挫する例、レシーブでの転倒による受傷例が多い。その他には、骨折、打撲・挫傷、靭帯損傷、アキレス腱断裂などがある。靭帯損傷やアキレス腱断裂は、その多くが、40代の女性が主な選手層となるママさんバレーにおいて生じている特徴が見られる。

② 対策

イ 競技者

競技者は、下肢の捻挫を防ぐため膝や足首にサポーターを装着し、また、滑り止めのついたバレーボール専用シューズを履くことが求められる。また、手指の捻挫に対してはテーピングを施し未然にこれを防ぐことが必要である。

ロ 指導者・主催者

練習を主催する指導者においては、ストレッチ、準備運動を選手各自に委ねるのではなく、チームとして、時間を確保することが必要である。特にママさんバレーにおいては、靭帯損傷、アキレス腱断裂などの大きな事故に発展する割合が高いことから十分な準備運動が重要である。

また、コート上の選手同士の衝突が起きないよう、コンビプレーにおいて、どの範囲のボールを誰がフォローするのかといった役割分担を明確にすることで、事故を未然に防止することができる。

2) 施設に関係する事故

① 事故類型

バレーボールは、前述の通り、体育館などの室内において実施される競技である。コートの床の一部が劣化し、めくれ上がった状態になっている場合、選手がレシーブなどで転倒した際、身体が直接その突端に接触し大怪我を引き起こすケースがある。

② 対策

イ 競技者

競技者は、試合、練習前においては自らの目でコートの安全性を確認する必要がある。

ロ 指導者・主催者

大規模施設においては、施設管理者が大会前に確認作業を行うことが多いが、コートの状態は、直前の使用により変化する可能性も存在するため、練習における監督、指導者、または大会における大会主催者においては、毎試合前、練習前において必ずコートの安全確認をする必要がある。

具体的には、床の劣化、ささくれの確認、金具の突出の有無の確認を行うべきである。また、これに加え、レシーブ

《項目の参考文献》
▽「最新バレーボールコーチ教本―公認バレーボール上級指導員・上級コーチ用」(公財)日本バレーボール協会　(株)大修館書店　2,000円(本体)
▽「バレーボール指導教本―公認バレーボール指導員・コーチ用」(公財)日本バレーボール協会　(株)大修館書店　2,000円(本体)
▽「6人制バレーボールルールブック・ケースブック」(公財)日本バレーボール協会　1,000円(本体)
▽「9人制バレーボールルールブック・ケースブック」(公財)日本バレーボール協会　1,000円(本体)
▽「臨床スポーツ医学　学校スポーツにおける外傷・障害診療ガイド」臨床スポーツ医学編集委員会編　(株)文光堂　7,000円(本体)
▽「スポーツ安全保険加入者及び各種事故の統計データ」(公財)スポーツ安全協会

などでコートから大きく外に逸れて飛び出す選手がいることを想定し、観客席との境目や施設の壁面に衝突することに備え、壁面に突出した物体がないかの確認を行う必要がある。また、床が濡れているような場合、滑って転倒することが考えられることから、これらコート内外の床の状態の確認も必要である。

ハ　施設管理者
日頃から点検を行い、異常が見られた場合には迅速に保全対応する必要がある。

体育館については　参照 212頁

3）用具・器具に関係する事故
① 事故類型
ネットや支柱への衝突事故、支柱運搬時の落下による負傷、ネットを張る際のネット巻取器具による事故[1]が存在する。

② 対策
イ　競技者
競技者は、支柱、ボールかごのような重量のある器具などの運搬については、複数人で取り扱うことで事故を防止する必要がある。また、ネット巻取器具で事故が起こることを十分認識し、巻取器具が支柱に十分固定されていることを確認した上で、ネット張りを行うよう注意すべきである。

ロ　主催者
（公財）日本バレーボール協会では、すべての用具について、日本バレーボール協会の用具基準を満たしたものを用いるよう求めている。また、Ｖリーグでは、公式試合で使用するボールは（公財）日本バレーボール協会公認球で、Ｖリーグ機構が指定したものを使用することとされている。その指定球は、弾力性満点で突き指などの事故を最小限に防止するような構造となっており、事故を予防している。また、ネットは最上段と最下段に白帯が取りつけられたものを使用することとされ、これによりネットの存在を明らかにすることで事故を防止するものとされている。

ハ　指導者
部活動の指導者、ママさんバレーの指導者も、器具の安全性確保は事故予防に直結するため、日常的に器具の老朽化を確認し、安全対策に努めなければならない。

ニ　施設管理者
すべての器具について日頃から点検を行い、異常のあるものについては器具を使用させないなどの対応が必要である。

器具については　参照 200頁

4）天災に関係する事故
① 事故類型
バレーボールは室内で激しい身体運動を伴って行われる競技であり、夏季における熱中症の症状が起きやすいとされている。実際に熱中症の症状は、代謝の高い中高生で多く発生しており、これを未然に防止する必要性は非常に高い。

② 対策
イ　競技者
競技者自身が自らの身体の状況を把握し、水分補給を怠らないこと、体調に不良があった場合、すぐに指導者またはトレーナーに申し出て休憩をとるなどの自覚が必須である。

ロ　主催者
主催者は、練習においては定期的に、試合においても一定のポイントに達した場合には必ず水分補給タイムをとるなど、大会運営においてシステムとして水分補給を取り入れるという取り組みを行う必要がある。

熱中症については　参照 270頁

※1　大分地判平成26年6月30日
※2　東京地判昭和45年2月27日
※3　宮崎地判平成4年9月28日
※4　【テンションゲージ】バレーボールネットの張力を測定するもの。

3 事故発生分析

　捻挫の部位としては、下肢（足関節、膝など）が多くを占めており、次いで手指の捻挫となっている。これらの受傷は、バレーボールのほとんどが体育館などの室内で行われており、床が比較的硬い状態であることから、床との接触時に発生する機会が高いことを意味している。また、骨折や打撲、挫傷についても、床との接触時に発生しているケースがほとんどである。

　事故の時期別にみると、活動量の多くなる4月、5月、6月、10月、11月には、捻挫、骨折の事故が増える傾向にある。一方で、寒くなる12月〜3月においては、手の動きが鈍くなるため、突き指による事故が増える傾向にある。

　また、捻挫、骨折、打撲、挫傷などは、練習中に多く発生しているが、靭帯損傷、アキレス腱断裂についてはむしろ試合中に多く発生する傾向にある。これは、練習中には緊張感が少なく、捻挫などの軽度の事故が発生しやすい一方、緊張感が高まる試合中は、急激に無理な動きをすることで靭帯損傷などの重度の事故に結びついていると考えられる。

4 事故と法的責任

　バレーボールの練習を行ったXが転倒し、同コートにいたチームメートYと衝突。Yは右足膝内傷の傷害を受け、右足膝関節屈折不能の後遺症が残った。この事故はYがスポーツに適さない格好でバレーボールを行ったXの過失であるとして損害賠償請求を起こした判例[※2]で、スポーツ参加における危険引受を確定させ、Xの請求を棄却すると判じている。これは純粋なスポーツ行為による過失のみに焦点を当てたものであり、同様の訴訟が起きた際には、Yの過失が認められる可能性もある。怪我や事故を起こさないため、最善の準備をすることが肝要であろう。

　試合中の出場選手と控え選手が衝突して受傷した事故[※3]では、主催者の安全配慮義務違反であると損害賠償請求をしたが、その訴えを棄却するとした。過失相殺、危険引受については、個々の技量や事故が起こった状況などによって、判断が異なるので注意が必要である。

5 競技関連団体の予防対策

　（公財）日本バレーボール協会では、HP上で競技特性上起こりやすい怪我とその対策について分かりやすくまとめた「バレーボール119番」という漫画を公開している。また熱中症については、「スポーツ活動中の熱中症8ケ条」および「バレーボールにおける暑さ対策マニュアル」を公開しているので、参照されたい。

- （公財）日本バレーボール協会の定める6人制バレーボール競技規則では、コートの周囲に自由競技空間を5m以上設けることとし、選手がコート外へ飛び出した場合の、観客や壁面への衝突を予防している。
- 平成26年10月、（公財）日本バレーボール協会は、支柱、ネット巻器、およびネットにかかる事故が多く発生している状況に鑑み、「テンションゲージ[※4]」の販売を開始した。「テンションゲージ」は従前、春高バレー、黒鷲旗、ワールドグランプリで使用実績があり、今後各団体において使用されることが検討されている。
- 夏季の試合では、セット間のレストタイムに200mlの水分を補給することを推奨している。さらに、東京都でも、教員委員会から水分補給を徹底する旨の通の指導に基づき、中学校、高等学校のバレーボール大会、ママさんバレー大会において、試合中、一定のポイントに達した場合に、水分補給タイムを設け、水分補給を義務付けている。

　Vリーグにおいては、コートの状態について以下のような条件を設け、事故防止策を講じている。
- 競技場の明るさは、競技場の表面から1mのところで、1,000から1,500ルクスとする。室温は、16℃から25℃を保つ。
- 競技場の床表面は、明るい色で凹凸がなく均一で、競技者の負傷のおそれのないものでなければならない。

競技種目について学ぶための書籍

▽「バレーボールの練習プログラム」福原祐三編　（株）大修館書店　1,600円（本体）
▽「バレーボールパーフェクトマスター」黒川貞生監修　（株）新星出版社　1,400円（本体）

球技 7 ラクロス

事故のポイント／争点

- コンタクトスポーツであるため、**身体の接触による怪我**が多い。
- 小さく硬いボールを高速でやりとりするため、**ボールが当たった**場合、重大事故につながりかねない。特に競技者ではなく第三者にボールが当たった場合は、大事故につながりやすいため、十分な注意を要する。
- クロスの使用に伴う事故も多い。

事故防止対策

- 防具を適切に着用した上、義務付けられた防具でなくとも、着用できる防具やサポーターを適宜着用して、身の安全を確保する。
- 第三者にボールが当たる事故が生じないよう、**練習環境や練習方法、施設における注意喚起など**において、細心の注意を心掛ける。場合によっては、防護ネットの設置などを行う。

クロスの扱いには十分に注意してください。

MEMO

基本情報をチェック！
日本ラクロス協会　http://www.lacrosse.gr.jp/

※1【ラクロスのボール】ラクロスのボールについては、平成27年1月以降、その規格について「白、オレンジもしくは黄色のゴム製で、National Operating Committee on Standards for Athletic Equipment (NOCSAE) Standardに準拠したものでなければならない」とされている。なお、「NOCSAE」とは、NCAA（全米大学体育協会）ルールにも使われている北米のスポーツ用具検査機関である。現在、日本でNOCSAE公認として市販されているものは、直径が約6cm、重さが約146gである。野球の軟式ボールよりもやや硬い。

※2【ラクロスのゴール】ラクロスのゴールは、高さ、幅、奥行きの内寸がともに1.83㎡とされている。

1 はじめに

ラクロスとは、チーム対抗で行われる競技であり、各チームは、ボール[※1]を相手のゴール[※2]に入れて、その得点を競う。特徴として、ボール運びは「クロス」または「スティック」と呼ばれる先端に網が付いている棒によって、主に空中で行われる。男女によって、競技人数や身体的接触（ボディチェック）の可否などのルールが異なる競技でもある。

2 事故類型と対策

（1）総論

ラクロスは、両チームがフィールド上でボールを奪い合って互いのゴールを狙うという競技の性質上、サッカーなどと同様、身体的接触に伴う事故が起きやすい。男子と女子では、ルール上、身体的接触の許否や着用すべき防具にも違い[※3]がある。女子ラクロスでは、身体的接触（ボディチェック）が認められておらず、男子と比べて着用義務がある防具が少ないことから、不意な接触があった場合に、大きな事故につながりやすい。これに対して、男子ラクロスは、身体的接触が認められており多くの防具の着用が義務付けられていることから、激しい身体的接触が多く、これによる骨折などの事故が多い。また男女ともに、クロスやボールとの衝突による事故もある。

上記の接触事故のほか、競技者以外の第三者にボールが当たるという事故が、特に注意すべき事故として挙げられる。第三者は、競技者と比べて、ボールに意識を集中していない場合が多く、重大事故につながりやすい。

（2）事故類型

1）通常の事故（競技者に関係する事故）

① 事故事例

接触による事故は、身体的な接触とクロスやボールとの衝突事故がある。

身体的接触による事故は、男子では、鎖骨や肋骨の骨折と肩の脱臼を負う事故が多い。女子では、鼻の骨折などの顔面損傷が多い。男子は身体的接触が認められており、ヘルメット着用が義務づけられているのに対して、女子は身体的接触が認められておらず、ヘルメットの着用が義務づけられていないことから、負傷部位に差が出ている。クロスやボールとの衝突事故は、男女問わず生じる。接触による転倒などが原因の脳震盪の事故も多い。

頻度は多くないが、ボールが胸部に当たることによる心臓震盪の事故もあり、アメリカでは死亡例も出ている。

競技の性質上、男女ともに急な方向転換やダッシュを行うため、足首の捻挫や太腿の肉離れの事故が多い。特に急に強く方向転換する際の切り替えし動作などでは半月板や靭帯の損傷にまでつながるケースも増えている。女子に特徴的に多く見受けられるのは腰痛である。元々女子の筋力が弱いことに起因するものであるが、ラクロスにおいては、他の競技と比較して装具（サポーター）の着用率が極めて低く、これも腰痛の一因になっている。

② 対策

イ　競技者

- 着用が定められている防具を、適切に着用することで衝撃を吸収し、事故や怪我に対応する。
- 男子について、着用義務はないが、試合時や、少なくともコンタクトを伴う激しい練習を行うときは、ショルダーパッド、エルボーパッド、リブパッド、ファウルカップを着用する。これは平成28年12月のルール改正によっても強く推奨されることになった。
- 女子について、着用義務はないが、怪我防止のためにグローブやノーズガードを着用する（男子には、グローブやフェイスマスクの着用義務あり。ルール17.1）。また、腰痛防止のためにサポーターの着用も心掛ける。
- ラクロスのルールでは、安全確保の観点から、用具や反則について、細かく定められている。そこで、用具や反則

※3【男女のラクロスにおける主な相違点】男女のラクロスにおける主な相違点は、以下の通りである。
　身体的接触（ボディチェック）の有無（男子は可能だが、女子は禁止）。ファウルの種類（上記身体的接触の有無に伴いファウルの種類も異なる）。着用義務のある防具の種類（詳細は次の用語解説参照）。試合時間（男子は20分×4、女子は25分×2）。試合人数（男子10人、女子12人）。
　【男女ラクロスにおける用具の着用義務に関する相違点】男女のラクロスにおける用具の着用義務の相違点は、以下のとおりである。
　《男子ラクロス》着用義務のある用具として、すべての選手は、保護用のグラブ、靴、フェイスマスク、ヘルメット、マウスガードを着用しなければならない。これに加えてゴーリーのポジションの者は、スロートガード、チェストパッド、ファウルカップを着用しなければならない（以上につき、ルール17.1）。また、平成28年12月のルール改正により、ショルダーパッド、エルボーパッド、リブパッド、ファウルカップの着用が、ルール上も強く推奨されるようになった。

について、どのようなルールが定められているのかを十分理解し、これを遵守する。
- 体温が上昇しやすい夏場や防具着用時は特に、適度な水分補給を心掛ける。

☐ **施設管理者、大会主催者、指導者、監督者**
- 競技者に対し、上記の点を指導する。特に、着用義務のない防具については、これが、競技者自身を守るために必要であるという意識を、競技者たちに対して強く意識付けさせ、当該防具を着用させるように指導するなどの対応が必要である。そのためにも、まずは指導者がルールを熟知せねばならない。
- 事故が起こり得る可能性を念頭において、施設管理者は日頃から事故が起きた際の対応マニュアルなどを作成の上、訓練を徹底し、大会主催者や指導者と連携を図るなど応急救護体制およびその知識を整えておく。また、近隣の病院の所在地なども把握しておく。

2）通常の事故（競技者以外の第三者が関係する事故）
① 事故事例
シュートのボールが第三者に当たるなどして、事故を招くこともある。競技者ではない第三者は、ボールに対して集中していない状況でボールが当たる場合が多く、重大事故につながりやすいため、特に注意を要する。事故の具体例を挙げると以下の通りである。
- 練習中、当該練習場の周りを通行している第三者や、近くの場所で練習などを行っている他競技の競技者に対して、ボールが当たる。
- 練習中、同じチーム内の練習に参加していない者や、マネージャーなどに対してボールが当たる。特に、初心者やマネージャーは、危険を予測して、これを回避する行動をとることができないため、危険性が高い。
- 試合中、観戦者に対してボールが当たる。

② 対策
上記事故については、ラクロスのボールの硬さや高速のシュートスピードと相まって、失明などの重大事故にもつながり得るため、下記対策をとるなどして、十分に気をつける必要がある。

イ 競技者
- ボールが第三者に危害を加え得ることを自覚し、競技時にこのようなことが起きる状況にないか十分に注意する。
- 自主練習（指導者の監督下にない練習）を行う場合には、当該練習場所での練習が、第三者に危害を加えることがないかを十分確認した上で、これを行う。
- チーム内でも、危ない場所にいる者には声をかけるなどして、互いの注意喚起を行う。

☐ **施設管理者、大会主催者、指導者、監督者**
- 競技を行う場所が、第三者に被害が及ぶような場所になっていないか、十分に確認検討する。
- 現状のままでは、第三者に危害が及ぶ可能性がある場合、網目の小さいネットの設置（他の球技よりボールが小さいため網目をボールが抜けないような小さい網目の小さなネットが必要となる）や注意喚起の看板の設置、第三者にボールが当たらないよう練習方法を工夫するなど、十分な安全対策を講じる。
- 現状では、十分な安全対策を講じることができないと判断した場合、一定の練習方法を控えることも検討する。
- 試合などの場において、観戦者がいる場合は、シュートボールなどに気をつけるよう、十分にアナウンスするなどの注意喚起を行う。
- チームに所属しているマネージャーなどにも、ボールに当たらないよう常に注意喚起を行い、必要な場合は、ゴールの後ろを通らないなどのルールを決めて、これを浸透させる。
- ボールが第三者に当たることがどれだけ危険であるかについて、十分な意識付けを行い、これを競技者らに共有させる。

> **MEMO**
> 《女子ラクロス》着用義務のある用具として、ゴーリー以外のすべてのフィールドの選手は、上の歯全体を覆う形状のマウスガード、アイガードを着用しなければならない（ルール6.C）。また、ゴーリーのポジションの者は、フェイスマスク付のヘルメット、胸当てまたはボディパッド、咽当てを着用しなければならない（ルール6.G）。
> また、ゴーリー以外のすべてのフィールドの選手は、着用義務はないが、着用できる装具・装飾具として、グローブ、ノーズガード、髪を留めるための装飾性のないゴム、ヘアピン、バンダナなどを着用することができる。他方で、ゴーリー以外のすべてのフィールドの選手が着用できない装具・装飾具として、ヘッドギア、フェイスマスク、帽子、アクセサリー類、腕時計が規定されている（以上につき、ルール6.E）。その上で、平成28年12月のルール改正により、着用義務の防具以外にルールで認められる安全用具の着用も、ルール上強く推奨されるようになった。
> ※4【ウォーターブレイクタイムアウト（WBTO）】給水のためにとられるタイムアウトのことをいう。お互いのチームのタイムアウトが長時間取られない場合など、給水が必要と判断された場合に、適宜とられる。

3）天災に関係する事故

屋外で行う競技であるため、他競技同様、熱中症予防が重要である。
自らの（コーチや監督は、競技者の）コンディションを把握し、練習中および試合中にこまめな水分・塩分補給を行う。
また、落雷の予兆があった際には、速やかに練習・試合を中断し、危険性がないと判断できるまで安全な場所へ退避するなどの対策を行う。

熱中症・落雷事故については 参照 270頁

3 事故発生分析

日本のラクロスについては、事故統計がとられていないため正確な点は不明であるが、競技の事故は、もっぱら激しい運動および競技者同士の接触に起因するものである。防具の正確な着用などの事故防止対策がとられていない場合、その被害は大きくなる。また、第三者に対する事故については、競技者の不注意の他、指導者および施設管理者などの事故防止に対する不注意が事故発生原因と考えられる。

4 事故と法的責任

競技者が第三者にボールを当てて怪我をさせた場合、競技者、競技者の指導者や監督者、競技施設の管理者や主催者それぞれに賠償責任などが生じ得る。もっとも、試合中に起こった事故などについては、当該行為に違法性や過失がないとして、競技者や指導者の賠償責任が否定される場合がある。具体的には、競技者の場合、ルールにしたがってプレーしている限り、行為の悪質性が高い場合を除いて、過失責任は認められないと考えられる。

指導者の場合も、試合中においては基本的には同様と考えられるが、練習においては競技者の技能や練習態様などの事情から安全に配慮する義務が生じると考えられ、これを怠ると過失責任が認められると考えられる。特に複数のボールを使って行うシュート練習では、球速の速いシュートのボールがゴールを逸れて飛ぶことを考慮して、シュート練習の方向を危険がない方向にするなどの安全指導を行うことが必要となる。ボールが第三者に当たり得ることが容易に予想されるような場所では、単なる指導に留まらず、網目の小さい防球ネットの設置などの事故防止措置も必要となる。なお、この場合、ネットの高さが十分かということや、ネットに損傷がないかということにも、気をつけるべきである。

競技施設の管理者や主催者においては、特に競技施設自体に安全性を欠くところがないか、観客への注意喚起は十分か、観戦場所の安全性は確保されているかなど競技施設の管理上の責任が生じ得る。

また、指導者および監督者は、着用義務がある防具の着用を選手に指導しなかった、または適切に教示しなかった結果、競技者が怪我をした場合、当該選手に対して賠償責任が生じ得る。

5 競技関連団体の予防対策

安全性を高めるためのルール整備。平成27年1月のルール改正では、防具の着用義務が整備され、ボールについても、より安全な仕様が標準化された。また、平成28年12月のルール改正では、男子のマウスガード着用義務化や、男女ともに着用義務はないが安全性を高める防具の着用を強く推奨する旨をルールで明記するなど、安全性を高めるルール整備が、順次進められている。また、脳振盪対応ガイドラインの整備、試合中、会場責任者、またはフィールドディレクター（協会主催行事における現場の責任者）の判断によるウォーターブレイクタイムアウト[※4]を認めること、・SG[※5]活動の促進。日本ラクロス協会は入会者を対象とした団体保険（保険内容は、競技者自身の傷害保険および第三者への賠償責任保険）の締結などを行っている。

※5【SG制度】各チームにSG（Safety Guardの略称であり、選手の怪我やチーム活動内の事故防止に向けたチーム内の安全対策担当者）を設け、各チームの安全対策を促進するという活動。SGの担当者は、日本ラクロス協会強化部が開催する登録講習会に参加し、基本的な安全対策に関する基礎知識を学んだ上、自チームでこの講習会で得た内容を啓蒙・実行することとされている。

《項目の参考文献》
▽川崎医療福祉学会誌Vol.16（NO.2 2006「ラクロス選手におけるスポーツ外傷・障害のアンケート調査結果」
　馬渕博行、藤野雅広、岡本裕美子、桃原司、長尾光城著　川崎医療福祉大学
▽「体力科学 56巻6号「ラクロス競技における身体損傷の傾向—ラクロスを始める前と後の比較—」植田央、入江一憲著　（一社）日本体力医学会
▽「Journal of Athletic Training」No42-2号　NATIONAL ATHLETIC TRAINERS' ASOCIATION
▽「日本ラクロス協会公認男子競技用ルールブック」日本ラクロス協会編
▽「日本ラクロス協会公認女子競技用ルールブック」日本ラクロス協会編

球技 8 ゴルフ

事故のポイント／争点

○ 落雷などの自然災害による事故が多い。
○ 心筋梗塞など突然死※1が多い。

事故防止対策

○ フランクリン・ジャパン※2、電力会社※3または気象庁による気象情報サービスを利用するなど落雷情報を収集する。
○ AEDなど救命機器の設置、救命訓練の実施、医療機関との提携を行う。
○ エチケットの安全の確認や、ゴルフコースで掲示されている注意事項を周知徹底する。
○ 事故防止に関する情報など、知識不足によって防げる事故を放置しない。

落雷の際の安全な場所と危険な場所

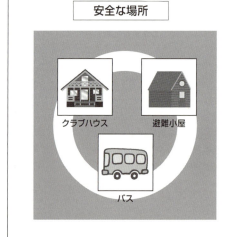
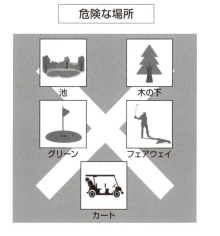

MEMO

基本情報をチェック！

（公財）日本ゴルフ協会	http://www.jga.or.jp/jga/jsp/index.html
（公社）日本プロゴルフ協会	http://www.pga.or.jp/
（一社）日本女子プロゴルフ協会	http://www.lpga.or.jp/
（一社）日本ゴルフツアー機構	http://jgto.org/
（公社）日本パブリックゴルフ協会	http://www.pgs.or.jp/
（一社）日本ゴルフトーナメント振興協会	http://www.golf-gtpa.or.jp/
（一社）日本ゴルフ用品協会	http://www.jgga.or.jp/
（一社）日本ゴルフ場経営者協会	http://www.golf-ngk.or.jp/
（公社）全日本ゴルフ練習場連盟	http://www.jgra.or.jp/

1 はじめに

　ゴルフは、激しい動きを伴わないために生涯スポーツとして続けることが可能であり、コース選択などの配慮やハンディキャップを使うことで年齢差、性差、実力差があっても一緒にプレーができるということもあって、年齢層の幅が広く、老若男女を問わず楽しめるスポーツとして人気の高いスポーツである。特に防具などを付けるルールや習慣はない。

2 事故類型と対策

（1）総論

　ゴルフは、クラブでボールを打つことから、他の競技者へのボールの衝突、スイングしたクラブが他の競技者に衝突する事故がある。

　また、ゴルフは、プレー中の突然死率が他のスポーツと比べて危険なスポーツでもあるということを改めて認識する必要がある。ゴルフの突然死事例のうち、8割以上は心筋梗塞によるものであるとされている。

　喫煙や脂質異常症からくる血栓傾向があると、ショット前後の心拍数と血圧の急激な上下動が引き金となり、心臓に酸素を送る冠動脈が詰まってしまう場合がある。心筋梗塞を起こしやすい時間帯は午前8時から10時頃であるとされており、スタートしてから2ホール、3ホール目あたりが特に危険と指摘されているが、スタート時刻が設定されているため準備運動なしにプレーすることも時々あること、昼食時に飲酒するプレーヤーも多いこと、長時間にわたる屋外運動であることなども相まって突然死率が高いと言われている。

　さらにまた、ゴルフは屋外スポーツであり、天候が変わりやすい山間部にコースがあることも多いため、当然のことながら落雷などによる自然災害が常に隣り合わせのスポーツであるということも認識しておく必要がある。

　施設関連の事故としては、近時、カート事故が増加している。

（2）事故類型

1）通常の事故

① 事故事例

　ボールの衝突は、ボールを打ち損じたり、自分の打ったボールを探しに不用意に他のホールに入ったりするなどして生じる。原因としては、競技者の技量が低かったり、霧などにより見通しが悪かったりさまざまであるが、安全確認を十分行っていないことから生じる。クラブの衝突は、主にゴルフ練習場で生じる。所定の打席以外の場所でクラブを振って他の競技者に衝突する事故が典型である※4。ゴルフにおける突然死は、8割以上、心筋梗塞が原因であるとの調査結果がある。その他の原因としては、ボールが胸部に衝突することで心臓震盪を起こすことが考えられる。

② 対策

イ　競技者

　ボールの衝突事故に対しては、前方確認の徹底が必須である。これは単に打とうとしている方向だけでなく、自らの技量に応じ打球が飛ぶ可能性がある範囲を十分確認する必要がある。その範囲内に競技者がいれば、その競技者に注意喚起し、自分の後方など安全な範囲に移動させることも必要とされる。さらに予期せぬ方向に打球が飛んだ場合は「ファー」と大声をかけて警告することも必要である。

　クラブの衝突事故に対しては、所定の位置以外でスイングをしないというルールを順守し、スイングする際には周囲の安全を確認して行う必要がある。

　突然死に対しては、良く睡眠をとり、飲酒や喫煙を控えるなど循環器に負担をかけないよう留意するとともに、体調の悪化を感じたらすぐにプレーを中止するなど自ら管理することが重要である※5。

※1【突然死】明確な定義は困難と言われているが、一般的には、発症から死亡までの時間が24時間以内の、予期していない突然の病死のことをいい、急性心筋梗塞、狭心症、不整脈、心筋疾患、弁膜症、心不全など心臓病によるものが6割以上、ほかに脳血管障害、消化器疾患などがあると言われている。

※2【フランクリン・ジャパン】（株）フランクリン・ジャパン（神奈川県相模原市中央区宮下1-1-12）。雷および気象・地象の情報収集・処理、気象・地象予報並びにそれらの販売に関する事業などを目的とする会社であり、落雷情報サービスの「Lightning Scope」、「カミナリWeb」、「カミナリmobile」などを展開している。

※3 電力会社による気象情報サービス：北海道電力および東北電力を除く全国の電力会社各社が落雷情報を提供している。

ロ 指導者・大会主催者・ゴルフ場運営者

ボールやクラブの衝突事故に対しては、上記で述べた点について、競技者に注意喚起を行うことが必要である。コースレイアウトによっては、隣接するコースからボールが飛来する危険があり、後述する工作物責任の対象となり得ることから、植栽や防護柵など事故防止措置をとる必要がある。

突然死に対しては、予防は競技者に委ねられているが、健康に十分に留意する旨の注意喚起は可能であろう。また、心筋梗塞や心臓震盪が発症した際にただちに除細動を実施できるようAED設置が必須である。さらに、自らあるいは従業員にAEDの使用方法を周知・徹底し、定期的な救命訓練を実施し、救急車およびドクターヘリによる早期搬送できる体制を構築することが必要である[※6]。

2) 施設に関係する事故
① 事故事例

- カート関連事故としては、複雑な地形、路面状況などによる乗用カートの運転ミスで池や谷への転落する事故のほか、急カーブで座席から転落する事故や、スコアカードの記入に集中し過ぎてカートから転落してしまう事故が多い。また、わき見運転をして木に衝突するとともに、最近では報道関係者が乗るカートがツアーの観客に突っ込み、4人に重軽傷を負わせたという事故も発生している（当該報道関係者は、その後自動車運転過失傷害の罪で在宅起訴されている）。セルフプレーが増えてきていることも影響してか、全国の約7割のゴルフ場でカートによる事故が起きているという調査結果もある[※7]。
- ゴルフ場のコースは自然を生かしたもののほか、人工的に造成されているものもあり、起伏などによる転倒事故も多い。
- ゴルフ練習場では、打席の間に簡単な仕切りがある程度で、打席間隔によっては打席の競技者のスイングによるクラブが衝突する事故がある[※8]。また、所定打席以外でスイングして他の競技者にクラブが衝突する事故もある。

② 対策
イ 競技者

- カート関連事故に対しては、自動車の運転と同様、安全運転を心掛け、ゴルフ場からの指示を順守することに尽きる。危険な場所にカートを乗り入れることを避けることも必要である。飲酒して運転をしないことは当然である。
- 転倒事故に対しては、コースの状態や当日の天候を考慮しながら足元に注意してプレーする。
- クラブの衝突に対しては、前頁1) 通常の事故で述べた通りである。

ロ 大会主催者・ゴルフ場運営者

- カート関連事故に対しては、適切なローピングやガードレールの設置、警告表示をするなどが考えられる。また、自動運転式カートを導入することも一案である。保守管理責任者を決め、カートやカートコースを毎日、定期的に点検することも必要である。
- 転倒事故に対しては、警告表示や、危険な場所を立入禁止にすることなどが必要である。また、ゴルフ場のコースは、工作物に該当し、安全性に欠けることがあれば、不法行為責任を負うため、この観点からもコースの安全を管理する必要がある。
- ゴルフ練習場の打席間隔について、安全基準は策定されていないが、安全を確保できる間隔をとって設置する必要がある。所定の打席以外の場所でのスイングはただちに注意して止めさせる必要がある。

3) 天災に関係する事故
① 事故類型

屋外でかつプレー時間が長時間に及ぶため、熱中症を発症しやすい。また、同様に、落雷事故も多く生じている。

MEMO

※4 東京地判平成2年9月19日 ゴルフ教室のコーチは、受講者全員の生命・身体を損なうことのないよう各受講者の資質・能力・受講目的に応じた適切な手段・方法で指導をなすべき注意義務を負っており、被害者を指導するにあたり、被害者が他人の打席に入り込んで他人の振るクラブや、打ったボールに当たることがないように配慮して指導を受ける位置を指示すべき義務があったのにこれを怠ったとして当該コーチおよびゴルフ教室の運営会社（コーチの雇用主）に対して約850万円の損害賠償を命じた。

※5 ダイヤモンドオンライン「年間200人もの死者が！早朝ゴルフで突然死しないための5つの処方箋」 HP

※6 千葉県においては、2機のドクターヘリが待機しており、15分以内に現地に到着できる体制を県全体で医療機関と連携しながら構築している。

※7 日本ゴルフ学会第10回大会号「ゴルフ場の安全対策『中高年ゴルファーの実態』」／日本ゴルフ学会大会第25回大会号「ゴルフ場の安全対策『九州地区ゴルフ場へのアンケート調査による事故の実態と予防対策についての検討』」／「ゴルフの科学」(Vol.24、No.2)「ゴルフ場

② 対策
イ　競技者
- 熱中症について、ゴルフコースに出ると水分補給が困難となるため、十分な水分を持参する必要があろう。
- 落雷対策としては、ゴルフコースは広いため、事前に避難場所を確認しておく必要がある。また、落雷に関する一般的知識（稲光が見えたり、または、雷音が聞こえたりしたら、雨が降っておらず晴れていても、避難することを心掛ける。雷雲が去り、最低20分間は避難を続けるなど）を身につけておく。
- 当日の気象情報に留意し、ゴルフ場担当者の指示に素直に従うことも大切である。

ロ　大会主催者・ゴルフ場運営者
- 熱中症について、水分補給の重要性を訴える啓発活動、塩飴の無料配布やカートで販売員がコースを回って飲み物を販売するなど水分補給しやすい環境を作ることも大切である。
- 地元の気象台や気象専門会社のサービスを利用し、最新の気象情報を得て、地域的特性を把握した統括責任者を選定し、下記の表を基に指示発令基準をあらかじめ決めておく。
競技者がゴルフコースのどの地点にいても速やかに避難できるよう配慮して避雷小屋および避雷針を設置することなど考えられる。

※なお、旧労働省が公表したゴルフ場における落雷事故防止のためのガイドラインによれば、以下の判断基準が示されているので、参考にされたい。

一般的な基準

状　　況	判　断　等
①雷雲（雷）が20km付近まで近づいてきた場合	「注意喚起」の情報を流す。
②雷雲（雷）がさらに20km以内に入り、10km付近までまだ距離があるが、その移動速度が早い場合	その状況に応じ、早めに「避難指示」を出す。
③雷雲（雷）がさらに10km付近まで近づき、その移動方向から来襲の可能性が予測される場合	ただちにプレーを中止させ、「避難指示」を出す。
④雷雲（雷）が安全に抜け、ぶり返しのおそれがなくかつまた、新たに近づく雷雲がない場合	「プレー再開」の指示を出す（雷雲の去った地域から逐次再開可能）。
⑤雷雲（雷）や強い雨雲が引き続き入ってくることが予想され、時間的にもプレー続行が不可能となる場合	「クローズ」の指示を出す。

特別な判断事項（次の状況の場合、上記一般的基準にさらに「余裕」を加え、最終的に判断を下す。）

状　　況	判　断　等
ゴルフトーナメントなどで多数のギャラリーが入っている場合、または、避難に時間を要する入場者がかなりいる場合	雷雲が20km付近に近づくまでに予測を行い、「避難指示」の判断を下す。
場内で施設・装置などの工事が行われているとき、または、避難誘導に当たる人員、車両が不足しているときなど、避難に支障をきたすおそれがある場合	その状況に応じて、時間的余裕を取り、所要の判断を下す。
気象情報の判断が難しく、その判断に不安が残る場合	その状況に応じて、時間的余裕を取り、所要の判断を下す。

台風：テントや特設スタンドの適切な設置方法の徹底、事前の気象情報の収集、速やかに撤去できる体制の構築。
熱中症：炎天下のプレイの場合、3～5ℓの水分補給が必要。ハットタイプ帽子で後頭部をさらさないようにすることなどが大切である。

熱中症・落雷事故については 参照 270頁

の安全対策―アンケートによる近畿地区のゴルフ場の実態調査―」／「ゴルフの科学」(Vol.23、No.2)「ゴルフ場の安全対策―関東地区ゴルフ場へのアンケート調査による事故の実態と予防対策についての検討―」／「ゴルフの科学」(Vol.22、No.2)「ゴルフ場の安全対策―アンケート調査によるゴルフ場の実態（アメリカ合衆国・カナダ）―」／「ゴルフの科学」(Vol.20、No.2)「ゴルフ場の安全対策―アンケート調査によるゴルフ場での事故の実態調査（オーストラリア）―」／日本ゴルフ学会第16回大会号「ゴルフ場での事故と安全対策その15」

※8　千葉地判昭和46年10月29日　隣の打席との間隔が狭かったため、練習者のゴルフクラブが隣の打席の練習者に当たったと認定し、ゴルフ練習場の設置および保守に瑕疵があったとしてゴルフ練習場の経営者に対し損害賠償を命じた。
※9　中央労働災害防止協会「労働災害分析データ」 HP
※10　東京地判平成18年7月24日
※11　大阪地判平成17年2月14日判タ1199号249頁

3 事故発生分析

ゴルフに関する事故・災害に関する統計は存在しないものの、個別の団体内部で事例集積が図られている。なお、平成22年から平成27年までの労働災害分析データによれば、右表に記載の通りである[※9]。

ゴルフ場における労働者死傷病内容の内訳

事故類型	割合
転倒	38 %
動作の反動・無理な動作	17 %
転落	10 %
飛来・落下	8 %
激突される	8 %
その他	19 %

4 事故と法的責任

他の多くのスポーツでは、競技者がルールに則ってプレーしている間に生じた事故について当該競技者の法的責任は否定される傾向にある。例えば、野球のファウルボール事故においては、ボールを投げた投手や打った打者の責任は問われない。これに対して、ゴルフは、ボールを打った競技者自身に法的責任が認められる場合が多くあり、裁判例も多数存在する[※10・11]。その論拠として「自己と同伴競技者との距離が近く、自己のボールが同伴競技者の方向に飛んで行ったならば、同伴競技者がボールの行方を見ていたとしてもボールの衝突を回避できない可能性がある距離にいる場合には、同伴競技者を安全な場所まで下がらせる義務があるというべきである。そして、ミスショットの可能性、それによってボールが同伴競技者の方向に飛ぶ可能性が否定できない場合には、それに応じて、この義務が加重されるというべき」と判示されている。この考え方は他の裁判例でも踏襲されているといってよい。

また、前述のゴルフ教室におけるゴルフクラブ事故に関する事例以外にも、キャディやキャディを雇用するゴルフ場経営会社の責任が認められた裁判例が以下の通り散見されるところであり、また、責任が認められる度合は年々厳しくなってきている傾向にあると思われるため、この点にも注意が必要である。

責任が肯定された裁判例

No	年月日	審級	事故態様	原告	被告	賠償額	過失相殺	責任追及の仕方
1	昭和59年7月17日（判タ537号145頁）	名古屋高裁	ゴルフ競技中（後続プレーヤーによる打ち込み）	競技者	キャディを雇用するゴルフ場経営会社	163万円	-	使用者責任・工作物責任
2	平成2年9月19日（判タ756号233頁）	東京地裁	ゴルフ教室のレッスン中（所定の打席外でのスイング）	競技者	①ゴルフ教室のコーチ ②コーチを雇用する会社	851万9,848円	-	民法709条および使用者責任・債務不履行責任
3	平成5年8月27日（判タ865号243頁）	東京地裁	ゴルフ競技中（後続プレーヤーによる打ち込み）	競技者	キャディを雇用するゴルフ場経営会社	489万6,611円	-	使用者責任
4	平成12年10月26日（判タ1021号202頁）	大阪地裁	ゴルフ競技中（同一組のプレーヤーによる打ち込み）	競技者	キャディを雇用するゴルフ場経営会社	156万円	4割	使用者責任
5	平成25年4月5日（判タ2210号88頁）	岡山地裁	ゴルフ競技中（同一組のプレーヤーによる打ち込み）	競技者	①キャディ ②キャディを雇用するゴルフ場経営会社	4,408万7,502円	3割	民法709条および使用者責任

MEMO

《項目の参考文献》
▽「ゴルフ場の事業における労働災害防止のためのガイドライン」中央労働災害防止協会 HP
▽「ゴルフトーナメント安全対策マニュアル」（一社）日本ゴルフトーナメント振興協会
▽「落雷事故防止マニュアル作成の手引き」（株）フランクリン・ジャパン HP
▽「落雷は防げないが落雷事故は防げる」望月浩一郎個人WebSite HP

📖 競技種目について学ぶための書籍
▽「ゴルフの基本　−DVDで一気に上達−」平野茂著　（株）新星出版社　1,500円（本体）
▽「ゴルフカラダをつくる」白木仁著　（株）新星出版社　1,300円（本体）

5 競技関連団体の予防対策

① ガイドライン／事故対策マニュアルの作成

（一社）日本ゴルフトーナメント振興協会は、「安全対策マニュアル」を作成している。主として自然災害を想定して策定したものであるが、台風、雷、地震、水害、火災、テロ対策などで構成されている。

ゴルフに関連する多くの団体が存在するが、ゴルフ界におけるあらゆる事故を防止するための安全対策マニュアルを作成する必要があろう。

② 災害・事故に関する情報の共有

日本ゴルフ場支配人会連合会は、県単位で年間4回、東日本で年間2回、全国で年間1回の事故報告を行い、情報共有を図っており、（一社）日本ゴルフトーナメント振興協会は、保険会社を通して事例を集積している。

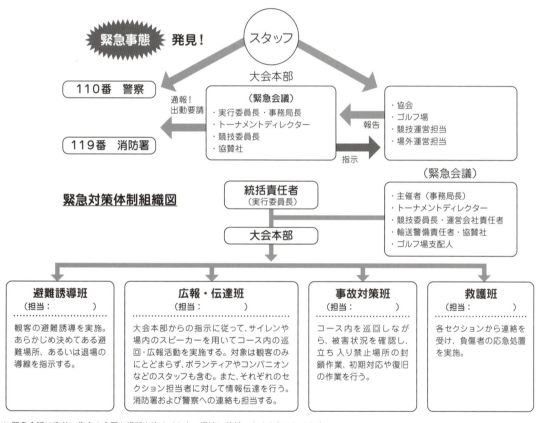

※ 緊急会議は事前に集合の合図と場所を決めておき、迅速に終結できるようにしておく。
※ 各班の責任者は本部系の無線を持ち、大会本部との連絡を密にする。
※ 各班ともに活動用のカートまたは車両、拡声器などの機材をあらかじめ割り当てておく。

図1　事件事故発生時の緊急対策フローチャート（出典：（一社）日本ゴルフトーナメント振興協会安全対策マニュアル）を元に筆者作成

《ゴルフに関連する保険制度》
▽（一社）日本ゴルフ協会ジュニア会員向け保険　**HP**
▽ゴルフトーナメント総合補償制度　（一社）日本ゴルフトーナメント振興協会が整備した補償制度。
　年間4〜50の試合をまとめて付保することによってコストを下げることに成功した。

球技 9 ラグビー

事故のポイント/争点

○ コンタクトスポーツと球技が複合しているため、<u>頭部や頸部</u>に損傷を負うケースがある。
○ <u>ゴールポスト</u>へ登ったりぶら下がったりして大怪我をする事故も発生している。

事故防止対策

○ <u>安全なプレーがパフォーマンスの向上につながる</u>ことを理解した上で、プレーヤーが<u>正しい技術</u>を身につけられるように、関係者がそれぞれの立場から関与していかなければならない。
○ <u>競技規則と規則の改訂</u>により、危険なプレーを排除するという姿勢が明確化されており、各当事者は変更された競技規則をフォローしていくことが重要である。

(公財)日本ラグビーフットボール協会の組織(各委員会)と安全対策との関わり

安全対策委員会	安全推進講習会の実施、脳振盪ガイドラインの運用、重症障害報告の管理とその原因分析など
メディカル委員会	試合でのピッチ内外の医療環境の整備、医療従事者へのスポーツ救命救急コースの実施
競技力向上委員会／コーチ部門	指導者資格制度など
審判委員会	レフリングなど

胸部外傷のフローチャート

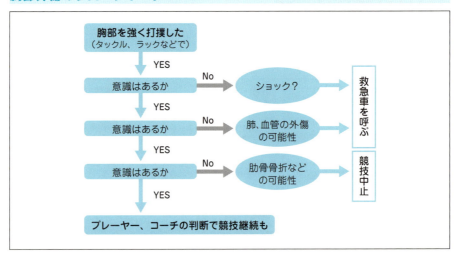

出典：(公財)日本ラグビーフットボール協会 「ラグビー外傷・障害対応マニュアル」

MEMO

基本情報をチェック!
(公財)日本ラグビーフットボール協会　https://www.rugby-japan.jp/
「チーム・指導者の方へ」各文書　(公財)日本ラグビーフットボール協会 https://www.rugby-japan.jp/RugbyFamilyGuide/shidousya.html
ワールドラグビー「競技規則」WorldRugby　http://laws.worldrugby.org/?language=JA

1 はじめに

ラグビー※1は、フィールドを前進してボールをゴールラインよりも前方に運ぶことを目的とするスポーツである。競技規則上、身体接触によりボールを持った相手プレーヤーにコンタクトして前進を止めることが認められている。また、スクラム※2、ラック、モール※3、ラインアウトの各場面においては、公平な条件のもと、双方のプレーヤーがボールの争奪を行う。このときもまた、双方のプレーヤーの身体接触が生じる。

競技規則の序文にも、「ラグビーフットボール競技は、身体接触を伴うスポーツである。身体接触を伴うスポーツには本来危険が伴う」とあり、競技の特徴に身体接触があること、安全のため各当事者が責任を持つ必要が明示されている。

2 事故類型と対策

(1) 総論

屋外型の球技としての特性を有しているとともに、コンタクトスポーツとしての特性を有しているため、事故の類型としてはコンタクトの場面（タックル※4、ラック、モールなど）とスクラム・ラインアウトなどのセットプレーの場面に区別することができる。使用する施設、器具は限定的であり、ラグビーに固有の問題点はさほど多くない。

(2) 事故類型

1) 通常の事故

① 事故事例

倒れた選手はボールを離さなければならないという競技規則があるため、タックルは相手プレーヤーの下半身を狙い、相手プレーヤーを転倒させることを目指すことが多い。このとき、タックルを行うプレーヤーの側では、視線が下に行き過ぎることで頭部が無防備になり、頭部・頸部に損傷を負うケースがみられる。逆にタックルを受けるプレーヤー側では、倒れる際に十分な姿勢をとることができず、同様に頭部・頸部に損傷を負うことがある。

スクラムにおいては、特に最前列の選手が頭部から地面に激突し、頸部を損傷する事例が見られる。

ラック、モールなどでは、ボール争奪のために双方のプレーヤーが密集するプレーであるところ、頭の下がった無理な姿勢でプレーヤー同士が衝突し、あるいはプレーヤーが上方から下方に味方、または相手のプレーヤーに押されて、頭から地面に激突し、頭部・頸部を損傷する事例が見られる。(公財)日本ラグビーフットボール協会が発行している「ラグビー外傷・障害対応マニュアル」は、全身の各部位に対して、外傷・障害の態様の具体的な分析を試みているが、同マニュアルによるとコンタクトスポーツの特性上、部位を問わず、裂傷や擦過傷による出血、打撲、骨折、脱臼など広く事故が発生しやすいとされる。

② 対策

イ 競技者 (当事者)

安全なプレーの習得が不可欠である。危険なプレーは競技規則上禁止されているものが多いため、指導者とともに安全なプレーの概要を理解し、適切に自分の身体をコントロールできるようにならなければならない。この点、安全なプレーとは単に競技規則に禁止されていないプレーということだけではない。多くのプレーにおいて言えることは、安全にプレーを行うには、相手を見て、頭部を腰の高さより高くしてプレーすることが必要である。ヘッドアップができていれば、背筋が伸びた状態で力を相手プレーヤーに対して最大限伝えられるとともに、相手プレーヤーから視線を切らない点で相手プレーヤーを最後まで目で追うことができる。結果として、<u>安全なプレーを心掛けることはパフォーマンスの向上につながる</u>のである。

※1【ラグビー】日本で広く普及するのはワールドラグビー（WR、国際ラグビーボード（IRB）から改称）が統括するユニオンラグビーである。世界を見ると、リーグラグビーと呼ばれる競技規則の異なる13人制の競技もある。コンタクトを広く許容する競技という点では、アメリカンフットボール、ゲーリックフットボール、オージーフットボールなどとも共通点はあるが、本稿ではいわゆるユニオンラグビーを念頭に解説を行う。

※2【スクラム】競技規則上の定義としては、双方からプレーヤーが集まり、スクラムフォーメーションを作り、中にボールを投入することでプレーが開始されるなされている。通常1チーム8人ずつでスクラムフォーメーションを作ることとなるが、トップレベルとなると8人の平均体重が100kgを優に超え、全員の体重の合計は1t近くになる。これらの選手が全力で衝突することになるが、お互いが相対して真っすぐに押し合わないと、力が逃げてしまい、最前列の選手は地面に激突する可能性がある。

ロ 大会主催者・レフリー

安全なプレーをさせる上では、大会主催者やレフリーの協力が当然必要である。まず、大会主催者においては、出場するプレーヤーの力量を見極めた上で、過度に負荷のかかるようなスケジュールを設定しないこと、安全面から適用される競技規則を適宜変更調整することが求められる。

また、競技規則上危険なプレーが禁止されているとしても、その競技規則を実際に判定・適用できるのはレフリーのみである。レフリーが、試合ごとに明確に基準を示し、危険なプレーを排除する姿勢を示すことが極めて重要な意味を持つ。大会主催者の立場からいえば、レフリーに対して適宜対応を求めることも、状況に応じ安全確保のために極めて重要となる。

ハ 指導者、監督者

安全なプレーをプレーヤーに習得させなければならない。

残念ながら、重大な事故が絶対に起こらないということはあり得ない。重大な事故が起こる可能性を常に想定した上で、事故が起こった際にとるべき対応について、最悪の事態を回避するために、常に準備を行っておかなければならない。指導者、監督者は脳振盪の危険性、対応を理解し、頭頸部外傷の際には迅速に適切な対応をとることが必要となる。

脳振盪については 参照 266頁

2）施設に関係する事故

① 事故事例

使用する施設はグラウンド、ゴールポストである。ラグビーに固有の問題とは言えないが、学校の施設などでは、ゴールポストの設置上の問題が問われることがあり得る。また、ゴールポストへ登ったりぶら下がったりして大怪我をする事故も起きている。

② 対策

ゴールポストをしっかりと固定するため、埋設管に異物がないかどうかを確認してゴールポストを差し込むことを徹底し、衝突時の怪我を防止するために、防護マットをとりつけるなどの対策も講じる必要がある。また、誤った危険な扱いをしないように、周知徹底する必要がある。

3）用具・器具に関係する事故

① 事故事例

身体に装着する用具として、ジャージ、スパイク、肩当て、ヘッドキャップ、マウスガードなどがある。これらの装具の不備により、装着したプレーヤー、あるいは相手方プレーヤーに事故が生じる可能性がある。

② 対策

ワールドラグビーは競技に関する規定12条および付属文書を定め、用具に関する厳格なルールを設けている。また、レフリーはゲームの前にこれらを確認し、選手の着用する用具が競技規則に適合したものでなければ使用させないこととなっている。

4）天災に関係する事故

① 事故事例

落雷時などに事故が生じる可能性がある。

※3【ラック、モール】ラックとは、双方の一人またはそれ以上のプレーヤーが立ったまま、身体を密着させて、地上にあるボールの周囲に密集するプレーのことをいい、モールは、ボールを持っているプレーヤーが、相手側の1人またはそれ以上のプレーヤーに捕らえられ、ボールキャリアーの味方1人またはそれ以上のプレーヤーがボールキャリアーにバインドしているときに成立する。いずれも、両チームのプレーヤーがボールを獲得すべくコンテストを行うものである。故意にモールやラックを崩すプレー、故意に倒れたり膝をつくプレー、故意に踏みつけるプレーなどは禁止されているが、これらの規定の主たる目的はプレーヤーの安全確保にある。

※4【タックル】飛びかかったり組み付いたりして相手からの攻撃を阻止すること。選手同士が衝突することにより、頭部、首、関節など身体に重篤な怪我をする事故が発生する危険性をはらんでいる。

② 対策

（公財）日本ラグビーフットボール協会では「雷に関する注意」を行っており、「落雷の危険性が高いと判断した場合には、直ちに練習、試合を中止する」としている。最終的にはレフリーに裁量が与えられているところではあるが、プレーヤーの安全が確保できない場合にはゲームを中止することができる。近時では、プレーヤーの安全のみならず、観客の安全を確保するという点から、ゲームの開催をすべきかどうかといった問題が生じる例もある。天候も考慮に入れたプレーを行う点にラグビーの魅力があると考える立場もあり、大会主催者は難しい判断を迫られることもある。いずれにせよ、徹底した情報取集は必要であり、状況に応じて中止とする決断を下すことが重要である。

熱中症・落雷事故については 参照 270頁

3 事故発生分析

学校事故事例検索データベースによると、平成17年から平成27年の間に76件の死亡・障害事故に対して保険給付が行われており、うち12件が死亡事故となっている。また、（公財）スポーツ安全協会の「平成27年度スポーツ安全保険の加入者及び各種事故のデータ」によれば加入者数7万1,102人に対して3,975件の事故が発生しており、傷害発生率は5.59%（アメリカンフットボール、ドッジボールに次いで3番目）と高率になっている。競技間の比較を行った場合、事故の発生率、重大事故の発生率ともに高いことは否めない。

なお、（公財）日本ラグビーフットボール協会はメディカル委員会が重傷事故報告書の提出を義務付けており、内部での重大事故の分析は一定程度進んでいるようである。

4 事故と法的責任

上記のとおり重大事故が発生することがあるため、いくつかの裁判例が公刊物にも登載されている。近似では熱中症の事例[※5・6]、モールにおける頸椎損傷の事例（責任は否定）[※7]、スクラムにおける頸髄損傷の事例[※8]などが挙げられる。裁判例のみ見れば必ずしも指導者、監督者などの責任が認められているわけではないが、責任を否定した裁判例の趣旨が現在も当てはまるとは限らない点には注意が必要である。この間に競技規則や指導のマニュアルなどは逐次変更が加えられているが、これらについて指導者の知識、認識不足などが認められる場合には、当然そのことについて責任を問われる可能性がある。

5 競技関連団体の予防対策

安全性を確保できないプレーについては、競技規則で禁止されている。ワールドラグビーは競技規則を逐次変更しており、安全性が確保できないプレーを排除すべく、禁止するプレーを追加、変更してきている。また、競技団体としては、プレーヤーのプレーの成熟度に応じて適用する競技規則を一部変更することが可能になっている。競技規則といえども絶対的なものではなく、安全性を確保するために日々ルールから進化していくという点で他競技にはあまり見られない特徴がある。

また、指導者、監督者において、安全なプレーを適切に指導できるように最大限の努力を行っている。

適切なコーチングを行うことができるよう、（公財）日本ラグビーフットボール協会は「ラグビー外傷・障害対応マニュアル」作成のほか、指導者資格制度を設定してコーチの質を高めることに努めている。またコーチがいないチームに対しても、安全推進講習会の実施、DVDの配布などを行い、安全なプレーの概要と、その習得方法を理解するよう、周知徹底を心掛けている。指導者、監督者はこれらの情報に積極的にアクセスし、その結果をプレーヤーにフィードバックすることが求められる。

※5 佐賀地判平成17年9月16日
※6 神戸地判平成15年6月30日判タ1208号121頁
※7 東京地判平成13年11月14日
※8 大阪高判平成7年4月19日判例地方自治143号33頁

📘 **競技種目について学ぶための書籍**
▽「ぐんぐんうまくなる! ラグビー」清宮克幸著　（株）ベースボールマガジン社　1,200円（本体）
▽「【DVDでよくわかる】ラグビー上達テクニック」林雅人監修　（株）実業之日本社　1,400円（本体）

球技 10

アイスホッケー

事故のポイント／争点

- 競技者同士の身体の衝突が多い競技であり、衝突による負傷、特に**脳振盪**の発生が多い。
- 観客は、**観客席に飛び込んだパック**がぶつかって受傷する場合がある。
- 指導者や施設の管理者は、こうした**事故の発生を防ぎ**、発生した**事故の重症化を防ぐ**義務を負う。

事故防止対策

- 衝突による事故発生を予防するための**適切な防具**の装備をする。
- 傷害が発生したことを適切に診断し、医療機関に搬送できるための**体制を整備**する。
- パックが観客席に飛び込まないような**設備を整備**する。

防具で保護されていない部分は怪我をしやすいので注意してください。

MEMO

基本情報をチェック！
（公財）日本アイスホッケー連盟　https://www.jihf.or.jp/
国際アイスホッケー連盟　　　　　http://www.iihf.com/

※1【NHL】ナショナル・ホッケー・リーグ（英語：National Hockey League）の略称。北米のアイスホッケーリーグであり、一般的には世界最高峰のアイスホッケーリーグであるとされている。

1 はじめに

　アイスホッケーは、6人ずつの2チームが対戦し、四方をボードで囲まれた氷上で、専用のスケート靴でスケーティングしながら、スティックを使って円盤状のパックを相手チームのゴールに入れ合い、その得点で勝敗を決める競技である。
　選手の滑走速度は時速50km以上、パックの速度は日本人選手で時速140km、NHL[※1]プレーヤーでは時速170kmに達する場合もある。

2 事故類型と対策

（1）総論

　アイスホッケーにおける事故には、競技者が競技中ないし練習中に受傷する場合と、競技を観戦している観客が受傷する場合がある。競技者については、他の競技者や施設、器具への衝突に起因する事故が主であり、観客については、パックが観客席に飛び込むことに起因する事故が主である。

（2）事故類型

1）通常の事故

① 事故事例

　アイスホッケーは、競技者が氷上をスケート靴で高速で滑走するため、競技者同士がスピードを上げたまま衝突することが度々起きる。こうした衝突に備え、競技者は、ヘルメット、プロテクターなどの防具を付けているが、それでも衝突による衝撃をゼロにすることはできないため、競技者同士の衝突などにより、競技者が負傷することがある。
　また、アイスホッケー公式国際競技規則[※2]では、ホッケーリンクは、その周囲をボードで囲み、ボードの上には保護ガラスを設置しなければならないとされている。そのため、滑走している競技者がボードや保護ガラスに衝突し、負傷することも多い。アイスホッケーの衝突事故については、脳振盪など頭部外傷が問題となっている。

② 対策

　選手同士の衝突や、ボードへの衝突自体はある程度避けられないが、防具を適切に装備することで、外傷の発生率および重症度を下げることが可能である。脳振盪への対策として、バイザーではなくフェイスケージ付きのヘルメットを装着することにより、脳振盪の重症度を軽減できる可能性がある。
　また、脳振盪が疑われる事象が発生した際の対応が重要となる。脳振盪は、意識消失を伴わないことも多く、競技者は、自ら発症していることに気付かない場合も多い。脳振盪から完全に回復するまでの間、脳は損傷を受けやすくなっており、若年者は成人と比べて回復に時間がかかる。無理に練習や競技を続けると長期的あるいは重度の障害となる可能性があるので、脳振盪の発生を速やかに認識し適切に対処することが重要である。
　そのため、早期に脳振盪を診断する体制を整える必要がある。高価な診断器具を準備できない場合であっても、SCAT3[※3]やK-D Test[※4]などの簡易な診断ツールを活用し、できる限り早期の診断に努めることが必要である。
　そして、脳振盪の疑いがある場合には、速やかに医療機関に搬送できる体制を整える必要がある。できれば、リンクのそばにスパインボード[※5]、ヘッドイモビライザー[※6]といった、頭部を固定したまま安全に医療機関まで搬送できる器具が備え付けられていることが望ましい。

2）施設に関係する事故

① 事故事例

　アイスホッケーのパックは硬化ゴム製であり、これをさらに冷却して使うため、非常に硬い。当然、スティックで打っ

※2【アイスホッケー公式国際競技規則】国際アイスホッケー連盟（英語: International Ice Hockey Federation、略称:IIHF）が、アイスホッケーの国際的な公式ルールを定めたもの。日本国内におけるアイスホッケー競技は、原則としてこの規則に則って運営されている。日本アイスホッケー連盟から、この規約の日本語の製本版が出版されており、ホームページからはpdfデータがダウンロードできる。

※3【SCAT3】スポーツ脳振盪評価ツール（英語：Sport Concussion Assessment Tool）の第3版。スポーツにおける脳振盪に関する国際会議において公表されたもので、脳振盪の客観的な判断基準が提示されている。

※4【K-D Test】正式名称はKing-Devick Test。脳振盪の簡易診断ツール。カードに書かれた一ケタの数字を左から右に、横の列で順番にできるだけ早く読み上げるというテストで、脳振盪を受けた場合、読み上げる速度が遅くなるとされている。

※5【スパインボード】体をしっかりと固定できる担架の一種。脊柱系の損傷が疑われる負傷が起きたとき、脊椎が動かないように固定したまま負傷者を運ぶことができる。

たパックが人体に直接当たった場合、負傷する危険性が高い。

競技者は、パックが防具のない個所に当たって負傷する場合があるが、観客も、リンクを囲んでいる保護ガラスを越えて観客席に飛び込んだパックに当たって怪我をする場合がある。NHLでは、平成14年に観客がパックに当たって死亡する事故が発生している。

さらに、アイスホッケーはスケートリンクで行うが、日本ではスケートリンクの数が減少しており、練習が他の競技や一般利用者のいない深夜に行われることが多い。そのため、練習を行っている時間帯に、リンクの氷が荒れている場合がある。もっとも、使用頻度の高いリンクでは製氷車を1日3交代で稼働して水面管理を行っており、リンクの氷が荒れていることは少ない。アイスホッケー自体、転倒が多い競技であるが、氷の状態の悪化により、転倒事故の発生率が上昇することも考えられる。

② 対策

パックが保護ガラスを越えてしまう可能性は少ないながらも存在するため、できれば、保護ボードのない部分について、ネットを張るなどの対策を講じることが望ましい。

NHLでは、前述の死亡事故が発生した後、ゴール裏の保護ガラスの上部に保護ネットを張り、パックが飛び込まないように対策をとっている。すべてのリンクがこうした対策をとるのは費用などの点から難しいが、少なくとも試合用のリンクでは、このような対策をとることが望まれる。

氷については、常に万全な手入れをしておくことは難しい部分もあるが、可能な限り氷を良好な状態を保つよう努める必要がある。

3) 用具・器具に関係する事故
① 事故事例

既に述べた通り、パックは非常に硬く、しかも、スティックから高速で打ち出される。そのため、高速で打ち出されたパックが直接人体に当たった場合、負傷する可能性が高い。

競技者は、防具を着用することでパックの衝突による衝撃からはある程度守られている。もっとも、現行のルールでは、防具としてヘルメットの着用が義務付けられており、バイザーの着用も昭和49年12月31日以降に生まれた選手には義務付けられているものの、フェイスケージ付きのヘルメットの着用は女子選手、18歳未満の選手およびゴールキーパーにしか義務付けられておらず、首とのどのプロテクターの着用も18歳未満の選手およびゴールキーパーにしか着用が義務付けられていない。

そのため、ヘルメットとバイザーしか着用せずに競技に臨んだ場合、これらにより保護されていない個所にパックが衝突し、競技者が負傷する場合がある。

また、アイスホッケーでは、スティックを用いてパックを打ち合うため、スラップショットの際にパックを打つために振ったスティックが、防具で守られていない個所に当たり競技者が負傷することもある。

② 対策

パックやスティックが競技者に直接当たる事故は、基本的に防具で保護されていない部分に当たることによって発生する。そのため、フェイスケージ付きのヘルメットや、首とのどのプロテクターを着用し、保護される部分を広げることによって、事故発生の危険性が低下する。

フェイスケージ付きのヘルメットが義務化されないのは、呼吸がしづらく動きが制約されるといった理由があるとされるが、競技者の安全という観点からは、フェイスケージ付きのヘルメットを義務化することなども検討されるべきであろうと思われる。

MEMO

※6【ヘッドイモビライザー】頭部固定具。頸椎系の怪我が疑われる際に、頭部を固定したまま安全に搬送することができる。
※7「平成27年度スポーツ安全保険の加入者及び各種事故の統計データ」(公財)スポーツ安全協会

《項目の参考文献》
▽ スポーツ歯学19巻2号「プロおよび高校生アイスホッケー選手のマウスガード使用実態に関する比較分析調査」
　　三ッ山晃弘、高橋敏幸、池川麻衣、上野俊明著　(一社)日本スポーツ歯科医学会
▽ 科学技術動向平成25年8月号27-33頁　「スポーツ脳振盪関連研究の動向」本間央之著　科学技術動向研究センター　PDF

4）天災に関係する事故

防具を着用するため、水分補給を怠る傾向にあり、アイスホッケーでも熱中症は起こり得る。

熱中症については 参照 270頁

3 事故発生分析

（1）総論

アイスホッケーは身体の衝突を伴う競技であるため、事故の発生する確率は低くない。（公財）スポーツ安全協会の調査では、傷害発生率上位40種目のうち、20番目の1.90％となっている[※7]。

（2）事故発生件数

アイスホッケーでは、外傷のうち90％が試合中に発生するとされており、年齢と選手のレベルによって事故の発生率に相違が認められる。NHLでは、1,000時間あたり129件の外傷が発生したとの報告がある。

こうした外傷が12歳以下の少年期レベルで発生することはまれであり、13歳以上のカテゴリーから、徐々に外傷の発生がみられるようになる。

4 事故と法的責任

（1）指導者の責任

指導者は、防具を適切に装備するよう指示する義務があり、この義務を怠ったために負傷が発生ないし重症化した場合には、安全配慮義務違反に基づき債務不履行責任を問われる可能性がある。

また、事故の発生後、指導者が速やかに医療機関に搬送するなどの適切な処置をとらなかった場合も、同様に安全配慮義務違反に基づき債務不履行責任が問われる可能性がある。競技の性質上、ある程度の外傷の発生は避けられないが、外傷を防止するためには防具を適切に装備することが重要である。

（2）施設の運営者の責任

現行のルール上は、IIHFの大会以外は保護ネットの設置は必須ではないが、事故の発生例があるため、観客数によっては、施設運営者に注意義務違反があるとして、工作物責任などが問われる可能性がある。

また、試合の観客がパックに当たって受傷した事故が発生しているため、保護ガラスのない個所についても、保護ネットを設けるなどの措置をとることが望ましい。

5 競技関連団体の予防対策

（公財）日本アイスホッケー連盟では、脳振盪の診断ツールとして、K-D Testの採用を始めている。

脳振盪からの復帰時期については、国際ルールに則って、（公財）日本アイスホッケー連盟が各クラブに提示しているが、これには拘束力がなく、選手を出場させるかどうかについては、最終的にはクラブの判断に委ねられている。

各スケートリンクにも、脳振盪が発生した際に、頭を動かさずに選手を搬送できるよう、リンクのそばにスパインボードやヘッドイモビライザーなどの器具を設置しようという動きが出始めている。

試合が行われているスケートリンクにおいては、パックが観客に飛び込んでパックが衝突する事故の発生を防止するため、パックの行方に気を付けるよう、アナウンスを行うようにしている。

競技種目について学ぶための書籍

▽「図解コーチ　アイスホッケー」大室 広一著　成美堂出版（株）品切れ
▽「シリーズ絵で見るスポーツ⑥　アイスホッケー」ベースボール・マガジン社編　（株）ベースボール・マガジン社 品切れ
▽「ウインタースポーツメディシン・ハンドブック」James L.Moeller Sami F.Rifat著　大西祥平訳　（有）ナップ　3,500円（本体）

1 柔道

事故のポイント／争点

○ 柔道は、本来は安全に行うことができる競技であるが、中高生が頭部外傷などを原因として学校管理下における柔道の競技中に死亡しており、学校管理下のスポーツの中でも**死亡率が突出して高い**競技である。
○ 武道必修化対象の保健体育の授業よりも、学校管理下の**部活動中の事故**が多い。また学校管理下外の**町道場など**においても、柔道事故は発生している。
○ 死亡・障害の事例の中には、**指導者の指導方法に問題**のある事例もある。
○ 柔道事故が発生した場合、**指導者の民事責任や刑事責任**が問われるおそれがある。

事故防止対策

○ 柔道に携わるすべての者が、柔道において死亡事故が発生している事実を真摯に受け止め、死亡事故発生の主な原因となっている頭部外傷についての**適切な知識**を身につけておくことが必要である。
○ 指導者が柔道事故の**原因を分析し**、柔道事故の誘因となる要素を取り除いた**指導計画**を立てることが必要である。
○ これまで事故データが収集されていない学校管理下外の柔道事故の事例を収集し、学校管理下外の**柔道事故の実態を把握**する必要がある。
○ 柔道競技の統括団体である（公財）全日本柔道連盟が、今後は、全国で発生した柔道事故の事例を収集、原因を調査・分析して、**有効な再発防止策**を策定し、各地でそれを普及するなどの取り組みを行うことが期待される。

柔道事故の発生状況

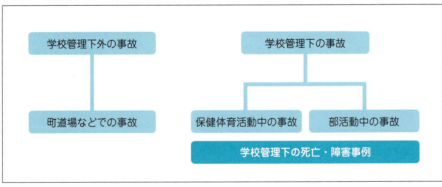

※筆者による分類

MEMO

基本情報をチェック！
（公財）全日本柔道連盟　http://www.judo.or.jp
全国柔道事故被害者の会　http://www.jyudojiko.net/

1 はじめに

　柔道は日本の伝統武術で「投技」、「固技」、「当身技」など体系化したスポーツである。
　過去、わが国の柔道競技において死亡事故の実態が明らかにされてこなかったが、近年の柔道事故についての研究によれば、中学校および高等学校の学校管理下において、昭和58年から平成27年の33年間に、合計119人の生徒が死亡していたことが分かってきている[※1]。上記の研究や、文部科学省が主導する武道必修化[※2]により、平成22年頃から柔道事故の社会的関心が増し、関係者の事故防止意識が高まった結果、平成24年から平成27年4月までは学校管理下において死亡事故は発生していなかったが、平成27年5月、学校部活動中に、入部からわずか2カ月の中学1年生の生徒が死亡するという119件目の死亡事故が発生した。今、本来は安全に行うことができるはずの柔道競技における事故防止の取り組みが課題となっている。

2 事故類型と対策

(1) 総論

　柔道事故については、既に、(独) 日本スポーツ振興センター「学校管理下の死亡・障害事例[※3]」に依拠した先行研究が行われており[※4]、同事例によれば、学校管理下における柔道事故は、試合や乱取りといった競技中の事故（以下、通常の事故）が大半である。(公財) 全日本柔道連盟に対して実施したヒアリングにおいても、同様の傾向であった。

(2) 事故類型

1) 通常事故

① 事故事例

　柔道では、競技中に頭を打つなどして、急性硬膜下血腫などの頭部外傷が生じた結果、死亡事故につながることがある。また、投げ技をかけたり受けたりした際、頸部に大きな負担がかかり、頸椎脱臼・骨折、頸髄損傷といった頸部外傷により重篤な後遺症が残ることがある[※5]。
　学校管理下において頭部外傷を伴う死亡事故が生じた例は、部活動中が圧倒的に多い。年代としては、中学1年生と高校1年生が多く、初心者ほど事故に遭いやすい傾向がある。
　事故の発生状況を見ると、後ろに勢いよく投げられて起きる事故、投げに応じた受け身ができないことを原因とする事故、乱取り中の事故、指導者にかけられた技を原因とする事故、初心者同士の練習中の事故など、指導者の指導方法に問題のある事故も見受けられる。

② 対策

イ 競技者

　頭部外傷による重篤事故を防ぐという観点からは、練習中に頭部や顔面を打撲したような場合には受傷当日の練習や試合への復帰は控えるのが望ましい。受傷後に頭痛など異変を感じた場合にはただちに医師の診察を受けることが勧められる。その後も、自身の体調の変化に気を配り、授業や練習復帰についても医師ならびに教員や指導者と相談の上で行うのが望ましい。
　教員や指導者から指示された指導計画・練習方法以上の練習を行いたいという積極性や、技能・体格の差が大きな事故につながるため、指導計画以上の練習やより強い対戦相手との練習や試合を望む場合は事前に教員や指導者と相談すべきである。

ロ 指導者

　柔道事故は、適切な練習計画により防ぐことができる。初心者に対しては、時間をかけて受け身を教えて、指導者が

※1 「柔道事故」内田良　河出書房新社 1,500円（本体）／学校リスク研究所　内田良　**HP**
※2 【武道必修化】平成20年3月の中学校の学習指導要領が改正され、第1、第2学年の保健体育の授業において、武道が必修になることが明記され、平成24年度から完全実施された。
※3 なお、(独) 日本スポーツ振興センター「学校管理下の死亡・障害事例」にいう「事例」とは、(独) 日本スポーツ振興センターが各年度に、「死亡見舞金」、「障害見舞金」、「供花料」を支給した事例をいう。
※4 「学校における体育活動中の事故防止について報告書　その2」体育活動中の事故防止に関する調査研究協力者会議　文部科学省　**HP**
※5 前記※1 内田。昭和58年から平成22年までの28年間で、障害事故件数は、284件である。

受け身の習熟状況を確認し、それを踏まえた練習計画を立てるべきである。また、技能や体格差の違いが重大事故につながり得るので、練習計画を立てる際には、技能や体格差に配慮することも必要である。柔道の投げ技の中でも、大外刈りなどの後方に受け身をとる技において、頭部外傷が発生しているので、保健体育ではそれ以外の技を教える、部活動においても、一定の習熟度のある競技者に対してしか教えないなど、指導方法を工夫する必要がある。

加えて、万一事故が発生した場合の応急処置マニュアルなどを備えておくことも必要である。頭部外傷による死亡事故を防止するために、特に指導者は頭部外傷についての十分な知識を備えた上で指導にあたらなければならない。

脳振盪については **参照 266頁**

2）用具・器具に関係する事故

① 用具に関連した感染症の症例
トリコフィトン・トンズランスという皮膚真菌症により、柔道衣で擦れる顔や頭部に発疹ができることがあり、柔道部員に集団感染した症例[※6]がある。

② 対策
トリコフィトン・トンズランスは、一度、皮膚などに取り付くと、体内に菌が残ることがあるので、見つかった場合は、ただちに専門医（皮膚科）を受診し、また衛生状態を良くすることが必要である。指導者は、複数名の競技者に感染症が見つかった場合には、集団感染が懸念されるので、部全体で受診・治療を進め、練習場の衛生状態を見直すことが必要となる。

3）施設に関係する事故

① 事故事例
畳の破損、劣化（穴、ささくれ）や鋲など、また畳の隙間ができることにより、足指の捻挫、裂傷などの傷害を負うことがある。

② 対策
畳の定期的な点検に加え、練習開始前に畳に傷害の原因となる、劣化、破損、隙間など異常がないかを確認し、補強や、必要があれば畳の交換などを行う必要がある。（公財）全日本柔道連盟が推薦している「畳める柔道場」は全自動で隙間やズレを生じないとしている。

4）天候に関係する事故

① 事故事例
柔道は屋内競技の中でも、熱中症の事故が生じやすい競技である。

② 対策
熱中症により、最悪の場合死亡事故につながることもあるので、休憩を頻繁にとり、水分を適宜摂取するなど熱中症の予防に取り組むとともに、熱中症が疑われた場合には、冷却措置をとるなど、処置が必要である。

熱中症については **参照 270頁**

3 事故発生分析

（1）総論
（独）日本スポーツ振興センターが公開している「学校事故事例検索データベース」によると柔道の事故の大半が頭部外

※6 「＜タムシ＞「皮膚真菌症（感染症）について」Q&A」（公財）全日本柔道連盟 **HP**

傷によるものであり、死亡事例は部活動中に多く、障害事例は部活動中だけでなく保健体育活動中、学級活動中にもかなりの確率で発生していることがわかる。

(2) 事故発生件数

先述の学校事故事例検索データベースによると、平成17年度〜27年度において災害共済給付を行った柔道競技の障害事例は87件、死亡事故は25件である。

4 事故と法的責任

(1) 民事責任

柔道事故に関連して、指導者の損害賠償責任が問われた事例は少なくない[※7]。裁判例の中には、柔道部員が他の部員から投げられ、急性硬膜下血腫を発症した事案において、「平成12年または平成15年ころからスポーツ指導者に向けた文献などで、脳振盪後の競技への復帰については適切な判断をする必要があるといった趣旨の指摘がされていたこと」などから、顧問教諭の事故の発生を未然に防止すべき注意義務違反が認められた事例がある[※8]。この事例が示すように、柔道の指導者については、脳振盪後の競技への復帰については適切な判断を行うことが求められており、それを怠った結果、事故が発生した場合には、指導者の注意義務違反が認められるおそれがある。

(2) 刑事責任

柔道事故を起こした指導者が業務上過失致死傷罪を問われることがあり、実際にも、平成26年に教え子に対し投げ技をかけて重い障害を残した柔道の指導員が平成26年に業務上過失傷害罪で有罪判決を受けている[※9]。

5 競技関連団体の予防対策

（公財）全日本柔道連盟が作成している「柔道の安全指導」[※10]初版において、柔道事故について、「その原因はほとんどが不可抗力的なものと考えます」と記載されていたが、現在の第3版においては、そのような記述は削除されており、柔道事故が「不可抗力的なもの」という認識が改められている。

平成26年度に入ると、（公財）全日本柔道連盟は、柔道事故の被害者団体である全国柔道事故被害者の会のシンポジウムにその関係者を登壇させた。その後、全国柔道事故被害者の会と協議会を開催し、全国柔道事故被害者の会から指導者講習会の講師の派遣を受けるなど、同会との積極的な連携を図っている。また、ホームページにおいて「柔道試合・練習中の脳・脊髄損傷への対応方針[※11]」、「柔道の安全指導」を公開し、柔道事故の予防策の周知を積極的に図っている。さらに同連盟は、平成27年3月、柔道の安全指導DVDを作成し、ホームページ上で公開を開始した。

現在は、（公財）全日本柔道連盟は、柔道事故が起きた場合に、事故調査チームを派遣して調査しており、その取り組みは、わが国の競技団体においても先進的である。

6 今後の対応

平成26年3月、学校管理下にない柔道教室において、柔道塾の練習に参加していた小学3年生の男児が頭痛を訴えて意識を失い、急性硬膜下血腫と診断されている[※12]。それにもかかわらず、学校管理下外の柔道事故については、事故の件数、発生状況などの情報が収集されていないため、学校管理下外の事故の実態の詳細が判明していない。今後、学校管理下外の柔道事故の予防に向けた安全対策への取り組みが期待される。

[※7]「スポーツ事故の法務―裁判例からみる安全配慮義務と責任論」
日本弁護士連合会弁護士業務改革委員会、スポーツエンターテインメント法促進PT著　（株）創耕舎　3,333円（本体）
[※8] 東京高判平成25年7月3日
[※9] 長野検察審査会が、平成26年3月7日、長野地方検察庁が2度不起訴にした柔道教室の元指導員に対し、起訴議決を行い、検察官役の指定弁護士が業務上過失傷害罪で同指導員を強制起訴した事案において、長野地方裁判所は、同年4月30日、同指導員に対し有罪を言い渡した。
[※10]「柔道の安全指導」（公財）日本柔道連盟　PDF
指導者の法的責任、事故原因、事故予防策、危機管理などが詳細に記載されている。
[※11]「柔道試合中・練習中の脳・脊髄損傷への対応方針」（公財）日本柔道連盟　PDF
[※12] 全国柔道事故被害者の会　HP

伝統武術 格闘技 2 剣道

事故のポイント／争点

- 競技者の竹刀の使い方や指導者の指導方法、競技者自身の体調管理不足などが原因となって起こる事故が多い。
- 床のメンテナンス不足や竹刀が原因で事故も発生している。
- 暑熱環境下の稽古により**熱中症**[※1]の事故が起こり得る。

事故防止対策

- 競技者も指導者も、**「竹刀などの防具の使い方や管理」**、**「体調の管理」**について今一度自覚することが必要である。
- 稽古や試合の開始前に道場の**床**の確認や清掃をすることが重要である。
- **竹刀の使い方や竹刀の状態の確認**が必要となる。
- **熱中症**についての正しい知識やこまめな水分補給が必要である。

竹刀のメンテンスは怠らないようにしてください。

MEMO

基本情報をチェック！

(一財) 全日本剣道連盟　http://www.kendo.or.jp/
　▶「剣道と医・科学」
　http://www.kendo.or.jp/kendo/medicine/
全日本武道協同組合　http://zenbukyo.jp/index.php

《項目の参考文献》
▽「剣道医学救急ハンドブック～すぐに役立つ応急処置～」第3版　朝日茂樹他著　(一財)全日本剣道連盟　462円(本体)
▽「剣道医学Q&A」第3版　朝日茂樹他著　(一財)全日本剣道連盟　1,944円(本体)

1 はじめに

　剣道は、日本古来の古武道の一つである剣術を、明治期にルールを定めてスポーツへと進化させた競技である。垂・胴・面・小手といった剣道具を着用の上、竹刀を用いて一対一で打突し合う。稽古を続けることによって心身を鍛錬し人間形成を目指す「武道」でもある。

2 事故類型と対策

(1) 総論

　剣道は「防具」を身につけているため、大きな怪我につながることは少ないが、防具で保護されていない部分への打突や転倒、防具など用具の整備不良などによっては、脳振盪や頭部外傷、視力障害、歯牙障害など重篤な事故につながるおそれがある。また、競技場の床板の割れなどの損傷によって足を怪我することもある。また、防具をつけているために、水分を摂取しづらく、熱中症なども引き起こしやすい。競技ルールをしっかりと理解して競技を行うことはもちろん、稽古や競技を行う前後には、床の状況、用具の状態をきちんと確認を行うことが重要であろう。

(2) 事故類型

1) 通常事故

① 事故事例

　剣道競技においては、面や胴、小手、垂れなどの「防具」を身につけていることから、競技中や稽古中に打突により大きな怪我につながることは少ない。しかしながら、防具で保護されていない後頭部への打突や転倒した場合には、脳振盪をはじめ頭部外傷など重大な事故につながるおそれがある。

　防具の装着がいい加減な場合、例えば、突きが喉に入ってしまうという事故が生じる。また、竹刀を遊び道具として振り回したり、杖のようにして利用したりするなど、本来の用法と異なる使い方をすると、思わぬ事故につながることがある。

　また、事前の準備運動不足で、急激な運動を始めることにより、アキレス腱の断裂や心臓発作を起こすことがある。

② 対策

イ　競技者

　いずれも「常識」の範疇だが、次に示すことが事故防止の一番の近道である。①真剣に稽古に取り組む、②剣道具は整理整頓し、防具は正しく装着し、竹刀は本来の用途でのみ使用する、③道場も整理整頓（掃除を含む）する、④準備運動を必ず行う、⑤無理をせず、能力や体力にあった稽古をする、⑥医薬品やAEDを完備し、その使用方法や救急法（応急処置）についての勉強をしておく。

ロ　指導者

　竹刀をはじめとした武道具（防具を含む）について、正しい利用方法（防具の装着や竹刀の用法）とその危険性の指摘を十分にする。正しい姿勢、竹刀の握り方、構え、足捌きなどの基本動作を徹底して身につけさせる。稽古前の準備運動と終了後の整理体操を徹底して行う。怪我や事故発生時の応急処置の方法（RICE処置[※2]）を事前に指導しておく。また、AEDや治療道具の入った救急箱を常備しておくことも必要である。

AEDについては 参照 262頁

2) 施設に関係する事故

① 事故事例

　施設に起因する事故としては、競技場の床の問題が一番大きいといえる。床の板が割れていて足を怪我することや、

※1【熱中症】暑熱環境で激しい運動をすることによって起こる病態。熱失神、熱疲労、熱痙攣、熱射病の病態に分類される。
※2【RICE処置】R…REST＝安静　I…ICE＝冷却　C…COMPRESSION＝圧迫　E…ELEVATION＝拳上

床の弾力不足で怪我をすることがある。日本の多くの道場では、床板の下を空洞にして弾力を出しているが、場所によっては、その柔軟性の確保が足りず、大きな怪我につながる場合がある。

② 対策
イ　施設管理者
床の材質や構造について確認し、稽古前後に状態を把握し、割れている個所などがあれば修理をする。通気性の悪い稽古場では、熱中症などが発生しやすいため、通気性を確保する工夫や冷房設備を整えるなどの工夫をする。
ロ　大会主催者、指導者
使用前、問題がないか細かく確認し、不備がある場合には施設管理者に連絡した上で、その部分を使用しない、立ち入らせないという対応をする。

3）用具・器具に関係する事故
① 事故事例
用具に起因する事故としては、竹刀に関するものが多い。日本国内で生産されている竹刀は、竹の質も良く、防具店も多いため定期的に修理や買い換えができるため、重大な怪我に至ることは少ないと考えられる。
もっとも、①力任せに打突をする、②面が面布団と言われる柔らかい部分ではなく面がね（鋼）の部分に当たる、③竹刀が面に接触している時間が長い、といった理由から、そのような競技者の竹刀が傷みやすいという点がある。竹刀が傷んでいると、ささくれができ、竹刀が目や足に刺さるなどの重大な事故につながる。
また、遊び半分で振り回すなど、本来の方法と異なる利用をすれば、竹刀はたちまち凶器となり得る。

② 対策
イ　競技者
竹刀の規格（剣道試合・審判規則、剣道試合・審判細則参照）を遵守した竹刀を利用し、剣道具の保安・管理を徹底し、竹刀のささくれや中結の緩み、弦の張りなどを稽古や競技の前に確認する。

4）天災に関係する事故
① 事故事例
剣道競技においては、暑熱環境になりやすい道場や稽古場の設備、防具をつけることによる体温の上昇（熱が逃げにくい）、面をつけていることによる水分摂取のしづらさ、水分をこまめに取りづらい稽古の形態など、さまざまな要因が重なり熱中症による事故が起きる可能性がある。

② 対策
道場の通気性の確保をし、稽古の方法や時間、休憩の取り方などを工夫し、十分な水分補給をできるようにする。

熱中症については　参照 270頁

3　事故発生分析[※3]

（独）日本スポーツ振興センター「学校管理下の死亡・障害事例」（昭和60年～平成16年）および学校事故事例検索データベース（平成17年～平成27年）から作成したデータ剣道81事例によると、「目」および「歯」、「神経障害・下肢負傷」の障害事例が多くみられる。障害事例のうち、視力・眼球障害、歯牙障害、聴力障害、外貌露出部分の醜状障害は、竹刀が練習・試合中にあたったことによるものが多い。死亡事故については、心臓系突然死が多く、熱中症が続いている。

MEMO

※3 事故発生分析データ

	視力・眼球運動障害	歯牙障害・口部損傷	神経障害、下肢負傷など	頭部障害	心臓系突然死	熱中症	聴力障害	その他
障害の割合	21.0%	16.0%	18.5%	8.6%	16.0%	9.9%	5.0%	5.0%
内死亡事故	0%	0%	13.8%	17.2%	41.4%	27.6%	0%	0%

	関節挫傷・捻挫							その他挫傷・捻挫				
	アキレス腱断裂	腰痛	肘	肩	膝	足	手	指	胸部・腹部・背部	頸部	腰部	骨折	その他
障害の割合	10%	10%	8%	6%	6%	5%	5%	4%	6%	5%	4%	5%	26%

上段／（独）日本スポーツ振興センター「学校管理下の死亡・障害事例」および学校事故事例検索データベースを元に筆者作成
下段／（一財）全日本剣道連盟ホームページ掲載「剣道による傷害の頻度と内容」参照

死亡事故29事例の事故発生状況は、「練習中または練習後に気分の変調を訴える」、「転倒による頭部外傷などが原因」、「面打ちなどによる頭部外傷」などによるものが多い。

（一財）全日本剣道連盟が公表しているデータによるとアキレス腱断裂と腰痛が同率で10％と多い。傷病の顕出に違いがあるのは、前者のデータは、災害共済給付を元にしたデータであるのに対し、後者は通院などで完治するケースもカウントしている違いがあるためであろう。

4　事故と法的責任

（1）競技者の法的責任が争われた事例

警察官が勤務の一部として練習中、加害者が被害者に突きを打ったところ、竹刀が下顎に入り傷害を負わせた事案[※4]、警察の就業時間中の稽古は鍛錬という性格が強いこと、競技者が有段者で実力に大差がなく、相手も面を打とうと動いていたことなどから、突きで傷害を負わせたことに注意義務違反はないとした裁判例がある。

この裁判例では注意義務違反（過失）が否定されているが、剣道は、幅広い年齢層の競技者が行う対人競技のため、稽古や試合の際には、体力や技術、競技者双方の力量などを総合考慮して注意義務違反の有無が判断されることになるので、稽古時に突きを認めるか否かや、稽古や試合でどのような相手と組むかなど慎重な判断が求められる。

（2）指導者の法的責任が争われた事例[※5]

1）裁判例[※6]では、中学校の体育授業での剣道で、面を打ち合う練習をしていたところ、竹刀が折れてちぎれ、面金の間から入って被害者の眼に刺さった（片眼失明）という事案における体育の担当教諭の責任につき、「事前にはもとより、授業中においても絶えず、竹刀が破損していないこと、あるいは破損しやすい状態になっていないことを確認し、もって生徒の身体につき危険の発生を未然に防止すべき注意義務がある」と認定したものがある（もっとも、この事案においては、①担当教諭が、授業開始後練習前に生徒たちに命じて竹刀の点検をさせ、異常がないことを確認していた、②練習中の生徒の間を順次見回っており、授業中の生徒の動静を注視する義務を怠ったといえるような事由はないことなどから、担当教諭の注意義務違反は否定された）。

2）裁判例[※7]では、結果として、指導者の注意義務違反（過失）が肯定されたり、否定されたりしているが、いずれにしても、指導者に、「生徒の生命や身体に配慮しながら指導をする義務」が課されていると考えられる。

（3）その他の主体の法的責任について

大会主催者や道場などの施設設置管理者の義務違反が直接的に問われた裁判例は見当たらないが、大会主催者も、法的な損害賠償責任を負うおそれがあると考えられる。事故に備え、専門医の配置、専門病院への協力依頼など、事故を未然に予防し、また事故が発生した場合に迅速に行動できる体制を整えていることが求められていると考えられる。

また、剣道の道場は板張りであり、裸足で行うため、板に破損や障害物があっては足を負傷したり、転倒して負傷したりする危険がある。道場の設置管理者には、稽古前や稽古中に道場を点検する義務が課せられているものと考えられる。

5　競技関連団体の予防対策

（一財）全日本剣道連盟の医・科学委員会が中心となり研究を行い、その成果を出版物として発刊している。

また、全国の武道具の小売店、卸売業者、製造業者などからなる全日本武道具協同組合HPでは「剣道具」の安全な利用方法や手入方法を紹介している。

※4　東京地判昭和48年6月11日
※5　もっとも、各裁判例のうち、公立の学校の場合、裁判の形態としては国家賠償請求訴訟（被告は「市」など）となるため、担当教諭などの指導者自身は公務員となるため、個人の責任は追及されていない。
※6　名古屋地判昭和63年12月5日
※7　4、6の判例の他、神戸地判平成9年8月4日（一審）／大阪高判平成10年5月12日（控訴審）、仙台地判平成19年9月27日（一審）／仙台高判平成20年3月21日、大分地判平成25年3月21日などがある。

競技種目について学ぶための書籍

▽慶應義塾大学体育研究紀要　VOL34　No.1（平成6年12月）P55～72「剣道における安全対策に関する一考察：特に頭部打撲事故について」
　吉田泰将，植田史生著　慶應義塾大学　HP

3 空手

伝統武術 格闘技

事故のポイント／争点

○ 空手はノンコンタクト空手※1（以下、ノンコン）・フルコンタクト空手※2（以下、フルコン）ともに、手足によって身体へ攻撃するので、**手足の怪我**が多い。ノンコンであっても、誤って身体に当たってしまうことがある。

○ 身体への打撃あるいはその危険を伴う競技なので、**いかに安全に行う**かが大きなテーマになっている。

事故防止対策

○ 事故予防のためには、**指導者の育成**が重要である。
○ 指導者の**育成体制**を整えておく。
○ 審判員の技術向上、ルールの**周知の徹底**を図り、ノンコンの場合は「止め」のタイミングを適正に行う。

ノンコンの組手の模様

フルコンの組手の模様

MEMO

基本情報をチェック！
（公財）全日本空手道連盟 http://www.jkf.ne.jp/

1 はじめに

　空手には、ノンコンとフルコンの2種類があり、前者では顔面への手技も許されているが、後者では顔面への手技攻撃については流派によって対応が分かれる。ノンコンは琉球王朝時代に、中国拳法の影響を受け、沖縄で創始した格闘技の一種である。フルコンは、ノンコンが沖縄から本土に伝わった際、ノンコンから独立する形で創始した。

　なお、ノンコンには、(公財) 全日本空手道連盟という統一団体があるが、フルコンには統一団体はなく、数々の流派[※3]がある。

2 事故類型と対策

(1) 総論

　フルコンは相手の身体へ直接攻撃を想定しているため、防御対策が徹底されている。

　また、ノンコンであっても、攻撃が誤って身体に当たり思わぬ怪我をすることもあるが、安全対策が重視されていて、比較的安全なスポーツであるといえる。

(2) 事故類型

1) 通常の事故

① 事故事例

　拳同士の衝突、蹴りが相手の肘に当たっての打撲や足首の捻挫の発生頻度は高いと思われる。

　だが、競技の性質上、手指の骨折・裂傷・脱臼、あばら骨折や足のすねのひ骨骨折なども発生している。脳振盪による無呼吸状態や顎への攻撃で脳が揺れるとき、また、倒れたときの床への衝撃による脳障害、足技が入ったときと、間違って突きが当たってしまうことによる顔面・歯牙の裂傷なども起こる可能性がある。

② 対策

イ　競技者

　ノンコン・フルコンとも、防具をきちんと装着することが肝要である。特にヘッドギアは、後頭部を保護して、床に倒れたときの二次被害を防止することができる。また、床には、柔らかいマットを敷くことが多く、転倒による二次被害を防止している。

ロ　指導者、大会主催者

・傷害部位別

　脳振盪を防止すべく、より安全面が高い防具を着用するよう指導する。

　ただ、脳振盪は、防具をつけた場合でも、直接、加撃により起こり得る。ノンコンの場合、当てないルールを遵守することが大切である。

　顔面・歯牙の裂傷・わき腹（あばら骨骨折）・手指骨折・裂傷・脱臼・足のすねのひ骨骨折を防ぐため、各種防具を装備して組み手をするよう指導する。

　フルコンでは、心臓震盪を防止すべく、道場では、（攻撃を受ける）ミットを胸に密着させないよう指導する。万が一の際に、対応ができるよう各支部にAEDの自主講習の実施、指導者には講習の受講などを行わせている流派もある。もちろんノンコンでもAED研修は実施している。

・その他

　基本稽古、移動稽古、約束組手、自由組手（いわゆるスパーリング）の順で危険度が高まる体系的な指導による稽古を進める（フルコンの場合）。無理なことをさせたとき、事故が起こることが多いので、競技者の体力の養成や、無

※1【ノンコンタクト空手】相手の身体に対して直接打撃せずに、相手の身体の寸前で攻撃を止める空手のことである。この空手は、従来の寸止め空手に近い形態である。この空手では、ライトコンタクト（顔面に触れることや中段への強い突きは可能など）を認められることもある。
※2【フルコンタクト空手】相手の身体に対して直接攻撃する空手のことである。
※3【流派】(特非) 全世界空手道連盟新極真会や日本国際空手協会JIKA 空手道 講士館といった団体が数多く存在している。

理なことをさせない指導の徹底が大事である。

すなわち、最初に行われる基本稽古は静止した状態で決まった型を演じる稽古である。その次の移動稽古は、移動しながら型を演じる稽古である。その次の約束組手では、実際に打撃による実践形式の稽古に入る。これは、攻撃に専念する側と受けに専念する側に分かれて実際に攻撃側が防御側に対して攻撃をし、これに対し防御側は基本的には受けに専念するが、反撃して決め技を出すこともある。その次の自由組手では、双方が自由に技を出し合って攻撃・防御を繰り広げる実践形式の稽古である。

色帯制度を設けて、初級（白帯）・中級（青帯・黄帯）・上級（緑帯・茶帯）・黒帯といった帯の色（色帯の色の種類は流派により多少異なることがある）で技量をランク付けし、区別して組手の組み合わせを決める。技量ランクの上の帯の者が下の帯の者の攻撃を受けながら指導することで、突発的な事故防止を図る。色帯の違いによって、心理的にレベルの違いを認識させ、意識的に相手の帯のレベルに相応した組手を行うようにする。

顔面手技攻撃禁止（フルコンの場合）やサポーター着用も事故予防につながるためきちんと指導を行う。

2）施設に関係する事故
① 事故事例
「空手」の名のとおり、用具・器具を用いて稽古・試合をしないため、施設や用具に関係する事故は少ない。

なお、素材の柔らかいウレタンを利用することで転倒時などの衝撃を和らげるべく、特に試合では、体育館に敷いてあるような木床の上に、ウレタンマット※4を敷くことが多い。もっとも、経年劣化のためにウレタンマット（数10cm～数m四方のマットを敷き詰めることが多い）の結合部分が傷んでこれにつまずくなど、ウレタンマットを敷いたことに起因して怪我をすることが稀にある。

② 対策
ウレタンマットを敷く場合は、結合部分でつまづかないように、マットの結合部分の密度を高める（隙間を入れないようにする）、あるいは、マットそのものを定期的に交換するなど工夫が必要となる。

3）用具・器具に関係する事故
① 事故事例
近時の若者は顎が発達していないと言われており、誤って顎に打撃を受けたとき、メンホー※5ないしヘッドギアがずれて歯にヒットし、歯を痛めることがある。

また、メンテナンスの不備によりサンドバッグの支柱が折れるなどといった事故も起きている。

② 対策
誤って顎に打撃を受けてもずれないメンホーないしヘッドギアを使用する。また、サンドバッグなどの器具については取扱説明書などを参考にきちんとした安全点検を行い正しく使用する必要がある。

4）天災に関係する事故
① 事故事例
室内において行う競技であり、一定時間激しく打ち合うスポーツである性質上、熱中症になる可能性がある。

② 対策
熱中症については、指導者の適正な管理・措置で防止できる。

熱中症については  参照 270頁

MEMO

※4【ウレタンマット】衝撃吸収性の高い着地マット。日本全国700道場のうち、半数がウレタンマットで残りが公共施設の体育館などの木床である（フルコンのある流派）
※5【メンホー】ノンコンタクト空手の組手において使用される顔面の防具

3　事故発生分析

（1）　フルコンの場合

　相手の身体への攻撃を本質とするため、あざやかすり傷などの軽症は、本来的に予定されている想定の範囲内の怪我・事故といえる。

　法的責任につながる怪我・事故は、主に①不十分な防御、②不適切な防具の使用に原因があると考えられる。もっとも、①、②いずれも、指導員の適切な指導ないしは競技運営側の適切な運営が行われていれば、未然に防止することが可能と考えられる。

　その意味で、事故発生原因としては、選手側の不適切な行為というよりは、むしろ指導員・競技運営者側の監督不十分が大半を占めると考えられる。

（2）ノンコンの場合

　ノンコンをすべき場合に相手に誤って当たってしまうなどコントロールできない場合、または意識的にコントロールしない場合には、相手方に相応の怪我が発生し得る。もっとも、これも、フルコンの場合と同様、指導・監督側の適切な指導、審判員の審判技術の向上により大半は防止できると考えられる。

4　事故と法的責任

　上記「3. 事故発生分析」の通り、法的責任につながる事故の多くは、指導・運営側の監督不十分により発生すると考えられる。

　そのため、法的責任が生じるとした場合も、選手の側ではなく、指導・運営側に発生することが多いと考えられる。つまり、怪我を生じさせた攻撃側の選手に、法的責任が発生することは通常は想定できないといえる。

5　競技関連団体の予防対策

	ノンコン空手	フルコン空手
大会（公式試合）の物理的な安全対策	ノンコン空手には、足払いという技があって相手を転倒させることも許される。事故や傷病を軽減するためにもマットを使用している。大会ではマットの使用が義務付けられている。	救命救護の専門委員会を設けており、試合では、必ず、大会ドクターなどが控えるようにしている流派もある。フルコンにも足払いという技はあるので、ノンコンと同じことがいえる。
安全具	・メンホー ・（公財）全日本空手道連盟検定の拳サポーター（赤・青） ・ボディープロテクター、チェストガード※6 ・シンガード※7・インステップガード※8（連盟検定品） ・ファウルカップ※9 ・マウスピースなど	・ヘッドギア ・拳サポーターまたはグローブ ・肘サポーター ・ファウルカップ（男性） ・膝サポーター ・すねサポーターなど

※6【チェストガード】胸部の防具
※7【シンガード】すねの防具
※8【インステップガード】足の甲の防具
※9【ファウルカップ】男性器の防具、女性の場合は恥骨骨折防止のためのもの。

	ノンコン空手	フルコン空手
競技規則（安全性の観点からの規則改正の例など）	【防具】 競技の習熟度に応じて、防具の着用を特に試合時に義務付ける。例えば、メンホーの場合、全日本大会は選手の競技レベルが高く技をコントロールできるので例外的に装着不要である。ファウルカップは中学生以上の男子は必着である。マウスピースの場合、大学選手権、全日本選手権は義務付けているが、それ以外の大会はメンホーを使用しているのでマウスピースは競技者の判断に任せている。 【ルール】 全国高等学校体育連盟空手道専門部の場合の禁止事項（一部）の場合 ・喉への接触技。 ・攻撃部位に対する接触技。技はすべてコントロールされたものでなければならない。 ・股間部・膝関節部・脚・腕・足の甲への直接攻撃禁止。 ・国際統括団体たる世界空手連盟（WKF）のルールにしたがって国内ルールも統一している。すべて全日本空手道連盟の競技規程で実施し、主催する団体が「申し合わせ事項」を設けて試合時間や安全具の追加によって、健康と安全に配慮している。例えば、シンガード・インステップガードは小学生から高校生まで着用が義務付けられる。	【防具】 競技の習熟度に応じて、防具の着用を特に試合時に義務付ける団体が多い。例えば、初心者には①ヘッドギア、②グローブ、③急所ガード、④膝サポーター、⑤すねサポーターの着用をすべて義務付け、競技レベルが向上するにしたがって、これらの一部の着用義務を免除するなど。もっとも、最上級者でも、急所ガードの着用は義務付ける団体が多いと思われる。 【ルール】 防御能力が一時的にせよ減退するほどの打撃を受けた場合、「技あり」という判定が下り、それ以上の攻撃を一時的に停止するルールを採用している団体が多いと考えられる。 また、防御能力を喪失するような強い打撃を受けた場合は、「一本」という判定が下って、そこで試合が終了し、それ以上の攻撃が加わることを禁止するルールを採用する団体も多いと考えられる。 さらに、ヘッドギアの着用は、頭部への衝撃を緩和するというメリットがある反面、視界を遮るというデメリットがあると指摘されている。そのため、ヘッドギアの着用義務を継続するかについて、議論の対象になっている。
指導者・審判員の徹底した育成体制の確立	（公財）全日本空手道連盟は、ノンコンの統一団体として、指導者や審判員の資質向上に大きな力を注いでいる。 具体的には、技術資格に関する規程を詳細に定めていて、指導者および審判員の養成に力を入れている。指導者は、単に空手の技術に習熟しているだけでなく、（公財）日本体育協会※10のスポーツ指導者講習会に参加して指導者としてのノウハウを学んで、運動生理学、医学、救命技術、安全対策、メンタルヘルスなどの事故防止の専門知識の習得も義務付けられている。指導者の資格は、（公財）全日本空手道連盟では、「公認スポーツ指導者規程※11」で定め、審判員の資格※12は、公認審判員規程で定められている。その上で、指導者・審判員は、さまざまな研修・講習会を受け、そのレベルの維持・向上に努めている。	指導者や審判員は基本的に黒帯に限定されている。黒帯になる期間はだいたい10年足らずくらいの流派もある。小学校1年生で入門したら小学校6年生で黒帯になるのは難しい流派もある。 フルコンには、ノンコンのような統一団体がないので、ノンコンに比べれば、具体的な育成体制は各流派により相違があると考えられる。ただ、各流派ともノンコン同様に育成体制に大きな力を注いでいると考えられる。
保険の加入	競技会では主催者が全員の加入を義務付けている。学校や道場では年間を通じてスポーツ安全保険や公認スポーツ指導者総合保険に加入している。	登録会員は、すべて傷害補償制度（保険）に加入している流派もある。試合でも、主催者が必ず保険に入る流派もある。そのため、この流派では保険事故は把握できる仕組みになっている。
稽古	稽古は、上記育成体制のもとで輩出された指導者の指導下でなされている。 また、組手稽古も上記大会の場合に準じて、各種防具を装備してなされている。	（通常は黒帯の）指導員の指導の下でなされている。 組手稽古においても、各種防具を装備してなされている。

MEMO

※10 【スポーツ指導者】（公財）日本体育協会が公認スポーツ指導者制度に基づき資格認定する指導者 HP
※11 具体的には、指導者の資格には上級コーチ、コーチ、上級指導員、指導員がある
※12 全国組手審判員、地区組手審判員、都道府県組手審判員、全国形審判員地区形審判員、都道府県形審判員がある。

＜ノンコンの事故予防対策に対する考え方＞
　（公財）全日本空手道連盟のように、安全対策教育も含めた指導者の養成を徹底し、これを統括する統一団体を唯一の強制加入団体化して、そのスポーツで公式大会で出場するには、その団体に加入することを法的に義務付けるのが予防対策として最も効果的な手段である。

　ただ、（公財）全日本空手道連盟では、スポーツ事故の予防について、ルールで規制し安全具にも配慮して常に考えている。以下の３つのポイントを押さえれば、およそスポーツ事故はどんなジャンルでも防止できると考える。なお、（公財）全日本空手道連盟は日本の空手道統括団体としてアジア・世界連盟につながっているので、ルールは世界空手連盟（WKF）のルールを採用している。これは2020年東京オリンピックでも採用される。

（１）審判員・指導者のレベルアップ
　指導者は競技の経験や知識が優れているだけでは不十分である。指導者は、運動生理学、医学、救命技術、安全対策、メンタルヘルスなどの事故防止の専門知識を習得していることが必須である。事故防止のため、（公財）日本体育協会の資格の取得を督励している。
　審判員・指導者のレベルアップを図れば図るほど、事故は減少する。より安全な防御ができるよう、指導されている。試合・競技会では、審判員が危険な状態を招かないように管理する。

（２）日本人の子どもの体力・体格の変化の把握
　平成の時代に入って、子どもの体力は低下し、顎が発達していないと言われている。
　こうした日本人の子どもの現在の状況を把握せずに、指導者が自分が子どものころに受けた指導と同じ指導をすることは、事故につながりかねない。

（３）空手安全具の発達
　（2）の子どもたちの近時の状況を踏まえ、メンホーは改良されている。

　以上（1）審判員・指導者のレベルアップ、（2）日本人の子どもの体力・体格の変化の把握、（3）空手安全具の発達、特に（1）がしっかりしていればスポーツ事故を防ぐことは可能である。

〈フルコンの事故予防に対する考え方〉
　他方、フルコンの流派の１つである（特非）全世界空手道連盟新極真会総本部では、事故の予防として、上記で述べた通り、体系的な指導による事前の防止、指導員のレベルアップ重視、心臓震盪の防止、救命救護の制度の整備を図っている。

空手は、フルコン、ノンコンいずれも防御対策が徹底していたり、安全対策が重視されていたりするため、比較的安全だといえますが、上記に挙げてきた事故は発生し得るので、練習や大会の際には十分注意が必要です。

伝統武術格闘技 4 相撲

事故のポイント/争点

○ 相撲は、競技者が、無防備な裸体の状態で、攻防を行う競技であるため比較的**危険性が高い**。

事故防止対策

○ 競技者を含む相撲競技の関係者が、**事故類型を把握**した上で、効果的に**リスクを減ずる措置**を取捨選択して実施する必要がある。

○ リスクの回避・低減・転嫁などの**予防措置**を講ずるとともに、事故が起こった場合の**クライシスマネジメント**を実施する必要がある。

大相撲においては砂被りでの観戦には十分に注意してください。

MEMO

基本情報をチェック！
（公財）日本相撲協会　http://www.sumo.or.jp
（公財）日本相撲連盟　http://www.nihonsumo-renmei.jp

1 はじめに

　相撲は、土俵という競技場の上において、体格の大きな競技者が互いに「押す」、「突く」、「投げる」などの攻防を行う競技である。古代日本において農耕儀礼として庶民の間で行われていたという記録や、古代日本の神話では、天皇の始祖が国を広げていく過程において併呑した国の者を裸にすることで武装解除、抵抗をしませんという意思表示をさせ、天皇の統治権を象徴的に再演する国家プロジェクトパフォーマンスから端を発するなど諸説ある。現在の大相撲は、江戸時代、神社仏閣の再興や造営の費用を調達するために各地で執り行われた勧進相撲の流れを汲んでいる。

2 事故類型と対策

（1）総論

　相撲の攻防は競技者の顔面を含めた身体に対して行われる。しかも防具を付けず裸体にて行われる点において、身体に対する傷害などを伴う危険性のある競技といえる。そこで、競技者を含む相撲競技の関係者は、このような危険性を念頭においた上で、競技に関わるという意識が必要である。

（2）事故類型

1）通常の事故

① 事故事例

　相撲は、立ち会いを経て、「押す」、「突く」、「引き落とす」、「投げる」などの攻防を行い、勝敗を決する競技である。まず、立ち会いの際に、頭部や顔面同士がぶつかり合い、脳振盪、頭部打撲などの傷害が生じることがある。「押す」、「突く」という技が顔面・頭部に対してなされる場合には、立ち合いと同様の傷害の原因となり、また、「押す」、「突く」技そのものにより、手指捻挫（骨折）などの傷害が生じることもある。また、「引き落とす」、「投げる」技をかけられた結果、手指捻挫（骨折）、肩の打撲（脱臼）などの傷害が生じることがある。上記の攻防を経て勝敗が決まるには、競技者が土俵外へ出る、または、競技者が足の裏を除く身体の一部を土俵につけることで勝敗が決まる（反則行為を除く）。この時、競技者が土俵外にて倒れるなどにより、腰部打撲、手指捻挫（骨折）、肩の打撲（脱臼）などの傷害が生じることがある。また、競技者が十分な受身などがとれず、結果として立ち合い時と同様の傷害が生じることがある。なお、これらの事故は、競技中のみならず練習稽古中にも起こる。

② 対策

イ　競技者[※1]

　前提としての体調管理、競技ないし練習開始前の準備運動、適切な技能の向上、および受身などの防御方法の実践、禁じ手の理解などルールを把握し順守することが基本である。競技者の攻防に関するルールについては、例えば、わんぱく相撲[※2]、学生相撲、プロの相撲競技とで異なる。わんぱく相撲においては、発育段階にあり身体的悪影響が強い小学4年生から6年生の男子を対象としていることから、禁じ手として定められている範囲が広くなっている（例えば、張り手や首抱え込みなど）。他方、プロの相撲においては、「握り拳で殴る」、「故意に頭髪をつかむ」、「目などの急所を突く」、「喉を掴む」、「胸・腹を蹴る」、「指を持って折り返す」などが反則行為に定められている。

ロ　指導者

　競技者の体調把握および準備運動の徹底と各競技者の能力・経験などに応じた指導と助言を行う。技能の向上などのための練習においても、指導者は、競技者の習熟度、練習相手が初心者か否か、体格の相違などを踏まえて、指導・助言する必要がある。当然のことながらルールを周知・徹底することも求められる[※3]。指導者は、対応マニュアルが存在するのであればそれに従い、AEDなどによる救命などの実施・関係先へ連絡・事実関係の報告をする。

※1【競技者】一口に競技者と言っても、わんぱく相撲の子どもからプロの相撲力士まで幅広いが、基本的には、相撲競技を行うすべての競技者に共通する対策を中心として記載している。
※2「ルール：競技心得」わんぱく相撲全国大会実行委員会　HP
※3「中学校体育相撲指導の手引き（改訂版）」（公財）日本相撲連盟　HP

ハ　主催者（競技団体）

ルールの策定および運用、事故情報の収集および分析、事故が生じた場合の対応マニュアルの策定および実施を徹底する。事故が生じてしまった場合であっても、早期かつ適切な対応ができれば事故による怪我などの悪化を防ぐことが可能である。そこで、主催者（競技団体）としては、事故が生じた場合に組織的な行動としてどのように対応すべきかを定めた危機管理マニュアルを定めることが望ましい。※3の参考文献には「安全管理・指導について」と題する冊子が付属されており、クライシスマネジメントとしてなすべき対応（連絡体制や救急救命体制など）が記載されているため参考になる。万が一の事故に備え保険・補償も準備しておく。

AEDについては 参照 262頁

2）施設に関係する事故
① 事故類型

相撲は、土俵という狭い競技場の上において競技が行われるという点に特徴がある。土俵上には競技者のほか行司が存在し、また、土俵外（土俵の周辺）においても審判団のほか一般の観客が存在することがある。さらに、練習場には土俵のほかにむき出しの柱などが存在することが多い。土俵は土を平らに敷き表面を固め俵で囲むことで作られ、土俵上には細かくこされた砂が散布されるのが一般的である。土俵の固さが不十分な場合には十分な踏ん張りができず、競技者が足首の捻挫などをする可能性がある。また、土俵上には砂が散布されることから、競技者は土俵上の荒い砂などが原因で足の裏を怪我する場合がある。なお、行司に関しては足袋をしていることから土俵が原因で怪我をすることは考えにくいが、競技者と交錯して土俵から転倒し怪我をすることがあり得る。

次に、土俵の周辺においては一般の観客が存在しており、競技者が土俵外へ「押し」、「突き」出されるなどにより一般の観客と交錯した結果、一般の観客が怪我をすることがあり得る。さらに、練習場についてはむき出しの柱などがあることが多いので、練習中に当該柱にぶつかって怪我をすることがある。また、練習場が狭い場合にも、競技者同士がぶつかり、壁にぶつかるなどして怪我をすることがある。

② 対策
イ　競技者

まわしは、主に取組の際に技をかけることを可能にする武具とされているため、競技上相手方の不利にもなり、かつ、怪我の原因にもなる「ユルフン」※4は必ず避けるべきであり、競技者の体格に合わせて固めに締め込むよう心掛ける必要がある。足の裏の怪我についてはテーピングや足袋で処置する。

ロ　指導者

土俵の砂や俵などを点検し事前に整備をきちんと行う。また、練習場における指導において注意を喚起する。
練習場が狭い場合には、壁および柱に防護マットなどを括りつけて、危険防止を講ずる必要がある※5。

ハ　主催者・施設管理者

土俵の砂や俵などを点検し事前に整備をきちんと行う。また、観客向けの注意喚起を徹底する。主催者としては、観客に注意を促すなど考え得る必要な措置を徹底する。万が一の事故に備え保険・補償も準備しておく。

3　事故発生分析

（独）日本スポーツ振興センターの学校事故事例検索データベースによれば、平成17年から平成27年の間に発生した相撲事故（災害共済給付の対象となったもの）は5件存在する。突然死1件（心臓系）、眼球障害2件、歯牙障害1件および精神・神経障害1件である。

また、「平成27年度スポーツ安全保険の加入者及び各種事故の統計データ」によれば、相撲の事故発生率は3.3％と傷

MEMO

※4【ユルフン】まわしを緩く締め込むこと
※5「スポーツ事故の法務―裁判例からみる安全配慮義務と責任論」
　　日本弁護士連合会弁護士業務改革委員会　スポーツエンターテインメント法促進PT編著　（株）創耕舎　3,333円（本体）

害発生率上位40種目中10位と高いことが分かる。
　「学校管理下の熱中症死亡事故は、7割以上が肥満傾向の人」とされているように、相撲は肥満体質の競技者が多く、人的な特性として、熱中症※6が生じやすいものといえる。

4　事故と法的責任

　相撲は、相手に裸体でぶつかり、技をかけ合うことから、冒頭で述べた通りさまざまな傷害が生じるおそれがある。
　競技者（力士）自身については、ルールに則って行っている以上、相手に傷害を負わせても、原則として、力士が損害賠償責任など法的責任に問われることはないと考える。もっとも、禁じ手を用いるなどルールを逸脱して、相手に傷害を負わせた場合は法的責任に問われる可能性がある。
　指導者については、主として指導上の安全対策が問題となる。十分な準備運動を行い、ルールや禁止事項など注意喚起を行い、経験や技能に応じた対応が必要である。また、取組において無理な体勢や危険な体勢になった場合には取組を即座に中止させるなどの措置を講じる。こうした安全対策を怠ると法的責任を問われ得る。また、肥満の力士が多いことから循環器疾患のリスクが高いと考えられる。循環器疾患は突然死のリスクもあることから、こうしたリスクを踏まえた応急処置・救助体制を構築しておく必要がある。相撲部の練習中、熱中症による心不全で生徒が死亡した事案※7について、裁判所は、学校側に熱中症の応急処置や重度の意識障害が見られたのにただちに医療機関に搬送しなかったなど注意義務違反があったとして損害賠償責任を認めている。
　なお、「かわいがり」のような故意の暴行・傷害※8が法的に許されないことは当然である。
　主催者（施設管理者）については、大相撲の取組中の力士が土俵外に倒れ込み、溜席（砂かぶり席）の観客に衝突し、怪我などをさせる事故の法的責任が問題となる。観客事故の事案としてプロ野球のファウルボール事故などがある。
　この裁判例の傾向は、プロ野球観戦において臨場感を確保することも要請されているとし、観客がどの程度の危険を引き受けているかなどの要請など諸事情と併せて当該座席が安全性を欠くか否かを判断している。大相撲においてこうした観客事故が裁判となった事案はない。
　大相撲は国技であり、溜席は取組中に砂を被る可能性があることから砂かぶり席とも言われるように土俵の間近であり、フェンスなども設けられていないことは明らかであり、土俵外に転落する力士が衝突することは容易に予想できる。
　桝席や椅子席があるのに、あえて溜席を選択したことで自己責任と判断される可能性が高いように思われる。

5　競技関連団体の予防対策

　（公財）日本相撲連盟においては、指導者向けの手引書の作成など知識対策の普及に取り組んでいる他、相撲の指導者向けに中学校体育において年次や学習段階に応じた指導方法をまとめた「中学校体育相撲指導の手引き（改訂版）」、連絡体制や救急救命体制などクライシスマネジメントとしてなすべき対応などについてまとめた「安全管理・指導について」を作成し、配布している。

※6 「熱中症を予防しよう－知って防ごう熱中症」（独）日本スポーツ振興センター　HP
※7 千葉地判平成3年3月6日／東京高判平成6年10月26日、福岡地判平成18年3月16日／福岡高判平成18年12月14日
※8 浦和地判平成7年12月22日　合宿所生活におけるいじめが問題となった事案。

伝統武術 格闘技 5 アーチェリー／弓道

事故のポイント／争点

○ 発射された矢が当たるなど**重大な事故**につながる。

事故防止対策

○ **安全マナー**の周知徹底を図る。特に、矢は絶対に人に向けてはならない。
○ 防矢ネットなどの**安全設備**の適切な設置および維持管理を行う。
○ 弓具の**安全性**の確認を行う。
○ 特に未経験者に対する**安全指導**の徹底が必要である。

矢は凶器になり得ることを認識して、十分に注意してください。

基本情報をチェック！
（公社）全日本アーチェリー連盟　http://www.archery.or.jp/
（公財）全日本弓道連盟　http://www.kyudo.jp/

1 はじめに

　アーチェリーは、弓に矢をつがえて放し、当たったところで点数が決まる、というシンプルなスポーツである。アーチェリー競技の主なものとして、ターゲット、フィールド、インドアの3つがある。また、この他に、スキーアーチェリーといった複合競技もある。ターゲットアーチェリーは、定められた距離から一定数の矢を射ち、その合計点で順位を決める競技である。的には同心円が描かれ、点数は10点から0点まで1点刻みで、的の中心に近いほど高得点が与えられる。

　弓道は、28m先（遠的の場合60m）の的に和弓で矢を射て、的中数および所作の正確さや美しさなどを競う武道である。矢を放つときは、体を脇正面に向け、顔を的に向けて右手にはめた皮手袋（弽※1（かけ・ゆがけ））に弦を掛けて（取り掛け）弦を引き、左手は弓を押し、引き開いたところで右手を離して放つ。左利きの場合も同じである。矢を射る場所（射場）は板張り、的場は砂を斜めに盛った安土※2（あづち（垜））で、射場と的場にはいずれも通常屋根があるが、その間の場所（矢道）は通常芝生が敷かれ、露天になっている。的に向けて放った矢は矢取り道を通って左右の看的所に入り、看的所から的場に入って回収し、看的所で砂を拭いた後矢取り道を通って射場に戻す。

2 事故類型と対策

（1）総論

　矢の速度は、いずれの種目も弓の強さにもよるが、時速200～240kmにもなる。矢の先端部は金属で重さもあるため、鉄板を撃ち抜くほどの威力がある。そのため、一歩間違えると死傷事故も発生しかねないため、競技者の安全マナーの意識は比較的高いといえる。

　弓道では、平成4年、平成7年に死亡事故が発生している。アーチェリーでは、平成21年に高校生に矢が当たり死亡する事故が日本で初めて発生した。「ふざけて矢を向けていた」との報道も見られるが、仮にそれが真実であったとすると、矢を人に向けないという基本的なルールを守っていれば防げたことになる。事故発生はこうした不注意によるものが多く、安全マナーの徹底により防げるものが多い。

（2）通常の事故

1）事故事例

　事故として特に多く見られるのは、発射された矢が、射場内の他のレーンにいる人や、弓具を拾おうとして前を横切った人、射位の正面から射場に入ってきた人の頭に刺さったり、射場の外に出て人や物に当たったりしてしまったというものである。暴発などが原因で矢が逸れてしまうケースもある。

　アーチェリーでは、リカーブボウのほか、コンパウンドボウの暴発によるものが多い。その他、練習や競技中以外に発生した事故としては、弓を立てる際にストリンガー※3が外れて怪我をする事故や、射場設置作業に伴う事故などが認められる。また、平成20年に学校内で高校生が弓具調整中に誤って発射し、他の生徒の頭部に刺さり重傷を負わせた事故と、平成21年には公共の洋弓場において高校生が練習中、矢が他の生徒の頭部に刺さり死亡するという事故がある。ただし、いずれも、「矢を向けていた」との報道もなされているようである。

2）対策

イ　競技者

　元来その道具に危険性をはらむものであるため、競技を始めるにあたってまず言われるのが安全マナーの遵守である。安全のためのマナーを遵守し、いつ何時も忘れずに実践することが、事故の最大の予防法である。弓矢による事故の多くは、射手が的や巻藁に向けて矢を放とうとしているときに、被害者がその目前を横切ったことが原因で発生している。矢は取り掛けをしなければ発射されない。したがって、自分の前方（射場や矢道、的場を問わず矢の飛ぶ方向）

※1【弽】弓を引くための道具である。弓を引く際に指を弦から守るための防具。右手に装着する。
※2【安土】矢を受け止めるための土盛り。安土に的を設ける。
※3【ストリンガー】アーチェリーにおいて弓を張るための道具

に加え、弓道の場合は左側に人がいるときには、取り掛けをしないこと（人が来たら取り掛けを外す）を心掛けることによって、ある程度事故を防止することができる。

ただし、実際の事故は射手が矢を放つ直前に被害者が目前に出てくることにより発生している。矢を放つ寸前になって、とっさに動作を止めることは困難である。このような事故を防止するためには、第三者が不用意に射線に入ってこないようにする必要がある。

そのため、人の動線と射線を区切ること、第三者の通行を遮ることができない通路などでは矢を放たないことが必要になる。また、初心者や中高生にあっては、必ず指導者の監督下で練習し、矢を放つときは指導者の監視下で、指導者の許可を得て放つことが必要である。

具体的な事故防止策としては以下のようなことが挙げられる。

アーチェリー・弓道共通の事故対策
- 的または弓道練習用の巻藁以外のものには絶対に矢を向けてはならない。特に人に向けてはならない。また、矢を放つとき以外には、矢をつがえてはならない。
- 矢道、矢取り道、的場に加え、弓道の場合は自分の左側に人がいるときには矢を放たず、取り掛けもしない。
- 矢を抜くときは、後ろに人がいないことを確認する。矢を抜いている人のすぐ後ろには立たない。
- 射手の前方に立たない。特に矢をつがえている人の前や周辺を絶対に通らない。
- 弓を引く前に弓具を点検する。
- 矢を取りに行くのは、全員が矢を射終わり、取り掛けをしている者もないことを確認し、互いに声を掛け合い行う。矢道に落ちた矢を拾うために矢取り道を通るときも、射場の正面から出入りしない。
- 他人の通る場所で練習をしないこと。設備の都合上やむを得ずそのような場所で練習する場合には、鍵をかける、見張りを立てるなどして、絶対に他人が通らないようにする。
- 行射中の的には近づかず、射手から目を離さない。
- 矢が貫通したり、跳ね返ったりするおそれがあるため、巻藁については古いものを使用しない。巻藁の後ろには必ず古畳などを密着して設置し、万一巻藁を外れた矢があっても飛び出したり跳ね返ったりしないようにする。
矢が貫通したり、跳ね返ったりするおそれがあるため、古畳などを巻藁の代わりに使用しない。
- 複数の巻藁を並べて練習している際には、左右の巻藁で矢を射終わったことを確認してから矢を取る。また、左右の巻藁で矢を取っている時には矢を放つことはもちろん、取り掛けもしない。

アーチェリーの事故対策
- 矢がアローレストから落ちたら、元に戻して引き直す。
- 弓を立てる（引く）際に細心の注意を払う。
- ハンドルにリム[※4]が適切にセットされていることを確認する。

弓道の事故対策
- 看的場の入り口に赤旗を出し、射場に声をかけ、赤色灯やブザーがあればこれらを鳴動させた上で的場に入り、矢を取る。
- 射場に向いている窓や扉は、行射中必ず閉めておく。

□ 指導者
- 安全マナー指導の徹底
競技の性質上、他の競技と比べ安全マナーについては競技者間で強く認識されているものと思われる。安全マナーの周知徹底に、やり過ぎるということはないため、気の緩みのないよう定期的に安全マナーを確認することが求められている。特に学生には、安全についての認識が甘いこともあるため、弓が危険なものであることを強く認識させ、

> **MEMO**
>
> ※4【リム】弓のしなる部分

ふざけて矢を向けるような行為をした場合には、厳しく指導する必要があるといえる。また、未経験者など一定水準の実力が伴わない競技者により発射された矢が、上や左右へ逸れてしまう事故も多い。疲れがたまり集中力が切れてしまうと暴発を誘発することもある。指導者としては、競技者の実力や体調を見極め、素引きや近距離の的などにより最低限の実力を伴うようになるまでは遠距離の的を射たせないように指導する必要がある。

・練習への立ち会い

特に高校生において、練習中の重大事故が多く見られる。高校生や中学生はまだ幼く、競技経験も少ないと、ふざけて矢を向けるといった行為をしてしまいがちである。アーチェリーの平成20年、21年の2件の高校生の事故は、報道によれば、いずれも指導者の立ち会いはなかったようである。弓は使い方を誤ると危険なものだという認識をさせるだけでなく、練習に指導者や上級生が立ち会うことは、事故の予防に効果があるであろう。

・救護体制、緊急連絡体制

事故が起きた際にすぐに救護できる体制を整えておく必要がある。

八　施設、大会主催者

・安全マナーの周知および確認

施設や大会主催者としても、安全マナーを周知することは予防に効果があるであろう。また、ふざけている競技者に対しての注意は積極的に行うべきである。また、施設においては、遠距離の的を射るレベルの実力水準に達していない未経験者が単独で利用することを防ぐために、競技経験を確認することも必要である。

3）施設に関係する事故

①事故事例

防矢ネットによって安全を担保されているという過信から起こる事故が多い。

例えば、弓道で通路に的の畳を立て、さらに後ろにネットを張った練習場において、矢がネットを飛び越えて通りがかりの人に当たるなどといった事故や約11m先に張られた防矢ネットの下部に接触、上方に方向を変え、高さ約4.2mの壁を飛び越えて、50m先の建物の屋上に落下するといった事故が起きている。

②対策

フェンスや防矢ネットを越えてしまう事故については、競技者側に問題があることも多い。しかし、競技者が人間である以上、ミスの発生を完全に防ぐことは不可能であるから、やはり万が一の場合に備えたフェンスや防矢ネットなどの安全設備を備えておく必要がある。これらの安全設備は、時間が経つにつれ矢が当たり穴が空くなど破損していくため、過信せず維持管理を継続的に行っていく必要がある。練習場には必ず後ろか左右にも出入り口を設け、射場の前方から出入りしないようにすることも必要である。そして練習場内を他人が通行しないよう、通路や出入り口がある場合はこれを完全に閉鎖することも必要である。

矢は速度が速く、遮るものがなければ遠方まで飛んでいく上、何かに当たって角度を変えて飛んでいくこともある。そのため、矢が場外に飛び出さないよう、周囲を壁や防弾ガラス、防矢ネットで囲うだけでなく、上空にも飛び出さないように射場から見て前方の上部にもネットを吊るすなどの配慮をすることが望ましい。的の距離ごとに矢取りを別に行う方式の射場の場合は、間隔を十分取る必要がある。十分な間隔が取れない場合は、矢取りを同時に行うことを検討すべきである。

4）用具・器具に関係する事故

①事故事例

弓矢という特殊な用具を使うスポーツであるため、用具に関する事故も一定数認められる。アーチェリーでは、行

射中に矢が破損して競技者に刺さった事例、コンパウンドボウのリリーサーの故障により暴発した事例などがある。特にカーボンファイバー製の矢は、繊維が細く尖っており、破損すると非常に危険であるので、大きな怪我につながるおそれがある。また、弓を立てる際にストリンガーが外れるといった事故もある。弓を立てる際には非常に強い力をリムにかけることになるため、注意して行う必要がある。弓具の使用法の誤りが原因で事故が起こることもある。

弓道においては、弓矢の破損や矢が弓から外れることによる事故や短い弓を無理に引き、弓が折れて自分や他人を負傷させるおそれ、矢を引きすぎて弓から外れて、矢が折れて射手の左手に刺さったり、思わぬ方向に飛んで他人に被害を与えたりすることがある。

②対策

弓具の使用に伴う老朽化や、弓具の使用方法が誤っていることが原因のものも多い。競技者としては、競技開始前の弓具チェックは欠かせない。また、弓具の使用法について、指導者が正しく教え、誤った使用法が見られた場合には注意する心構えが求められている。弓および矢については、体格に合ったものを使うこと、特に背の高い者、手の長い者が短い弓を使用しないこと、初心者は長めの矢を使うこと、破損したり傷ついたりした弓や矢を使用しないこと、弦は高さ15cmを標準として低く張らないことなどが挙げられる。

5）天災に関係する事故

熱中症、低体温症など主に気温に関するもの、そして雷や暴風に関する事故が考えられる。
特にアーチェリーにおいては、主に屋外で競技を行うため、熱中症や雷などの事故に注意が必要である。

3 事故発生分析

（1）総論

主に競技者の不注意や安全確認不足のほか、施設不備、技術不足、用具不良を原因とするものに分類できる。

（2）事故発生件数

アーチェリーの事故の統計

（公社）全日本アーチェリー連盟によると事故原因は右図の通りだが、事故の多くはそれら一つのみを原因とするのではなく、複合的な原因が認められる場合が多い。事故の3分の2は高校で起きている。技術レベルが低い競技者が多いこと、若さゆえの不注意が発生し得ること、施設が不十分な環境で行われていることが多いなどが原因であると思われる。高校生の指導、特に新入部員の指導には十分な配慮が必要である。

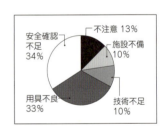

事故原因

4 事故と法的責任

発射した矢が第三者に当たってしまい負傷させてしまった場合には、加害者側や監督者に例えば必要な注意をしていなかったというような過失がある場合は、損害賠償義務を負う可能性がある。

また、指導者や大会主催者については、安全配慮義務を負うため、十分な注意をしなかったため事故が発生した場合には、安全配慮義務違反とされて責任を負う可能性がある。さらに、施設についても、施設が通常備えるべき安全性を

MEMO

※5 最判平成19年1月25日

📖 **競技種目について学ぶための書籍**
▽「Archery教本」（公社）全日本アーチェリー連盟　（株）講談社　品切れ
▽「みんなのアーチェリー」高柳憲昭著　（株）学研ホールディングス　品切れ
▽「弓道教本（第一巻）」（公財）全日本弓道連盟　1,166円（本体）
▽「弓道パーフェクトマスター」村木恒夫監修　（株）新星出版社　1,500円（本体）
▽ 九大法学96号（平成20年）「学校死亡事故をめぐる救済と法」小佐井良太著　九州大学法学部

欠いていたといえる場合には責任を問われる可能性がある。
　ただし、裁判になっても和解で解決することが多く、現在のところ指導者や大会主催者、施設側に責任を負わせた裁判例は見当たらない。

（1）射手について

　前記のような注意事項に反して他人を負傷させた射手には、民法709条に基づき損害賠償責任を負うことになろう。
　ただし、実際の事故の多くは被害者が矢を放とうとしている射手の目前を横切ろうとしたことなどにより発生している。射手が矢を放つ寸前に動作を止めることは困難なため、被害者がこのような事故形態で損害を被った場合には過失相殺がなされることになろう。

（2）指導者・学校設置者などについて

　指導者についても、できる限り生徒の安全に関わる事故の危険性を具体的に予見し、その予見に基づいて当該事故の発生を未然に防止する措置をとり、部活動中の生徒を保護すべき注意義務を負うというべきであるから、生徒などに対する注意・監督を怠っていれば、民法709条に基づき損害賠償義務を負う可能性がある。
　ただし、公立学校の指導者については、「公権力の行使に当たる公共団体の公務員が、その職務を行うについて、故意または過失（重過失を含む）によって違法に他人に損害を与えた場合は、公共団体がその被害者に対して賠償の責に任ずるのであって、公務員個人はその責任を負わないと解するのが相当である」とする判例[※5]から、指導者本人は責任を負わないものと解される。
　また、事故が学校の部活動中に発生した場合には、公立学校であれば国家賠償法第1条1項に基づき、私立学校であれば在学契約の附随的義務として、学校教育において、他方当事者である原告の生命・身体などに危険が生じないように配慮すべき安全配慮義務違反または指導者の使用者として民法715条に基づき、学校設置者なども損害賠償責任を負うものと解される。

（3）施設管理者について

　土地の工作物の設置、保存に瑕疵があると言えるような場合には、公立の施設であれば国家賠償法第2条に基づき、私立の施設であれば民法717条に基づき、施設管理者にも損害賠償責任が認められると解される。

5 競技関連団体の予防対策

　（公社）全日本アーチェリー連盟においては、各下部組織より事故情報を集める仕組み作りがなされており、事故情報を分析し、再発防止のために各下部組織に対して注意を促している。これまでの事故を風化させず、安全を再認識するための機会として安全の日や安全月間を設けて、安全への意識向上に努めている。近年は、インターネットなどで弓を購入することが容易になったこともあってか、全くの未経験者が単独で射場に現れ、弓を射とうとする事例も見られるようになっているため、全国の連盟や協会に対して安全指導を促すほか、全国のアーチェリーショップおよびアーチェリー場に対して安全対策強化の要請なども行っている。
　（公財）全日本弓道連盟では、かねてより各地域連盟を通じて学校や弓道場の各指導者に安全配慮を呼びかけている。平成18年7月6日には、各地域連盟会長宛に「事故防止の徹底について」と題する通達を出し、「安全の確保はすべてに優先する」として、特に配慮すべき予防対策を具体的に掲げた上で事故防止対策の徹底を呼びかけた。

《項目の参考文献》
▽ 東北大学教養部紀要通巻52号「弓道の離れにおける誤動作の要因」佐藤明著　東北大学教養部
▽ 体育の科学（49（3）1999-03）「大学生弓道競技者のスポーツ障害実態調査」
　　萩原佐知子、森俊男、大高敏弘他著　日本体育学会 編　（株）杏林書院　1,134円（本体）
▽ 体育の科学（38（1）1988-10）「スポーツ外傷と障害-3-各スポーツに特有な外傷と障害-8-弓道」
　　桑原稔著 日本体育学会編　（株）杏林書院　1,134円（本体）
▽ 日本理学療法学術大会 2008～2009「教示方法の違いによる繰り返し動作への影響—アーチェリー動作による角度のばらつきによる検討—」
　　大塚亮、島田隆明、竹嶋千晴、岸本敬史、大西真代、高橋照明、松岡裕行著
▽ 九大法学96号「学校死亡事故をめぐる「救済」と法（二）」小佐井良太著

伝統武術格闘技 6 ボクシング

事故のポイント／争点

○ 相手競技者の顔面およびボディ（背面を除く胴体）に対する打撃の技術やダメージを競うスポーツであるため、**危険性が高い**。
○ 競技者が安全に競技に参加できるような**環境を整える必要**がある。
○ ボクシング関係者が競技または練習を安全に行う環境の整備を怠った場合、**損害賠償責任を負う**おそれがある。

事故防止対策

○ 重篤な障害や死亡を伴う事故が生じていることを関係者が正しく理解し、**本質的な危険を認識する**。
○ 関係者が競技者の**日々の健康状態を管理**し、異常がある場合はただちに競技への参加を中止すべきである。
○ 医療体制を整備、競技への復帰または引退のためのルールを定めておくことなどの**事前対策が必要**である。

頭部へのダメージの蓄積に注意してください。

MEMO

基本情報をチェック！

（一財）日本ボクシングコミッション（JBC） https://www.jbc.or.jp/
1国1コミッションの方針の下、日本で行われるすべてのプロボクシングを統轄する団体。JBCは、その管轄下で行われる試合を指揮および監督している。

日本プロボクシング協会（JPBA） http://jpba.gr.jp/
JBCからライセンスを受けたボクシングジムを構成員とし、ボクシングの普及・振興に努めている団体。安全対策を含め、JBCやJABFとさまざまな連携を行っている。

（一社）日本ボクシング連盟（JABF） http://jabf-kizuna.com/
日本におけるアマチュアボクシングを統括する団体。日本選手権大会その他の競技大会の開催、オリンピック大会などの国際大会への代表選手の派遣などの事業を行っている。

1 はじめに

　ボクシングは、格闘技の中でも、相手競技者に対する頭部への攻撃を含む打撃の技術やダメージを競うスポーツである。古くは紀元前4000年前の古代エジプト、ギリシア時代から軍隊において、また古代オリンピックの正式種目として執り行われていた。現在、アマチュアは、シニア（18歳以上）1ラウンド3分、ジュニア（高校生）と女子は1ラウンド2分として、ラウンド間に1分のインターバルをおく。ラウンド数は、日本国内では3ラウンドで行われる形式が一般的である。

2 事故類型と対策

（1）総論

　競技の特性上、とりわけ脳振盪、脳挫傷、硬膜下血腫といった頭部外傷が生じやすい競技である[※1]。そのため、格闘技の中でも競技者が死亡し、または後遺症などの重篤な障害を負うなど、「事故」が生じる危険性の高い競技である。
　このようなボクシングに内在する「事故」が生じる危険性の高さからすると、ボクシングという競技は、ボクシングをスポーツたらしめるために高度な安全対策が求められる競技である。

（2）事故類型と対策

1）通常の事故

① 事故事例

　ボクシングは相手競技者の頭部に対し直接の打撃を行うため、頭部外傷による死亡事故が生じやすい。また、死亡事故の発生状況としては、直接の原因となった打撃を特定できないものの、頭部へのダメージの蓄積的な影響により、死亡が生じる事故（蓄積型の事故）が多い。なお、学校管理下のみならず、プロボクシングの試合においても死亡事故は発生している。

② 対策

イ　当事者

　事故の中でも最も重大な頭部外傷を原因とする死亡事故は、一度の打撃によるものだけでなく、頭部へのダメージの蓄積的な影響によっても生じ得る事故である。
　そのため競技者は体調を継続的に管理し、競技開始前や競技中に、状態に異常を感じた場合は、競技への参加を取り止めることが必要である。

ロ　指導者・セコンド・スタッフ

　競技者の体調、練習における様子を常日頃から確認し、小さな変化を見逃さないようにすることが大切である。競技者は減量を行うため、減量を一因とする事故が起きる可能性があるため、日々の体調管理[※2]が重要。また、減量に伴う試合中の事故を予防するためには、当日計量よりも前日計量が望ましい[※3]。

ハ　学校やジム、大会主催者などの運営側

　また、頭部へ衝撃が加わることは避けられないため、万一の場合、速やかに医師の治療を受けられるよう、医師や医療機関と常日頃から連携しておくことも重要である。

2）用具・器具に関係する事故

① 事故事例

　ボクシングにおいては、医学的な観点から、用具の着用・不着用義務が定められ、用具の形状が研究されている。ボクシング事故防止にとって、用具の要否・形状は重要な視点である。

[※1] 平成25年12月20日、東京で行われたプロボクシング・スーパーフライ級4回戦において、TKO負けしたプロボクシング選手（当時21歳）は、急性硬膜下血腫が原因で、開頭手術後、翌年1月6日午前に死亡している。
[※2] 特に、夏の暑い時期については、熱中症の発生に注意が必要である。
[※3] プロボクシングでは、当日計量から前日計量へルール変更された経緯がある。
[※4] ヘッドギアの非着用により頭部外傷の危険性が低下する（ヘッドギアを着用している方が、結果的にパンチを受ける回数が多くなるため、脳にダメージが蓄積しやすい）ことが示唆されている。
[※5] なお、（一社）日本ボクシング連盟は、ヘッドガードを使用しないシニア男子の競技者については、カット予防のために顔面や頭皮にキャビロン（皮膚損傷または皮膚の傷口を保護する包帯剤）を塗布し競技に参加することを義務付けている。

② 対策
イ　ヘッドギア
　アマチュアボクシングにおいては、国際ボクシング協会（AIBA）が、平成25年に競技ルールを変更し、シニア男子の試合におけるヘッドギアの着用を禁止した[※4]。もっとも、ヘッドギアには、カット（頭部や顔面からの出血または顔面の骨折）を予防するという効用があるため、プロ、アマチュアを問わず、練習中においては依然として使用されるのが一般的である[※5]。

ロ　マウスガード
　ボクシング競技においては、マウスガードの着用が義務付けられている。マウスガードは、単に、歯と口の怪我を予防、軽減するだけでなく、脳への衝撃を軽減し、脳振盪を防ぐとともに、頚椎損傷を防ぐ効果もある。

ハ　グローブ
　グローブは、競技者の拳を守ることがその効用の一つである。また、グローブのサイズの大小と頭部外傷の発生可能性には関連性があると言われている。

3　事故発生分析

　（独）日本スポーツ振興センター「学校管理下の死亡・障害事例」（昭和60年～平成16年）および「学校事故事例検索データベース（平成17年～平成27年）」を元に筆者が作成した、学校管理下における死亡・障害事例（34例）[※6]を根拠とする。

（1）年代・性別・事故発生機会

　アマチュアボクシングにおいて、競技者は高校生以上とされているため、学校管理下におけるボクシングの死亡・障害事例はすべて高校生の事例であるが[※7]、年代の内訳をみると、高校1年生が15件、高校2年生が10件、高校3年生が1件であり、初心者ほど事故に遭いやすい傾向がある。学校管理下の死亡・障害が生じた機会は、すべて部活動中で、また26件中25件が男子の事故であり、ボクシングに参加する男子生徒は特に危険にさらされる傾向がある。

（2）死亡・傷害内容の内訳

　学校管理下において生じた死亡・障害事例の内容の内訳は、右表の通りである。
　死亡・障害事例26件中9件（35％）が死亡事例であり、ボクシングは、一事故あたりの死亡率が高い競技といえる[※8]。また、死亡事故は、脳挫傷・頭部打撲・硬膜下血腫といった頭部外傷がその原因になっている。

（表）死亡・傷害内容の内訳

障害内容	総件数	死亡事故
脳挫傷・頭部打撲・硬膜下血腫	8	8
神経機能障害	9	-
視力・眼球運動障害	3	-
歯牙障害	4	-
外貌醜状	1	-
熱中症・多機能不全	1	1
合計	26	9

（3）事故発生状況

　ボクシング事故の発生状況には、2つの類型がある。一つは、打撃により、眼球の障害、歯牙の障害が生じるという類型（打撃型）である。もう一つは、原因となる打撃を特定できないものの、試合・練習後、意識を失って倒れるという類型（蓄積型）である[※9]。後者の事故の原因は、頭部外傷が多く、後者ほど、死亡という重大事故につながる傾向にある。

（4）小括

　上記資料ではボクシング事故は、競技者同士の競技中の事故が大半であり、施設、器具、天候が原因の事故というものはほとんど見当たらない。なお、JBCおよびJPBAに対して実施したヒアリングにおいても、同様の傾向であった。

MEMO

※6　なお、（独）日本スポーツ振興センター「学校管理下の死亡・障害事例」にいう「事例」とは、（独）日本スポーツ振興センターが各年度に、「死亡見舞金」、「障害見舞金」、「供花料」を支給した事例をいう。
※7　本データからは、いわゆるボクシングごっこ（悪ふざけ）の事例は除いている。
※8　ボクシング競技の学校体育下における競技人口10万人あたりの「死亡・重度の障害事故率」は、18.13％と自転車競技について高い数字となっている（「学校における体育活動中の事故防止について」体育活動中の事故防止に関する調査研究協力者会議 HP）
※9　例えば、大会の試合後に、気持ちが悪いとうつ伏せになり、間もなく意識を失って死亡する、といった事例がある。

4 事故と法的責任

(1) 指導者の法的責任
　指導者が、競技者が安全に競技できるような環境を整えることを怠ったことにより、競技者が練習中に死亡、後遺症などの障害を伴う事故が発生した場合、裁判所の過去の判断にいう「安全配慮義務」を怠ったものとして、指導者の損害賠償責任が問われるおそれがある[※10]。指導者には、少なくとも、事故が発生しにくい練習環境の整備、用具の着用といった事故を未然に防止するための措置をとることが求められる。

(2) 大会主催者の法的責任が争われた事例
　大会主催者が、競技者が安全に競技できるような環境を整える安全配慮義務を怠ったことにより、競技者が死亡、後遺症などの障害を伴う重大な事故が発生した場合、大会主催者の損害賠償責任が問われるおそれがある[※11]。大会主催者には、少なくとも、医師の配置、専門病院への協力依頼といった事故を未然に予防し、また事故が発生した場合に迅速に治療を受けられる体制を整備しておくことが求められる。

5 競技関連団体の予防対策

(1) JBCとJPBA
　(一財) 日本ボクシングコミッション (JBC) と、JBCからライセンスを受けたボクシングジムを構成員としている日本プロボクシング協会 (JPBA) は、ボクシングの普及・振興に努めている団体である。
　両者は、単にプロボクシングを興行するだけでなく、競技者の安全を確保するための諸制度や補償制度をそれぞれ定めており、ボクシングをスポーツたらしめるために、事故予防に取り組んでいる。

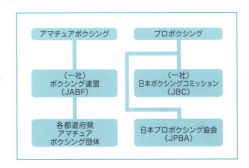

(2) 事故対策
　JBCは、プロボクシングの試合中の頭蓋内出血を伴う障害や死亡を「事故」と定義し、試合中に起きた事故の事例を収集し、データベース化している。また、JBCは、常日頃からコミッションドクター、提携病院と連携するなど、医学的知見を団体運営に取り入れるとともに、万一の試合中の事故に備えた体制を整備している。さらに、頭部外傷などの蓄積型の事故から競技者を守るため、「KOまたはTKOされたボクサーは、原則として試合終了後90日を経過しなければ次の試合に出場することができない」などの試合復帰のルールを定めている (JBC試合ルール23条)。
　JBCのデータベースは、①健康管理委員会における事故報告、②事故の予防のための講習会 (JPBAと合同で開催される医事講習会など) の実施、③ルールの変更、④健康管理、頭部外傷の応急処置に関する通達などの各ライセンス対象者に対する事故予防の知見の普及・啓発に役立てられている。具体的には、レフェリーを対象とする試合役員会において、レフェリーストップのタイミングの研究がなされ、現在は過去と比べてレフェリーストップのタイミングが早まっている。レフェリーストップの研究は、試合中の事故防止の一要素となっており、一定の成果を挙げている。

(3) 保険・補償制度
　JBCにおいては、健康管理見舞金制度[※12]を設けている。JPBAにおいても事故に遭った競技者に対する災害見舞制度を定めており、利用申請のあった競技者に対し一定の補償を行っている。

※10 札幌高判平成10年2月24日　公立高校ボクシング部の高校生が練習中に倒れ硬膜下出血により死亡した事件において、当該高校生にヘッドギアを装着させなかった指導者について、事故を未然に防止する注意義務を怠った過失の有無が争われた事案がある。札幌高裁は、練習内容、形態などの事情に鑑み、指導者にはヘッドギアを装着させる義務はないとして、指導者の注意義務を怠った過失を否定した。

※11 水戸地判平成10年12月16日　都道府県アマチュア・ボクシング連盟および都道府県高体連 (以下、併せて「大会主催者」) が主催するボクシングの大会に出場した高校生が頭部打撲による脳挫傷などにより死亡したため、大会主催者が、当該高校生の相続人により損害賠償を請求された事案がある。水戸地裁は、大会日程、専門医の配置、専門病院への協力依頼をしていたことなどから、大会主催者について、安全配慮義務違反を否定した。

※12 JBCが認定した国内の試合に出場するライセンス保有ボクサーが対象の制度。支給上限額は10万円。
「健康見舞金に関するご説明」(一財)日本ボクシングコミッション PDF

伝統武術
格闘技

7 レスリング

事故のポイント／争点

○ 競技特性上、首への負担が大きくなるため、**頸椎損傷など**の重大事故につながり得る。
○ 無理な減量による**内臓**への負担や**熱中症など**の事故が起きている。

事故防止対策

○ 競技特性を踏まえた適切な指導により**基礎的なトレーニング**を十分に行う。
○ 無理な減量を避ける、**熱中症防止**のための**十分な水分補給**をする。
○ テーピング、サポーターなど**安全のための用具**を適切な使用法で活用する。

反則にもなり得るそり投げ[※1]は大怪我のもとになります。そり投げ時は、頸椎などを痛めることがあります。反則技を使用してはなりません。

MEMO

基本情報をチェック！
（公財）日本レスリング協会　http://www.japan-wrestling.jp/

1 はじめに

　レスリングは、タックルなどによる競技者同士の激しい接触やマットへの落下、押さえ込みなどを伴い、素手で相手を組み伏せる格闘技である。その歴史は紀元前数千年までさかのぼる最古の格闘技とも言われ、古代ギリシャにおけるオリンピック種目の一つでもあった。古来、人々は、競技者が体一つで力と力をぶつけ合うそのダイナミズムに熱狂してきたのである。

　このような競技の特性上、練習中・試合中にかかわらず、打撲、捻挫などの負傷が生じやすいものの、一般的に格闘技において特に負傷が生じやすい打撃技、関節技、絞め技が禁止されている。これらのことからも、レスリングは格闘技の中では比較的安全な競技と考えられている。キッズスポーツとしても親しまれており、キッズの安全性に配慮した少年少女統一ルールの導入などの対策がとられている。

2 事故類型と対策

（1）総論

　レスリングにおける攻防は、タックル、投げ技や受け身、フォールから逃れようとするためのブリッジなどと多彩であり、ひねりや無理な体勢からの動きを伴うこともある。これらが誤った方法で行われた場合、負傷の危険性を高めてしまう。そのため、これら一つひとつについて、正しいルール、フォームや練習方法を正確に理解することが重要であり、特に、指導者としては、そのような正確な理解を前提に、下記の施設に関係する事故対策や減量に関する事故対策なども含めて総合的に競技者を指導することが望まれる。

（2）事故類型

1）通常の事故

① 事故事例

次頁に示す学校管理下での事故事例からも分かるように、以下のイおよびロのような負傷とともに、特に重大な事故となり得るのは、頸椎の損傷である。頭からの激しいタックルを伴うことや、両肩が地面に付かないためにあえて頭から落ちるといった競技特性上、首に大きな負荷がかかることになり、頸椎の損傷という重大な事故につながり得る。

イ　タックルなどにより相手と激しく接触することに伴う負傷

相手の身体や自らの身体とぶつかることによる頭頸部、眼、歯牙の損傷。耳の打撲や摩擦による耳介血腫[※2]、耳の変形も生じやすい。

ロ　投げ技や押さえ込みによる負傷

無理な体勢で相手や自らの体重がかかることによる頭頸部、上肢、下肢などの損傷。組み手で手首や指を握ることによる手首の捻挫も生じやすい。

② 対策

イ　競技者

- 基礎的なトレーニングの重要性
　レスリングの競技特性を踏まえた適切なトレーニングによる基礎体力・技術の向上が重要である。
- 安全のための用具の活用
　適切なテーピングや、膝の負傷を防ぐためのサポーターの着用。これらの使用・着用は広く浸透している。他にヘッドギアの着用も推奨されている（ただし、ヘッドギアを着用した場合、相手方の手がヘッドギアに引っかかり、投げ技をかけられやすくなるとも言われる）。

※1【そり投げ】（≒裏投げ、スープレックス）相手の体を前方から両手で抱えて後方へ体を反らしながら投げる技。
※2【耳介血腫】耳介の皮膚とその皮下の軟骨が打撲や摩擦によって剥離し、その間に血液などが溜まって腫れた状態になるもの。柔道、相撲、レスリングなどの耳をこする機会が多い競技の選手にしばしば見られる外傷である。

ロ　指導者

適切な準備運動や基礎的なトレーニングについては、競技経験のある者でないと指導が難しい場合がある。そのため、十分な競技経験のある者が指導にあたることが望ましい。なお、（公財）日本レスリング協会によると、高校におけるレスリングの指導者のほとんどは競技経験者である。

ただし、自己の若い頃のような根拠のない根性論的な指導はせず、練習中に危険な体勢となったときには早めに止めて指導する。

練習においても対戦相手相互の実力差・重量差がないようにするなど安全に配慮した指導を行う。

2）施設に関係する事故

① 事故類型

特別な道具は使わない競技であるため施設が主原因となる事故は多くないが、以下のような事故が生じることがある。
- マットの亀裂、湿気といったことを原因とする転倒などによる打撲、脱臼、骨折など
- 施設内の広さと比較して多くの選手が同時に練習することによる選手同士の衝突
- 施設内に持ち込んでいる器具との衝突

② 対策（競技者・指導者・施設管理者共通）
- 練習・試合前後のマット清掃と点検を十分に行う
- キャンバス※3をしっかり張る、マットを詰める、汗で濡れたキャンバスはただちに拭く
- 練習環境にあった適切な人数で練習を行う
- 練習・試合中は施設内の器具などは撤去し、それが難しい場合には常に人を立たせるなど安全に配慮する

3）天災に関係する事故

① 事故類型

重量制を取る競技会では減量が必要となる場合があるが、無理な減量は、心臓などへの負担や熱中症などの事故を引き起こすおそれがある。もっとも、近年では熱中症の危険性が広く知られているため、無理な減量をしない・させないことが浸透しつつあり、これらの事故は減っていると言われている。

② 対策

イ　競技者

無理な減量、過度な減量をしない。
発汗を伴う減量を行う際には、十分な水分補給を行う。

ロ　指導者

無理な減量、過度な減量をしないよう指導する。

熱中症については　参照 270頁

3　事故発生分析

（1）総論

レスリングにおいて実際に生じている事例について、（独）日本スポーツ振興センター「学校管理下の死亡・障害事例」（昭和60年～平成16年）および「学校事故事例検索データベース」（平成17年～平成27年）を元に筆者が作成した学校管理下でのレスリングの事故事例をまとめると、次頁表の通りである。

MEMO

※3【キャンバス】レスリングのマットの床の表面に張られる生地。
※4【急性硬膜下血腫】脳の表面からの出血により、脳と硬膜（頭蓋骨の内側で、脳を覆っている膜）との間に血液が溜まり、凝固して血腫となった状態。頭部外傷により発生するケースが多く、意識障害を引き起こす。
※5 東京地判平成14年5月29日
※6【少年少女統一ルール】（公財）日本レスリング協会が小学生以下を対象として導入している。安全性、分かりやすさを重視した、日本独自の競技ルール。例えば、マットへの落下時の事故を防ぐため、相手を持ち上げた時点でポイントになるとされるなど、学年に応じた試合時間の短縮化などの工夫がなされている。

競技特性との関連性が高いと考えられるのは、相手の反り投げによりマットに頭を打ちつけたことによる頭部打撲・急性硬膜下血腫※4の事例、何枚もの布団にくるまって減量中の急性心機能不全の事例である。

また、同事故事例における障害事故のうち、競技特性との関連性が高いと考えられるものとして、タックルなどの際の相手または自らの身体との接触、無理な体勢のところに相手から体重をかけられたという事例が多い。

（2）事故発生件数

右表の全27事例のすべてが男子高校生によるものである。高校生の事故が多い原因としては、成人に比べて基礎的な体力が十分でないこと、技術が未熟であること、首の筋力が十分に鍛えられていないことなどがあると考える。

障害内容	件数（うち死亡）
頭部打撲・急性硬膜下血腫	2 (1)
歯牙障害	9
視力・眼球運動障害	4
神経・脊柱障害・頸椎損傷	3 (1)
上肢・手指・下肢・足指障害	4
腹部臓器障害	1
急性心機能不全	1 (1)
熱中症・熱射病	2 (2)
不明	1
合　計	27 (5)

4 事故と法的責任

競技の特性上、ある程度の負傷は避けがたい面があるものの、ルールに関する理解、フォームや練習方法などが誤っている場合には、特に重大な事故につながり得る。そのため、指導者としては、これらを正確に理解した上で指導に当たることが重要であり、これを怠った結果として競技者が実際に負傷したような場合には、指導者としての注意義務違反として法的責任を問われる可能性がある。

特に、競技者が知識的・経験的に未熟であるキッズや中高生の場合には、指導者として果たすべき役割も自然と大きくなり、求められる注意義務の程度も高くなるといえる。

実際に、裁判例※5として、クラブ活動中の生徒同士の練習試合について、コーチの注意義務違反が認められ、負傷した生徒に対してコーチや学校などが約1,700万円を支払うことが命じられたケースもある。このケースでは、裁判所は、「技能を競い合う格闘技であるレスリングには、本来的に一定の危険性が内在していることから、心身共に未発達な中学生相当の生徒に対するレスリングの指導にあっては、その指導に当たる者は、レスリングの試合または練習によって生ずるおそれのある危険から生徒を保護するために、常に安全面に十分な配慮をし、事故の発生を未然に防止すべき一般的な注意義務を負う」と明確に述べている。このケースは、直接的には中学生相当の生徒への指導に関するものであるが、同様に心身ともに未発達なキッズや高校生に対する指導においても注意が必要であることは変わらない。

5 競技関連団体の予防対策

レスリングは、タックルなどの激しいぶつかり合いを伴う格闘技でありながらも、格闘技の中では比較的安全と考えられる競技であるとされ、キッズスポーツとしても親しまれており、幼稚園児から小学生まで、数百ものクラブが存在する。

（公財）日本レスリング協会によれば、キッズスポーツとしてのレスリングの安全性の確保・向上のため、日本独自の「少年少女統一ルール」※6の導入、競技者への「ジュニアのためのレスリングブック」の配布、登録後一定期間は大会参加資格を与えない、ブリッジや減量を控えさせるなどの指導や取り組みが行われている。

《項目の参考文献》
▽「部活動における事故防止のガイドライン」神奈川県教育委員会・神奈川県高等学校体育連盟・神奈川県高等学校野球連盟 PDF

📖 競技種目について学ぶための書籍
▽「DVDでよくわかるレスリング」（公財）日本レスリング協会編　（株）実業之日本社　1,800円（本体）
▽「ALSOKパワーで勝つ! レスリング 最強バイブル」大橋正教監修　メイツ出版（株）　1,600円（本体）

1 陸上競技 [トラック]

陸上・体操・水泳 など

事故のポイント／争点

○ 不注意による**衝突や転倒**による事故が起こりやすい。
○ ハードルや障害競走においては、器具を使うために大きな事故につながる危険性がある。

事故防止対策

○ 競技の**スペースを確保**し、周囲に**注意**をし、**声を出す**ことによって周囲の注意を促す。
○ **救護体制や緊急連絡体制**について整えておく。

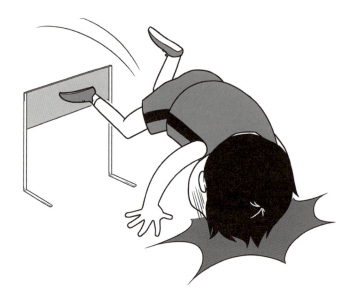

器具を設置する際、正しい方向に置きましょう。

基本情報をチェック！
（公財）日本陸上競技連盟　http://www.jaaf.or.jp/

1 はじめに

陸上競技のトラック競技には、競技会にもよるが、主な種目として、100m、200m、400m、800m、1500m、5000m、10000m、ハードル（100m、110m、400m）、3000m障害などがある。

2 事故類型と対策

（1）総論

同じトラックで行われる競技でも、種目の特性が異なるため、それによって事故の特性も変わってくる。そのため、それぞれの特性に応じて対策が必要である。

（2）事故類型

1）通常の事故

① 事故事例

短距離種目では、スピードが出て、比較的短時間で勝負が決まることもあり、周囲への注意が散漫になりやすいこと、急に止まったり曲がったりすることが難しいこと、衝突した時に衝撃が大きいなどの理由のため、同じ競技をしている人や他種目の競技をしている人との接触・衝突や転倒により、骨折、打撲などの事故が起こりやすい。また、スタート時には下を向いて疾走するため、前方の確認が不十分になり、衝突事故が起こることが多い。また、瞬発的な力が働くため、捻挫や肉離れなどの怪我が起きやすくなる。

中距離や長距離では、短距離よりは通常のスピードは遅いものの急に止まったり曲がったりすることが容易ではないくらいのスピードが出ており、接触・衝突や転倒による事故が起こる危険性はやはり高い。また、心臓の疾患による突然死の危険性がある。これらの種目では各ランナーにレーンが割り当てられることはないため、走るレーンを決めずに行うことが多い練習中だけでなく、競技中にもこれらの事故が起こる可能性が高い。

ハードルは、上記接触・衝突、それを原因とする転倒に加え、ハードルに接触して転倒する事故がある。中学2年の女子生徒が公立中学校の体育実技でハードルを飛び越えようとした際、足をハードルにかけそのまま前方に強くバーを叩きつけるような状態で転倒し、身体の一部をグラウンド面に強打し、亡くなったという事案がある[※1]。3000m障害でも障害を越える際、足を引っかけて転倒する事故が起こり得る。3000m障害の障害物は、足を引っかけても障害物は倒れない構造になっているため、足を引っかけた場合の、転倒するリスクはハードルよりも高い。

② 対策

イ 競技者（当事者）

接触事故や衝突事故を防ぐためには、安全な場所の確保が一番である。学校の部活動などにおいて陸上競技のためだけのスペースの確保が難しいのであれば、できるだけ他の部活動と練習時間をずらすとともに、他の部活動の練習内容も考慮した上で練習時間を設定するといった対策が考えられる。また、走方向や練習形態をそろえることにより衝突事故が起きにくくなる。これらにより周囲としても動きの予測がつくため、他競技の競技者との接触や衝突も避けられる。各練習を開始する際、競技者が疾走を開始するにあたって、自分の走るコースに人がいたり障害物があったりすることがないかをスタート前に確認し、さらに、「走ります」という声掛けなど走ることについての周知を行うなどすれば、トラックで人と接触するリスクは軽減する。走り終わった後も、ランニングコースを横断する時には、必ず前後左右を確認してから横断する[※2]など、コース上に競技を行っている人がいないか確認する。また、体調を確認し悪いところがあれば休む、睡眠や栄養を十分に取るなど体調管理に配慮することで、心臓の疾患による突然死や怪我をするリスクを減少させることができる。また十分なトレーニングをすることも記録を伸ばすだけでなく、事故の

※1 東京地判昭和51年9月13日／東京高判昭和53年9月18日。原告の亡くなった女子生徒の両親は、中学校の校庭がアスファルト舗装であるのは、運動施設として安全性を欠き公の営造物に瑕疵がある、事故は自然土の校庭であれば発生しなかったものというものであるとして、区を訴えたが、第一審は請求を棄却し、控訴審も本件事故の発生は、一般に予想できない当該女子生徒の身体的動作に基づくものというべく、グラウンドが自然土、またはこれに類する材質で造成されていたとすれば本件事故の発生を避けることができないものとはいえないと判断して、女子生徒の両親の請求を認めなかった。すなわち、ハードルでは、営造物に瑕疵がなくても死亡事故が発生し得ることを示唆するものである。

※2 「安全対策ガイドライン」（公財）日本陸上競技連盟編著 PDF

危険を減らすために有用である。ハードルに関しては、足を引っかけないように注意し、技量を向上させる。

□　施設、大会主催者、指導者、監督者

これらの者は競技者の安全に配慮する義務を負っている。接触・衝突事故が起こらないように、走る方向を決め、練習の方法によって使用できるコースを仕分けすることや競技者、競技役員、補助員以外の人がトラックやフィールド内に立ち入らないようにロープを張ったり、立札を立てたりして、人が走ってくることを周知するなどの安全対策を講じる必要がある。競技場トレーニングセンターの会員が、競技場ランプ下走路（アップ走路）でスタートダッシュの練習をしていたナイター陸上参加選手と激突し、重傷を負った事故について、当該負傷した会員が主催者を訴えた事案では、「ナイター陸上の主催者として、本件事故当日専用使用していたランプ下走路を含む競技場施設内において競技会運営上事故が発生しないよう選手役員などの競技関係者や観客などに対してその安全配慮すべき義務があったというべきであり、ランプ下走路に関していえば、入口から入場する競技関係者以外の者がたやすくランプ下走路に立ち入ることのないよう危険防止のための適当な措置を施すべき注意義務を有していた」と、大会の主催者は競技者の安全に配慮する義務を負っており、危険防止のための適当な措置を施すべき注意義務を有していたと判断している（主催者は注意義務を尽くしていたため請求棄却）※3。競技会においては、競技者、大会主催者、指導者とも安全確保の手段・方法を理解し、実行できるよう対応するとともに、監視委員の適正配置や、万一の事故（心停止や怪我）に備えて、AEDの設置や、事故が起きた選手をすぐに救護できる救護体制を整えることが必要である。

2）施設に関係する事故

① 事故事例

土のグラウンドであれば、穴が空いていたり、削れたりしている部分がないように整地されていなければ、つまずくなどにより捻挫や転倒の事故が起こる危険性が高まる。前の練習で使用したやレーキや、スターティングブロックなど不要なものが置かれていれば、それにつまずいて怪我をすることもある。

② 対策

競技者も施設管理者、指導者なども、グラウンドの状態に注意し、整備するように注意する。

3）用具・器具に関係する事故

陸上競技場については　参照 220頁

① 事故事例

トラック競技で使用する器具としては、ハードルがある。ハードルは、向きを間違えなければ、足を引っかけてもハードルが倒れるため、競技者が転倒するリスクは低い。しかし、本来設置するべき方向とは逆向きに設置してしまうと、足を引っかけたときに倒れないため、競技者が転倒し大きな怪我につながる危険性が高い。

② 対策

練習、試合前にはハードル自体に欠陥がないことを確認する。また、その設置の方向についても間違いがないかどうか確認する。このことを習慣化するようにする。

4）天災に関係する事故

器具については　参照 200頁

① 事故類型

熱中症、低体温症など主に気温に関わるもの、その他雷雨や暴風雨に関する事故がある。

MEMO

※3　東京地判昭和63年4月25日判タ678号118頁
※4　「陸上安全対策ガイドブック」（公財）日本陸上競技連盟編著　PDF
※5　「安全対策ガイドライン」（公財）日本陸上競技連盟編著　PDF
※6　「陸上競技安全ガイド」（公財）日本陸上競技連盟　HP

② 対策
イ　競技者
・熱中症
　夏場は特に熱中症対策を怠らないようにしなければならない。具体的には、水分の補給を怠らないこととランニングキャップを被ることにより直射日光が頭部に当たらないようにするといった対策がある。一般的なことではあるが、睡眠を十分に取り、体調管理をしっかりとすることも、熱中症対策として有用である。
・雷雨
　雷は、競技者にも落雷する可能性があるため、落雷の可能性がある場合は、ただちに安全な場所へ移動すべきである。
ロ　主催者
・熱中症
　競技者に対して水を飲む必要性について告知する。また、気温や湿度を確認しながら、大会の休止、中止も検討する。
・雷雨
　積乱雲発生の情報が入った際には、ただちに屋内などに退避するなど対策が必要である。

天災に関する事故については 参照 270頁

3　事故発生分析

（1）総論
　陸上競技の中でも、トラック競技は、特に使う用具が少ないことから、重大な事故は起こりにくいといえるが、衝突や転倒による障害や、心臓系による突然死などの事故が起こっている。

（2）事故発生件数
　小さな事故もあるので正確な統計はとれていないが、（公財）日本陸上競技連盟では今後データベース化を検討している。学校管理下の事故事例については、（独）日本スポーツ振興センター「学校事故事例検索データベース」で確認できる。平成17年～平成27年の間に短距離の事例は43件、ハードルの事例は5件示されている。

4　事故と法的責任

　陸上競技のトラック種目においては、例えば他の人に接触して怪我をさせてしまった場合、加害者側に必要な注意をしていなかったというような過失がある場合は、損害賠償金を払う責任があるとされる可能性も否定はできない。しかしながら、裁判で判決までいった例はほとんどないため、和解で解決する場合も多く、一方的に違法とまでされる案件は少ないと思われる。
　トラック競技において法的責任で裁判になるのは、指導者や主催者を相手方にするものが多い。指導者や大会主催者は安全配慮・注意義務を負っている。十分な注意をしなかったために安全配慮・注意義務違反とされるケースがある。

5　競技関連団体の予防対策

　（公財）日本陸上競技連盟は、陸上競技安全対策ガイドブック[※4]や安全対策ガイドライン[※5]を作成し、小学生の陸上クラブ、中学校高校全校、陸上競技部のある大学、加盟団体連絡協議会、実業団連合加盟チーム、指導者講習会などに配布している。安全対策ガイドラインの映像版をDVDにして配布、HP[※6]でも公開している。また、事故報告を現場から受け、データベース化するなどの対応を行っている。

競技種目について学ぶための書籍
▽「陸上短距離走パーフェクトマスター」高野進著　（株）新星出版社　1,500円（本体）

2 陸上競技 [跳躍]

陸上・体操・水泳など

事故のポイント／争点
○ 練習中は特に人との**衝突、転倒**の危険がある。
○ 事故の一因に**技術不足**もあり得る。

事故防止対策
○ **安全な場所の確保**、**声掛け**、**直前確認**を行う。
○ マットの**安全性**の確認を行う。
○ 十分な**練習**と**体調の管理**を行う。

「いきます!」などの声掛けを徹底しましょう。

MEMO

基本情報をチェック!
(公財)日本陸上競技連盟　http://www.jaaf.or.jp/

※1【走り幅跳び】助走をして、踏み切り板にて片足で踏み切り、着地点までの距離を争う跳躍競技。
※2【走り高跳び】4mから4.04m間隔の支柱に引っ掛けたバーを、助走して跳び越えた高さを競う跳躍競技。
※3【棒高跳び】ポールを持って助走をして、地面に埋められた溝（ボックス）にポールを突っ込んで、体を空中に持ち上げて支柱に引っ掛けたバーを跳び越える跳躍競技。

1 はじめに

陸上競技の跳躍の種目には、走り幅跳び[※1]、走り高跳び[※2]、棒高跳び[※3]、三段跳び[※4]がある。使用する器具には、走り高跳び・棒高跳び用マット、支柱、バーや、棒高跳びのポールがある。

2 事故類型と対策

（1）総論

陸上競技の跳躍種目で一般に起こり得る事故としては、接触・衝突や転倒による、骨折、打撲などの事故が挙げられる。跳躍に関しては、いずれの種目も競技をする場所に特別な施設・器具（走り幅跳びおよび三段跳びにおける砂場、走り高跳び・棒高跳びにおけるマット）が使用される。そのため、同じ陸上競技でもトラック競技に比べれば周知しやすく、他の競技者と接触する危険性も少ない。しかし、走り幅跳びにおいては、2つの砂場を使う場合もあり、砂場にいる際に隣接する横の砂場にいる試技者と衝突する危険性がある[※5]。また、走り高跳びも棒高跳びも、着地時にマットから飛び出すことによる事故が起こり得る。その着地の姿勢や高さから、事故が大きなものになる危険性がある。特に走り高跳びの背面跳びは頭部から日常とらない姿勢で着地することもあり、着地時に事故が起こりやすい。

（2）事故類型と対策

1）通常の事故

① 事故事例

走り幅跳びおよび三段跳びでは、着地時の捻挫、打撲、擦過傷および第三者との接触による事故がある。また、砂場に物が置かれていれば、それに衝突することにより怪我をする危険性がある。着地をする砂場に置いてあったトンボに膝をぶつけ、打撲を負った事故の事案がある。

走り高跳びには、マットへの着地時に肘や腹部を打撲したり、自分の膝が顔面に当たったりする事案、マットから飛び出して地面に膝や腰を強打する事案がある。

棒高跳びでも、上記走り高跳びの事案に加え、助走スピードが足りずにボックス付近に右腰から落下した事案[※6]や踏切位置がバーに近い位置となったため、ポールが立ちきらない状態で、回転しながら落下したところ、棒高跳びのポールが入る部分で緩衝材がないボックスに頭部から落下し、首を骨折して両手両足に麻痺が残ったという事案[※7]がある。

② 対策

これらの事故を減らすために必要な対策として、以下のものが考えられる。

イ　競技者

・場所の確保

まずは、安全のために場所を確保することが必要である。走り幅跳びおよび三段跳びの場合は、原則砂場であり、場所はおのずから限られてくるが、時間帯の調整や人が走ってくることを周知するなどして、第三者と接触したり、学校の場合は他の部活動のボールが競技者にぶつかったりしないよう注意する。トンボやメジャーなどの用具は、走路や着地点から離れたところに置くよう注意し、砂場やマットの上に置きっ放しになっていないか確認を怠ってはならない。走り高跳びや棒高跳びの場合は、時間帯の他にマットの設置の場所も、他の部活動などを考慮して危険のないようにする。また、マットの外に着地する事故が起きないよう、正しい位置に設置する。

・声掛け

試技者は「いきます」などの声掛けを徹底し、これから走っていくことを周知する。

※4【三段跳び】助走をして、まず踏切板で第1歩を踏み切り（ホップ）、同じ足で着地、この足でそのまま再度跳躍（ステップ）を行い、反対の足で着地をする。さらに、この着地した足で最後の跳躍（ジャンプ）をする。ホップ・ステップ・ジャンプで3回飛び、その着地点までの距離を争う跳躍競技。
※5「安全対策ガイドライン」9頁（公財）日本陸上競技連盟　PDF
※6 平成25年9月28日香川県内の競技場
※7 福岡高判平成22年2月4日／最判平成23年12月2日

- 安全の確認
  コース上に人がいないこと、飛び出してくる危険性がないこと、砂場やマットの上に人がいないことを確認の上、試技を行う。マットや砂場に人がいるか目視による確認が取りにくいため、注意深く行う。
  また、試技が終わって砂場から出る時は前後左右を確認する[※8]。
- 十分な練習
  フォームや踏切位置の設定が適切であるように、指導を受け練習をする。
- □ 指導者・主催者
- 主催者側の対策[※9]は以下のものが考えられる。
  場所の確保、声掛け、安全の確認について選手に周知することの指導および安全性の確保を徹底する。また、競技者の体調を管理把握する必要もある。競技指導面では、競技者が、不適切な場所で踏み切ることや、不適切なフォームのためにマット外に着地してしまうことを防止する。そのために必要な指導を十分に行う。万一の事故（心停止や怪我）に備えて、AEDの設置や事故が起きた選手をすぐに救護できる救護体制を整える必要がある。これらの手段を講じていても、どうしても事故が起こることは避けられない。万一の場合に備えて、保険に加入しておく。

2) 施設に関係する事故

① 事故事例
助走路や着地点が未整備であると、転倒するなどして、捻挫、打撲、擦過傷の怪我をすることがある。

AEDについては 参照 262頁
保険については 参照 274頁

② 対策
施設管理者は、日頃から、小石、ガラス、釘などの危険物が落ちていないように整備する。また、指導者および主催者は、使用時に着地場所の砂を十分深く広く掘り起こし、平らにして整地し、かつ危険物が落ちていないよう整備し、また、そのように指導することが必要である。

3) 用具・器具に関係する事故

① 事故事例
高跳び用マットや踏切板、棒高跳び用のボックスの設置状況や老朽化などにより、転倒した際に頭部、頸部に対する受傷の危険性がある。また、棒高跳びのポールが折れて選手に刺さったり、選手が落下したりする事故も起こり得る。

② 対策
マットやポールなどに破損・異常がないことを定期的、使用前に確認をする。競技者、指導者および大会主催者は、マットやポールなどに破損・異常がないことを事前に確認をする。施設管理者は、マットやポールなどに破損・異常が見つかった際には使用を中止し、修繕または新しいものと交換する必要がある。

4) 天災に関係する事故
熱中症、低体温症など、主に気温にかかわるもの、その他雷雨や暴風雨に関する事故がある。

参照 112頁

3 事故発生分析

（1）総論
上記のように、第三者との接触・転倒により発生する事故が起こり得るが、他の種目と同様、場所の確認や走り出す

※8 「安全対策ガイドライン」9頁（公財）日本陸上競技連盟 PDF
※9 「部活動における事故防止のガイドライン」9頁 神奈川県教育委員会・神奈川県高等学校体育連盟・神奈川県高等学校野球連盟 PDF

前の声掛けによって防ぐことのできる事故も多い。陸上競技の跳躍の中では、走り高跳びの背面跳びや棒高跳びは、特殊な技術を要するといえ、練習不足による技術不足や体調不良によっても、マット外への落下の可能性を高め、頭部や頸部の骨折など大きな事故につながり得るという特徴がある。特に着地の際の怪我が多い。

（2）事故発生件数

　小さな事故もあるので正確な統計はとれていないが、(公財)日本陸上競技連盟では今後データベース化を検討している。学校管理下の事故事例については、(独)日本スポーツ振興センター「学校事故事例検索データベース」で確認できる。平成17年〜平成27年の間に走り幅跳びの事例は3件、走高跳の事例は24件示されている。

4　事故と法的責任

　陸上競技の跳躍種目においては、競技者が第三者に衝突し怪我をさせてしまった場合、加害者側や監督者は場所を確保し、周囲に注意をして競技をするべきであり、これらの注意を怠ったために責任があるとされる可能性がある。
　指導者や大会主催者には、選手の体調把握も含めて、さまざまな安全配慮義務を負っているが、十分な注意をしなかったため事故が発生した場合に安全配慮・注意義務違反とされ、責任を負うことになる。また、判例上、練習場所の安全についても確認する義務を負うとされている。
　小学4年生が校庭の砂場において体育の授業を受けている最中、担任の指導で走り幅跳びの跳躍を試み、砂場に着地したところ、砂中にスコップが埋没放置されていたため、左前脚部挫傷の怪我をしたという事案では、授業で使用するときは、あらかじめ危険物が混入していないかを十分調査すべきであったとして、設定者たる市の営造物責任を肯定した[※10]判例がある。当然のことではあるが、練習や試合前には、指導者は場所の安全確認を行う必要がある。この事案でも、安全確認を徹底していれば未然に防げた。また、生徒がボックスに頭部から落下し、首を骨折して両手両足に麻痺が残った事例では、生徒が大会3週間前に左足首を捻挫し、練習不足や体調面に不安を抱いていたのを顧問が知っていたにもかかわらず、怪我の状態や不安がないかを何ら確認せず大会に出場させており、これについて顧問は、当該生徒に対して先行負傷の状態や当該生徒が体調に対して抱いている不安の内容などを具体的に確認した上、当該生徒に指示して事故の発生した試合への出場をやめさせるべき注意義務を怠ったとして顧問の過失を認め、県に約1億1,500万円の賠償を命じた[※11]。

5　競技関連団体の予防対策

　(公財)日本陸上競技連盟は、陸上競技安全対策ガイドブックや安全対策ガイドラインを作成し、小学生の陸上クラブ、中学校高校全校、陸上競技部のある大学、加盟団体連絡協議会、実業団連合加盟チーム、指導者講習会などに配布している。安全対策ガイドラインの映像版をDVDにして配布、HPでも公開している。また、事故報告を現場から受け、データベース化するなどの対応を行っている。

> 安全対策について周知することが事故予防のためには重要です。

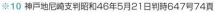

※10　神戸地尼崎支判昭和46年5月21日判時647号74頁
※11　福岡高判平成22年2月4日

陸上・体操・水泳など

3 陸上競技［投てき］

事故のポイント／争点

○ 投てき物が**衝突**することにより、重大な事故につながりやすい。
○ 投てき物は競技者から**離れて飛んでいく**ため、特に十分な注意が必要である。

事故防止対策

○ 安全な**場所の確保**、**声掛け**、**直前確認**を行う。
○ **防護ネット**を適切に設置する。
○ 器具の**安全性**を確認する。

声掛けや
安全の確認を
必ず行いましょう。

MEMO

基本情報をチェック！
（公財）日本陸上競技連盟　http://www.jaaf.or.jp/

※1【円盤投げ】一般的に女子1kg、男子2kgの重さの円盤を投げ、距離を競う。円形のサークルにて競技を行う。
※2【ハンマー投げ】金属製の頭部（ヘッド）、接続線（ワイヤー）、ハンドルで構成するハンマーを遠心力を利用してより遠くに投げる競技。円形のサークルにて競技を行う。
※3【砲丸投げ】一般的に男子用が7.26kg、女子用は4kgの球を投げ、距離を競う。円形のサークルにて競技を行う。
※4【やり投げ】一般的に男子用が800g、女子用が600gのやりを投げ、距離を競う。助走路にて競技を行う。

1 はじめに

　陸上競技の投てきの種目には、円盤投げ[※1]、ハンマー投げ[※2]、砲丸投げ[※3]およびやり投げ[※4]がある。陸上競技の中でも、投てきは、一般男子の砲丸およびハンマーは7.26kg、一般女子は4kgとかなり重いものであり、これらが人にぶつかったときの衝撃は大きいことは想像に難くない。やり投げのやりの重さは一般男子で800g、一般女子で600g[※5]と重さは他の種目よりも軽いが、穂先が細く刺さりやすくなっているため、人に接触した時に被害は大きくなりやすい。

2 事故類型と対策

（1）総論

　投てきの種目は、人を死傷させる可能性がある重量物が手元を離れた瞬間に競技者自身のコントロールも及ばなくなるため、他の陸上競技種目と比べて、重大な事故が起こる可能性が高いといえる。砲丸投げや円盤投げなど、後ろ向きから投てきの動作に入ることで、直前の前方確認を怠りやすい。

（2）事故類型

1）通常の事故

① 事故事例

投てき物が第三者に当たることによる死傷事故がある。競技者自身の肉離れや脱臼もあり得る。
これら陸上競技の投てきに関連する事故は、裁判にまでいかないケースも多い。判決まで至った事例としては、公立高校の校庭で守備練習中の野球部員が、ハンマー投げのハンマーに当たって死亡した事故につき、指導教諭の過失を認め国家賠償が命じられた事例[※6]や、公立高校の校庭で課外活動として短距離走の練習の順番待ちをしていた生徒に、ハンマー投げのハンマーが頭部に直撃し死亡した事故で、学校側に練習場設置の瑕疵が認められた事例[※7]、公立高校の部活動で部員の投げたやりが、他の部員の頭部に衝突して傷病を負った事故で、立会義務に違反したことを理由に、顧問に責任を認めた事例[※8]などがある。

② 対策

これらの事故対策として、以下のものが考えられる。

イ　競技者

・場所の確保

　まずは、投げるときに、投てき物が飛ぶ可能性のある場所には人が進入しないようにすることである。誤って第三者が投てき物の飛んでくる可能性がある場所に進入しないように、投てき物が飛んでいく範囲には、コーンなどで明示しておくことが必要である。また、複数人で練習する場合には、全員が投げ終わってから投てき物を取りに行くことの徹底や回収用ラジコンなどを利用して、投てき物が飛んでくる可能性がある場所へ人が進入するのを防止するべきである。
　安全を担保できる練習場を設けるのが難しければ、他の練習や競技が行われていない時間に練習を行う。
　また、円盤投げやハンマー投げの場合は、投てき方向を除きサークルの周りを「囲い」で囲み安全を確保する。

・声掛け

　投てき者は確実に周囲の安全を確認し、大声で注意を促すことが必要である。学校のグラウンドなど、日常使っている場所であれば「いきます」などでよいかもしれないが、周囲にいる人に対して、「投げるので注意してください」などの強い言葉で、明確に注意を喚起し、投てき物が落下する可能性があることを積極的に明示する必要がある。

[※5]「（公財）日本陸上競技連盟競技規則」（公財）日本陸上競技連盟　**HP**
[※6]　大阪地判昭和50年9月26日
[※7]　浦和地判平成8年10月11日
[※8]　神戸地判平成14年10月8日

・安全の確認
　安全確認のために大声を出すだけでなく、その声掛けによって周囲の人がきちんと投てき物が飛んでくることを認識しているか、その反応を確かめてから投てき動作に入る。後ろ向きの準備局面から投てき動作に入る場合、直前の前方確認を怠りやすい[※9]。特にやり投げやハンマー投げは、投てき距離が長いため、落下エリア付近にいる者が注意を怠りやすいため、より注意深い安全確認が必要である。やり投げのやりは軽いため、風の影響で方向が変わる場合もあることを考慮して安全確認を行う。
　また、投てきが終わった後も、投てき物が静止したことを確認するまでは、投てき物から目を離してはならない。

□　指導者・大会主催者
主催者側の対策は以下のものが考えられる。
・場所の確保、声掛け、安全の確認について選手への指導を徹底することにより、事故を未然に防ぐことができる。投てき囲いや防護ネットの設置にも立ち会う。
・投てき種目は、その器具の使用方法や練習方法によっては、人の生命や身体に危険を及ぼす可能性があるため、必ず練習に立ち会うべきである。法律上も立ち会い、監視する義務を負うとされる可能性がある。陸上部の顧問が、砂場へのやりの突き刺し練習に立ち会い、監視指導すべき義務を負っていたのに、同練習を中止させることなく、途中で砂場を離れた事例では、立ち会い義務に違反するものであると判断している。
・救護体制、緊急連絡体制
　万一の事故（心停止や怪我）に備えて、AEDの設定や事故が起きた選手をすぐに救護できる救護体制を整える必要がある。
・保険
　これらの手段を講じていても、事故が全く起こらないとは限らない。万一の場合に備えて保険に加入しておく。

2）用具・器具に関係する事故
① 事故事例
イ　投てき種目の施設器具としては、ハンマー投げや円盤投げで使用される囲いがある。囲いの形状については、（公財）日本陸上競技連盟競技規則に細かな規定がある。投てき囲いを使用しても、設置状態によっては隙間から投てき物が飛び出すこともあり、人に衝突することにより死傷の危険性がある。防護ネットを使用したとしても、予想以上にネットが伸び、人に当たる可能性がある。サークルの劣化や雨天時には、サークルが滑りやすくなっており、足を滑らせて怪我をすることが起こり得る。
ロ　ハンマー投げのハンマーのワイヤーが切れることにより、ハンマーが思わぬ方向に飛び、人に衝突する事故が起こり得る。また、ハンマーの取手部分に破損や金属疲労がある場合、手袋の装着が正しくない場合、破損している場合は、ハンマーが手から離れることがある[※10]。

② 対策
イ　この囲いなどが、劣化・破損していないか確認する。また、規定が改訂された場合は、囲いもそれに合わせる。
　また、囲いなどを設置する際には、支柱が転倒したり、投てき物が間を抜けて外に飛び出たりしないように設置する。ネットの場合は、ネットが緩んでいないか、逆に張り過ぎていないかについても注意する。
　第三者は、防護ネットがある場合でも、注意を怠らず、ネットから安全な程度は離れた位置に立つようにする。
ロ　ハンマーに破損・異常がないことを事前に確認をする。その他、囲いの適切な設置、場所の確保、声掛け、安全の確認といった投てき種目に必要とされる対策をすることにより防ぐことができる。

※9 「安全対策ガイドライン」10頁（公財）日本陸上競技連盟編 PDF
※10 「投てき競技の安全に配慮した指導について」5頁 岐阜県高等学校体育連盟陸上競技専門部 PDF

3) 天災に関係する事故
① 事故類型
熱中症、低体温症など、主に気温に関わるもの、そのほか雷雨や暴風雨に関する事故がある。

② 対策
イ　競技者
・熱中症
　特に夏場は熱中症対策を怠らないようにしなければならない。具体的には、水分の補給を怠らないこと、キャップを被ることにより直射日光が頭部に当たらないようにする。一般的なことではあるが、睡眠を十分に取り、体調管理をしっかりとすることも、熱中症対策として有用である。
・雷雨
　落雷の可能性がある場合は、ただちに競技を中止し、安全な場所へ移動すべきである。

ロ　主催者
・熱中症
　競技者に対して水分を取る必要性について告知する。また、気温や湿度を確認しながら、大会の休止、中止も検討する。
・雷雨
　積乱雲発生の情報が入った際には、ただちに屋内などに退避するなど対策が必要である。

天災に関する事故については　参照 270頁

3　事故発生分析

（1）総論
　陸上競技の中で、投てきは重量物ややりなど人にぶつかったときに大きな怪我につながりやすい用器具を使用すること、これら用器具が競技者から離れて飛んでいくため、予期せぬ方向に飛んだりバウンドしたりするため、重大な事故が起こる危険性が高いといえる。

（2）事故発生件数
　小さな事故もあるので正確な統計はとれていないが、（公財）日本陸上競技連盟では今後データベース化を検討している。学校管理下の事故事例については、（独）日本スポーツ振興センター「学校事故事例検索データベース」で確認できる。平成17年～平成27年の間に投てきの事例は16件示されている。

4　事故と法的責任

　陸上競技の投てき種目においては、投てき物が第三者にぶつかって怪我をさせてしまった場合、加害者側や監督者が、場所の確保、声掛け、安全の確認の指導をせず、そのために事故が発生した時は、安全指導の徹底を怠った過失により、民事上の責任を追求されることがある。まず投てき物を投げた競技者は、場所を確保し、周囲に注意をして投げるべきであり、これらの注意を怠ったために責任があるとされる。指導者や大会主催者については、十分な注意をしなかったため事故が発生した場合に安全配慮・注意義務違反となり、責任を負うことになる。

競技種目について学ぶための書籍
▽「陸上競技投擲種目の練習を行う場合の安全対策」
　（例）（東京都教育庁指導部指導企画課「部活動中の重大事故防止のためのガイドライン」）

4 陸上競技 【ロード】

陸上・体操・水泳など

事故のポイント／争点

○ 長距離が多いため、**心臓の疾患**による死亡事故、**怪我**などの事故が発生しやすい。
○ その競技が危険を伴うものである場合には、その参加者が、**安全に競技できるように配慮**し、救助を要する事態が発生した場合にはただちに**救助すべき義務**を負う

事故防止対策

○ 予防のためには、競技者に**事故について理解**してもらうことが重要である。
○ **救護体制や緊急連絡体制**について整えておく。

走る時は、周囲に気をつけましょう。

MEMO

基本情報をチェック！
（公財）日本陸上競技連盟　http://www.jaaf.or.jp/

※1【道路競走】道路競走において標準となる距離は10km、15km、20km、ハーフマラソン、25km、30km、マラソンは42.195km、100kmおよびロードリレーとし、ロードリレーは国内では駅伝競走基準によって行われ、国際的にはマラソンの距離で実施することが望ましいとされる。

※2【競歩】両足が同時にグラウンドから離れることなく歩く。前足は、接地の瞬間から垂直の位置になるまで、まっすぐに伸びていなければならない。室内、屋外、ロードで競技が行われる。標準とされる距離は、室内では3000m、5000m。屋外では5000m、10km、10000m、20km、20000m、50kmである。

1 はじめに

　本項では、一般の公道で行われる道路競走[※1]（フルマラソンに限らず、公道で行われるランニングのレース）、駅伝、競歩[※2]など陸上競技のトラックでいう長距離よりも長い距離の競技における事故について検討する。

2 事故類型と対策

（1）総論

　ロードは長距離の種目であり、種目によっては競技時間が長時間に及ぶものもあり、心臓の疾患による突然死の事例が多く見られる。場所も、一般の公道で行われるため、規制されていたとしても自動車などを含む第三者との接触による事故にも注意する必要がある。また、競技者全体が見渡せる競技場で行われるものではなく、広範囲で行われるため、天候も含め、事故の防止や救護にも特別の配慮を必要とする。大会の規模に応じて調整する必要がある。

（2）事故類型

1）通常の事故

① 事故事例

　ロードレースでは、心臓の疾患による突然死の事例が多い。中高齢者は、虚血性心疾患（狭心症や心筋梗塞）、38歳以下の年齢では急性心不全が最も多くなる[※3]。マラソンレースでの突然死の発生は、ゴール直前と直後が多い。ゴール直前の死亡については、最後に無理に頑張ってしまうことが一番の原因であり、ゴール直後の死亡事故は、自律神経活動の変化が一つの原因となっていると考えられる。それ以外では、死には至らないものの長距離走は大量の酸素を消費する状態を継続するために、血液中の酸素が過多となり二酸化炭素が不足する過呼吸の症状を起こすことがある。脱水症状も起こりやすい症状の一つである。

　また、長距離・長時間を走る種目が多いため、必然的に怪我も起こりやすくなる。靴擦れ、筋肉痛、肉離れ、捻挫が多い。さらに、ロードレースでは、一人ひとりにコースが与えられていないこともあり、他の人との接触により、転倒するなどして、骨折、打撲、擦り傷などの怪我をすることも多い。

　上記はレースの場合であるが、自主的にロードを走る場合は、交通規制はされていないため、上記怪我などの他に、歩行者、自転車、自動車との衝突・接触の事故が起こり得る。

② 対策

　これらの事故を減らすために必要な対策として、以下のものが考えられる。これらは、ロードレースにおける怪我一般に当てはまるものであり、通常の事故だけでなく、下記施設に関連する事故や天災に関連する事故にも当てはまる。

イ　競技者（当事者）
・体調の管理
　体調を確認し悪いところがあれば休むこと、競技の途中でも体調の異常を感じたら中止すること、睡眠を十分に取ること、栄養を十分に取ることなど体調の管理に配慮することにより、心臓の疾患による突然死や怪我を防ぐことができる。また十分なトレーニングをすることも事故を防ぐために有用である。
・栄養補給、水分補給
・交通法規の遵守
　交通量が多ければ、それだけ車などとの衝突・接触のリスクは高まる。したがって、交通法規は遵守することはもちろん、できるだけ交通量の少ないところで練習する。また、公道で音楽などを聴きながら走っていると、近づいてくる音に気付かず、自動車や自転車との衝突の危険が高まる。

[※3] ランナーズ　イベントニュース VOL.5 2002.12「大会での心疾患対策」勝村俊仁

□　大会主催者、指導者、監督者

主催者側の対策は以下のものが考えられる。事故が起こらないように、参加選手に周知すること。個々の競技者に責任感を持たせ、予防策をとってもらうことが一番重要である。

大会のパンフレット、HPなどに、これらの事故が起こり得ること、その予防方法および起こってしまった場合の対応方法を記載し、開会式でも注意を喚起する。(公社)日本医師会[※4]では、ランナーに伝える重要ポイントとして、良好な健康状態での参加、心臓の問題の有無や、既症の家族がある場合の健康診断の受診とかかりつけ医への相談の必要性、大会当日、予想より気温や湿度が高い際にはペースを落とすか参加を取り止めること、適切な量の水分を摂取すること、主に暑さ指数などの気象条件の安全性についてランナー、観客および関係者に情報を提供するシステムであるフラッグシステムについての啓蒙、心肺蘇生法（ランナーが倒れた時に医療スタッフの到着までの時間を埋めることが可能なのは、そばにいるランナーであるため）を挙げている。その他、レース前に合同の準備運動の実施や、出場の条件として当日の体調に関する質問票の提出を義務付け、問題があれば出場できないといったルール作りが必要である。なお、フラッグシステムを有効活用するためには、ランナーと医療スタッフが旗の色の理由と意味を認識していなくてはならないため、これらの情報をランナー用ハンドブックへの記載、医療用ハンドブックへの記載、ランナーへ電子メールで連絡、チラシ配布、スタート地点でのランナーへのアナウンス、レースのための啓発講義やプレゼンテーション、レースのエクスポ会場での掲示といった方法で提供を行う。

旗の色	警戒レベル	暑さ指数（湿球黒球温度 WBGT）	大会状況	推奨される行動
黒	極端	> 28℃	大会をキャンセルする／極端で危険な状況	参加取り止め／大会スタッフからの公式指示に従う
赤	高	22～28℃	潜在的に危険な状況	ペースを落とす／コース変更に注意する／大会スタッフからの公式指示に従う／参加中止を検討する
黄	中	18～22℃	理想的とはいえない状況	ペースを落とす／状況悪化に備える
緑	低	10～18℃	状況良好	大会を楽しむ／警戒はいらない

※スタート地点とコース沿いの一定間隔地点で、暑さ指数（WBGT）に応じて異なる旗を配置する。暑さ指数（WBGT）は、周囲温度、対流、相対湿度・放射熱を考慮して、熱ストレスの度合いの目安を単一値でを示すものをいう。Kestrel4400などでの機器で測定可能。

暑さ指数情報伝達システム（フラッグシステム）の実施と暑さ指数
（国際マラソン医学協会医療救護マニュアル62頁より引用）

・免責同意書

レース中の事故に関してはすべて自己責任とし、大会の主催者は一切責任を負わない旨の誓約書に署名または捺印させることがよく行われているが、このような免責同意書は、裁判になれば無効にされるため、意味をなさない。むしろ、事故の危険性や安全確保のための手段を周知することに注力すべきである。

・AED（自動体外式除細動器）

ロードレースでは、心疾患による死亡事故が多く、AEDの設置は、これらの事故を防ぐためにとても有効である。実際にAEDによって救命された人も多くいる。

AEDは救護所に置くだけでなく、コース上に設置し、さらにAEDを持ち自転車に乗って競技者を観察する移動AED隊の創設も、事故を減らすために有効である。

具体的にはAEDを搭載した車や自転車をコース上2～4kmの範囲に1台配置し、緊急対応できるようにする。その際、AEDの使用方法を熟知した地元医師会、消防署、ボランティア団体、大学生などに応援を要請する。また、大会にかかわる多くの人の救命講習会を必須受講とする[※5]。

※4 「国際マラソン医学協会医療救護マニュアル」28頁　(公社)日本医師会
※5 「市民マラソン・ロードレース運営ガイドライン」4頁 市民マラソン・ロードレース運営ガイドライン作成プロジェクト委員会編
　　(公財)日本陸上競技連盟　PDF

・救護体制
　選手をすぐ救護できる体制整備が必要がある。判例でも「競技を主催した者は、その競技に関する契約に基づき、参加者に対し、競技を実施する義務を負い、これに付随し、その競技が危険を伴うものである場合には、その参加者が、安全に競技できるように配慮し、救助を要する事態が発生した場合にはただちに救助すべき義務を負う」としている[6]。まず、救急車の要請から重篤な状態の競技者をどのように救急車に乗せ搬送するのか、救急車の病院までのルート、家族などへの連絡までの緊急事態に備えた体制を作っておく[5]。医者は少なくとも本部に待機させておくべきである。さらに、傷病に素早く対応するため、事前に消防署や警察と打ち合わせを行い、そのレースのために救急車を常駐させておく。混乱を防ぐためには、メディカルテント[7]と救護本部の連絡が確実にとれるようにして、情報を一カ所に集積させる仕組みをとることが望ましい。

　コースは長距離にわたるため、コース上にはメディカルテント（コース上に5kmごと、またスタート・フィニッシュ地点にも）を配置し、できるだけ早く救護できるようにしておくことが重要である。メディカルテントには、AED、ドリンク、氷、タオル、ワセリン、毛布、椅子、簡易ベッドなども準備する[8]。医者にメディカルランナーとして参加してもらうのも有効な場合があると思われる。その場合は、その参加する医者の専門分野を確認し、あくまでもメディカルランナーであることの自覚を持ってもらうことが大切である。

　レースの最終4分の1、特にゴール地点およびゴールエリア近くでの救護事案の件数が増えるという研究がある。ゴールが近づくと、無理をして頑張りすぎてしまうことが原因となる場合が多いと思われる。したがって、医療救護計画を立案する際には、レース終盤とゴールエリア付近に重点を置く。具体的には以下のことが考えられる。

　ゴールの最後の100m～500mのエリアには、何人かの医療スタッフをバラバラに配置しておく。スタッフの増員と複数のAEDの準備をしておき、医療救護テント／医療救護エリアへのアクセス容易なルートを確保しておくこと、ゴール地点には、ゴール地点救命・救護チームを待機させ、ゴール地点で迅速にランナーを治療し、適切な措置を決定し、医療救護を対応できるようにする、メインの医療救護拠点を設ける、ゴールエリアの先にも二次医療拠点を設ける、ゴールエリアから観客を引き離すために友人や家族がランナーを出迎えるポイントや監視塔を設けることなど[8]が必要である。

　救急ではなく、途中で競技を止めても安全に帰ることができるように、収容バスを準備し、医療スタッフを同乗させ、AEDを配備し、十分な飲料、毛布などを準備する。競技者を収容したら、ただちに大会本部へ競技者名とナンバー、収容地点を連絡する。

　主催者は、これら対策をとった上でさらに後方協力医療機関を前もって指定し、その医療機関に対して、大会があることを事前に連絡し協力体制を整えておく。

・緊急連絡体制
　あらかじめ、あらゆる場面を想定して、緊急時連絡体制、現場での緊急対応手順、決定事項のランナー・観衆などへの伝達方法、避難路確保・誘導方法などを決めておく[8]。

・ゼッケンの裏への緊急連絡先の記載
　倒れた時のために緊急連絡先などの必要な情報をゼッケンに書かせる。具体的には名前、生年月日、住所、緊急連絡先、緊急連絡先電話番号、レースに参加している知人、何らかの医学的な問題、服用中の薬といった項目である。

2）施設に関係する事故
① 事故類型
　ロードは一般道を走るため、特別な施設や器具は必要ない。しかしながら、道路に穴が空いていたり、凸凹があった

---

[6] 大阪高判平成3年10月16日
[7] コース内で医学的支援が必要となる場合に備え、コース上に、一定間隔をおいて救護施設を配置する。ここには、自転車、カート、バンや救急車などの移動手段も準備しておく（公社）日本医師会「国際マラソン医学協会医療救護マニュアル」PDF
[8] 「国際マラソン医学協会医療救護マニュアル」68～69頁　（公社）日本医師会

りするため、転倒して怪我をすることがあり得る。道路工事中の場所があればなおさらである。さらには、工事車両などと接触するということも起こり得る。また、通行車両や見学者との衝突による事故も起こり得る。

② 対策
イ　競技者
競技者はコースだから役員などが見てくれていると油断せずに、道路の状況、自動車、見学者など周りに気をつけながら競技をする。
ロ　主催者、指導者、監督者
まずはコースの設定時に安全を確保できるようにする。注意する項目としては以下のものが挙げられる。
・一般市民への交通規制事前通知
・コースが交錯する場合、歩行者横断個所の安全確保
・途中関門での打ち切り時間の徹底
・緊急搬送時のルート確保
コースの安全確保のために、必ずレース直前にコース全体を点検する。そこに穴が空いていれば補修するなどの措置を講じる。それが不可能であれば、コーンや立て看板などでそこに入らないように注意を促し、係員を配置する。

3）天災に関係する事故
① 事故類型
　熱中症、低体温症など主に気温に関わるもの、その他雷雨や暴風雨に関する事故がある。

② 対策
イ　競技者
・熱中症
　ロードレースは、長時間継続して行われる種目が多く、発汗も多いため、特に夏場は熱中症対策を怠らないようにしなければならない。具体的には、水分の補給を怠らないこと、ランニングキャップを被ることにより直射日光が頭部に当たらないようにするということがある。一般的なことではあるが、睡眠を十分に取り、体調管理をしっかりとすることも、熱中症対策として有用である。
・低体温症[※9]
　マラソン大会は冬場に行われることが多い。このような寒い環境では、低体温症になる危険性がある。通常の体調管理はもちろん、長袖の防寒具を着用して走ることを検討するべきである。万一低体温症になった場合は、どんな方法でもよいので体を温めるようにして、温かい甘い飲み物をゆっくり摂取するのがよい。また、競技が終わったら、十分に水分を取り、ストレッチをして、着替えてから帰るようにすることなどで予防することができる[※10]。
・雷雨
　雷は競技者にも落雷する可能性があるため、落雷の可能性がある場合は、ただちにランニングを中止し、安全な場所へ移動すべきである。
ロ　主催者
・熱中症
　水分補給や給食のためのエイドステーションを設置し、参加者に対して水分を補給する必要性について告知することが考えられる。
・低体温症

MEMO
※9【低体温症】シバリング（全身を震わせて体温を上げようとする現象）によっても体温を維持できず、体温が35℃以下になった状態。歩行が困難になったり、意識がもうろうとする。
※10 奥井識仁のコラム「マラソンの突然死」　奥井識仁著　HP

低体温症について注意と予防策を参加者に周知することにより、低体温症になる競技者を減らすことができる。
・雷雨
　大会主催者は、雷の危険性を競技者に周知し、避難させることができるよう対策を講じておく。
・緊急連絡体制
　悪天候や地震などのための緊急連絡体制、避難・誘導の方法・手順を整理し、競技役員に周知徹底するとともに、競技者への伝達のためにハンドマイクなどを配備する。

天災に関する事故については 参照 270頁

3 事故発生分析

（1）総論
陸上競技の中でも、ロードは、長距離・長時間に及ぶ競技が含まれるため、重大な事故・怪我が起こるリスクが高いといえる。特に他の種目に比べ、心臓系突然死の件数が多い[※11]。また市民レースでは、これら事故や怪我のリスクや防止についての知識の少ない人が参加するため、特に大会主催者が注意をする必要がある。

（2）事故発生件数
学校事故時については、（独）日本スポーツ振興センターが情報を集めており、災害共済給付において平成17年度～平成27年度に給付した、死亡・障害事例が検索できる。陸上競技の持久走・長距離走では77件の事例が紹介されている。小さな事故もあるので正確な統計はとれていないが、（公財）日本陸上競技連盟では今後はデータベース化を検討している。

4 事故と法的責任

陸上競技のロードにおいては、例えば他の人に接触して怪我をさせてしまった場合、加害者側に必要な注意をしていなかったというような過失がある時は、損害賠償金を払う責任があるとされる可能性がある。しかしながら、裁判で判決までいった例はほとんどなく、一方的に違法とまでされる案件は少ないと思われる。

ロードにおいて法的責任で裁判になり得るのは、指導者や主催者を相手方にするものが多いと思われる。判決も、学校の授業中に心不全などで亡くなった案件で、亡くなった生徒の親が、担当の体育教師、学校、自治体などを訴えたものが多い。陸上競技の他の種目にも記載したとおり、指導者や大会主催者は安全配慮・注意義務を負っている。これらの判決では、安全配慮・注意義務違反まではないとするものも多いが、十分な予防策を講じることや、注意をしなかったため事故が発生した場合には、安全配慮・注意義務違反となる。

5 競技関連団体の予防対策

陸上競技（トラック）参照。なお、市民レースについては、「市民マラソン・ロードレース運営ガイドライン」も作成している。

参照 117頁

※11 「市民マラソン・ロードレース運営ガイドライン」市民マラソン・ロードレース運営ガイドライン作成プロジェクト委員会編
　　（公財）日本陸上競技連盟 PDF

5 体操競技

陸上・体操・水泳など

事故のポイント／争点

○ ほとんどが器具上もしくは空間で行われるため常に落下する危険性があり、**頭部から落下**し重傷を負うおそれがある。
○ 競技者が十分な指導を受けずに自らの**技量を超えた**高難度の技を実施すると、失敗して事故に至る危険がある。

事故防止対策

○ ピット[※1]やウレタンマット[※2]など、安全を確保するための**環境**を整備する。
○ 競技者は指導者の練習計画に従い、高難度の技は手順を踏んで**段階的に習得**する。
○ 指導者は練習に立ち会い、競技者の習熟度を把握し、習熟度に応じた**技術指導**をする。

事前の用具のチェックを怠らないようにしましょう。

基本情報をチェック！
（公財）日本体操協会　http://www.jpn-gym.or.jp

1 はじめに

　体操競技の種目は、男子が6種目（ゆか、あん馬、つり輪、跳馬、平行棒、鉄棒）、女子が4種目（跳馬、段違い平行棒、平均台、ゆか）で、技の難易度、美しさ、安定性などを基準に採点。チームで合計点を競う団体総合、一人の選手が全種目を演技し合計点を競う個人総合、1種目ごとの演技の得点を競う種目別がある。

　競技としては、かつての10点満点制は廃止され、現在では技の「難易度」を表すDスコア(Difficulty Score)と、技の「美しさ」を表すEスコア(Execution Score)との総計で順位を争う。

　器械・器具を用いて回転、跳躍、支持、懸垂、バランスなどの運動を行う特性があり、種目に応じて多くの技がある。競技者はこれらの技に挑戦し、その技ができる楽しさや喜び、技が完成した達成感を味わうことができる。採点競技であることから、競技者は高難度技術を求める傾向が強く、非日常的で驚異的な技が次々と新技として開発されている。新技の呼称は、最初に国際大会で成功させた選手の名前が用いられるのも特徴的である。

2 事故類型と対策

（1）総論

　競技者を非日常的かつリスクのある状況に置くことを常態とする競技であることから、そもそも事故発生の危険性を内在している。その理由として、倒立、回転などのように体位の変化を伴う運動構造の複雑さが特徴であり、しかも運動のほとんどが器具上もしくは空間で行われるため常に落下する危険性がある点、支持運動の形が多く、運動の過程で体重を超える力が支持腕にかかる場合もあり、失敗や怪我の危険が常にあるという点が挙げられる。

　さらに、得点を競い合うという性質から、競技者は高難度技術を求める傾向が強く、それに伴って事故が発生する危険性も高くなる。外傷・障害ともに全身的に発生し得るが、特に、器具からの落下や衝突、難易度の高い技からの着地の失敗による外傷の発生が多く、頸椎・脊髄損傷による重大な後遺症が発生する事故や、死に至るケースもある。

（2）事故類型

1）通常の事故

① 事故事例

イ　空中で回転する技（宙返りなど）は、あん馬を除く全種目で行われる。そのため、回転系の技からの着地の失敗による事故が多く、捻挫・打撲・靭帯損傷・骨折といった外傷は頻繁に発生する。回転系の技の回転不足・回転過多、あるいは空中でバランスを崩して、頭部から落下する事故が最も危険で、頸椎・脊髄損傷による重度の後遺障害を負うことがあり、裁判例にみられる事案はほとんどがこの類型である。

ロ　宙返りなど技の練習としてミニトランポリン、踏切板が用いられることがある。滞空時間を長くし空中感覚を養うのに有用である一方、器具を用いると跳躍力が増し簡単に高く上昇できるため、落下の衝撃も大きい上、十分な技量を持たない者が自らの力量を超えて高難度の宙返りの練習を行う危険性がある。裁判例では、興味本位あるいは遊び感覚で初心者が宙返りの練習を試み、頭部から落下した事例がある。

ハ　鉄棒および段違い平行棒に特有の技として、バーからいったん手を離し空中で回転運動などを行い再びバーをつかむ「離れ技」がある。鉄棒は高さ280cmであり、失敗すると落下の衝撃は大きい。空中でバーに激突する危険もある。裁判例では、鉄棒の離れ技である「トカチェフ」に失敗し鉄棒直下に後頭部から落下した事例がある。

ニ　落下の衝撃を軽減するためのマットの敷設が不十分であったり、マットの位置が悪かったりすると、体育館の床に直接落下することとなり重大な事故が発生する。裁判例では、平行棒の宙返り降りの際に前方へ飛び出し、マットが敷設されていない場所へ前頭部を強打した事例がある。

※1［ピット］床を深く掘り下げプール状にして、ブロック状のウレタンなどを敷き詰めた安全設備
※2［ウレタンマット］衝撃吸収性の高い着地マット

② 対策
イ　競技者
・十分な技術指導を受けていない初心者は技量に見合わない技をしてはいけない。技量と経験を有する競技者も、自分の能力を過信せず指導者の練習計画に従い、高難度の技は手順を踏んで段階的に習得することを心掛けることが肝要である。競技者・指導者間でミーティングを行い、客観的に自分の能力と技量を常に確認すべきである。
・技は瞬間的に行われるため、集中力不足は重大な事故につながる。
・技の実施に恐怖心が伴う場合は、指導者に補助を求めるか、補助具を用いて段階的な練習を行い、恐怖心を取り除いてから実施する。体調不良も集中力不足につながるので体調管理を十分に行う。
・十分な準備運動とストレッチを行って練習に臨み、筋力向上、柔軟性を養うための基礎トレーニングを怠ってはならない。
・ウレタンマットは着地の衝撃をある程度吸収するが万能ではなく、特に頭部からの落下に対しては限界があることを知っておく。

ロ　指導者、監督者
技量の未熟な競技者に危険な練習をさせない。競技者はときに冒険心・英雄心に駆られて自己の技術以上の技をしがちである。これを抑制する指導を心掛ける。そのためには競技者の習熟度を把握する必要があるため、指導者は練習に立ち会い、練習計画を作成し、競技者の習熟度に応じた技術指導を行うことが重要であり、習熟度を把握するためには、競技者・指導者間のミーティングを定期的に実施する必要がある。技術指導は、基礎的な技の習熟を高めることに重点を置き、手順を踏んで段階的に技を習得させ、高難度の技への無謀な挑戦をさせない。競技者の技量に合わせてウレタンマットなどを適切な位置へ移動させ、補助に入るといった安全措置を講じる。
　指導者自らが練習あるいは競技会に立ち会うことができない場合は、代替者を確保し、不在の場合の安全確保のための指導を行う。複数グループに分かれて練習を行う場合、指導者の目が行き届かない場合も想定されるので、対策の検討も必要である。競技者へも補助技術と安全確保の指導を行う。タンブリング※3の進行方向や順番など、競技者同士の衝突防止のためのルールを明確化しておく。これらを踏まえ、補助の手順や方法を含めた技術指導マニュアルを作成することが望ましい。

ハ　施設管理者・大会主催者
安全を確保するための環境を整備するため、各種補助用具を積極的に導入する。落下点における衝撃を軽減するためのウレタンマットは必須である。長期間使用したものは中心部がへこんで薄くなり危険なため、ウレタンの劣化や破損がないかを確認する。
事故が生じた場合の救急体制を整えておく。医薬品、水や氷の準備をする。体操競技は複数の種目が同時に進行する競技であり、障害も同時に複数発生する場合がある。そこで、基本的に2名以上の救護トレーナーを確保する必要がある。競技会では、本会場と選手のウォーミングアップ用の練習会場に分かれる場合が多いことから、救護トレーナーなどが各会場に担架や脊椎ボード、AEDが常設されているかを確認する必要がある。

2）施設に関係する事故
① 事故事例
体操競技は、通常体育館内で行われる。施設が直接の原因となった事故は考えにくいが、体操競技専用の体育館であれば、落下事故防止のため「ピット」が備え付けてあるのが理想である。前頁「1）通常の事故」で取り上げた事例の中には、ピットさえあれば重大な事故には至らなかったと思われる事例も多い。現に、練習場にピットを備える義務の有無が争点となった裁判例がある（結論は否定）。普段ピットで鉄棒の練習をしている競技者がピットのない他校の施設で練習を行った際に、感覚の違いから落下した事例もある。

※3【タンブリング】床、マットの上で跳躍、もしくは回転などを行う運動。

体操競技専用の体育館ではない場合、器具の設置（セッティング）、片付け（カッティング）が必要である。重量がある器具の運搬時や設置時に怪我をする危険がある。体育館を球技系のスポーツと同時に使用する場合には、不意にボールが飛び込むと競技者が驚いて試技を中断し失敗する危険がある。

② 対策
イ　競技者・指導者・監督者
施設にピットがない場合の事故防止対策は「1）通常の事故」と同様である。施設にピットがあっても過信は禁物であり、ピット上で技を成功させた場合でも、安定して確実に実施できるまでは通常のマットでの実施を控える。ピット上で60回成功しなければ通常のマットでその技を実施させないとのルールを設けているクラブも実在する。
専用体育館ではない場合、器具の設置と片付けの際に重い器具を運搬することになるので、持つ位置や持つ人数などルールを明確化し安全な運搬方法をとる。つり輪の設置には人数が必要であり、特に注意を払う。器具の脚にはマットを被せ保護し、支柱の蓋や器具取りつけの穴をテープなどで保護するなど競技者がつまずかないようにする。
ロ　施設管理者・大会主催者
ピットは高価であり専用体育館でなければ導入は困難な場合もあろうが、競技者の安全確保のためには極めて有用な設備であり、重大事故事例の多くが、ピットさえあれば防げた事故であった可能性があることを認識し、ピットおよび専用体育館の導入を検討する。
球技系のスポーツと同じ体育館を使用する場合は防球ネットを整備し危険性を除去するなど工夫する。

3）用具・器具に関係する事故
① 事故事例
器具の老朽化に伴い、使用中に器具が破損し、競技者が落下する事故がある。過去、競技会においてつり輪のワイヤーの革製ベルト部分が使用中に断裂し、日本代表選手が怪我をした事例があった。鉄棒や平行棒のバーも老朽化に伴い折れることがある。使用前の器具の設置方法が不十分であると怪我につながる。例えば、器具を固定するワイヤーを締め忘れると器具が動き危険である。特に大型の器具である鉄棒・つり輪・段違い平行棒は注意が必要である。平行棒は高さ調節のストッパーを締め忘れると使用中にバーが下がり危険である。練習用のマットに隙間があると床に直接着地し怪我をする危険がある。
鉄棒、つり輪、段違い平行棒においてはプロテクターと呼ばれる革製の手具を用いて練習および演技を行うが、プロテクターが使用中に断裂すると器具から落下する危険がある。

② 対策
イ　競技者・指導者・監督者
使用前に器具の保守や点検を心掛け、危険な個所の発見に努め改修する。（公財）日本体操協会ホームページにおいて「器械体操・安全点検マニュアル」が公開されており、点検項目・点検実施時期・標準耐用年数などの記載があり参考になる。安全点検の実施が現場で行えない場合には専門業者へ相談するなどの対策をとる。
練習および競技会の際には、事前に器具が安全に設置されているか確認する。ワイヤーの緩みがないかどうか、平行棒はバーを調整した後のストッパーが効いているかを必ず確認する。マット間やタンブリングパネル間をゴムチューブでつなぐなど、ずれないように工夫する。競技者の利用しているプロテクターに少しでも亀裂が生じていたら交換する。指導者はその旨を指導する。ただし、近時、新品のプロテクターであってもすぐに断裂する事例が多いようであり、メーカーにおいても対策を検討する必要があろう。

ロ　施設管理者・大会主催者

定期的に器具の点検を行い、消耗品は適宜交換し、老朽化した器具は入れ替えるなどの対応が必要である。鉄棒などは折れた場合に備えて芯にワイヤーが入れてあるが、古い製品では入れてないものもある。目立った劣化がなくとも使用期間が長い器具は新製品への入れ替えを検討する。少なくとも、器具の入れ替え時期を検討するため、当該施設において当該器具を導入した時期を明確化しておく。

器具については　参照 200頁

4）天災に関係する事故

体育館内で行われる競技であるため天災に関係する事故は想定しにくい。もっとも、熱中症の危険があることは他競技と同様である。水分補給と休憩時間の設定が重要である。

天災に関する事故については　参照 270頁

3 事故発生分析

(1) 総論

（独）日本スポーツ振興センターは、学校の管理下で発生した事故事例数を公表しており、体操に関しては、「跳馬」など本来の体操種目の他に、体育の授業での跳び箱、マット運動などを含めた件数を公表している。

体操の事故は、死亡・重度障害に至らない負傷に関しては体育の授業での発生が8割超と非常に多い。ただし、死亡・重度障害といった重大な結果に至った事故に関しては、運動部活動における事故件数が体育の授業を上回る。

(2) 事故発生件数

① 障害内容件数

イ　死亡・障害

平成17年度〜平成27年度に発生した死亡事故は合計4件、障害事故は合計134件報告されている。平成27年度に限ると、死亡事故は1件、障害事故は15件である。重篤な事故に至る危険のある「頭頚部外傷」に限ると、平成10年度〜平成23年度の14年間で頭頚部の死亡・重度の障害事故は合計20件発生している。事故原因は「技の失敗」が18件と最多である[※4]。中学・高等学校での運動部活動における事故が11件と最も多く、競技別では柔道、ラグビーに次いで3番目に多い。中学・高等学校での体育の授業などにおける事故においても8件と、競技別では水泳に次いで2番目に多い。小学校での体育活動による事故も1件ある。

ロ　負傷・疾病

負傷・疾病については、平成27年度に負傷が4万2,688件、疾病は2,073件報告されている。負傷は捻挫、骨折、挫傷・打撲の事故が群を抜いて多い[※5]。

「頭頚部外傷」のうち重症なものに限ると、平成17年度から平成23年度に134件の事例がある。活動別に見ると、体育の授業で117件（87.3％）、運動部活動で17件（12.7％）発生している。全体では、体育の授業で756件（17.2％）、運動部活動で3,640件（82.8％）と、運動部活動中の事故が約8割を占めるが、体操に関しては体育の授業での事故件数が多いのが特徴である。部位別では頭部42件（36.5％）、頚部61件（45.5％）、その他31件と約5割が頚部であった。なお、全体では、頭部3,158件（71.8％）、頚部817件（18.5％）、その他421件（9.5％）であるから、体操は頚部の負傷が多いのが特徴である。傷病別では、発生件数の多い順に、頚椎捻挫34件、頭部打撲21件、頚髄損傷19件、脳振盪10件であった。発生原因は転倒などが最多で112件である[※6]。

② 年代や事故発生状況

頭頚部の死亡・重度の障害事故は平成10年度および平成12年度に4件発生したが、その後は毎年0〜2件の発生となっ

MEMO

※4 調査研究報告書「学校の管理下における体育活動中の事故の傾向と事故防止に関する調査研究」
　　－体育活動における頭頚部外傷の傾向と事故防止の留意点－　第2編第2章　（独）日本スポーツ振興センター　PDF
※5 「学校の管理下の災害」（独）日本スポーツ振興センター　HP
※6 調査研究報告書「学校の管理下における体育活動中の事故の傾向と事故防止に関する調査研究」
　　－体育活動における頭頚部外傷の傾向と事故防止の留意点－　第2編第1章　（独）日本スポーツ振興センター　PDF
※7 最判昭和58年2月18日民集37巻1号101頁
　《その他体操関連判例》
　浦和地判平成3年12月13日判タ783号214頁／東京高判平成7年2月28日判タ890号226頁
　横浜地判平成9年3月31日判時1631号109頁　など

ている。死亡事故は、体育の授業中8段の跳び箱を跳ぶ際、踏切板を踏み越して跳び箱前面に腹部を強打し、内臓損傷により死亡に至った事例がある。障害事故は、鉄棒をしていて手が滑り、勢いあまって床に落下した際、額を床に打ちつけ第二頚椎を骨折した事例、体操部の活動中、踏切板を使用し前方2回宙返りを行った際回りきれずに頭部から落下し、精神・神経障害を負った事例、トランポリン部の活動中、体育館でトランポリンの高難度の技の練習をしていた時に回転不足となり、前方に突っ込む姿勢で右顔面よりトランポリンベッドに落下し精神・神経障害を負った事例などがある。

4 事故と法的責任

　競技者が十分な指導を受けずに自らの技量を超えた高難度の技を実施すると失敗して重大な事故に至る危険がある。体操競技は危険性を内在しているスポーツであるから、指導者の競技者への安全配慮義務、事故防止のために必要な指導監督を行う義務があるとされる。

　裁判例としては高校生の部活動における事故の事例が多い。部活動において担当教諭などの指導者が負うべき具体的な義務として、競技者の技の習得状況を把握し、熟練度に応じた技の練習をさせ危険を防止すべく綿密な練習計画を立て、これを競技者の状況に応じて実施し、実技練習に立ち会い競技者の習得状況を監視し、かつ適切な指導を与え、これにより危険を防止し、安全措置を講じることが要求されるなど、注意義務の程度が相当高く要求されている事例もある。

　この点、課外のクラブ活動は本来生徒の自主性を尊重すべきものであるから特段の事情のない限り顧問が個々の活動に常時立ち会い監視指導すべき義務まではないといった考え方[※7]があるが、体操競技に関しては、実施する技自体に高度な危険性が伴うことが予見される特段の事情があるため練習への立会指導義務があるとされ、指導者が練習へ立ち会わず危険防止のための指導を怠った場合には指導者の責任が肯定される傾向が強い。

　ただし、競技者は危険なスポーツであることを承知の上で自らの意思で体操競技を行う者であるから、技に失敗した場合に重大な事故につながる危険性を十分認識しているのであって、裁判例においては過失相殺を認める場合が多い。特に遊びの要素が含まれる練習を自らの意思で行い事故に至った場合は大幅な過失相殺がされることがある。

　安全のための十分な設備が整っていないことが事故の主な原因である場合には、過失相殺されずに責任が肯定されている事例がある。

5 競技関連団体の予防対策

　(公財)日本体操協会では、前述の「器械体操・安全点検マニュアル」を作成公開しているほか、「器具・器械検定規程」を定め、競技で使用する器械・器具の選定につき、検定制度を設けている。

　民間のスポーツクラブの中には、指導者の質を確保するため、原則として(公財)日本体育協会の公認コーチ資格の保有者を指導者とする旨の方針をとり、事故が生じた場合の救急体制を整備するため、地域の医療機関と連携するといった工夫をしているクラブもある。

体操競技は、実施する技自体に高度な危険性が伴うことが予見されるため、指導者の立ち合い指導義務があるとされており、事故が起きた際には指導者の責任が肯定される傾向が強いようです。

《項目の参考文献》
▽「スポーツ事故の法務—裁判例からみる安全配慮義務と責任論」
　　日本弁護士連合会弁護士業務改革委員会　スポーツエンターテインメント法促進PT編著　(株)創耕舎　3,333円(本体)
▽「部活動における事故防止のガイドライン」
　　神奈川県教育委員会・神奈川県高等学校体育連盟・神奈川県高等学校野球連盟　PDF
▽ 順天堂スポーツ健康科学研究第3巻第1号、p1～8 (2011)「体操競技におけるルールと技の発展性について」
　　加納實、冨田洋之著　順天堂大学
▽ 日本体育大学紀要第1号、p53～60 (1971)「体操競技練習における潜在的危険性」阿部和雄著　日本体育大学
▽ 日本体育大学紀要第6号、p61～70 (1977)「体操競技選手の事故防止に関する研究 (その1)」滝沢康二、阿部茂明、阿部和雄著　日本体育大学

6 水泳

陸上・体操・水泳など

事故のポイント／争点

○ <u>重大な事故</u>に至るリスクが高い。
○ 事故の類型を見ると<u>飛び込み事故と溺水事故</u>が圧倒的に多い。

事故防止対策

○ ルール<u>周知の徹底</u>、<u>施設管理の徹底</u>および<u>職員教育の徹底</u>が未然事故防止対策として重要となる。
○ 施設管理者は不測の事態に備えて<u>緊急連絡形態および緊急時における各自の役割</u>を明確化することが要求される。

確実に安全が確保できないプールでは飛び込みを禁止するといった対策を講じましょう。

基本情報をチェック！
（公財）日本水泳連盟　http://www.swim.or.jp/

1 はじめに

　水泳は文字通り水中で泳ぐことであり、競泳は、50m、100mなどの一定距離をクロール、平泳ぎ、背泳ぎ、バタフライといった定まった泳法で泳ぎ、経過時間を競う競技である。男女別1チーム4人のリレー種目もある。

2 事故類型と対策

（1）総論

　プールにおける水泳事故の中では、飛び込み事故、溺水事故が圧倒的に多い。そこで、溺水事故および飛び込み事故の防止を指導者教育・管理および施設・設備管理の点から行っていくことがプールにおける水泳事故の防止にとって極めて重要な課題といえる。水泳での事故は、事故が生じる頻度は低いが一度事故が生じると訴訟などの法的紛争に至る割合が高い。その理由としては、死亡・重篤な後遺症を遺す重大事故の比率が高いこと、類似した事故の態様、類似した事故原因が繰り返されており、事故を回避しなかった指導者・施設管理者の過失が重大であると考えられることが指摘できる。

（2）事故類型

1）通常の事故

① 事故事例

イ　溺水事故

入水中に溺れる事故で、原因はさまざまであるが、多くは体調不良の状態で水泳を行ったことによるものが多い。心臓などの疾患や身体の筋肉の痙攣のほか、過度の疲労や熱中症が引き起こす場合もある。具体的には、授業中にタイム測定をしていたところ、途中で水没しているところを担当教諭が発見したが溺水により死亡していたという事故や、スイミングスクールで200m個人メドレーを泳いでいる途中に、利用者が途中で泳ぐのを中断して歩き出し、突然水没し死亡に至るという事故が発生している。

ロ　飛び込み事故

高い位置からの飛び込みや助走をつけた無理な飛び込みにより、プールの底や壁に頭部などをぶつけることによって、意識不明などを引き起こすことで発生する。

ハ　その他の事故

幼児が他の幼児の水中メガネを手で引っ張って離したために、他の幼児が失明するに至るという傷害事故や、指導者が背泳ぎのスタートの指導を行っていた際、誤って飛び出した受講生の手が指導員の眼に当たり重大な傷害を招くという事故が発生している。

② 対策

過去に同様の事故は生じており、「不測の出来事」どころか、過去の失敗例が多数存在するにもかかわらず、十分な対策が講じられないまま事故が繰り返されている。

事故対策という点では、飛び込み事故と溺水事故の防止措置を十分にとることができれば、法的紛争となるような水泳事故の9割以上が予防できることになる。

溺水事故は、呼吸飢餓感（呼吸しなくても苦しさを自覚しないこと）によって、泳ぎの得意な人でも起こり得る。

競技者の技量にかかわらず、溺水対策を整えることが必要である。

※1 学習指導要領解説では、小学校で水中からのスタートを指導、中学校においては、泳法との関連において水中からのスタートおよびターンを取り上げること。高等学校でようやく、安全を十分に確保しながら段階的な指導を行うとしている。識者においては判断が分かれるところではあるが、飛び込み台の廃止や飛び込みの全面禁止を行っている自治体や学校もある。

※2【管理責任者】プールについての管理上の権利を行使し、関与するすべての従事者に対するマネジメントを総括して、プールにおける安全で衛生的な管理および運営にあたる者。別に責任者を設けることもあるが、プール施設の所長や館長などが担当するケースが多い。

※3【監視員】プール利用者が安全に利用できるよう、プール利用者の監視および指導などを行うとともに、事故などの発生時における救助活動も担う者。

※4【救護員】プール施設内で傷病者が発生した場合に応急救護に当たる。選任に当たっては、消防庁や日本赤十字社などが実施している救急救護訓練に関する資格や、それを併せ持つ（公財）日本体育施設協会の「水泳指導管理士」などのような資格を取得した者。施設の規模や形態に応じて、緊急時には速やかな対応が可能となる人数を確保することが必要である。

イ 競技者・遊泳者

プール施設で設けられている安全対策のルールを遵守する。特に初心者は、プールの利用形態を理解することが重要である。また、自己の体調を正確に把握した上で、入水するか判断をする。特に飛び込みについては、他の泳者に衝突することがないように、事前に水面・水中の安全を確認する。

ロ 指導者・施設管理者、大会主催者

既存のルールが、安全対策の基本を押さえたものであるかどうか、抜け落ちている対策はないかを確認し、競技者や遊泳者に対しても周知を徹底し、事故防止への関心を高めてもらうことが重要である。

競技・遊泳者に対して、施設入場前および入水前に安全対策やルールを説明して、遵守してもらうよう協力を促すこと、特に幼児、児童に対する保護者同伴のお願いと確認は徹底する。

溺水事故対策としては、競技・遊泳者に既往症の有無を申告チェックしてもらう仕組みを設けるなど、体調管理に気を配り、無理な負担をかけないように指導、注意喚起する。高い泳力を持つ者でも溺水することがまれにある。個人の泳力を過信せずに、誰もが溺水する可能性があるという意識で監視をする必要がある。万が一、溺水事故が起こった場合には、気道の確保、頸椎損傷など副損傷などに気をつけて迅速に救助を行う。溺水者は低酸素症や肺水腫、無気肺などを生じやすい。適正な措置をする。

プールへの飛び込みが全面的に許されている、また部分的に許されている場合には、その区域を明確に明示する[※1]。飛び込む者と泳者との衝突リスクの有無を明らかにし、安全を確保せずに飛び込もうとする者、あるいは飛び込みが許可されている区域に誤って進入しないように監視体制を講じる。

プール利用者が多く混雑している場合には、全面的に飛び込みを禁止する。あるいは、安全を確実に確保できる限られた部分でのみ飛び込みを許可するなど、さらなる管理上の配慮も必要である。スタート台がないプールにおいても、助走して飛び込もうとする泳者がいる場合もある。監視員は飛び込もうとする素振りを見逃さず、事前に飛び込みを阻止できるようにプール全体を注視する必要がある。また、そのための監視体制を確立する必要がある。さらに競技・遊泳者を含めたプール内にいる全員に対し飛び込み区域の把握と安全のためのルールの理解を徹底させる。また、そのための指導、注意喚起を行う。

管理責任者[※2]はプールの形状に応じて、監視員[※3]および救護員[※4]を適切に配置することが必要である。その際に、監視対応能力(監視員1人が監視できる競技者の数)を考慮することが重要である。危険個所の前に人を立たせ、競技・遊泳者を近づけないといった対応も必要である。

競技・遊泳者の動線に合わせて適正な監視員を配置し、未然の事故防止対策を講じたつもりでも、実は完全に事故を防ぐことは難しい。そこで、利用状況などから事故・トラブルを事前に予測し、いかなる状況においても的確な対応が可能な人員体制を常に図り、ポジションごとの連携を強化させることが重要である。プールなどの水難事故対策として、心肺蘇生のために適正配置など十分に準備を整え、AED(自動体外式除細動器)が的確に使用できるようにする必要がある。

AEDについては 参照 262頁

2）施設に関連する事故

① 事故類型

利用者がプールサイドを走り他の利用者と接触し、転倒するという事故、さらにはプールからロッカールームに行く途中の廊下の水濡れにより転倒負傷する事故が発生している。また競技・遊泳者が急性外耳炎、手足口病、細菌性赤痢といった感染症にかかる可能性がある。これはプール水を基準通りに適切な水質管理を行わなかったことなどで起こり得るものである。また、塩素剤などにより結膜の充血や異物感といった目の障害、アレルギー性鼻炎の悪化なども起こり得る。

MEMO

※5 【パイクスタート】空中で一度えい型の体勢となってから、上位を水の一点に押し込むように入水するスタートの方法。
※6 東京地判平成12年5月30日判タ1071号160頁
※7 東京地判平成14年3月27日
※8 横浜地判平成4年3月5日判タ789号213頁、東京高判平成6年11月29日判タ884号173頁
※9 名古屋地岡崎支判平成17年6月27日判タ1229号289頁
※10 「スポーツ事故の法務―裁判例からみる安全配慮義務と責任論」日本弁護士連合会弁護士業務改革委員会
　　スポーツエンターテインメント法促進PT編著　（株）創耕舎　3,333円(本体)

② 対策

プールサイドを走ることによって起こり得る危険性については、プールサイドの滑り止め対策を行うとともに、日々の清掃を徹底する。また、感染症などの対策としては、厚生労働省から提示されている「遊泳用プールの衛生基準」や、文部科学省から提示されている「学校環境衛生基準」、各地方公共団体の条例などにより水質管理を徹底する。

プール施設に関連する事故は 参照 216頁

3 事故発生分析

昭和39年から平成24年までの間に訴訟で争われたプールにおける水泳事故（58件）について26件が溺水事故、27件が飛び込み事故、5件がその他の事故で、飛び込み事故と溺水事故を合わせた53件のうち、指導者の過失および施設の瑕疵が原因で事故が発生したと争われたケースが55件である。

4 事故と法的責任

水泳での事故は、一度事故が生じると損害賠償請求事件として訴訟などの法的紛争に至る割合が高い。この場合、加害者の過失の有無が主要な争点となる。

具体的には、指導者の指導方法における注意義務違反、監視義務・危険行為制止義務違反、および救助義務違反などの有無をめぐって争われることになる。注意義務違反について、助走つき飛び込み、ゴムホースを用いた飛び込み、上級者向けパイクスタート[5]につき指導者の注意義務違反が認められている。

監視義務・危険行為静止義務違反については、中学1年生の生徒がフラフープの輪をくぐってプールに飛び込み受傷した事故につき「フラフープの使用法を問い、その適切な使用方法を教示するか、事情によってはその使用を禁止するかなどして、生徒の危険が生じたりしないように、安全に配慮すべき義務がある」とした裁判例[6]や、第1、2学年合同の水泳授業（担当教諭4人、参加児童121人）の自由泳ぎ時間中に、被害者がプール内で溺れたという事故につき「プール授業に参加する児童の人数や身体の発育、泳力などを把握し、それらを前提にしてプールの水深や具体的監視方法などを検討した上、児童らを監視すべきであった」とした裁判例[7]などがある。

注意義務違反については、授業中、担当教諭が自閉症の児童を個別指導していたところ、溺水し、死亡したという事故につき、裁判例では、溺水して痙攣した生徒に対し、ただちに蘇生措置を講じなかったことを注意義務違反とした[8]。

なお、被害者が溺水して死亡したという事故において、被害者の死が突然死である場合には、指導者に過失が認められる場合であっても、指導者の過失と被害者の死との間に因果関係は認められず、指導者は責任を問われない[9]。

前述のように一度事故が生じると法的紛争に至りやすく、上述の裁判例の他にも多くの判例・裁判例[10]が存在する。

5 競技関連団体の予防対策

（公財）日本水泳連盟では、水泳プールの飛び込み事故の問題に対して、「プール水深とスタート台の高さに関するガイドライン」を提示している。「ガイドラインに即さない施設の利用法や適切・合理的な飛び込みスタートができない泳者の利用により飛び込み事故が生じた場合には、施設の管理者や指導者の法律上の責任が問われる場合がある」ことも暗示し、安全性の高い管理を求めている。

《項目の参考文献》
▽「月刊体育施設2011年5月号」（株）体育施設出版　1,300円（本体）
▽「月刊体育施設2014年5月号」（株）体育施設出版　1,300円（本体）
▽「水泳プールでの重大事故を防ぐ」（公財）日本水泳連盟編　（有）ブックハウス・エイチ・ディ 品切れ
▽ Health Network203号16頁-「知っているようで知らない素朴な疑問　プールでの事故と補償!?」望月浩一郎著　（公社）日本フィットネス協会 HP
▽「プール運営・監視法の安全ガイドライン（増補版）」（公財）日本体育施設協会水泳プール部会　体育施設出版　1,000円（本体）
▽「水泳プールの安全管理マニュアル」（公財）日本体育施設協会水泳プール部会　（株）体育施設出版　1,000円（本体）
▽「プールの安全・衛生の管理」東京都福祉保健局 PDF
▽「水難救助ハンドブック」J.J.L.M.Bierens編　小林國男、斎藤秀俊、鈴木哲司監訳　丸善出版（株） 品切れ

陸上・体操・水泳など

7 ウエイトリフティング

事故のポイント／争点

○ 競技の特質上、瞬間的に、<u>一点に力を集める</u>という動作を行うため、身体の弱い部分（鍛えられていない部分）を痛める危険がある。
○ 非常に重量のあるバーベルを使用するという競技の特質上、その<u>バーベル[※1]の重量</u>により、大きな事故に発展する可能性がある。
○ 技術の未熟さゆえに、身体に無理な負荷がかかり事故につながりやすい。

事故防止対策

○ 選手が、十分なトレーニングを行い、<u>正しい技術</u>を身につけることが必要である。
○ 選手自身が正しい技術を身につける前提として、指導者が調査研究を怠ることなく、<u>必要かつ十分な知識</u>を身につけることが重要である。
○ 器具の<u>正しい使用法</u>を理解し、その使用法にしたがって器具を使用することが必要である。

イラストの様な事例は滅多に起こることはありませんが、自己の能力や体調を把握して、重量を決めるようにしてください。

MEMO

基本情報をチェック！
（公社）日本ウエイトリフティング協会　http://www.j-w-a.or.jp/

1 はじめに

　ウエイトリフティングは、どれだけ重いバーベルを持ち上げることができるかという競技であり、その性質上、そもそも身体に大きな負担がかかるものである。しかし、人間には基本的に防衛能力が備わっており、最大能力を発揮する際、あまりにも強度の場合には、脳がパワー発揮を抑制する機能があり、筋が壊れるのを防いでいる。

　もっとも、単に腕力のみに頼るものではなく、技術を修得することを第一に、全身の能力を総合的に発揮することが重要で、足腰のバネ、スピード、タイミング、柔軟性、バランスなどの要素が係わり、これらを兼ね備えることによって、好成績につながるものとされている。

2 事故類型と対策

（1）総論

　コンタクトスポーツと比べると事故発生率は低いが、バランスが崩れた体勢のまま競技を継続したり、腕力だけに頼って競技を続けたりすることによって、身体の一部分に過度な負荷がかかり、事故や怪我につながるおそれがある。

　また、競技者は、目の前の記録にこだわるあまり、無理をしてしまいがちである。指導者も正しい知識に基づいて、冷静な指導・制止をすることが事故の防止にとって必要不可欠である。

（2）事故類型

1）通常の事故

① 事故事例

　バーベルを挙上することができなければ、競技の途中でも、速やかにバーベルを自分の前方に放さなければならない。本来、挙上中はすべての行動を競技者自身でコントロールできるはずだが、無理をして挙上を継続することにより、自分の身体の上にバーベルが落下したり、肘が逆方向に曲がったりするなどの事故が生じることが稀にある。

　日常的なトレーニングにおいても、適切な挙上姿勢を維持することができていないままトレーニングを続けることにより、主に、肩、腰、膝、手首といった身体部に慢性的な怪我を生じさせることとなる。

　また、現状では必ずしもトレーニング環境が整っているとは限らず、トレーニングの場所が限定されることから生じる事故がある。学校の部活動などでは、試合用のプラットホーム[※2]が確保できる環境は、むしろ少数であり、ある選手が下ろしたバーベルが近くでトレーニングをしていた選手に接触するという事故や、壁際でのトレーニング中、バーベルを下ろした反動で、身体が壁に衝突するといった事故が発生している。

② 対策

イ　競技者

　自己の能力を冷静に把握し、これ以上挙げられないという状況に至ったり、また挙げられないとの思いが少しでもよぎったりした時には、無理をせずに試技を中止しなければならない。何より、正しい技術を身につけること、バランスの良い筋力トレーニングを行うことが大切である。

　十分なトレーニングを積み、正しい挙上姿勢、挙上動作を身につけ、無理な体勢での競技を継続してはならない。

　スポーツ傷害保険など必要な保険に加入しておくことも、事故の対策として重要である。

　トレーニングは、周囲に人がいないことや、周囲に障害物がないことを確認した上で行わなければならない。1本のシャフト[※3]を3～4人の選手で使用してトレーニングを行う際は、挙上者以外の選手が、周囲に気をつける必要がある。

ロ　指導者

　指導者自身が正しい知識を身につけ、正しい技術を選手に伝えなければならない。

※1【バーベル】棒の両端に、円盤形の重りを付けた器具。
※2【プラットホーム】木製、プラスチックまたはその他の固い素材で作られた衝撃緩衝材。
※3【シャフト】バーベルに用いられる棒。両端に円盤形の重りを付ける。

技術は日々進歩するものであるところ、指導者自身が過去の自分の経験のみに基づいて指導をするのでなく、指導者は最新の技術などを学ばなくてはならない。

また、指導者は各選手の特性に応じたトレーニングを指導しなければならない。

選手ごとに、鍛えるべき部位、鍛えるべき能力は異なるので、選手の特性を把握し、個別のトレーニングを行うことによって、選手のウィークポイントを補い、怪我を防ぐことができる。

減量中の選手や体調不良の選手については、挙上中における貧血の可能性も否定できないため、注視する必要がある。

さらに、大会や試合においては、過度の勝利至上主義に陥ることなく、選手が試合で無理をするような事態を防がなければならない。

トレーニング環境については、その環境に応じ原則1つのプラットホームで1人の選手にトレーニングを行わせることが大切である。十分なトレーニング場所を確保することが困難な場合もあると考えられ、その場合には、トレーニングを行う際の選手間の間隔を十分に確保させることが重要となる。トレーニングを行わせる際には、必ず、サポート役をつけ、トレーニングをする者、サポートをする者をローテーションさせることが必要である。

ハ　大会主催者

試合において、レフェリーは、競技を中止する権限を有している。反則動作を認めた場合および怪我に結びつく危険があると判断した場合、無理な体勢に陥れば、レフェリーは事故防止の観点からも、中止を命じることが必要であろう。

また、万一の場合に備えて、大会において、医師などを待機させなければならない規則がある。

2）用具・器具に関係する事故

① 事故事例

シャフトからディスク[※4]が外れる事故や、左右のディスクの重さが違うことにより、バランスを崩すといった事例がみられる。また、過去には、バーベルを下ろした際に、シャフトが折れ顔面に直撃するという事故も発生している。

② 対策

イ　競技者

ディスクを装着する際には、必ずカラー[※5]を装着し、カラーが確実に装着されていることを確認する。また、日常的に各器具に不具合がないかを点検することが必要である。

シャフトのしなりが強くなりすぎると、ディスクが外れる原因となり得るので、ディスクは、内側に最重量のものを装着し、外側に向けて軽くなっていくよう装着する。

ロ　指導者

選手に器具の正しい使用法を指導するとともに、選手自身が、常日頃から正しく装着をしているかといった確認作業を怠ることがないよう指導する必要がある。

また、指導者自身が、トレーニング器具に不具合がないか点検するとともに、トレーニングを行う選手が正しく器具を装着しているか確認をする必要がある。

ハ　大会主催者

テクニカルコントローラーおよび器具員による確認を十分に行わなければならない。

3）天災に関係する事故

基本的に室内で行われる競技であるため、天災に関係する事故は発生しにくい。

もっとも、夏場のトレーニングでは熱中症などの対策が必要である。

天災事故については  参照 270 頁

MEMO

※4【ディスク】バーベルの重さを決定する円盤形の重り。
※5【カラー】ディスクがバーベルからずれたり、落ちたりしないようにするための留め具。

3 事故発生分析

(1) 総論
挙上者自身が無理をしてしまうこと、また、周囲のサポートが不十分であることから発生する事故が多く認められる。挙上者が自身の能力の限界に近い重量を挙上することが多く、事故防止のためには周囲のサポートが不可欠と考えられる。

(2) 事故発生件数
競技団体では、事故発生件数の集計はとっておらず、事故件数のデータは存在しない。

なお、学校事故事例検索データベースによれば、平成17年から平成27年度の間において、（ウエイトリフティング競技ではなく）ウエイトトレーニングに関連する事故が4件発生しているが、競技としては事故の発生率は低い。

バーベルトレーニング中、その隣で高校1年生の男子が腕立て伏せトレーニングをしていたところ、バーベルのプレートが外れて、右手指先に落下し、手指切断したという事例、陸上部員がウエイトトレーニング中に、誤ってバーベルを自己の顔に落として歯牙障害を負った事例などである。

具体的な状況は不明であるが、いずれも器具を正しく扱うことや、周囲のサポートが十分確保されていることにより避けられたと考えられる。

4 事故と法的責任

報道などによれば、試合（競技）中にバーベルが選手の上に落下した場合や、選手がバーベルの重さに耐えきれず腕が不自然に屈曲するといった事例を目にする。

このような事故について指導者や大会主催者は法的責任を負うのだろうか。

まず、指導者については、試合前の選手の体調に問題があったにもかかわらず、それを止めなかったという事情や、選手が挙上しようとするバーベルの重量について、日頃の選手の実力から無理があるにもかかわらず、それを止めなかったというような事情があれば、安全配慮義務違反が認められ得る。

また、大会主催者については、器具やプラットホームに不備・不具合があり、そのことが事故の原因となっていれば、安全配慮義務違反が認められ得る。

さらに、事故が発生した後については、会場に必要な医師らが配備されていなかったり、病院との連携体制が整備されていなかったりしたために治療が遅れ、そのことにより治療期間が延び、障害が残ったという事情がある場合にも、大会主催者には安全配慮義務違反が認められ得る。

5 競技関連団体の予防対策

（公社）日本ウエイトリフティング協会では、指導教本の作成や選手・指導者に対する講習などを通じて、選手の技能向上とともに指導者の技能向上を図っている。

このような指導、講習により、各選手の技術が向上し、結果的に事故予防につながることが期待されている。また、採点制競技会を実施し、正しい技術の修得および傷害の予防に努めている。

採点制競技会とは、重量による優劣のみならず、技術点を設けるものであり、この採点制競技会において一定の得点を得られない競技者は、一般の競技会には参加できないこととするものである。

これも選手（特に若年層）の技術向上を図るものであり、レベルの向上とともに、事故の予防を図るものである。

競技種目について学ぶための書籍

▽「パワーリフティング入門」吉田進著　（株）体育とスポーツ出版社　1,500円（本体）
▽「続パワーリフティング入門」吉田進著　（株）体育とスポーツ出版社　1,500円（本体）
▽「ベンチプレス基礎から実践」東坂康司著　（株）体育とスポーツ出版社　2,600円（本体）
▽「ベンチプレスフォームと補助種目」（株）体育とスポーツ出版社　1,800円（本体）

1 スキー／スノーボード

季節・自然系スポーツ

事故のポイント／争点

○ ミスによる転倒や第三者・障害物との衝突、器具の瑕疵や破損、天候などによる<u>遭難</u>などが複合することで<u>重大事故</u>になる。

事故防止対策

○ 機具にあった<u>技術</u>の習得と正しい<u>防具</u>の着用を行う。
○ ルール・マナーを<u>遵守</u>する。
○ 器具の適切な<u>選定・メンテナンス</u>を行う。
○ スキー場における<u>対策を構築</u>する。

スキー・スノーボードにおける傷害の傾向

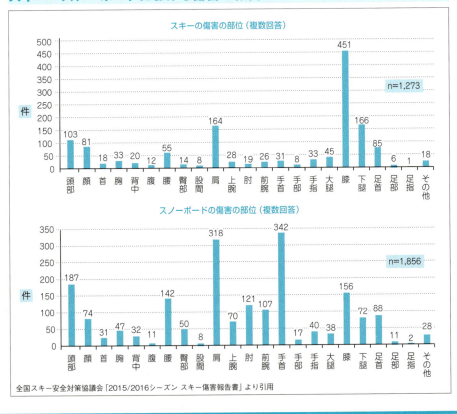

全国スキー安全対策協議会「2015/2016シーズン スキー傷害報告書」より引用

MEMO

基本情報をチェック！
(公財) 全日本スキー連盟　　　http://www.ski-japan.or.jp/
(公社) 全日本プロスキー教師協会　http://www.sia-japan.or.jp/

※1【ノルディックスキー】ノルウェー地方で発展したスキー。比較的平坦な雪原を滑走する。ジャンプ競技、クロスカントリースキーなどが含まれる。
※2【アルペンスキー】アルプス地方で発展した斜面を滑降するスキー競技。滑降、回転、モーグルなどが含まれる。
※3【バックカントリースキー】自然の山を登り、スキーで滑走しながら下山する。人工的に造られたスキー場とは異なり、自然の山林を滑走するため、常に危険と隣り合わせだという危機感を持つことが必要である。

1 はじめに

　一口にスキー・スノーボードといっても、器具や競技種目が多岐にわたっており（例えば、スキーはノルディックスキー[※1]とアルペンスキー[※2]に大きく分類され、さらにそれぞれにおいて多様な種類のスキーが開発されている）、それに伴って生じる事故や怪我も異なる。

　また、近年ゲレンデとして整備されていないエリア（バックカントリー）を滑走するバックカントリースキー[※3]の人気に伴い、コース外滑走や遭難が問題視されている。

2 事故類型と対策

（1）総論

　スキー・スノーボードにおける事故で多いのは、自身の転倒によるものおよび第三者との衝突である。特に第三者との衝突（対人事故）については、最高裁判例を含む裁判例の蓄積が一定程度なされている。

　一方、例えば転倒などについてどの程度器具（およびそのコンディション）が影響しているか・していないかについては、必ずしも十分な統計などが見当たらないが、適切な器具選びやメンテナンスが必要なのは当然である。

（2）事故類型

1）通常の事故（操作・判断ミスによる転倒・衝突）

① 事故事例

　スキーで後方にバランスを崩した際の膝関節傷害や、スノーボードでいわゆる逆エッジを生じた際の上半身の外傷など、スキー・スノーボードでは、それぞれ起こりやすい事故・傷害は異なる。スキーは下半身の傷害が多いのに対し、スノーボードは上半身の傷害も多い傾向にある[※4]。一方頭部傷害は共通して重大事故になりやすい。また、普及が早かったスキーでは特に、器具の進化（典型としてはカービングスキーの登場）に伴い、必要な技術・生じやすい傷害に変化がある[※5]。

　対人事故の責任については、平成7年最高裁判例を筆頭に複数の裁判例が積み重ねられている。どちらが上方から滑走してきたかという点をはじめ、コース難度と滑走態様・滑走技術が見合っていたか、被害者の危険回避に落ち度がなかったかなどが考慮される。

② 対策

イ　スキーヤー・スノーボーダー

　「スキー場での行動規則」[※6]などの周知徹底・各人による遵守が何よりも大切である。同様・類似の行動規則は各スキー場で掲示などされていることも多い。また、これらの遵守は、事実上、事故が発生してしまった場合における法的な責任を回避・軽減することにもつながり得る。

　また、使用する器具によって要求される技術や起きやすい事故、整備不良による危険などが異なるため、それぞれのリスクを知った上でプレーし、技術の習得を目指す必要がある。

　他の競技と同様、適切な防具の着用も事故結果の軽減のため重要である。特に頭部傷害が重大な結果を及ぼしやすい。そのため競技スキーではヘルメットの着用が義務付けられているが、レジャースキー、スノーボードでは義務化がなされておらず、将来的な義務化が待たれる。スノーボードにおいては発生率の高い手首の傷害がリストガードの着用によって半減したという研究結果もある[※7]。カービングスキーについては、研究によって事故防止対策も進んでいる。

ロ　主催者・指導者

　やはり、「スキー場での行動規則」や使用器具に応じた技術の習得、防具の着用の重要性につき、参加選手・スキー場

[※4] スキー場傷害報告書 全国スキー安全対策協議会　**HP**

[※5] SIA NEWS vol.108～115「カービングスキーと傷害」山岸恒雄著　（公社）全日本プロスキー教師協会　**HP**
　【カービングスキー】スキーのサイドカットが30m以下の半径を持ったスキー。カーブが容易になる一方で、従来のスキー（コンベンショナルスキー）とは異なった負荷がかかることによる危険と、それに伴う従来とは異なった障害の傾向が指摘されている。

[※6] 【スキー場での行動規則】全国スキー安全対策協議会の作成による他人への責任など10項目からなる。事故時の責任の所在や程度を検討するための参考になる。また、より詳細なものとして、スノースポーツ安全基準もある。

[※7] American Journal of Sports MedicineVol.28、No.6（2000）「Upper Extremity Snowboarding Injuries Ten-Year Results from the Colorado Snowboard Injury Survey.」Jan R. Idzikowski著

使用者への周知が大切である。特に一般のスキーヤー・スノーボーダーには、これらの事項の周知が必ずしも十分とは思われないことから、その徹底が望まれる。

そして保険の加入を義務付けるなどの対応も必要である。

生身の人間が高速移動する競技・レジャーである以上、どんなに対策を講じても、事故および傷害の発生をゼロにすることは不可能である。また、比較的遅い速度で滑走していても、思わぬ重大な傷害を自身や衝突の相手方に生じさせる可能性もあり、最低限の保険へは加入してもらうべきである。

保険については 参照 274頁

2）用具・器具に関係する事故

① 事故事例

器具の瑕疵や破損、メンテナンス不足によっても、転倒・衝突による傷害、死亡事故が発生し得る。実際に、器具の不具合や調整不良による傷害の発生も報告されている[※8]。

また特にスノーボードの場合は、リーシュコード[※9]の不使用により、スノーボードのみが斜面を滑走してしまい、他のプレーヤーの事故を誘発する危険もある。

② 対策

過度に老朽化した器具の利用回避、器具のメンテナンスを行う。老朽化の進行程度は使用態様によって異なるため判断が難しいが、メーカーの情報などを確認し、場合によっては購入先などに相談する。

また、極めて基本的なことではあるが、リーシュコードのみならず、スキー・スノーボードともに、使用すべき器具の用法を十分に認識して利用することが重要である。

3）天災に関係する事故

① 事故類型

雪崩などのおそれはあるものの、管理されているスキー場において、スキー場の指示にしたがって、閉鎖されているコースなどに入らず普通に滑走しているだけならば、天災による事故に遭う危険性は高くない。だが、濃霧や降雪によって視界が不良になれば、衝突など事故の危険性は高くなるので、より注意が必要である。

また、濃霧や吹雪などによる視界不良により、知らないうちにコースアウトし、コースに戻れなくなったり雪崩に遭ったりするおそれもある。むしろ、新雪を求めて故意にコース外滑走をし、遭難するケースの方が多い。そもそもスキー場が指定した区域外に立ち入ることは、危険であり、刑法上の罪にもなり得ることを認識し、新雪の誘惑に惑わされないよう自制することが必要である。

施設管理と関連する部分は 参照 236頁

② 対策

閉鎖中のコースを含む立ち入り禁止エリアなどに進入してはならないことは当然のこととして、それ以外の区域でも安易なコース外滑走も危険であるので注意が必要である。禁止されていないエリアで、いわゆるバックカントリースキーを行う場合も、登山届けの提出など、万が一の事態を想定した準備が必要となる。また、万が一遭難した場合に備え、最低限、雪崩に巻き込まれた際に電波を相互に発信し遭難者を発見するための発信機、スコップ、埋まった人を捜し当てる金属の棒など身の安全を第一に考えた装備を徹底する。

3　事故発生分析

事故発生の詳しい状況は全国スキー安全対策協議会「スキー場傷害報告書」に記載・分析されており、ホームページで

MEMO

※8 製品安全分野事故情報データベース　（独）製品評価技術基盤機構 HP

※9【リーシュコード（流れ止め）】スノーボードのみが斜面を流れてしまうことを防止する器具。通常、一方をスノーボードにつなぎ、他方をプレーヤーの膝の下あたりやブーツなどにつなぐ。ストラップ状、コイル状のものなどがある。

※10 信州大学法学論集第9号1頁（2007）「スキー事故と注意義務」後藤泰一著

閲覧可能であるため参照されたい。

ここ数年、スキー、スノーボードともに事故発生率に大きな変動はないが、目立つ点として、スノーボードの方がスキーに比べて受傷率が2倍近くになっており、上半身の怪我が多くなっている[※4]ことから、スノーボードについては特に、その点に注意した指導、プレーおよび防具の利用などが望まれる。

4　事故と法的責任

過去、スキー場におけるマナーに沿っていたかが重視される傾向にあったが、平成7年3月10日、初めて最高裁が以下のような判断を示した。

「スキー場において<u>上方から滑降する者は、前方を注視し、下方を滑降している者の動静に注意して、その者との接触ないし衝突を回避することができるように速度および進路を選択して滑走すべき注意義務を負う</u>ものというべきところ、前記事実によれば、本件事故現場は急斜面ではなく、本件事故当時、下方を見通すことができたというのであるから、被上告人は、上告人との接触を避けるための措置を採り得る時間的余裕をもって、下方を滑降している上告人を発見することができ、本件事故を回避することができた」（下線は筆者）。

以降、下級審は上記下線部の規範を前提とし、その上で事故時の状況（事故発生の経緯、コースの難易度、各当事者の技術レベル、視界、スピードなど）を詳細に事実認定して、過失の有無および割合を判断する傾向にある。そして、その判断要素がスキー場での行動規則と相当程度重複が認められる[※10]ことから、指導者・プレーヤーともに、まずは当該規則などの認識・遵守が、事故の回避および事故発生時の（事故時における指導者のものを含む）責任の軽減へつながるものと思われる。

5　競技関連団体の予防対策

（1）競技団体などによる対策

レジャーにおける対策とは異なるが、競技団体などによる対策として、例えば（公財）全日本スキー連盟の公式大会では、国際スキー連盟のルールに準じ、派遣された技術代表を中心として、遵守事項の確認やコース管理・安全管理などが行われている。

（2）スキー場・地方自治体による対策

一方、スキー場・地方自治体による対策としては、上述したように各スキー場がそれぞれスキー場での行動規則やそれに類するものを掲示しているほか、地方自治体が条例などによって安全確保を図っていることもある。例えば長野県野沢温泉村では、スキー場安全条例を制定し、その中で、村が指定したコース・ゲレンデ以外において、捜索救助を受けた者に対する捜索経費の支払を義務化している。

対人事故の責任については、基本的に上方から滑降する者が、下方で滑降している者との衝突を回避するための方策をとるなどの注意義務があるとされています。

《項目の参考文献》
▽「スノースポーツ安全基準」全国スキー安全対策協議会　**HP**
▽ 日本スキー学会誌23巻1号45頁（2013）-「高校スキー選手の外傷・傷害調査」佐藤照友旭、土屋陽祐、櫻庭景植、相原博之、武藤芳照、越智英輔著
　（スキーヤーのうち競技者について高校生を対象に分析・考察したものとして）
▽ 臨床スポーツ医学18巻11号1207頁（2001）「特集　スノーボード外傷の最近の傾向」石井清一編（株）文光堂
　（日本におけるスノーボード外傷の最近の傾向と対策を分析したものとして）

2 フィギュアスケート／スピードスケート

季節・自然系スポーツ

事故のポイント／争点

- フィギュアスケートでは、主に**転倒**（着地失敗を含む）、競技者同士の**衝突・接触**に関する対策を講じる必要がある。
- スピードスケートでは、主に**転倒**、**リンク壁への衝突**に関する対策を講じる必要がある。
- 両競技ともに、競技者が履いているスケート靴の**ブレード**が他の競技者に触れることによる怪我を防止する必要がある。

事故防止対策

- 競技者の転倒、競技者同士の**衝突・接触**、**リンク壁への衝突**を防ぐ方策を、競技者自身、競技会の運営者、施設管理者、指導者などがとる。
- スケート靴のブレードによる怪我を防止するために**防護器具**の装着をする。
- 競技施設の**安全装置の設置**やリンクのメンテナンスを行う。

練習の際には、他のスケーターとの衝突に注意してください。

MEMO

基本情報をチェック！
（公財）日本スケート連盟　http://skatingjapan.or.jp/
国際スケート連盟　http://www.isu.org/en/home

1 はじめに

　フィギュアスケートは、スケートリンク上でジャンプ、スピン、ステップなどを組み合わせ、音楽に乗せて演技し、スケート技術と表現力を競う。なお、フィギュアスケートには、個人だけでなく、ペア・団体で競技する種目もある。スピードスケートは、トラックのスケートリンクを用いて定められた距離を滑走し、タイムを競う競技である。

2 事故類型と対策

（1）総論

　フィギュアスケートで発生する事故は、主に転倒（着地失敗を含む）、練習中の競技者同士の衝突・接触などである。また、スピードスケートで発生する事故は、主に転倒、競技者同士の衝突・接触、リンク壁への衝突などである。氷上を滑走するという競技の性質上、どちらの競技においても競技者はスピードを出していること、陸上と比較して氷上ではとっさの行動を取りにくいこともあり、激しい衝突などが起こる可能性がある。さらに、いずれの競技も、競技者が鋭いエッジのあるスケート靴[※1]を履いて行う競技であるため、エッジにより他の競技者に怪我をさせてしまうこともある[※2]。

（2）事故類型

1）通常の事故

① 事故事例（フィギュアスケート）

　総論でも言及した通り、フィギュアスケートの競技開始前の練習中には、競技に出場する複数名の競技者が同時にリンクに入って練習を行う。練習の対象は演技を構成するジャンプも含まれるが、ジャンプを行う際は助走をする必要があり、ジャンプ後もそのままの勢いで滑走することとなる。また、ジャンプの前後には、後ろ向きに滑ることもあり、助走のため相当のスピードも出ており、競技者自身が自らの進行方向を確認し危険を回避することが非常に難しい。そのため、特にジャンプの練習を行っている競技者同士が衝突するという事故が発生する。このような衝突やジャンプ時の着地失敗などによって、競技者には打撲、挫傷、捻挫、脳振盪、骨折といった結果が生じる可能性がある。
　競技者同士の衝突の事故事例として記憶に新しいのは、平成26年11月、フィギュアスケートグランプリシリーズ第3戦中国杯において、フリー演技前の練習中に、後方へ勢いをつけて滑っていた羽生結弦選手が振り向きざま、閻涵（エン・カン）選手（中国）と正面から激突し、顔面をリンクに打ち付けるという事故があった。羽生選手は顎を強打し流血しており、他方の閻涵（エン・カン）選手も顎と胸部を強打していた[※3]。なお、競技者同士の衝突は、複数人が参加して行われる通常の練習時にも起こり得る。

② 対策（フィギュアスケート）

イ　競技者
競技者は複数人が参加する練習の際には、周囲の状況を把握するよう、常に注意を払う必要がある。

ロ　指導者
普段の練習においては複数人の競技者とともに練習する場合が多いものと思われる。競技者同士の衝突などが起こらないよう、指導者がその指導している競技者の動きについて観察を行い、声掛けを行うことが必要となる。また、競技者の技量[※4]を判断して練習を行わせることが必要であり、技術的に過度な要求をすることにより競技者が怪我をすることのないよう、正確な判断力、観察力を有することが求められる。

ハ　運営者・施設管理者
複数の競技者が氷上で練習することを認める限り、競技者同士が衝突するリスクを排除することはできないものの、同時にリンクに入る競技者人数の限定や、ジャンプ練習をすることのできる競技者を時間などによりあらかじめ定め

[※1] スケート靴という意味では同じではあるが、フィギュアスケート用の靴はブレードの先端が氷に引っかかりやすいようにギザギザになっているなど止まりやすい構造になっているのに対し、スピードスケート用の靴のブレードは競技者が止まりやすい構造にはなっていないといった違いがある。
[※2] 「さぁ、スケートをはじめよう」（公財）日本スケート連盟　HP　一般人向けの事故防止対策例であり競技者向けではないが参考になる。
[※3] 羽生選手の事故の他にも、報道された事故事例としては、平成4年に開催された世界選手権大会の競技前の練習中に、伊藤みどり選手がレティシア・ユベール選手（フランス）と接触して伊藤選手が左脇腹を強打し負傷するほか、伊藤選手の左足の靴にユベール選手の靴のエッジが突き刺さるという事故、平成20年に開催された全日本選手権のフリープログラム直前練習において村主章枝選手と安藤美姫選手が衝突する事故、平成22年12月に開催されたフィギュアスケートグランプリファイナルの公式練習中、髙橋大輔選手と小塚崇彦選手が激突する事故（曲に乗って後方へステップしていた髙橋選手に、ジャンプした小塚選手が衝突し、2人ともリンクに倒れ込んだ。もっとも、幸い大事には至らなかった）などがある。

ておく、またはジャンプ練習をできる場所を定めるなどを徹底することが必要である。また、競技外の練習のための施設を管理する者については、練習に参加する競技者の数を管理し、一般のスケーターも混在するリンクでの練習を許可する場合については、一般のスケーターと競技者が衝突などすることのないよう、練習区画を分離させるなどの対策をとる[※5]。

③ 事故事例（スピードスケート）
競技中および練習中に競技者が転倒する、競技者同士が衝突・接触するなどの事故が発生し得る。この場合、競技者には打撲、挫傷、捻挫、脳振盪、骨折、創傷といった結果が生じる可能性がある。実際にあった事故としては、平成23年4月5日、中国山東省青島市で開催中の全国体育大会で、ショートトラックスピードスケート女子500m予選の競技中に選手が負傷するという事故がある。負傷したのは孔雪（コン・シュエ）選手（中国）で、競技中に2人の選手と衝突して転倒。その際、同じく転倒した選手のスケート靴のエッジが頸部を直撃し、6cmほど切る大怪我となり、大量に出血した。すぐに付近の病院に運ばれ、17針縫う手術を行った。

④ 対策（スピードスケート）
イ　競技者
転倒してしまった競技者は他の競技者との衝突を回避するために声掛けする、また、衝突を回避することが困難な場合には衝突してしまう相手に少なくともエッジを向けないといった対策をとることが求められる。
ロ　指導者
フィギュアスケートの場合と同様、競技者同士の衝突などが起こらないよう、指導者がその指導している競技者の動きについて観察を行い、必要に応じて声掛けを行うことや、人数を制限した練習計画立案などの対策を講じる必要もある。
ハ　運営者・施設管理者
フィギュアスケートの場合と同様、同時にリンクに入る競技者の人数を限定するなどの対策をとる。

2）施設に関係する事故
① 事故事例（フィギュアスケート）
ジャンプによって、氷に傷がつきやすい。ごくまれにではあるが、氷の整備が不十分で傷だらけのままだと、スケート靴が引っかかってスピンやジャンプの際に溝にはまり、転倒することがある。

② 対策（フィギュアスケート）
イ　競技者
ジャンプを行う場合にはエッジの先端（つま先部分）を氷に突き立てることによりジャンプの揚力を得ることが必要となることが多く、氷に穴が生じることはやむを得ないといえる。そこで、練習前には、氷上の穴の有無を確認した上で練習を行う。また、競技会などでは管理者がメンテナンスを行う義務を有するので、競技者に補修義務はないものの、練習終了後には自らが作った氷上の穴の有無を確認して施設スタッフへ伝える。
ロ　施設管理者
大会などで使用するリンクであれば、大抵の場合、2グループ滑走ごとに製氷車を入れて整備を行うが、練習やレジャー施設においても、定期的な製氷メンテナンスが必要である。また、リンク上の穴は、製氷車による整備に加えて、目視確認をして氷を詰めて埋める。

※4　競技者自身の技量の問題や準備運動不足によって生じる単独の事故に関しては、計画的に段階をおって練習、指導をする、準備運動をしっかりとするといった一般的な対策をする。
※5　「運動時における安全指導の手引き」神奈川県教育委員会　PDF
　　　中学校、高等学校におけるスケート（フィギュアスケート、スピードスケートを含む）の安全指導の内容などについて記載。
　　　なお、羽生選手の事故後、国際スケート連盟は氷上における緊急事態の手続について要項「On Ice Medical Emergencies in Figure Skating Protocol」を公表している。これによれば、競技では4人、練習では2人の医療スタッフがリンクサイドに常駐することを義務付け、事故の際にはレフェリーと連携し、選手の手当てをするなどの取り扱いを明文化している。競技が可能かどうかの判断は当該チームのドクターまたは大会の医療責任者の意見を聞いてレフェリーが下すこととされている。

③ 事故事例（スピードスケート）

特にコーナリングの際にバランスを崩すなどして転倒し、スピードが出たままリンクの壁面に激突するという事故が発生し得る。

④ 対策（スピードスケート）

練習前にリンク壁面に衝撃吸収材が用いられているか、または防護マットがあるかを確認する。また、安全設備、ルールなどが整っていないリンクでは練習を行わないことを前提として代替の練習場を備えておくことも必要である。施設管理者はリンク壁面に衝撃吸収材が用いられていない場合には、防護マットを設置するなどの措置をとる。

3）用具・器具に関係する事故

① 事故事例

既に論じてきたように、いずれの競技においても、競技者が転倒・衝突した際や滑走中に他の競技者にスケート靴のブレードが当たることにより怪我をさせるという事故が発生する。

② 対策

競技中以外の場合には頭部のプロテクター、手袋を装着する、また、特にスピードスケートの場合は、防刃性に優れたウェアを着用することを義務付けるという対策もある。

3 事故発生分析

（独）日本スポーツ振興センター「学校の管理下の災害」の負傷、疾病の部位ごとの件数を見ると、スケートによる負傷、疾病の原因は自発的な転倒と競技者同士の衝突によるものが大半であることや、技術の伴わない初心者に事故が多いことが伺える。また、平成27年は407件の事故が報告されており、うち骨折、挫傷および打撲が多い。

4 事故と法的責任

競技者同士の衝突事故に際して、競技者に法的責任が発生したことを認める判決は現時点では確認されていない。故意に他の競技者に怪我をさせたというようなケースを除いては、競技者に不法行為責任が発生するような過失があったと認定される可能性は低いだろう。もっとも、練習中の衝突事故については、他の競技者を傷つけないための注意を怠った競技者に過失責任が問われる可能性がある。

指導者が法的責任を追及される可能性について、例えば、フィギュアスケートの指導者の場合、競技者の技術を見誤ったことにより難易度の高い技に挑戦させて怪我が生じた場合や、フィギュアスケートとスピードスケートの双方において、複数の競技者を一度に指導する場合に衝突事故などが生じないようにする注意を怠った場合に指導者が過失責任を問われ得る。また、施設管理者については施設の不備により競技者が怪我をした場合には、不法行為責任が認められることにもなり得る。

季節・自然系スポーツ

3 オープンウォータースイミング（OWS）

事故のポイント／争点

○ 海洋などでの競技のため、**環境に起因**する事故が多く発生する。
○ 競技者同士の接触事故や、**競技者個人に起因する**事故も発生している。

事故防止対策

○ 事前に**会場選定**に関する調査を十分に行う。
○ 事前に競技者に対し、海・川の特性を十分説明し、体調管理についても十分な**注意喚起**を行う。
○ 大会参加者数や参観者の**レベル**に応じた**大会運営**を行う。
○ 大会当日の天候の急変などに備え、中止のための判断基準を明確にしておく。
○ 大会主催者のみならず、競技会場を管轄する**警察**、**消防**、**海上保安庁**、港湾管理者である**自治体**、**地元漁協**、**ライフセーバー**などとの**連携**により、安全対策を怠らないように協力体制を構築しておく。
○ 競技者は、OWS専用のゴーグルを使用するなど、**自ら事故回避**に努める。

溺水者などの早期発見のため、監視体制をきちんと整えてください。

MEMO

基本情報をチェック！

国際水泳連盟 水泳競技の国際組織で、OWSの国際大会を主催している。http://www.fina.org/
（公財）日本水泳連盟 日本国内における水泳競技の統括団体で競技規則を制定、OWSの全国大会を主催している。また、「OWS競技に関する安全対策ガイドライン」※7の制定、認定OWS指導員制度の導入など指導を含めた事故のリスク管理の周知を図っている。
http://www.swim.or.jp/
（一社）日本国際オープンウォータースイミング協会 OWS普及のために国内外でOWSを主催し、またOWS競技の安全に関する啓もう活動を行っている団体。 http://openwater.jp/

1 はじめに

オープンウォータースイミング（以下、Open Water Swimmingの頭文字をとって「OWS」）とは、「川、湖、海洋もしくは海峡などで行われる10km種目を除く競技」をいい、マラソンスイミングとは「オープンウォータースイミング競技における10km種目」をいう（以下、OWSとマラソンスイミングを合わせて「OWS」）。

また、オリンピックでは男女各25人が出場、その他の国際大会では約70人が出場するが、一般の愛好者も参加する大会では、1,000人規模の出場者がいる大会もある。

2 事故類型と対策

(1) 総論

OWSは、主に、コースロープの仕切りがない川や湖、海洋などの自然環境の下で行われる。コース設定は、ブイ（浮標）などで明確に表示され、スタートからゴールまで一方通行で泳ぐ片道コース（ワンウェイ）や、設置されたブイなどを回る周回コース、設置されたブイなどで折り返しスタートとゴールが同地点となる折り返しコースがあり、大会ごとに異なる設定がなされる。このように、コース設定がされているとはいえ、海洋などの自然環境下で行われるため環境に起因する事故が多い。また、競技者同士の接触事故など競技者個人に起因する事故も起こり得る。

(2) 事故類型

1) 通常の事故

① 事故事例

スタート時に頭から飛び込むと、浅瀬の地面や岩で頭をぶつけ頭部損傷を負ったり、足から入水しても急に深くなるところで足を取られ海水を飲み込んだりすることもある。レース中に水を飲み込み誤嚥※1することや、水中の微生物やバクテリアを飲み込み、胃腸障害を引き起こすこともある。水温が低いときは、低体温症や筋肉痙攣、体力消耗などにより溺水する可能性もある。逆に、水温が高いときは、熱中症や脱水症状になる可能性もある。珊瑚や岩に接触したり、海中生物に刺されたりして傷害を負うこともある。その他、海水の刺激による皮膚炎や結膜炎、水着と皮膚が擦れることによる皮膚炎、日焼けによる火傷、緊張やオーバーペースによる過換気症候群、深酒による脱水症状、睡眠不足や試合当日の長距離運転など疲労によりレース中に心血管系の異常発症に伴う突然死も起こり得る。

また競技者同士の事故として、他の競技者の足が胸に当たり心臓震盪を引き起こし心停止に至ることや、足が腹部に当たることによる内臓損傷、足が頭部に当たり頭蓋内出血を引き起こす可能性もある。また、他の競技者の足が着用している硬いゴーグルに当たり、顔面打撲や目に傷害を負ってしまうこともある。

② 対策

・大会主催者による事前の対策

環境に起因する事故の対策としては、会場選定の際に、波やうねりの状態の確認、珊瑚や岩、海中生物・微生物・バクテリアの有無、浜辺の調査など大会主催者による事前の対策が必要となる。その上で、波やうねりは刻一刻と変化するものであり、事前の調査では把握できない場合もあるので、当日も波やうねり調査を十分に行うことが必要である。また、大会主催者のみで珊瑚や岩、海中生物、浜辺の調査を網羅的に実施することは困難なので、自治体や漁協などへのヒアリング※2も必要である。

また、競技者個人に起因する事故の対策として、大会主催者は、競技者に対し、大会前日の深酒を控えるように事前に注意喚起を行うべきである。特に、一般愛好者が参加する大会では、競技者同士が前日から泊まり込みで大会会場へ到着し、飲食を共に親睦を深めるうちに気分が開放的になってしまう場合もある。大会主催者が競技者を完

※1【誤嚥】食物などが、誤って喉頭と気管に入ってしまう状態。誤嚥は肺炎の原因のため注意が必要である。

※2「IOCスポーツと環境・競技別ガイドブック」（(公財) 日本オリンピック委員会スポーツ環境専門委員会、(株) 博報堂DYメディアパートナーズ編集）によれば、遊泳水域の規制に関する国やWHOの基準のうち、いくつかの配慮すべき指標として、主物理的指標（外観、流れ、水中酵素濃度、透明度）、化学的指標（pH、洗剤・油、有害物質）、バクテリア指標（総大腸菌数、糞便性大腸菌、糞便性連鎖球菌）、生物的指標が挙げられている（同ガイドブック84頁）。このうちOWSでは、特に、糞便性大腸菌やブドウ球菌などの細菌の有無を確認することが求められている（同ガイドブック85頁）。

全にコントロールすることは困難であるが、事前の注意喚起は十分に行う。また、競技者に対し、事前に健康診断問診票の提出を義務付け、競技者の健康状態や基礎疾患の有無を確認することも必要である。これにより、競技者自身に日頃から厳格な体調管理を行わせ、競技者個人に起因する事故の発生リスクの周知を図っている。申告情報の結果、競技に参加させることが不適切な場合には出場辞退を求めるなど、事前に競技者にOWS競技の危険を認識させ自ら回避させることにより、競技者個人に起因する事故の発生を予防することができる。また、申告情報をもとにした安全救護体制を確立することにも役立つ。

スタートの方法についても、競技者同士の接触を避けるため、ウェーブスタート[※3]を実施すべきである。また、水際からのスタート時、浅瀬の地面や岩に頭などをぶつけることがないよう、頭から飛び込まずに、足から入水（foot first）するように注意喚起する。

また、プールで行う競技と異なりコースロープが設置されず、海上に設置されたブイを目印に競技を行うため、レース中の競技者同士の接触は避けられない。競技者同士の接触事故を完全に防止はできないが、競技者同士の接触事故を少なくするためのコース設計を行う。環境に起因する事故に対する対策のうち、当日の波やうねり、水温を把握するため、天候の確認は必ず行う。調査の結果、大会の中止や中断を判断できるよう、明確な基準を設ける。

・大会主催者による大会当日の対策
　大会当日の事故に備え、安全救護体制を整えておく。OWSでは、ライフセーバー[※4]や地元漁協などとの連携により、安全に競技が行えるよう、協力体制を構築することが必須である。もちろん、医師など医療スタッフの待機、医療機器（AEDなど）の準備も必要である。

・競技者による対策
　OWS専用のゴーグルを着用する。競泳用のゴーグルと異なり、素材が柔らかく、仮に他人の足がゴーグルに当たったとしても、その傷害が最小限に食い止められる。競泳とOWSは異なる競技であることを競技者としては自覚すべきである。また、水着と皮膚が擦れるのを防ぐためワセリン[※5]などを塗ることや、日焼け止めを塗り日焼け対策を十分に行うべきである。競技者は普段、波やうねりの少ないプールで練習していることが多いと思われるので、プールと海洋などとの違いを十分に認識して大会に臨むべきである。また、真水と海水とでは浮力が異なることにも注意が必要である。浮力があることから、スタート直後からオーバーペースになりがちであり、過喚気症候群を引き起こすことがあるので、各自の体力、経験にあったレース運びを意識することが大切である。

2）用具・器具に関係する事故
① 事故事例
水温が低くウェットスーツ[※6]などの着用が認められた大会では、他人のウェットスーツなどを借りて着用することにより、サイズが体型に合っていないため、過度の負荷がかかってしまうことで、溺水などの事故が起こる。

② 対策
競技者はウェットスーツなどは競技者自身が普段から使い慣れているものを使用する。

3）天災に関係する事故
① 事故事例
悪天候による高波や落雷、地震による津波で発生する事故があり得る。

※3【ウェーブスタート】一度にスタートする人数を制限する。
※4【ライフセーバー】川や湖、海などにおける人命救助・事故防止のため監視する人を指す。公的資格制度はないが、日本赤十字社や日本ライフセービング協会が資格認定制度を設けている。
※5【ワセリン】軟膏剤など石油から得た炭化水素類の混合物を精製したもの。
※6【ウェットスーツ】水温が低い場合に、水着の上から着る保護スーツで、スーツ内部に水が浸入するタイプのものをいう。反対に水が浸入しないものはドライスーツという。原則としてOWSの競技では着用が禁止されているが、一部、着用を認めている大会もある。ただし、着用したことによりタイムや着順が公認されないなどの規定がある。

② 対策
イ　競技者

競技者は、大会主催者の判断に速やかに従うべきである。

ロ　大会主催者、指導者

大会主催者において、事前に天候について注意することはもちろん、当日の天候にも注意する必要がある。気象庁が発令する大雨や高潮、雷、地震の警報の発令を常時確認できるよう、気象庁のホームページを閲覧できるようにしておくことや、緊急速報メールを受信できるようにしておく。落雷については、雷レーダーを駆使して予測することが必要である。民間の気象情報サービスを利用することも有用である。場合によっては、競技中の中止も判断すべきである。中止にあたっては、会場全体にアナウンスができるように拡声器やマイクを使って競技者に呼びかけるとともに、沖で泳いでいる競技者に対しては、海に待機しているライフセーバーを介して中止を呼びかける。競技の中止については、事前に大会中止の判断を明確に立てておく必要がある。判断項目[7]としては、波高、風力、水温、気象に関する警報や注意報の有無などについて、明確な基準を立てておくべきである。

天災に関する事故については　参照 270頁

3　事故と法的責任

単なる海での遊泳と異なり、競技者を集めてタイムを競わせるという大会を運営する主催者としては、競技に参加する者が安全に競技できるように配慮する義務を負うものと考える。この場合、主催者が安全に配慮すべき点は、大きく分けて、競技環境と競技者自身の健康であろう。

さらに競技環境の問題は、悪天候など競技環境それ自体、コースの選定、競技者同士の衝突が挙げられる。中学校の海における水泳訓練で異常流の発生により36名が水死した事案で、裁判所は、学校側に生徒が入水する前に調査し、これに対する警戒を怠らなければ未然に防止できたとして学校側に損害賠償責任を認めた[8]。自然の中で水泳をさせるにあたって、それを主催する学校側に実施場所の調査や監督を認めたものといえる。この裁判例からすれば、競技環境の異常による事故は競技者の自己責任に帰するとはいえない。主催者としては、当日の気象情報を把握し、実際にコースの潮流、波高、水温などを調査し、競技者に事故の危険が生じるような状況が予想される場合には、競技の中止をしなければならない。仮に無理をして競技を実施し、競技者が溺水などで傷害を負ったり、死亡したりした場合には、大会主催者は損害賠償責任を負う可能性がある。

次に、競技会場やコースを設定するのは大会主催者である。設定するにあたっては、上記の環境を調査するほか、岩など障害物に接触し衝突することのように調査する必要がある。例えば、スタート付近の浅瀬に岩が散乱していることが判明しているにもかかわらず、他のより安全なコース設定や会場に変更しなかったことにより、スタート時の入水の際や、レース中の岩への接触などで怪我をした場合には、損害賠償責任を負う可能性がある。

出場者が多い大会では、特にスタート時に競技者同士が接触することが容易に予測されるので、大会主催者は、幅広いスタートゲートの設置、ウェーブスタートの採用など、競技者同士の接触をできるだけ避けるように大会運営上の危険を回避する義務がある。危険防止措置をとることを怠り、スタート時に競技者同士が接触し傷害を負った場合には、損害賠償責任を負う可能性がある。

競技者個人に起因する事故として、例えば大会前日の飲酒による脱水症状や、睡眠不足によるレース中の心血管系の異常発症に伴う突然死があるが、異常の発症それ自体は競技者の自己責任の範疇に属するとしても、大会主催者としては、速やかに救護する体制を構築する義務を負うものと考える。適切な救助体制をとっていなかったことで損害賠償責任を認めた事案が多数[9]ある。先に述べた救助体制を怠った場合、大会主催者に損害賠償責任が認められる可能性がある。

---

[7]「オープンウォータースイミング (OWS) 競技に関する安全対策ガイドライン」12頁 (公財) 日本水泳連盟　HP
[8] 津地判昭和41年4月15日判タ190号154頁
[9] 札幌地判昭和60年7月26日判時1184号97頁、東京高判平成6年11月29日判タ884号173頁、富山地判平成6年10月6日判時1544号104頁など

競技種目について学ぶための書籍

▽「オープンウォータースイミング教本　改訂版」(公財) 日本水泳連盟編　(株) 大修館書店　1,900円 (本体)

季節・自然系スポーツ 4 スキューバ・ダイビング

事故のポイント／争点

○ 水中での活動のため、ひとたび事故が発生すると死亡事故につながる危険性が高い。
○ 専門的な知識、特殊な機材を使用して水中で活動するため、知識・経験不足を原因とする事故が発生している。
○ 水中では身体に陸上とは異なる強い負荷がかかるため、持病や体調管理不足を原因とする事故が発生している。
○ 水中という特殊環境による精神的ストレスにより、パニックが原因となる事故が発生している。
○ 主として海をフィールドとするため、天候や潮流などの影響による事故が発生している。
○ 事故が発生した場合、ツアーや講習の企画会社、インストラクターやガイド（以下、ダイビング・サービスの提供者）が、民事上および刑事上の責任を問われる場合がある。

事故防止対策

○ スキューバ・ダイビングの危険性を十分認識し、事前の体調管理、訓練をしっかり行い、ダイビングスポットに関して収集した情報をもとに余裕のあるダイビング計画を立てる。
○ サービス提供者は、参加ダイバーの体調・経験・年齢などを把握し、適切なダイビング計画（人数、バディの組み合わせ、ダイビングスポットなどの選択）を立て、事前ブリーフィングによりダイビング計画、海況などについて参加ダイバーと情報の共有を図るとともに、レスキュー体制を整える。
○ 事故情報の収集・分析を行う。

事故発生件数

経験年数別の事故者数（生存29人、死亡行方不明者11人）（平成26年）

初めて	1年未満	1年以上3年未満	3年以上5年未満	5年以上10年未満	10年以上	不詳
3人	10人	5人	6人	6人	6人	4人
7%	25%	13%	15%	15%	15%	10%

事故原因別の事故者数（平成26年）

自己の過失						その他		
知識・技能不足	実施中の活動に対する不注意	健康状態に対する不注意	気象・海象不注意	機具・装備の不備	気象・海象無視	他人の過失	不可抗力	原因不明
14人	7人	2人	2人	1人	1人	3人	4人	6人
35%	17%	5%	5%	3%	3%	7%	10%	15%

※海上保安庁警備救難部救難課マリンレジャー安全推進室「平成27年 レジャーダイビング中の事故発生状況」より

MEMO 基本情報をチェック！

（一財）日本海洋レジャー安全・振興協会	https://www.kairekyo.gr.jp
海上保安庁	http://www.kaiho.mlit.go.jp
（公社）日本海難防止協会	http://www.nikkaibo.or.jp
（公財）ブルーシー・アンド・グリーンランド財団	http://www.bgf.or.jp
（公社）日本レジャーダイビング協会	http://www.diving.or.jp/
Cカード協議会	http://www.c-card.org/

1 はじめに

　スキューバ・ダイビングは、高圧空気を充填したエアー・タンク[※1]などの機材を利用して、本来人間が活動できない水中で活動を行うスポーツである。余暇の楽しみとして年齢、性別を問わず多くの人に楽しまれている。スキューバ・ダイビングを楽しむためには、潜水指導団体[※2]の講習を受けてＣカード（Certification Card）[※3]という技能認定証を取得する必要がある（体験ダイビング[※4]を除く）。Ｃカードを取得すると、エアー・タンクなどの機材をレンタルして個人でスキューバ・ダイビングを楽しむことができる。もっとも、日本国内では、インストラクターやガイドの引率によるファン・ダイビング[※5]が主流である。

2 事故類型と対策

（1）総論

　水圧のかかる水中で窒素などを含んだ高圧の空気を吸入して行う活動であることから、陸上とは異なる強い負荷と精神的ストレスがかかる。そのため、事前の体調管理、十分な訓練が必要であり、これらの不足が事故の原因となっている。

（2）事故類型

1）通常の事故

　スキューバ・ダイビングの事故は、急性疾患による病死、体調管理不足や経験不足（インストラクター、ガイドの監視義務違反などを含む）による事故が多く見られる。

① 事故事例

イ　急性疾患・体調不良による事故

ダイビング中に急性心筋梗塞、急性心不全、狭心症といった循環器系の急性疾患を発症し、それが直接の原因となる死亡事故や、それら疾患を原因とする溺水による死亡事故などが発生している。また、症状に乏しい持病の悪化や、寝不足、ダイビング前日の多量の飲酒、服薬などが原因でダイビング中に体調不良を起こし、適切な行動や機材操作が行えずに溺水などの事故に至るケースがある。

ロ　知識・経験・体力不足による事故

経験の浅いダイバーやブランクがあるダイバーは、耳抜きの失敗、マスク内への海水の浸入、口内への海水の浸入などのイレギュラーな事態に上手く対応できず、海水の誤嚥や急浮上による減圧症といった事故に至るケースがある。また、高齢者による事故が増加傾向にある。

ハ　計画不備による事故

旅程を含め余裕のない計画により、体調不良や体力の消耗を引き起こし、溺水や減圧症、漂流などの事故に至るケースや、ダイビングスポットについての十分な事前調査を怠ったために、潮流などの影響により傷害や溺水、漂流の事故に至るケースがある。

ニ　サービス提供者の過失による事故

ボートエントリーにおいて、船のメンテナンス不備などによりダイバーを回収できずに漂流事故に至るケースや、操船ミスによりダイバーをスクリューに巻きこむ事故も発生している。

② 対策

イ　ダイバー

・旅程、ダイビング計画ともに無理のない計画を立てる。

※1【エアー・タンク】水中で活動するための呼吸用の高圧の空気を収納する機材。
※2【潜水指導団体】スキューバ・ダイビングのための講習を行うインストラクターを認定し、講習のカリキュラムを定め、Ｃカードの発行などを行う団体。日本国内でも複数の団体が活動を行っている。
※3【Ｃカード（Certification Card）】潜水指導団体の所定の講習を修了したことを示す認定証。
※4【体験ダイビング】Ｃカードを保有していない者が体験として行うダイビング。
※5【ファン・ダイビング】講習としてのダイビング以外のさまざまなダイビングの総称。
※6【バディシステム】スキューバ・ダイビングの安全性を確保するために、相棒（バディ）と潜水前の機材確認や潜水を行うこと。
※7【エントリー】水中に入ること。

- 気象・海象、船舶交通の状況、海底の地形、危険な海洋生物といったダイビングスポットに関する情報を事前に確認する。
- 体調管理をしっかり行い、持病がある場合は事前に医師に相談し、無理にダイビングを行わない。
- 自分の持病、体力、身体機能について正確に認識し、無理なダイビングを行わない。
- 十分な訓練を行うとともに、ダイビングを行う前に浅瀬で基本技術の確認を行い、確実に行えるようにする。
- バディシステム※6を徹底する。
- インストラクターやガイドのツアーに参加する場合は、体調、経験など正確に申告する。

□ サービス提供者
- 参加ダイバーの知識・技術、経験、年齢、健康状態をしっかりチェックし、経験の少ないダイバーや高齢のダイバーがいる場合は、ダイビング計画やバディの組み合わせに十分な配慮をする。
- ダイビングスポットに関する情報を事前に確認する。
- 参加ダイバーの知識・技術、健康状態を踏まえ、余裕のあるダイビング計画を立て、事前ブリーフィングでダイビング計画やダイビングスポットに関する情報、緊急時の対応など参加ダイバーと共有する。
- 船体の点検・整備を怠らず、エントリー※7、エキジット※8について事前に参加ダイバーと打ち合わせを行い、打ち合わせ事項を順守する。
- 事故情報の収集・分析を行い、事故に対応できる整備を行う。

2）潜水機材に関係する事故
スキューバ・ダイビングは、高圧空気を充填したエアー・タンク、エアー・タンク内の空気を口から取り入れるためのレギュレーター※9、浮力を調整するためのBC※10などを利用して水中での活動が可能となるものであり、こうした機材の不具合は重大な事故につながるおそれがある。

① 事故事例
タンクの破裂が原因で数名が死傷する大きな事故が発生している。また、BCの故障により浮力を得られずパニックに陥り溺水に至る事故や、レギュレーターの故障により呼吸ができず急浮上したため減圧症を発症するといった事故が発生している。また、機材の故障ではないが、エアー・タンクのバルブの開放を失念したまま海に飛び込んで呼吸ができず意識を失ったなどの事故も発生している。

② 対策
イ ダイバー
- 自前のダイビング機材は機材の取り扱い説明書に従い定期的に点検する。専門家による点検も適宜行う。
- ダイビング前にバディ同士でダイビング機材の機能・動作、装着状況の確認を行う。

□ サービス提供者
- 貸し出すダイビング機材を定期的に点検する。
- 貸し出す前にダイビング機材の機能・動作を確認する。
- 参加ダイバーが保有しているダイビング機材がダイビング環境に適したものか確認を行う。

3）天災に関係する事故
スキューバ・ダイビングは、波や潮流の影響を強く受けるため、悪天候時や流れの早いところで行うダイビングは死亡事故や漂流事故につながりやすい。

※8【エキジット】水中から出ること。
※9【レギュレーター】エアー・タンクに接続し、エアー・タンク内の高圧空気をダイバーが呼吸しやすい圧力に下げる機材。
※10【BC】身体に装着して空気を出し入れして浮力を調整する機材。ジャケットタイプのものや首かけタイプのものなどがある。
※11 京都地判平成15年5月7日 Cカード取得講習中のダイバーの死亡事故事案。本判決は、「インストラクターは、参加者の技術レベルに応じて、その生命、身体に対する危険を回避するべき注意義務があり、特に、水中における行動および機材の扱いに習熟していない初心の受講者に対して指導を行う場合においては、インストラクターは、当該受講生の動静を常に監視し、受講生に異常がある場合にはただちに適切な指導・介助を行うべき義務を負うものと解するのが相当」であるとしてインストラクターなどの責任を認めた。
福島地郡山支判平成21年9月4日 ファン・ダイビング中の死亡事故事案。本判決は、「ダイビングにおけるガイドは、計画の策定、管理・遂行に際し、参加者の技量および経験、ダイビングの性質、環境（場所の難易度および危険度、天候並びに海洋条件）などの具体的状況

① 事故事例

潮流が速くて流され、エキジットポイントにたどり着けず漂流事故となるケース、視界が悪くはぐれてそのまま溺死に至るケース、高波により浮上後に海水を誤嚥するケース、エキジット時に波にもまれて怪我をするなどのケースがある。

② 対策

イ　ダイバー
- 事前に気象・海象の情報を収集し、天候の悪化が予測される場合は中止する。
- 流れの速いスポットといった、危険の予測されるところはダイビング計画から排除する。

ロ　サービス提供者
- 事前に収集した気象・海象に関する情報をもとに、参加者の体力・技術・年齢などに応じたダイビング計画を立て、事前に参加ダイバーと情報を共有する。
- 緊急の対応について、参加ダイバーと情報を共有し、レスキュー体制を整える。

3 事故発生分析

上記の通り、スキューバ・ダイビングの事故の主たる原因は、体調管理不足や知識・技術不足による判断ミス・機材の操作ミスなどが挙げられ、死亡事故につながるケースが少なくない。また、Cカード取得のための講習中の事故が毎年のように発生しており、特に初心者・初級者は注意が必要である。また、事故における高齢者の割合が年々増加傾向にあるが、これは、高齢化による身体機能の低下、高齢者特有の病気などが影響しているものと考えられる。

4 事故と法的責任

日本国内では、インストラクターやガイドの引率によるファン・ダイビングが主流である。こうしたサービス提供者は、参加ダイバーの技術レベルに応じてその身体に対する危険を回避する注意義務（適切なダイビング計画の立案やダイビング中の監視などを行う義務）を負っており、参加者に事故が生じた場合は、サービス提供者が刑事上、民事上の責任を問われる場合がある。特に、事故者がスキューバ・ダイビングの経験が少なく、技術的に未熟な場合などは、サービス提供者が法的責任を問われる可能性が高い[※11]。

5 競技関連団体の予防対策

（一財）日本海洋レジャー安全・振興協会内のDAN JAPANでは、海上保安庁から提供を受けた潜水事故のデータ分析を行い、その結果をまとめた冊子を発行し、また、安全対策のセミナーを開催するなどして事故防止のための情報提供を行っている。

（公財）日本レジャーダイビング協会では、レジャー・ダイビングの安全ガイドラインの策定を進めている。国内の多くの潜水指導団体が加盟するCカード協議会では、一般ダイバーが参加できる安全対策セミナーを開催してダイバーの安全教育を行っている。また、潜水指導団体ごとに会報などで安全対策に関する情報提供を行っている。

に応じ、参加者の生命または身体に対する危険を回避し、その安全を確保するよう配慮する義務を負うとし、本件では、場所や天候に問題は無く、被害者であるダイバーにとっても危険なものでは無かった」として、インストラクターなどの過失を認めなかった。

《項目の参考文献》
▽「潜水医学入門　安全に潜るために」池田知純著　（株）大修館書店　3,200円(本体)
▽「レジャー・スキューバ・ダイビング　安全潜水のすすめ」海上保安庁救難部監修　(一社)日本海洋レジャー安全・振興協会編著　(株)成山堂書店　1,800円(本体)
▽「商品スポーツ事故の法的責任―潜水事故と水域・陸域・空域事故の研究」中田誠著　（株）信山社　6,200円(本体)
▽「年間版　潜水事故の分析」(一社)日本海洋レジャー安全・振興協会
▽「潜水事故に学ぶ安全マニュアル100」後藤ゆかり著　（株）水中造形センター　2,000円(本体)

季節・自然系スポーツ

5 パラセーリング

事故のポイント／争点

○ フライヤーは、事業者や運営スタッフの**指示・指導**を遵守することによって、自らの身を守るために最善を尽くさなければならない。
○ 運営スタッフの操縦ミス、事業者が用意した**器具**などの不備によって事故が発生し得る。

事故防止対策

○ 運営スタッフは操縦にあたって十分な注意を払い、事業者は**適格な人材の配置**やスタッフの**スキルアップ**を図る。
○ 事業者は、**悪天候下**ではパラセーリングを実施しない。

MEMO

基本情報をチェック！
（一財）日本海洋レジャー安全・振興協会　　https://www.kairekyo.gr.jp
海上保安庁　　　　　　　　　　　　　　　　http://www.kaiho.mlit.go.jp
（公社）日本海難防止協会　　　　　　　　　http://www.nikkaibo.or.jp
（公財）ブルーシー・アンド・グリーンランド財団　http://www.bgf.or.jp

1 はじめに

　パラセーリング[※1]は、パラシュートを装着したフライヤー[※2]を、ウインチ[※3]を付けた専用のモーターボートで牽引することで、海面上空に上昇させ、フライヤーが飛行体験をするレジャースポーツである。フライヤーは、基本的には、タンデムバー[※4]に取り付けられたハーネス[※5]に座るだけであり、ボートに乗船するインストラクターがウインチを操作することで、フライヤーの上昇・下降をコントロールする。

2 事故類型と対策

(1) 総論

　国内において、フライヤーが負傷した事故の発生件数は限られているが、海外においてはフライヤーの死亡事故も発生している。主な事故の類型としては、ボートの操縦士が操縦を誤り、または、インストラクターがウインチの操作を誤って、フライヤーのコントロールを失敗すること、パラシュートやウインチなどの器具の不具合により、フライヤーが落下することが挙げられる。フライヤーの大半が一般の観光客であり、また、参加にあたって特別の資格や訓練も要求されない上、日本国内においては、運営会社自体も営業許可制度がなく、小型船舶免許のみで事業参入ができるため、器具の推奨基準が未整備であることや、定期的な点検義務も課されていないなど多くの課題が残っている。

(2) 事故類型

1) 通常の事故

① 事故事例

　ボートの操縦士やインストラクターが、ボートの操縦やウインチの操作を誤り、パラシュートを急上昇または急降下させたため、フライヤーの身体とタンデムバーが接触またはフライヤーが降下、着水して負傷するというケースが主要な事故事例である。

② 分析

イ　フライヤー

　ダイビングなどのマリンスポーツと異なり、パラセーリングの参加者（フライヤー）は、一般の観光客が大半であり、また、参加にあたって特別の資格・訓練も要求されないことから、フライヤーが、パラセーリングの危険性および危険の回避方法を十分に認識していることは通常想定し難い。また、フライヤーの飛行地点は事業者が決定し、フライヤーの上昇・下降はインストラクターの操作によるなど、フライヤー自身が自らをコントロールするわけではなく、フライヤー自身が自ら判断し、危険を回避することが求められる状況は非常に限られている。

　もっとも、フライヤーは、飛行中はパラシュートのロープを掴んで姿勢を安定させる、ボートの旋回時にはインストラクターの指示に従いパラシュートのロープを引いて進路を変更する、着陸時には転倒を防ぐため足を止めることなく自走するなど、事業者や運営スタッフの指示・指導を遵守し、自らの身を守るために最善を尽くさなければならない。

ロ　運営スタッフ（ボート操縦士およびインストラクター）

　フライヤーの上空への浮上、フライヤーが乗ったパラシュートの進路変更は、フライヤーを牽引するボートを加速、旋回させることによって行うため、ボートの操縦士は、ボートを急発進、急停止、急旋回させないようボートを安全に運転しなければならない。また、インストラクターも、フライヤーの上昇下降時や着陸時のウインチ操作、フライヤーに対する上空での旋回のタイミングの指示などフライヤーをコントロールする際にはフライヤーの安全を第一に十分に注意を払わなければならない。

[※1]【パラセーリング】パラシュートとプロペラ付き原動機を背負って飛行する「モーターパラグライダー」とは異なるスポーツである。
[※2]【フライヤー】競技者。
[※3]【ウインチ】巻き取り装置。
[※4]【タンデムバー】パラシュート下方のアルミ製棒。
[※5]【ハーネス】タンデムバーに取り付けられた椅子状のベルト。

ハ　事業者

パラセーリングを実施する現場において、運営スタッフ（ボート操縦士およびインストラクター）が果たす役割に鑑み、運営会社は、運営スタッフに適格な人材をそろえるとともに、定期的に講習・訓練を実施して運営スタッフのスキルアップを図らなければならない。また、参加者に競技をさせるにあたっては、事前に、運営スタッフを通じて、競技の危険性、競技中の遵守事項を、参加者が理解できるよう丁寧に指導することが望ましいといえる。

2）器具に関係する事故
① 事故事例

パラセーリングにおいて使用される器具は、主に、フライヤーを牽引するボート、フライヤーが飛行するためのパラシュート（ボートとパラシュートを接続するロープを含む）、ウインチである。

ボートの船体に関する事故

ボートの船体に関する事故には、船体の整備不足、不正改造により、沖合でボートのエンジンが停止したり、ボートが漂流または転覆したりするケースが挙げられる。

パラシュートに関する事故

パラシュートに関する事故には、船体とパラシュートを結ぶロープが切れ、フライヤーが遠方に飛ばされたケース、整備不良によりフライヤーの飛行中にパラシュートが破れ、フライヤーが墜落したケースが挙げられる。

ウインチに関する事故

ウインチの故障により、パラシュートの巻き取りが停止したため、ボートを減速してフライヤーを不時着水させた際に、フライヤーが負傷したケース、ウインチによってフライヤーを下降させる際に、ウインチが停止せずフライヤーがウインチに巻き込まれたケースが挙げられる。

② 対策
イ　競技者

パラセーリングは観光地で実施されることが多く、必要な器具・ボートは事業者が用意するため、フライヤーが必要な器具を持参することは想定されていない。

ロ　運営スタッフ（ボート操縦士およびインストラクター）

パラセーリングの現場において、ボートの操縦、フライヤーへのパラシュート装着、ウインチ操作など器具の管理・操作を行うのは運営スタッフであることから、事前に、器具に不具合がないか入念に確認し、フライヤーの年齢や身長、体格に応じて安全に器具を装着しなければならない。また、運営スタッフは用法にしたがって器具を操作、ボートを操縦するとともに、器具やボートに異常がないか常に意識しなければならない。

ハ　事業者

パラセーリングにおいて利用される器具・ボートは、事業者が用意し、フライヤーに利用させるものであることから、事業者は、安全性が十分に確保された器具・ボートを手配するとともに、定期的にメンテナンスを行い、安全性を常に点検・維持する必要がある。

3）天災に関係する事故
① 事故事例

パラセーリングにおいては、フライヤーを牽引するボートは海面を航行し、フライヤーは上空を飛行することから、パラセーリングは、天候や海上の状況に左右されやすいといえる。積乱雲下での下降気流や高度飛行中の強風により

※6　東京地判平成9年2月13日判時1627号127頁、東京地判平成15年10月29日判時1843号8頁など　免責同意書の有効性について、人の生命・身体の侵害について、被免責者（パラセーリングにおいては事業者、運営スタッフ）の責任の有無にかかわらず、事業者や運営スタッフに対する一切の責任追及をあらかじめ放棄することは、被免責者が過度に一方的有利なものであり、公序良俗（民法90条）に反し無効であるとする。

※7【国際パラセールボーディング協会】海外観光地での死亡事故の発生を受け、各国での事故原因の調査、安全技術の普及を目的として1991年オーストラリアのゴールドコーストにて設立。

フライヤーが墜落したケース、波浪の影響により船舶が転覆したケースが挙げられる。

② 対策

最終的にアクティビティを実施するかどうかを判断するのは事業者である。事業者は参加者の安全を第一に考え、悪天候下では競技を行わないようにしなければならない。加えて、競技の現場においても、運営スタッフは、海上の波の状況や風向き、風速に応じて、競技を行うのに最適な場所を探し、競技にあたってもフライヤーの高度や進路を調整しなければならない。

3 事故と法的責任

パラセーリングには、他のマリンスポーツと異なり、次のような特徴がある。①フライヤーが一般の観光客であり、フライヤー自身がパラセーリングの知識を有することや、危険の回避方法を身に着けているということは極めてまれである、また、②パラセーリングにあたっては、事業者が用意した器具・ボートが使用され、フライヤーが必要な器具を持参することはない、③フライヤーの落ち度によって事故が発生するということは通常想定し難いという点である。

この点、パラセーリングを含むマリンスポーツにおいて参加者は、参加申込み時に、「競技中に発生したいかなる事故・損害に関してもその原因を問わず、事業者、運営スタッフに対して、一切の責任追及および賠償責任追及を行わないことをここに誓います」といった内容の誓約書（免責同意書）への署名を求められることもあるが、過去の裁判例に鑑み、事業者や運営スタッフが、このような免責同意書にフライヤーから署名を得ていることを理由に、参加者に対する一切の責任を逃れることは困難であると思われる[※6]。

現場で実際にパラセーリングに携わる運営スタッフは、①パラセーリングを始める前の段階では、使用する器具・ボートに不具合がないか確認し、フライヤーの年齢や身長、体格に応じて器具を装着させ、②パラセーリング中においても、フライヤーのコントロールやボートの運転を的確に行うとともに、天候や海上の状態に応じて臨機応変に対応しなければならない。

事業者においても、安全な器具・ボートを用意し、運営スタッフに適格な人材をそろえ、継続的にスキルアップを行うなど、フライヤーの生命・身体の安全に配慮する必要がある。

4 競技関連団体の予防対策

諸外国においては、過去に多くの死亡事故が発生したが、これを契機に国際パラセーリングボーディング協会[※7]が設立され、安全啓蒙活動により現在は成熟した観光産業として安全化が図られている。事業者に重い責任を課すことで、安全性を高める動きは、諸外国にならうべきである。例えば、統括団体を設立した上で、ボートの定期点検を義務付けることや、ボートの操縦士が一定の資格を有していない場合には、その操縦士にフライヤーを牽引してボートを操縦することを禁止するといったことである。また、ボートや機材の安全性に関する推奨基準や検査制度を制定していくことも考えられよう。

> レジャースポーツの一つであるパラセーリングは、一般の観光客が訪れた地で参加するケースが大半です。今後、パラセーリングを提供する事業者に対して、営業許可制度の設定や器具の推奨基準の整備などが求められます。

《項目の参考文献》
▽「マリンスポーツ安全普及セミナー」（平成26年度）資料　IPBA日本支部
▽「船舶事故調査報告書」（平成24年7月27日）国土交通省運輸安全委員会　http://www.mlit.go.jp/jtsb/

季節・自然系スポーツ 6 パラグライダー／ハンググライダー

事故のポイント／争点

○ パイロットの**操縦ミス**や**強風**などの気象条件が関係する事故が多いが、パイロットの年齢や経験年数にかかわらず事故が発生している。

○ フライト中の事故は、生命にかかわる**重大な結果**の発生や**第三者に対する損害**の発生につながりやすい。

○ 練習生の講習を主催する**スクール**は、具体的状況に応じ、練習生の生命・身体に危害の及ぶことのないよう**配慮する義務**を負うと考えられる。

事故防止対策

○ フライト前の**入念な準備**が必須であり、パイロット自身が**技術**の向上に努めるとともに、自身の**健康状態の確認**や**器具**に関する事前のチェック、**天候**に関する事前の情報収集などを行い、フライトの是非につき適切な判断を行う必要がある。

着地地点には十分に注意してください。

MEMO

基本情報をチェック！
（公社）日本ハング・パラグライディング連盟　http://jhf.hangpara.or.jp/

1 はじめに

　パラグライダーとハンググライダーは、どちらも「人間の脚力のみで離発着することができるグライダー」である点で共通するが、パラグライダーは、固い骨組みを有さず、楕円形の布の翼を用いて滑空するものであるのに対し、ハンググライダーは、アルミ合金やカーボンなどでできたフレームがあり、三角形の翼に吊り下がった状態で滑空するものである[※1]。

　パラグライディング・ハンググライディング（パラグライダー・ハンググライダーを用いて行う航空スポーツを指す）は、基本的には特別な運動能力を必要とせずに、年齢、性別、体格を問わず、空を飛ぶことを楽しむスカイスポーツの一種である。自然を相手とするスポーツであり、事故の危険が常にあることから、一人前のパイロットとしてフライトを行うためには、スクールにおいて基本的な操縦技術と気象などのフライトに必要な知識を十分に習得し、ライセンスを取得する必要がある点が、通常のスポーツと異なる特徴である。

2 事故類型と対策

（1）総論

　パラグライディングとハンググライディングにおいては、高性能で安定性の高い機体やエアバッグ付ハーネス[※2]の開発などにより機材の安全性が高まっている上、知識や技術の向上などにより安全性は向上している。しかし、一度事故が起こると、パイロット自身の生命・身体にかかわる重大な結果の発生や、第三者の生命、身体、財産に対する重大な損害の発生につながりやすいスポーツであることには変わりはない。そこで、パイロットは、安全は自分自身の責任にかかっていることを自覚し、常に安全を意識する必要がある。

（2）事故類型

1）通常の事故

① 事故事例

　事故事例としては、地面への落下・衝突の他、民家や樹木、電線などへの接触、高圧線への宙づり、海中、水中への落下、グライダー同士の空中接触などの事故が多い。事故の態様として主に以下のものが挙げられる。

ランディング場以外への着陸による事故

　指定されたランディング場以外の道路、畑、森、工場、住宅、公園、川、海などに不時着した場合は、着陸自体が大きな危険を伴うので、パイロット自身の生命・身体に対する重大な結果を引き起こしやすい。特に浮力体なしに水中落下した場合は死亡することが多い。また、自動車、農作物、地上構造物や他人の身体など第三者に対する損害を発生させることもある。

地上構造物への接触による事故

　着陸時に民家に接触し損傷させる、電線を切断する、アンテナを損傷する、農地に降りて収穫前の農作物を踏み荒らす、果樹の枝を折るなどの事故がある。また、強風のために指定されたランディング場に到達できず、隣接する公園に着陸して、そこで遊んでいた女児と接触し負傷させた事故もある。高圧線に接触した場合、墜落するか宙づりとなることが多く、宙づりになった場合はパイロットの救助活動を行うために、一時的に電気を止め、その停電に基づく損害賠償を請求されることがある。

空中衝突

　パラグライダーとハンググライダーは動力を持たないので、長時間飛行するには斜面上昇風と熱上昇風（サーマル）を利用しなければならない。ところが、上昇風の発生する場所は地形的な要素によって限られるので、結局、多くのグライダー

[※1] なお、パラグライダーは、国際航空連盟（FAI）の定めるFAIパラグライディングカテゴリーのクラス3に定義づけられており、規程上は、ハンググライダーの一部として分類されている。
[※2]【ハーネス】機体に取り付けるパイロットが座る椅子。プロテクターやパラシュートなども備え付けられている。

が上昇風の発生する狭い空域を飛行することになる。そのため、空中における衝突事故が発生しやすい。

経験年数の長いパイロットによる事故
経験年数の長いパイロットによる事故も多く発生している。ライセンスには有効期間や更新制度がないため、昔ライセンスを取得したパイロットの中には、最新の技術や知識がなく、昔覚えた古い技術と知識のままでフライトし、それが事故の一因となっている場合がある。

フライト中の健康障害
空中の気温低下やフライトに伴う精神的ストレスのため、フライト中に、脳疾患や心疾患などが発生し、パイロットの意識を消失するような健康障害に見舞われると、パイロットにおいて十分な対処をすることができず、重大な事故が発生する可能性が高くなる。

潰れ現象からの事故
パラグライダーは翼に固いフレームがない構造なので、乱気流や操作ミスを原因として片翼や両翼が潰れてしまうことがある。「翼端潰れ」に対する対応は基本的な訓練の一つであるが、その対応が遅れたり不適切な場合は潰れが回復せず、そのまま墜落することがある。

装備の付け忘れ
レッグベルトという装備を付け忘れてパイロットの体だけが落下してしまうという死亡事故が発生している[※3]。一度装備を付けて準備をしたあとにテイクオフを中止して装備を外したなど通常とは異なる状況になるとこのようなミスが発生しやすい。

② 対策
イ　パイロット
経験者であっても、インストラクターのもとで最新の技術（離発着技術など）を習得し、技術の改善・向上に積極的に努め、フライト中の健康障害の発生を避けるために、体調管理を十分に行う必要がある。フライトエリアにおいては、エリア管理者によってフライトに際してのルールが定められているため、安全の確保の観点から、ルールを遵守することが必要である。空中衝突を避けるには、他機の動向に常に注意を払って危険な状況に陥ることを避けるとともに、そのエリア独自のルールを事前に十分理解しておくことが重要である。

装備の付け忘れによる事故を避けるには、パイロット各自によるセルフチェックをするだけでなく、他のパイロットなど第三者によるクロスチェックが重要である。またテイクオフ・ディレクターによるチェックが望ましい。

ロ　指導者・主催者
技術・経験が不十分な練習生に対しては、事故を防止するために、スクールで基本的な技能を十分に習得させる必要がある。講習会などを開催する場合には、安全面に関し、具体的には、気象状況、地形といったエリア固有の事情、開催時期（季節、時間帯など）、インストラクターなどの人数・配置などを十分に考慮すべきである。

2）用具・器具に関係する事故
① 事故事例
パラグライダー・ハンググライダーの機材の進歩が著しく、これに伴い、安全性も向上している（例えば、緊急用パラシュートの進化や、パラグライダーにおけるエアバック方式のハーネスの開発など）。しかし、機材の進歩に対し、これを取り扱うパイロットの技術が追い付いていない場合、事故の原因となっている可能性がある。

適正な機材の選択
パラグライダー・ハンググライダーの機材は、初級者から上級者向けまでさまざまなものがある。初心者向けの機材

MEMO
※3 JHFレポート195号（平成23年10月25日発行）12頁　（公社）日本ハング・パラグライディング連盟　HP

は安定性が高く、上級者向けの機材ほど高性能な反面、安定性が低くパイロットの高い技術を必要とする。自分の技術水準に合わない高性能の機材を選択した場合、特に気象条件が厳しくなると安全に飛行することが難しく事故の一因となり得る。

経年劣化

パラグライダーの翼やラインに使われている化学繊維は、収縮伸長しやすい。高温多湿などの保管状況も劣化の一因となる。外観は変わりなく見えても劣化した機体は飛行特性が変わっているので、これも事故の一因となり得る。

② 対策

自己の実力を客観的に判断し、技術に見合った性能を有する機材を選択する必要がある。フライト前に機材の点検整備を行う（プレフライトチェック）のはもちろんのこと、専門家（教員、販売者、輸入元など）による定期的な機材の整備・調整が必要である。

3) 天候に関係する事故

① 事故事例

パラグライディング・ハンググライディングにおいて発生する事故においては、不安定な風または強風でのフライトといった気象条件に関する判断ミスが原因として考えられる事故が一定数存在する。

② 対策

事前に天気情報を確認し、また、飛ぶ場所（フライトエリア）が決まっている場合には、当該エリアの管理者やスクールが発信している情報を確認するなど、フライトするか否かの判断を慎重に行う必要がある[※4]。

3 事故と法的責任

（1）パイロットの責任

事故により、地上にある第三者の所有物を損壊したり、第三者に怪我を負わせてしまったりした場合、パイロットに過失があれば、第三者に対する損害賠償責任を負う可能性がある。なお、タンデムフライト（一つの機体に、パイロットとパッセンジャー（同乗者）が乗って行うフライト）の際に事故が発生し、同乗者に怪我などが生じた場合、同乗者は飛行操作をまったく行わないことから、操縦していたパイロットが、同乗者に対し、損害賠償責任を負う可能性がある。

（2）指導者・主催者の責任

十分な技能を有さない練習生による練習中の事故の場合、練習生の講習を主催していたスクールにおいて、具体的状況に応じ、練習生の生命・身体に危害の及ぶことのないよう配慮する義務を負い[※5]、かかる義務に違反した場合には、練習生に生じた損害を賠償する責任を負う可能性がある。また、一人で飛行できる技術を身につけることがスクールの本質なので、練習が進むにつれて練習生の判断と責任に委ねられる部分が増えていくと思われる。競技会を開催する場合、主催者は参加者の生命・身体に危害の及ぶことのないよう配慮する義務を負う可能性がある。ただし、競技会の参加者は十分な経験を積んだパイロットであることが通常なので、初心者を対象とするスクールとは注意義務の内容が異なるであろう。

[※4] なお、天候不良の場合（例：離発着時の強風、降雨・降雪、積乱雲や寒冷前線の接近）には、フライトエリアの管理者が定める規約により、フライトエリアでの飛行が禁止されている場合が多い。しかし、季節によっては、急激な天候の変化（例えば、真夏における積乱雲の発生）も考えられることから、フライト当日も常に天候状況を確認し、変化を感じた場合にはただちに活動を中止して避難するなど、早めの判断を心掛ける必要がある。

[※5] 広島地判平成6年3月29日

《項目の参考文献》
▽「パラグライダーにチャレンジ」イカロス出版（株）　1,300円（本体）
▽（公社）日本ハング・パラグライダー連盟安全委員会　HP

7 トライアスロン

季節・自然系スポーツ

事故のポイント／争点

- スイムにおける**溺水事象**がある。
- 初心者から上級者までが同時に競技に参加することから、競技者同士のあうんの呼吸による**接触など回避が期待できない**場面がある。

事故防止対策

- 競技者の**健康管理**および運営側による、その重要性の告知が大切である。
- **ルール**を正確に理解する。
- 運営側の**監視・救助・連絡体制**および迅速な**救護体制**を確立する。

選手間の接触トラブルに注意してください。

基本情報をチェック！
（公社）日本トライアスロン連合　http://www.jtu.or.jp/

1 はじめに

昭和49年、米国カリフォルニア州サンディエゴで誕生した新しい競技スポーツであり、水泳、自転車ロードレース、長距離走の3競技を続けて行い、そのタイムおよび着順を競う耐久レースである。年々愛好者が増えており、国内外で多くの大会を開催している。オリンピック・パラリンピックの正式競技でもあり、国内でも、世界横浜大会や、石垣島トライアスロン、日本選手権など各地で行われている。

2 事故類型と対策

（1）総論

毎年のように競技大会では死亡事象が報告されている。3種目を連続して行う競技ではあるが、最初の種目であるスイム時に突然死の発生率が高い。オープンウォータースイミング（OWS）をバックグラウンドとする競技者が少ないことが予想され、低体温症のリスクやリタイアのタイミング、ウェットスーツの扱いに慣れていないといったことも一因であると考えられる。また公道を利用するランとバイクでは、競技と関係のない通行者などとの接触といった事例もある。

（2）事故類型

1）通常の事故

① 事故事例

市民レースでは、3種目ともに十分なスキルと経験をもって参加する選手ばかりとは言えず、単体の競技と比べると、選手自身によるリタイアなど回避のための判断の遅れが事故に結びつくケースが多い。スイム種目では溺水による死亡事象があり、バイクとランでは、選手間の接触、転倒などが時に起こり、観客との接触事例も稀に見られる。初級者から上級者までが同時に競技に参加するため、追い抜きの際などに競技者同士のあうんの呼吸による事故回避が期待できない場面もある。多数の競技者が殺到するスイム開始直後の頭部同士、バタ足との衝突、バイクの転倒による脳振盪などが生じるケースがある。

② 対策

イ 参加者

トライアスロン大会は週末の早朝から開催されることが多い。そのため前泊した際に例えば過度の飲酒や、睡眠不足のままで会場入りしたことが遠因となることもある。また、OWSの経験が少ない競技者においては、低体温症のリスクやリタイアのタイミングに関する知識が十分でないことが考えられる。競技者は、体調が不十分なまま心臓に大きな負荷のかかるスイムを行うことが大変危険なことと自覚し、前日から体調管理に努めること、スイム開始直後に異変を感じた場合には無理せずリタイアを選択する勇気をもち、迅速に対応することが肝要である。競技の連続による疲労の蓄積で判断力の低下など影響が出て、事故につながるケースもある。なんとか3種目やりきりたいと無理をしてはいけない。勇気あるリタイアの判断は迅速に行う。

3種目すべての競技について十分にルールを理解しないまま参加している競技者がいるのが実情である。特に初心者と上級者が同じコースを高速度で走行するバイクにおいては、ドラフティング行為[※1]の禁止や追い越しに関するルールの理解が不十分であることも問題である。競技者は、事前にルールブックや開催要領などを十分に熟読してルールを理解し、これを遵守して競技に臨む必要がある。また、大会参加だけでなく練習の際にも、自転車が一般車両であるという認識をもち、道路交通法[※2]をはじめとする交通ルールは当然のことながら遵守が求められる。

ロ 主催者

・上記1）①、②についての意識を参加者に持たせることが重要であり、事前（参加申込書への記載、HPへ

※1【ドラフティング】自転車競技において、前車の直後を走行して風圧を避ける行為をいい、後車の競技者は、前車を基準とした一定範囲内（「ドラフティングゾーン」）に入って走行してはならないとのルールが定められることが多い。追い越す場合には後車の競技者が一時的にドラフティングゾーンに入ることが認められるが、一定時間内に追い越さなければならず、追い越しできない場合には速やかにドラフティングゾーンから離脱することが求められる。

※2【道路交通法】自転車は道路交通法上「軽車両」と定義され、酒酔い運転や信号無視、歩行者用道路における徐行違反などの危険行為に罰則が定められている。また、平成27年12月1日施行の改正法により、進行方向の右側にある路側帯を通行することが禁止されているので注意が必要である。

の掲載）のみならず、大会当日にも放送などで繰り返し伝えることが肝要である。
- コースやその周辺から目を離さないことが当然のことながら重要である。スイムにおいては、複数の手漕ぎボートなどによる監視を実施し、監視員相互およびドクターを含む救護班との連絡体制を整備しておく。また、集団から遅れていたり、ブイ[※3]につかまって休んでいたりしている選手には適宜声掛けを行い、様子の不自然な選手については即時の救助が可能なようにすぐ近くで見守るなどの配慮もし、いったんは声掛けに反応しても直後に急変する可能性もあることから、目を離さないように留意する。

  また、バイクにおいても、コース上の選手同士の距離やスピードに留意するのみならず、観衆などによるコースの横断にも目を配る必要がある。
- トライアスロンの審判員はボランティアが多いと言われるが、そのことと審判員にいかなる権限を与えるかの問題は別である。審判員には危険な状況を発見した場合には、自らの判断で選手にリタイアを促し、また、これに従わない選手には強制的に競技から離脱させる権限を審判員に付するといったルールを設け、競技者にもあらかじめそれを伝えておく必要がある。

  審判員は、ルール違反がないかをチェックすることに加え、危険を回避する役割を担っていることを意識し、選手への声掛けも「あと少し」、「頑張れ」といった競技継続を促すものは控え、「無理しないで」、「マイペースで」といったものとするよう心掛ける。

  スイム開始直後やバイクにおいては、脳振盪を起こす可能性があるので、審判員においては、脳振盪を起こした状態での競技継続のリスクが極めて高いことを認識し、これらの疑いのある選手については、審判員の判断により少なくともいったん強制的に競技から離脱させ、再開させるかの判断についても慎重に行うことが求められる。

脳振盪については **参照 266頁**

2）用具・器具に関係する事故
① 事故類型
ウェットスーツ、バイクの整備不良に関するトラブルが考えられる。また、ウェットスーツの性能を過信し、スーツの浮力に依存しすぎ、足のつかない場所での急変に対応ができないことでトラブルにつながることもある。

② 対策
イ　競技者
競技者個人が器具・用具について高い意識を持つことが重要である。ウェットスーツは製品や使用頻度によって差があるものの、ゴムは約3、4年で劣化・硬化するとされているなど、消耗品であることを理解する。競技の性質上、スイムからバイクへの速やかな脱衣が要求されることや、その後バイクおよびランが終了するまで放置されるケースが少なくないことからスイムのみでの使用に比べ、劣化が早い可能性も考えられる。小さな切れ目や裂け目であっても修理すること、使用後の塩抜き、洗浄乾燥や保管も怠らないことが肝要である。

バイクのメンテナンスは経験者や、メーカー関係者の指導の下に適宜行う。未使用期間の保管場所・環境も重要である。
ロ　主催者
トライアスロンの性格上、スイムやバイクについては十分な知識を有していない選手もいることも考えられるので、主催者としては、会場においても、器具・用具に関するサポートサービスの提供などの対策が必要である。また、大会会場での主催者の準備によるバイクメカニックサービス（有料）は積極的に受けることを勧める。

3）天災に関係する事故
スイムにおける高波などによる溺水や低体温症、バイクやランにおける熱中症などによるトラブルが考えられる。気候が不安定で、気温が上昇しても水温が低いことが少なくなく、また身体がまだ順応していない春や秋の練習や大会

MEMO
- ※3【ブイ】水流の方向や速さを知るために、また、海水浴場やプールなどで危険区域を示したりコースを区切ったりするために水面に浮かべられている浮標。
- ※4 大阪高判平成3年10月16日判タ777号146頁
- ※5【デュアスロン】ランとバイクで構成する複合競技。
- ※6 横浜地判平成10年6月22日判タ1007号276頁
- ※7 東京地判平成24年11月28日

のほうがより注意が必要である。

天災に関する事故については 参照 270頁

3 事故発生分析

（1）総論

重篤な死亡事象は、スイム、ラン、バイクの順に多い。年齢や競技経験の長短に係るものでもない。

（2）事故発生件数

昭和56年から平成27年の35年間で37件の死亡事例があり、平成27年の夏季大会だけで6名が死亡している（うち31例がスイム）。増加の要因は、競技人口の増加、競技者層の変化によるものではないかと思われる。

4 事故と法的責任

過去の裁判例において、法的義務としての救護体制整備義務は否定されてきた。トライアスロン競技会で生じた溺水死亡事故事例において、主催者には、参加者が安全に競技できるよう配慮する義務、救助を要する事態が発生した場合にはただちに救助すべき義務があるとしたが、①ウェットスーツの着用を許可し、あるいは推奨する義務、②ブイ、ロープの設置義務、③メディカルテントの設置義務、④監視船に医師を乗り組ませる義務、⑤手漕ぎボートによる監視義務、⑥競技者が手を挙げて合図をした時点での救助義務、⑦手を挙げたことが救助を求める意思であったかどうかの確認義務などについては否定された[※4]。

もっとも、現在は、一般市民の参加者が増加しており、救護体制の整備は当時より高いレベルで求められているといえ、少なくとも上記①から⑤まではほとんどの大会で実践されているものと考えられる。⑥および⑦については監視員がより高い意識で臨むことが期待される。

バイクについては、「デュアスロン」[※5]における追い越しの際に生じた転倒負傷に関する判例[※6]、後続の競技者に高いレベルの注意（①先行の競技者に接近した時点において両者の速度の違いを的確に把握する、②先行車の動向を注視し、追突を避けるための速度調整ないし進路の変更をするなど）を求めている。

また、トライアスロンのバイクの練習中に生じた原動機付自転車との衝突[※7]に関して、バイクの運転者に過失ありとしており、これもバイクの運転者に高い注意義務を課している例といえる。

5 競技関連団体の予防対策

平成27年9月に（公社）日本トライアスロン連合では、死亡事象多発の現状を鑑みて、各都道府県の加盟団体、大会主催者などに対策を求める緊急要請を行っている。連合のホームページでは、緊急要請のメッセージの他、これまで連合が行ってきた予防対策の資料などを併せて閲覧することができる。また、同連合のメディカル委員会では、医療救護指針の整備を進めるなど、より一層の防止対応に努めている。

オープンウォータースイミングについては 参照 150頁
陸上競技（ロード）については 参照 122頁

競技種目について学ぶための書籍
▽「トライアスロンを始めよう」（公社）日本トライアスロン連合　476円（本体）
▽「この1冊で始められる! トライアスロン完走BOOK」竹内正昭、篠崎友監修　（株）成美堂出版　1,300円（本体）
▽「トライアスロンスタートBOOK 改訂版」白戸太朗監修　（株）枻出版社　1,200円（本体）
▽「トライアスロン完全BOOK ～レベルアップのコツ55 ～コツがわかる本」中島靖弘監修　メイツ出版（株）　1,600円（本体）

季節・自然系スポーツ

8 登山／クライミング

事故のポイント／争点
○ 登山・クライミングは**高度の危険**が伴う。
○ 指導を受ける場合でも完全な**安全を保障される訳ではない**。

事故防止対策
○ 多様な事故事例を知り、危険を想定し、**事前に回避**することが大切である。
○ 事故が起こってしまった時の**対処方法**を考えておく。

登山　　　　　　　　　　　　　©菊地敏之

フリークライミング　　　©菊地敏之

登山・クライミング関係団体図

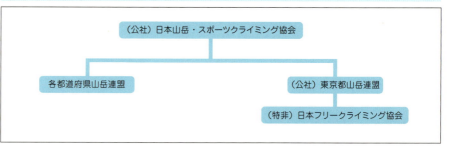

```
                （公社）日本山岳・スポーツクライミング協会
                        │
        ┌───────────────┼───────────────┐
   各都道府県山岳連盟                （公社）東京都山岳連盟
                                   （特非）日本フリークライミング協会
```

MEMO

基本情報をチェック！
国際スポーツクライミング連盟　　　http://www.ifsc-climbing.org/
（公社）日本山岳・スポーツクライミング協会　　https://www.jma-sangaku.or.jp/　※平成29年4月1日、（公社）日本山岳協会より改称
（特非）日本フリークライミング協会　　http://freeclimb.jp/

1 はじめに

　昨今の登山ブームやボルダリングブームによって、登山やクライミングを楽しむ人口が増加するに伴い、登山やクライミング中の事故も増加している。警察庁の発表[※1]によれば、平成28年の山岳遭難（山岳事故）について、発生件数は2,495件（前年比13件減）、遭難者2,929人（前年比114人減）、うち死者・行方不明者など319人（前年比16人減）であり、これらの数値は統計の残る昭和36年以降最も高い昨年の数値に次ぐものである。フリークライミング[※2]中の事故については、事故件数などについて正確な統計はないが増加傾向にあることは間違いなく、態様などについては、（特非）日本フリークライミング協会の会報freefan別冊「安全ブック[※3]」に詳しく記載されている。

　クライミングと名のつくものには、アルパインクライミング[※4]、フリークライミング（スポーツクライミング[※5]を含む）、シャワークライミング（沢登り）、アイスクライミングなどがあるが、本稿では登山とフリークライミング・アルパインクライミングを中心に論述する。

2 事故類型と対策

（1）総論

　登山・クライミング中の事故は複合的な原因による場合が多いが、以下では、通常事故、施設に関係する事故、スポーツ器具に関係する事故、天災に関係する事故に分けて述べていく。なお、登山・クライミングでは、重大な事故が起きやすく、また救助までに時間を要する場合が多いことから、「事後の対策」が特に重要であるため別項を設けて述べる。

1）通常事故

① 事故事例

　通常事故は、登山者・クライマー（ビレイヤー[※6]を含む）自身のミスを原因とする事故、および指導者の指導ミスなどを主原因とする事故を指すものとする。

　登山における通常事故としては、一般に言われる「遭難」が該当する。警察庁の発表によれば、平成28年の山岳遭難の全体に占める原因の割合は、道迷い38.1％、滑落17.0％、転倒16.1％、病気7.8％、疲労7.0％となっている。

　フリークライミングにおける事故としては、クライマーの落下により岩や壁にぶつかり死傷したり他者に衝突して死傷させたりする事故、落石を起こし他者を死傷させる事故、ビレイヤーのビレイミスでクライマーを死傷させる事故[※7]、クライミング中の動きに無理があったため身体を痛める事故などがある。

　山岳ガイド・ツアーガイドの添乗員・学校山岳部などの指導者による天候などの予測の誤り、指導される側の力量の見積もりの誤り、事故後の救助活動の失敗などを原因とする山岳遭難（山岳事故）は後を絶たない[※8]。

② 対策

イ　登山者・クライマー

・登山における全般的対策

　登山においては、他のスポーツと異なり、限界まで挑戦してはならないという特徴がある。登山中は安全確保と事故対処を原則として自身で行うべきことから、そのための余裕を常に残しておかなければならない。

　登山中の通常事故の具体的防止策として、登山計画の作成、的確な状況判断、時間の管理、事故防止のための道具の携帯などが挙げられる。

　登山計画を作成することで、気象条件、自己の体力や経験に照らし、安全な登山ができるかをあらかじめ自ら検証することができる。

　登山中に体調不良となったり、視界不良となったりした場合には、滑落や道迷いによる遭難などを回避するために

※1 「山岳遭難の概況」警察庁　**HP**
※2 【フリークライミング】主として手と足だけを使うスタイルの岩登り。フリークライミングの中には、ルートクライミング（確保のためロープを使用するスタイル）、ボルダリング（ロープを使用せず低い岩や石を登るスタイル）がある。
※3 「安全ブック」（特非）日本フリークライミング協会　平成29年6月現在、ver4.1が最新である。
※4 【アルパインクライミング】登山とフリークライミングの中間に位置し、主として山岳や大岩壁を登るクライミングスタイル。
※5 【スポーツクライミング】フリークライミングから危険性や冒険性をできるだけ排除したクライミングスタイル。人工壁でのクライミングはスポーツクライミングである。スポーツクライミングは、国際オリンピック委員会が2020年の東京オリンピックの正式競技の一つとして承認した。
※6 【ビレイヤー】、【ビレイ】ルートクライミングにおいてクライマーの安全を確保することをビレイ、ビレイをする者をビレイヤーという。
※7 横浜地判平成3年1月21日判夕68号192頁

も早めの登山中止を決定するなど、その状況に応じて的確な状況判断を下すことも重要である。また、山は日中と夜とでは、明るさ（視界）や気温の点で、まったく異なる環境になるため、常に時間の管理に気を配る必要がある。遭難防止のための携行品として、携帯電話（資格のある人はアマチュア無線機）、ヘッドランプ、地図、コンパス、雨具、水、予備の食料、防寒具、マッチなどが挙げられる。携帯電話やGPSは電波の状況やバッテリー切れには注意すべきであり、地図・コンパスは使い方に習熟しておく必要があろう。

・道迷いの防止対策

道迷いの防止のためには、常に自分の位置を確認する習慣を付け、迷ったと自覚したら、原則として、もと来た道を引き返すべきであり、谷や沢に下らずに登り返さなければならないとされる。

・滑落・転倒の防止対策

滑落や転倒を防止するためには、危険個所をあらかじめ調べておくこと、危険個所ではロープを使用しての確保を検討すること、事前に入念なストレッチをすること、バランスを崩さないような歩き方をすることなどが有効であろう。

・フリークライミングにおける対策

フリークライミング中の通常事故を防止するため、次のような対策が考えられる。

落ち方が悪いことによって怪我をしたり他者に怪我をさせたりするのを防止するため、落ちた場合にどのようになるかを常にイメージできるようにしておくことが重要である。また、リードクライミングの際にロープと壁との間に足が入らないようにすべきである。落下した際、足をロープにとられ、頭を下にして落ち、深刻な怪我をする可能性が高まるからである。

岩場でクライマーが落石を起こし、それが原因で下にいた者が死傷するおそれもある。できるだけ落石を起こさないように気を配り、万が一落石を起こしてしまった場合には、下方にいる者に大声で知らせなければならない。

ビレイのミスを防止するためには、ビレイ技術に習熟することは当然として、ビレイの重要性を認識し、常に気を抜かないことが必要である。また、相互の声掛けも有効である。

クライミング中の動きに無理があったために身体を痛めることを防ぐには、クライミング前のストレッチやウォーミングアップを行うなどの一般論が当てはまるであろう。

・指導者・監督者

指導者・監督者（以下、指導者）は、指導・引率される者（以下、参加者）が安全に登山・クライミングができるように、参加者の安全に配慮すべき義務がある。したがって、指導者は参加者の経験・力量を正確に把握し、天候などの外的要素も踏まえ、綿密な計画を立てて事故が生じないように対策を講じる必要がある。

指導者は、安全に関わる研修会や講習会に積極的に出席し、最新の情報を得るとともに、状況に応じて適切な判断ができるように研さんを積んでおくべきである。また、実際に事故が起こったときにどのように対処するのかということも、常々考えて準備しておく必要がある。

2）施設に関係する事故

① 事故事例

施設に関係する事故における「施設」として、登山では山中にある吊橋や柵などの人工設置物について、フリークライミングではクライミングジムについて言及する。

登山における施設に関係する事故で判例がある事例として、吊橋の切断による事故、柵の折損による事故がある。なお、判例などはないが、吊橋や柵以外にも鎖や残置ロープなど人工的に設置されたものの破損によって事故が起こり得る[9]。

クライミングジムに関係する事故（通常事故は除く）としては、クライマーがマットのない場所に落下して怪我をする事故があった。壁の老朽化による破損などを起因としてクライマーが死傷する事故、ルートクライミングジムにおいては、ホールド[10]が回転したり、壁から外れたりして、クライマーなどが死傷する事故も起こり得る。

---

[8] 熊本地判平成24年7月20日判タ1385号189頁、富山地判平成18年4月26日判タ1244号135頁、浦和地判平成12年3月15日判タ1098号134頁、長野地松本支判平成7年11月21日判時1585号78頁、最判平成2年3月23日判タ725号58頁

[9] 最判平成元年10月26日判タ717号96頁、福岡高判平成5年11月29日判タ855号194頁

[10]【ホールド】クライミングをする際の手掛り。

② 対策
イ　登山者・クライマー
登山中の前記のような事故については、例え公共の機関の管理下にあっても、管理が行き届いていないことも想定して注意を払う必要がある。クライミングジムといえども、高所に登るという危険性からすれば、管理されていても過信することなく自らの身を守るとの意識をもつ必要がある。
ロ　施設
登山における施設管理者は、上記のような事故を防ぐために、定期点検を励行する必要があり、少しでも不備があれば迅速かつ的確に対処すべきであろう。
クライミングジムにおいては、クライマーが落下する可能性がある場所にマットを敷き詰めるなど、マットの敷き方に工夫をする必要がある。近時、過去の事故を教訓として、クライミングジムはマットの敷き方や位置に工夫をしており、マットに起因する事故はかなり減少している。ホールドに起因する事故を防ぐには、ホールドが回転しないように回り止めを施し、定期的にホールドをチェックする必要がある。クライミングジムは、クライマーが怪我をしやすい壁の構造を避けるべきである。例えば、ボルダリングジムにおいて、クライマー同士の衝突を避けるため、壁と壁とが近距離で対面することを避けるべきであり、リードクライミングジムでは、クライマーの壁への落下時の衝突を防ぐため、テラスなどの壁に衝突しやすい構造も避けるべきである。

3）スポーツ器具に関係する事故
① 事故事例
器具に関係する事故については、器具自体の瑕疵[※11]を原因とする事故と器具の使用を誤ったことを原因とする事故について述べる。
器具に関係する事故について、登山とフリークラミング、いずれにおいても起こり得る。特に、フリークライミングはある程度落ちることを前提とするため、器具が壊れたり器具の使い方を誤ったりすると、死に直結する事故につながりかねず、器具の重要度は増す。器具として深刻な事故につながる可能性があるものは、ロープ[※12]、ハーネス[※13]、カラビナ[※14]、スリング、ビレイデバイス[※15]、ボルト、ナチュラルプロテクション、ボルダリングマット、ヘルメットなどがある。

② 対策
イ　登山者・クライマー
安全基準を満たしている器具でも、使用の仕方によっては、強度の負荷がかかり傷めてしまうこともあれば、経年により劣化する可能性もある。強度の負荷がかかってしまった場合には注意深く点検し少しでも異常があるのであれば思い切って買い換えるべきである。耐用年数については一概に言えないが、早めに交換する習慣をつけた方が良い。
器具の使用方法の誤りに起因する事故を防ぐためには、ユーザーであるクライマーが説明書を読むなどして使用方法を理解し、その使用に習熟すべきである。新型や使ったことのないビレイデバイスを使用する際には、その操作方法に習熟してからクライマーのビレイに実際に使用すべきである。
ルートクライミングにおいては、通常、ボルトという支点にクイックドロー[※16]を掛けながら登るが、これらのボルトの破損は事故に直結する。クライマーはボルトが破損する可能性があることを常に念頭に置くべきである。
ロ　メーカーなど
器具自体の瑕疵による事故は、器具の製造・販売会社（以下、メーカー）が、事故を教訓として改良を重ねた結果、減少している。また、メーカーにより器具の誤使用を防ぐために工夫もされており、一例を挙げれば、従来ベルトの折り返しを必要としたハーネスの構造が改良され、ベルトの折り返しが必要ないハーネスが開発され、現在では多くの

※11　通常有する品質・性能を欠くこと。
※12　昭和30年1月にロープが容易に切断されたことを原因とする死亡事故が生じた（いわゆるナイロンザイル事件）が、近時、器具自体の瑕疵を原因とする事故はほとんど報告されていない。これに対して、器具の使用を誤ったことを原因とする事故の報告は後を絶たない。
※13　【ハーネス】クライミングの際、ロープなどを連結して使用する、専用の安全ベルト。
※14　【カラビナ】さまざまなクライミングギアの連結点に使用する、ゲートがついた金属のリング。
※15　【ビレイデバイス】ビレイをする際に使用する道具。
※16　【クイックドロー（俗にヌンチャクとも呼ばれる）】カラビナ2枚をスリングで連結したもの。

ハーネスがこのタイプとなっている。今後、メーカーは誤使用を避ける改良を継続していくべきであろう。メーカーは、使用方法について分かりやすく説明することも必要となる。

4）天災に関係する事故
① 事故事例
天災に関係する事故においては、本来的な意味の天災である雷・地震・噴火のみならず、広く自然現象に関係する事故を取り上げる。

天災（自然現象）に関係する事故は、アウトドアにおける事故であり、登山中の事故が多い。登山における天災（自然現象）に関係する事故は、雨、風、雪、雷、地震、噴火、野生動物による事故である。山岳は高度があり、気温も低温であることから、高山病[※17]・低体温症[※18]になる危険がある。夏山登山では熱中症の危険がある[※19]。

フリークライミングにおいては、岩場の直近まで交通機関を利用して行くことが多く、登山に比べると天災に関係する事故は少ない。

② 対策
イ　登山者・クライマー

雨・風・雪については、天気予報などを参考にしてある程度の予測はつくものであるから、登山者・クライマーは、入山するか否かの判断をすることを含めて、対策を考えておくべきである。なお、雪山は、雪がない山とは全く異質のもの[※20]であり、雪山に登れるだけの経験や体力を有した上で、その危険性を認識して登山をなすべきである。とりわけ、雪崩や雪庇[※21]には細心の注意を払うべきである[※22]。

地震・噴火[※23]・雷は事前に正確に予測することは困難であるが、これらの事態に遭遇したとき、どのように対処すべきかを考えておくべきであろう。

雷の対策については、基本的に平地における一般論が当てはまるが、既に高い場所におり、逃げ場がほとんどないということを心得て、対策を考えておく必要がある。

低体温症の対策としては、ウエアに気を付け、エネルギー補給をこまめに行うことが大切である。高山病については、高度順応を行い、呼吸方法や水分補給にも配慮することが事前の主な対策であるが、高山病になってしまったら原則として下山を検討すべきである。山中では野生動物の襲撃などがあり得るので、その対策として、例えば熊の襲撃を避けるために鈴や鐘を常用するとか、蜂の襲撃を避けるため蜂が好む色の服装を避けるなど、動物の特性に応じて準備をしておくべきであろう。

熱中症・低体温症などについては　**参照 270頁**

ロ　指導者・監督者・引率者

指導者・監督者・引率者などの天災（自然現象）に関する判断・対策は、参加者などの生命にも関わり非常に重要である。参加者などの力量・能力を踏まえて、天災についての対策を万全に講じ、適切な判断を下さなければならない。事前の情報収集を怠らないようにし、登山を中止するか否か、登山中であっても登山を中止するか否か、といった判断を適切に行う必要がある。

5）事後の対策
以上に述べたような事故発生を防止するための対策を講じていても、事故が発生してしまうことがある。そのような場合の対策として、ファーストエイドおよび救助要請、保険について述べておく。

① ファーストエイド
ファーストエイドとは、傷病者に対する応急処置である。近時、山岳事故におけるファーストエイドの重要性が指摘

MEMO

※17【高山病】低酸素状態に置かれたときに起きる症状群。標高2,500m以上の高山で起きると言われている。
※18【低体温症】人の体温が奪われて直腸温が35℃以下になること。正常な生体活動の維持が困難になる症状で、死に至ることもある。判例　熊本地判平成24年7月20日判タ1385号189頁
※19　浦和地判平成12年3月15日判タ1098号134頁
※20　長野地松本支判平成7年11月21日判時1585号78頁、最判平成2年3月23日判タ725号58頁
※21【雪庇（せっぴ）】段差にできた庇をもつ雪の吹き溜まり。転落事故や雪崩の誘発の原因となることがある。判例　富山地判平成18年4月26日判タ1244号135頁
※22　雪崩に巻き込まれるなど登山で遭難したときのために、所在を知らせるヤマモリ（ヒトココ）やビーコンを所持すれば早期救助の可能性が高まる。

されている。山岳事故においては、救助の要請をしても一定の時間を要するため、救助が到着するまでの間に応急処置が有効になされれば、傷病の重篤化を防ぐ可能性が高まるからである。なお、ファーストエイドは、救助要請の連絡ができた場合には症状などを伝えて処置の方法などを聞いた上でなされるべきである。登山・クライミングをする者は、事故に備えて、ファーストエイドや心肺蘇生法（近時、AEDを設置している山小屋もある）について、講習会などに出席することによって知識を得ておくことが望まれる。

② 救助の要請

救助の要請は、自力での対処が困難であると判断した場合に、原則として110番（または119番）に通報する。連絡は、携帯電話（スマートフォン）によることが多いであろうが、電波の不通やバッテリー切れに備え、その対策を考えておく必要がある。連絡がついた場合に、あらかじめ伝達事項を準備しておくことも大切である。連絡が途絶した場合、救助が迅速になされるように、どのような日程でどの山を登るのかという行動予定を、関係機関（登山届）や近親者に知らせておくべきである。近時、入山届は登山口のポストのみならずインターネットでも提出できる場合もある[※24、25]。なお、複数で登山をする場合には、家族などへの緊急の連絡の必要に備え、連絡先などを相互に共有しておくべきである。

③ 保険

各種の保険が山岳会などでも用意・紹介されている。事故の被害者になる場合のみならず、加害者として他のクライマーに怪我をさせてしまうこともある以上、保険に入っておくことは必須といえる。クライミングのタイプによって、保険料や補償額も変わってくるため、自らのクライミングに合わせた保険を選ぶ必要がある。

3 発生事故分析

警察庁発表の山岳事故の発生事故件数、原因別の割合については上述した。このデータを、年齢別に全遭難者に対する割合をみると、40歳以上が77.5％、60歳以上は50.6％を占めている。40歳以上の登山者は、自らの体力・能力をよく把握して登山に臨むべきであろう。

4 事故と法的責任

登山・クライミングは危険を伴う行為であるから、登山者・クライマーが事故により死傷した場合でも、死傷した者は、そもそも危険を引き受けていたとして、注意義務の内容の判断に重要な要素として働くことがある。登山者・クライマーが、他者を死傷させたと評価できる場合には、民事・刑事の法的責任が問われる可能性もある[※26]。また、指導者などが指導中に参加者が死傷した場合、安全配慮義務違反があれば、法的責任を追及される可能性がある。なお、山岳ガイドやツアーガイドなどは、業としてガイドをする以上、参加者などに対する安全配慮義務は高度なものが要求される。

5 競技関連団体の予防対策

登山・クライミングに関わる団体は、それぞれ事故防止のための取り組みをしている。その中でもユニークな取り組みとして、（特非）日本フリークライミング協会では、破断などによるボルトに起因する事故を防止するため、基金を募り、全国の岩場のボルト整備などを行っている。

※23 平成26年の御嶽山の噴火の際には、即座に物陰に隠れる、ザックで頭を保護する、風上に逃げるなどといった咄嗟の判断が生死を分けたと言われており、事前に具体的イメージをもっておくことでとっさに適切な判断をしやすくなると考えられる。
参考文献として「ドキュメント御嶽山大噴火」（山と渓谷社編　ヤマケイ新書800円（本体））。
※24 登山者が、あらかじめオンライン上で登山届を提出し、登山中に山小屋に設置された端末にICカードをタッチすることにより、登山の行程などを記録し、救助などに役立てる「山ピコ」の試みが行われている。
※25 【登山届提出の義務化】平成28年に「長野県登山安全条例」が施行され、長野県において指定された登山道を通行する際にも登山届（登山計画書）の提出が義務化された。平成27年には「活動火山対策特別措置法の一部を改正する法律」が成立し、対象地域の登山者などの登山届の提出が努力義務とされた。これ以前に登山届の提出を義務化した例として、「岐阜県北アルプス地区および活火山地区における山岳遭難の防止に関する条例」（平成26年）、「富山県登山届出条例」（昭和41年）、「群馬県谷川岳遭難防止条例」（昭和42年）がある。
※26 刑事責任を認めた判例として、東京高判平成27年10月30日判タ1421号146頁、鹿児島地判平成18年2月8日（平成17年（わ）185号）、札幌地判平成16年3月7日（平成14年（わ）184号）、札幌地判平成12年3月21日判時1727号172頁などがある。

9 馬術

季節・自然系スポーツ

事故のポイント／争点

○ 馬という動物をパートナーとするスポーツである。

事故防止対策

○ 馬が持つ**特性**を理解する。
○ 馬具、服装、施設で可能な限りの**安全対策**を行う。
○ 騎乗以外の作業での**注意を怠らない**。

臆病な動物であるということ
・怖がらせると、蹴る、噛む、走って逃げるなど危険な行為を誘発する。

聴覚が優れている
・驚くので大きな音をたてない。

馬の視野は350度
・真後ろからは近づかない。見えないところから急に人が現れると驚く。

大きくて力が強い
・不用意に噛まれる場所、蹴られる場所には近づかない。馬がハエなどを追った際に蹴られることもある。

安全・安心を好む動物であるということ
・むやみに叱らない、馬にストレスを与えてしまう。

MEMO

基本情報をチェック！
（公社）日本馬術連盟　　　　　https://www.equitation-japan.com/index.php
（一社）日本障がい者乗馬協会　http://jrad.jp/
（公社）全国乗馬倶楽部振興会　http://www.jouba.jrao.ne.jp/

1 はじめに

　馬術は、馬に乗って行うことにその特徴がある。現在オリンピック競技として採用されている競技種目としては、馬場馬術[※1]、障害飛越[※2]、総合馬術[※3]の3種目があるが、このほかに、エンデュランス馬術[※4]、ウエスタン馬術の競技などが世界中で開催されている。競技ではないが、自然の中を馬に乗って散歩する外乗や、引き馬など、レクリエーションとしての乗馬も盛んである。また、人間の体と心を癒す力があるとされるアニマルセラピーの効果を期待して、障がい者馬術という分野も発展した。パラリンピックでは、正式競技として馬術が実施されている他、国内外において競技会も行われている。それぞれに特徴、危険性が異なるが、本項では、馬術競技全体の特徴である、乗馬で行う競技であるという点に焦点を当てて、事故事例の分析を行う。

2 事故類型と対策

（1）総論

　馬は、草食動物であるから攻撃性が低く、特に理由なく人を傷つけることはない。しかし、非常に驚きやすく臆病で、小さな物音にも敏感に反応して逃げようとする。このような馬をパートナーとする馬術競技においては、馬が人間を信頼し、人の近くにいれば安全であり、安心できると感じるよう、馬と接しなければならない。馬と接する際には、馬が怖がる物や音（突然の大きな音、急な動き、強い風や見慣れないものに馬は驚き、急に走り出したり、立ち上がったりすることがある）をなるべく排除し、自身が馬を驚かせないよう細心の注意を払い、必要以上に怒らず、馬が人間を信頼するよう丁寧に接するべきである。このように接することにより、馬は人間のそばでは安心し、驚いたり逃げようとはしないようになり、その結果、驚いた馬から落馬する、あるいは驚いた馬に蹴られるといった事故が減少するのである。

（2）事故類型

1）通常の事故

① 事故事例

　馬術競技における事故は、主に落馬事故と騎乗の準備や騎乗後の馬体の手入れといった騎乗時以外の事故に分けられる。落馬事故では、馬が驚いたり興奮したりして急に暴れ落馬する場合、障害飛越やクロスカントリーなどにおいて馬がつまずいたり転んだりして騎乗している者が落馬する場合（人馬転倒）などが挙げられる。騎乗時以外の事故としては、馬に踏まれ、蹴られ、噛まれるといった事故が挙げられ、騎乗時以外の事故でも死亡事故は多い。

② 対策

イ　競技者

　騎乗して運動する以上、必ず落馬や人馬転倒のリスクは生じる。したがって、どのような場合でも、三点式のヘルメットを正しく着用し、初級者や若年者が騎乗する場合や、障害飛越、クロスカントリーを行う際にはバックガードを着用し、頭部、頚椎を保護すべきである。また、体調が悪くなった際や風が強かったり、近隣で工事をしていたりするなど、馬が驚きやすい状況が発生している場合にはただちに下馬するなど、落馬をあらかじめ防ぐ努力も必要である。騎乗以外で馬と接触する際にも、ヘルメットをかぶり作業を行う。また、馬の真後ろから近づかない、馬を怖がらせないといった注意を払う。ハエやアブなどの虫が発生する時期は、馬が口や後肢で虫を追う際に巻き込まれるおそれがあるため、虫除けをしてから手入れを行い、後肢の可動範囲にはなるべく入らないよう気をつける。なお、噛み癖、蹴り癖などの悪癖のある馬については無理せず指導者に手入れを任せるといった判断も重要である。

※1【馬場馬術】馬術種目の一つで、馬をいかに正確かつ美しく運動させることができるかを競う。
※2【障害飛越】馬術種目の一つで、飛び越さなければ通過できない障害が設置されたコースを、馬に騎乗して通過する技術を競う。
※3【総合馬術】馬場馬術、障害飛越に加えクロスカントリー（野外で行う障害飛越競技）を行い、3種目の総合技術を競う。
※4【エンデュランス馬術】馬術競技の一つで、タイムと長距離を良いコンディションで走行したかについて競う。

ロ　指導者など
サラブレッドなどの軽種馬[※5]は性格的に鋭敏で興奮しやすい特徴を持つ。したがって、初心者や小学生までの児童、障がい者、高齢者に馬を提供する場合は、できるだけ中間種や日本在来種の温厚な馬を選定すべきである。また、使用する馬のフラストレーションがとれているか、体調に異変がないか、蹄鉄に異常をきたしていないか、噛み癖、蹴り癖などの悪癖がないかを十分に確認した上で馬を提供すべきである。

2）施設に関係する事故
① 事故事例
馬場の砂の深さが十分でなかったために馬が滑って、落馬、人馬転倒に至ることがある。また、障害コースやクロスカントリーのコースで馬が障害物に衝突したり、クロスカントリーや外乗のコースで自然にできた道の穴に馬が足を取られて人馬転倒したり、馬に乗って川や海を渡る際に流されるといった事故も発生している。

② 安全対策
イ　競技者
馬場が滑りやすい、危険な障害物がある、といった危険予測は騎乗者が最も立てやすい。そこで、施設に危険があると感じた際にはすぐに施設管理者に危険を通知し、危険な施設で騎乗を続けないことが必要である。
ロ　指導者、施設管理者など
施設内の馬場であれば砂などが十分に敷かれており、十分なクッション性があるか、馬場の整地はむらがなく、危険物の放置や置き忘れなどがないかを点検する。また、外乗コースやクロスカントリーコースでは騎乗でのコース利用当日に、事前にコースを徒歩で通過し、十全な点検を行う必要がある。

3）用具・器具に関係する事故
① 事故事例
鞍を締めるための馬具（腹帯）[※6]が騎乗中に壊れ、鞍が固定されずに落馬に至る事故、腹帯を十分に締めていなかったために鞍がずれ、鞍がずれたことに馬が驚いて落馬し、さらに落馬に驚いて馬が暴れて蹴られる事故が多く発生している。また、補助用馬具が馬に合っておらず、馬が馬具のストレスから逃げようと立ち上がり、騎乗中の者が落馬する、馬具装着中に馬が驚き、馬具に体を取られて馬が転倒し、近くにいた者が巻き込まれて怪我をする事故もある。

② 対策
イ　競技者
馬具にひび割れ、ほつれ、切れ目がないか、補助用馬具が適切に装着されているか腹帯がきちんと締まっているかを騎乗前に点検する。また、補助用馬具は馬への負担も大きいため、必ず指導者の指示を受けて装着するようにする。
ロ　指導者など
馬具の装着は、騎乗者のみに任せず、必ず二重チェックを行う。また、補助用馬具の使用、装着や取り外しに関しては十分な注意を払い、馬への負担がないよう、取り外している最中の馬具を馬が踏んだり、馬具が馬に引っかかったりしないよう適切に行う。

4）天災に関係する事故
① 事故事例
風で埒や障害が倒れ、その下敷きになったり、驚いた馬から落馬したりする事故が多い。また、馬場は反射熱により

MEMO

[※5]【馬の種類】大きく5種類に分類することができる。軽種（サラブレッドなど、速いスピードで走ることを得意とする）、中間種（軽種と重種の中間の馬。馬術競技では中間種が最も向いていると言われる）、重種（農耕や馬車用の、力が強く大きな馬）、ポニー（大人になっても体高が147cm以下の馬）、在来種（古くから日本に存する種類）に分類される。
[※6]【馬具】馬に装着することにより騎乗および馬との意思連絡を容易にする装具。鞍（馬の背に載せて人が乗りやすいようにする道具）、頭絡（とうらく。馬の頭につけて騎手の指示を馬の口に伝達させる道具）などの他、調教の程度に合わせて補助用馬具（折り返し手綱、マルタンガール、サイドレーンなど）を使用することもある。
[※7] 名古屋高判平成25年9月24日
[※8] 名古屋高判平成15年12月17日

他の場所より高温となることが多い上、多くの馬術競技では燕尾服、ジャケットなどの正装が求められているため、熱中症事故も発生している。

天災に関する事故については 参照 270頁

② 対策

イ　競技者

風が強い日は騎乗を止めるなどの自己判断も必要である。また、自身、馬の体調が悪い場合にはすぐに騎乗を停止すべきである。

ロ　指導者、主催者など

埒や障害が風で倒れないよう対策をとり、風が強い場合には競技を中止する。また、夏期の競技会においては燕尾服やジャケット着用義務を解除するといった配慮が必要である。

3 事故発生分析

(1) 総論

右表の通りである。

(2) 事故発生件数

他のスポーツと比較しても事故件数は多く、死亡事故も多い。日頃からの事故対策が必要である。

> 乗馬クラブを対象とした乗馬活動中の事故調査
> 回答件数101件（乗馬クラブにおける直近5年以内の事故について）
>
> 1) 事故の有無：事故無10件　事故有91件
> 2) 事故の原因：落馬69件　咬まれた11件
> 　　　　　　　踏まれた10件　蹴られた8件
> 3) 受傷の状況：骨折58件　1ヶ月以上の入院23件
> 4) 受傷時の状況：
> 　　　馬が何かに驚くことによる落馬15件
> 　　　駆け足レッスン時 14件　障害レッスン時 12件
> 　　　バランスを崩す　　 7件　部班運動中　　 5件
> 　　　その他、騎乗時以外に踏まれた、
> 　　　蹴られた、咬まれたなど

(公社)全国乗馬クラブ振興協会「乗馬安全マニュアル」より

4 事故と法的責任

指導者に刑事責任が認められた事案として、指導者が初心者を乗馬指導中、指導者がその場を離れた間に騎乗者が落馬して死亡した事故について、経営者でもあった指導者に対し、業務上過失致死罪が成立するとした事例[※7]、指導者に民事責任が認められた事案として、競馬馬調教中の落馬事故について、使用者が従業員に防護服の着用をさせずに調教業務を行わせていた点に安全配慮義務があったとして、使用者に金6,557万円余の損害賠償の支払いを命じた裁判例[※8]がある。

施設経営者が事故類型と対策の「(2) 施設に関係する事故」であげた管理を怠っていた場合、施設経営者が騎乗者の騎乗する馬を管理しており、「同1) 通常の事故」で挙げた馬のコンディション管理を怠っていた場合には施設の管理者や安全管理の担当者が刑事、民事上の責任を問われることがある。また、騎乗者についても過失で第三者に怪我をさせれば、刑事、民事上の責任を負う。

5 競技関連団体の予防対策

全国の乗馬クラブが多く加入する「全国乗馬倶楽部振興協会」は、安全マニュアルを作成し、啓蒙に努めるほか、加入乗馬クラブに、賠償責任保険への加入を義務付けている。

《項目の参考文献》
▽「乗馬安全マニュアル」(公社)全国乗馬倶楽部振興協会 **HP**
▽「障害馬術規定」「馬場馬術規定」「総合馬術規定」「エンデュランス規定」「一般規定」(公社)日本馬術連盟 **HP**

■ 競技種目について学ぶための書籍
▽『「ホースピクチャーガイド」シリーズ』　渡辺弘、楠瀬良監修(株)緑書房　1,359円～1,400円(本体)
▽「ピンチさんのハッピーホースマンシップ 馬と仲良くなれる本」　ドロシー・ヘンダーソン・ピンチ著　牧浦千昌訳　(株)恒星社恒星閣　2,500円(本体)

レクリエーションスポーツ 1 ゲートボール

事故のポイント／争点

○ 競技者の大半が<u>高齢者</u>であるという特色がある。
○ <u>年齢や身体的素因に基づく</u>死亡（につながる）事故発生のリスクがある。

事故防止対策

○ 日常的な<u>健康管理</u>、十分な<u>準備運動</u>、体調不良や熱中症などへの<u>注意喚起</u>をする。
○ 救護体制の整備：指導者および競技者が<u>救護方法</u>の理解を深める機会を持つ。
○ 不測の事態に備えた<u>緊急連絡先・連絡方法</u>を明確化する。

体調に十分注意してプレーしてください。

MEMO

基本情報をチェック！
（公社）日本ゲートボール連合　　http://gateball.or.jp/
（公財）日本レクリエーション協会　http://www.recreation.or.jp/

1 はじめに

　ゲートボールは、ヨーロッパの伝統競技「クロッケー」をヒントに考案された日本発祥のスポーツで、日本国内のみならず、アジア、ヨーロッパ、南米など50以上の国と地域で、約1,000万の人々に愛好されている。

　ゲームは、5人対5人のチーム対抗で行われ、先攻チームは赤ボール（奇数番号：1,3,5,7,9）を後攻チームは白ボール（偶数番号：2,4,6,8,10）を持ち、コート[※1]内で、ボール[※2]の数字の順番どおりに各チームの競技者が交互にスティック[※3]でボール（自球）を打撃していく。自球をコートに設置された第1から第3の3つのゲート[※4]を通過させ、最後に、コート中央に設置されたゴールポール[※5]に当てて"上がり"となる。ゲームの勝敗は、競技時間30分以内の総得点[※6]で決せられる。

　ボールの配置とタッチプレー[※7]およびスパーク打撃[※8]による自チームが得点するための作戦と、相手チームの得点を阻止する作戦が、ゲーム技術として要求される。

　安全なスポーツとして、主に高齢者の競技人口が実際に多いのだが、学校行事や体育の授業に取り入れられるなど、ジュニア世代にも普及しており、地域のみならず、全国規模の大会も行われている。

2 事故類型と対策

（1）総論

　ゲートボールは、コート内でプレーするのは常に一人の競技者であること、用具を大きく振り上げる動作もないこと、ボールの速度も回避が困難なほどの高速になることは皆無であることなどから、傷害事故が生じる危険性は低く、一般的には安全なスポーツであるといえる。そのような安全なスポーツであるとする一般的な認識からか、ゲートボール競技者のスポーツ安全保険への加入状況も、その競技人口の多さに比べて極めて低い（「平成27年度スポーツ安全保険の加入者及び各種事故の統計データ」によれば、加入人数は5,791人にとどまる）。

　一方、ゲートボールの事故は他のスポーツと比べ、死亡事故の数が圧倒的に多い。その原因は、競技固有の原因というよりも、競技者や審判員に高齢者が多いことからくる競技者・審判員本人の身体的素因によると思われるケースが多い。

　このような競技者固有の原因から生じる事故をいかに減らすか、万が一事故が発生した場合に、事故の結果をいかに軽減させるかが、課題と考えられる。

（2）事故類型
1）通常の事故
① 事故事例

　スパーク打撃をして、勢いよく転がったボールに当たって打撲などの怪我をすることがある。また、競技者や審判員が、ゲートボールの練習中や競技中に突然倒れ、死亡に至るケースが少なからず存在する。死因は、心筋梗塞、急性心不全、脳溢血等、競技者や審判員固有の身体的素因に基づくものがほとんどで、競技そのものの特殊性に起因する事故は極めて少ない。

　ゲートボールは、競技時間や打撃時間に制限があり、また、対抗戦で緊張する場面も多いことから、急激な血圧の上昇も危惧され、心臓疾患がある人には向かないとの指摘もある。少なくとも高血圧や心臓疾患を抱える競技者は、自身の体調に一層の注意が必要といえよう。

　このほか、競技会場までの往復時の交通事故や、大会で学生が修学旅行気分で夜更かしし、寝不足から体調不良になる、というケースもある。

[※1] コートは長方形の平面で、インサイドラインは、縦15m×横20m、アウトサイドラインは、インサイドラインの外側1mを基本とする50cm以上1m以内。
[※2] ボールは、直径7.5cm、重量230gの合成樹脂製の球体。
[※3] 球を打つヘッドの長さは18〜24cm、ヘッドのフェイス部分は3.5〜5cm、シフト部分は50cm以上とされ、重量や材質に制限はなく、木製のほか、カーボンやプラスチック製のものもある。
[※4] ゲートは、コの字型で直径1cmの丸棒を使用し、内側の大きさが幅22cm、高さ19cmとなるように地面に垂直に設置される。
[※5] ゴールポールは、直系2cmの丸棒を使用し、地表からの高さが20cmとなるように地面に垂直に設置される。
[※6] 得点は、第1〜第3ゲート通過ごとに1点（計3点）、上がりの場合2点で、個人の得点の合計は5点となる。
[※7] 競技者が自球を打撃して他球に当てて、自球および他球の両球がインサイドライン内に静止すると、「タッチ」が成立しスパーク打撃ができる。
[※8] タッチが成立した場合、足下で自球に他球を接触させ、自球を打撃することで他球をはじき出すプレー。スパーク打撃でスパークした他球が10cm以上移動するとスパーク打撃は成立し、継続プレーの権利が得られる。

② 対策
イ　競技者（当事者）
　ボールとの接触による事故については、打球方向に人がいないか注意を払うといった安全指導、事前の注意喚起を十分意識して競技に臨むことが必要である。突然死については、日常的な健康管理はもとより、少しでも体調が悪いときには無理せず休息を取るべきである。ゲートボールは、チーム対抗戦で行われる競技のため、欠員により周囲に迷惑をかけることがないように、体調が悪くとも責任感から無理をしてしまいがちである。しかし、無理をすることでかえって周囲に迷惑をかける結果になることを十分自覚して、日々の練習や競技に臨む必要がある。
　また、高血圧などの持病がある場合には、主治医の意見や指導にしたがって行動すること、運動が時に健康に悪影響となる場合もあることを十分認識することが肝要である。

ロ　指導者、大会主催者など
　競技者や審判員に対する安全指導の徹底や、事前に十分な注意喚起を行うほか、ルールに基づいた危険が伴わないコート設営を行うことが重要である。競技者や審判員が高齢の場合には、競技者などの体調に対する一層の配慮が要求される。
　指導者や監督は、競技者に練習や競技の前の準備運動を十分に行わせるほか、体調不良の自己申告がない場合にも、外見・様子から体調不良が見受けられる場合には、無理をさせず休ませること、場合によっては、競技の中断も必要になると考えられる。また、万が一の事態に備えて、指導者や監督自身が、救急救命措置を身につけておくことが望ましい。
　施設や大会主催者においても、万が一の事態に備えて、医師や看護師などの医療従事者を待機させるほか、体調管理をチーム任せにせず、体調不良者に競技させた場合に当該チームにペナルティ措置をとるなど、競技者が高齢であるケースの多いゲートボール競技の場合には、大会主催者にはより積極的な関与が必要と考えられる。また、準備運動についても、自己責任・チーム責任で済まさず、競技開始前に、全体的な準備運動の機会を設けるなどの対策をとることが望ましい。

2）施設に関係する事故
① 事故事例
　ボールを通過させるゲートに足を引っかけて転倒する事故や、コートの外に飛び出したボールを追いかけ、コートラインに足を引っかけて転倒する事故などが考えられる。

② 対策
イ　競技者（当事者）
　安全指導・事前の注意喚起を十分意識して競技に臨むことが必要である。
ロ　指導者、大会主催者
　競技者や審判員に対する安全指導の徹底、競技前に注意喚起を行うことが必要である。競技者や審判員が気づきやすいように、ゲートやラインにコートと区別しやすい色を使用することも考えられる。

3）天災に関係する事故
① 事故事例
　熱中症による死亡・障害事故の例がある。このほか、突風により、設営された大会テントが飛ばされて、競技者などに当たるといった事故もある。

MEMO

《項目の参考文献》
▽「ゲートボール場建設指針」（公財）日本ゲートボール連合編
▽「平成27年度スポーツ安全保険の加入者及び各種事故の統計データ」（公財）スポーツ安全協会
▽「スポーツ事故の法務―裁判例からみる安全配慮義務と責任論」
　　日本弁護士連合会弁護士業務改革委員会　スポーツエンターテインメント法促進PT編著　（株）創耕舎　3,333円（本体）
▽「スポーツ事故ハンドブック」伊藤堯　入沢充編著　（株）道和書院　2,000円（本体）
▽「体育・スポーツ事故［1980～89年］地域編」野間口英敏著　東海大学出版部　2,300円（本体）
▽「15年間の事故事例から学ぶ　スポーツ事故と安全対策」野間口英敏著　（株）ベースボール・マガジン社　品切れ

② 対策
イ　競技者（当事者）

熱中症対策（十分・頻繁な水分補給を行う）ほか、体調不良を感じたら、無理をせず休憩を取ることが肝要である。

ロ　指導者、大会主催者

競技者や審判員の年齢や当日の体調に十分配慮して、熱中症対策（十分・頻繁な水分補給）を指導するほか、競技者が体調不良を感じたら、無理をせず休憩を取る旨指導し、競技者の体調不良を予見した場合には、ただちに競技を中断・競技者を交替させ、休憩を取らせることが必要である。

施設や大会主催者は、チームに対し、十分な人数の交代要員の確保を案内・指導するほか、事後的観点からは、救護体制の完備、緊急時のアナウンスや連絡方法・手段の確保も重要である。

熱中症については　参照 270頁

3 事故発生分析

競技者や審判員の大半が高齢者であることに由来する競技者などの身体的素因に基づく突発的死亡事故が多い。他方、ゲートボール競技そのものに内在する危険に基づく事故は極めて少ない。

4 事故と法的責任

ゲートボール競技の指導者や大会主催者などは、事故の危険性を具体的に予見し、その予見に基づいて事故発生を防止する措置を取る必要がある。したがって、上記の注意や対策を怠った結果、事故が発生したといえる場合には、これら関係者は、各自の義務違反に対して、不法行為責任を負うことになる。

ゲートボール競技においては、競技者や審判員に高齢者が多いという特性から、これら関係者には、より高度な注意義務が課されていると解される。すなわち、関係者は、一般的な高齢者の特徴（俊敏な行動が困難、持病を有していることや健康不安を抱えていることが多いなど）を前提に、事故発生を防止する措置を取る必要があり、これを怠れば、義務違反が認められることになる。

5 競技関連団体の予防対策

日本のゲートボール界を統轄し、代表する団体である（公財）日本ゲートボール連合は、公認スポーツ指導者、（公財）日本ゲートボール連合認定審判員の資格取得のために救命救急の知識も要求しており、講習会を開催して救急処置を学ぶ機会を設けているほか、各地の下部団体に対しても、地元の消防署に依頼するなどして、救命救急の講義を受講するよう推奨しているということである。

また、ゲートボールの事故の事例を収集して、ゲートボール活動中の事故防止の啓発に努めているほか、事故予防・防止活動への登録会員には、（公財）日本ゲートボール連合主催大会および加盟団体などが主催する大会や講習会で不測の事故に遭った場合、所定の手続きの上、一定の金額を支給する見舞金制度を設けている。

競技種目について学ぶための書籍

▽「わかりやすいゲートボール」高橋隆輔著　（株）梧桐書院　1,300円（本体）
▽「初公開!! 敵に勝つ「図解」最新G・B（ゲートボール）マル秘作戦」高橋隆輔著　（株）ブックマン社　1,100円（本体）
▽「強くなるゲートボール実戦練習法―勝つためのマル秘テクニック 基本から応用まで」高橋隆輔著　（株）ブックマン社　853円（本体）

レクリエーションスポーツ 2　ターゲット・バードゴルフ

事故のポイント／争点

○ **スイング時**にクラブが他の競技者などに当たり、思わぬ事故につながる可能性がある。
○ 競技者がコース外の場所で**思わぬ転倒**や、競技とは無関係の一般の利用者の人がコース付近に現れ、**ボールの接触**などによる事故が発生する。
○ ゴルフクラブのスイング時の接触事故は通常のゴルフ※1競技同様の事故発生可能性がある。
○ 暑熱環境下による熱中症や、落雷事故などの発生の可能性は通常のゴルフ競技同様に存在する。

事故防止対策

○ 使用するクラブについて、正しい利用方法とその危険性の指導を十分にする。
○ 事前に会場の下見を入念にし、コース外に競技者が出ないような動線の工夫をする。
○ 児童が競技をする場合などには、危険な素振りをしていないかなどをよく注意確認する。

スイングの際には、周りに十分注意してください。

MEMO

基本情報をチェック！
(一社) 日本ターゲット・バードゴルフ協会　http://japantbg.a.la9.jp/
東京都ターゲット・バードゴルフ協会　http://tokyotbg.a.la9.jp/
(公社) 日本レクリエーション協会　http://www.recreation.or.jp/

1 はじめに

　ターゲット・バードゴルフは、昭和44年に狭い場所でゴルフが楽しめるようにと埼玉県で生まれた競技である。ゴルフをミニ化した競技で、ゴルファーはもちろん初心者でもゴルフの楽しさを味わうことのできる手軽で安全性の高いスポーツである。また、本格的なゴルフスイングの爽快さとファッションレジャー的またレクリエーションスポーツとしての要素も含まれていることから、全国的な広がりを見せている、文部科学省指定生涯スポーツの一つである。

　競技の概要は基本的にはゴルフに類似しており、ビーチパラソルを逆さに立てたようなネットホールにホールアウトして、9または18ホールを回り、最少スコアの者が勝者となる競技である。ゴルフボールにバドミントンの羽根がついた形状のボールを使用し、クラブは公認クラブまたは一般ゴルフ用ウェッジクラブ[※2]1本のみを使用する。ホールの距離はパー3のコースが30m～50m、パー4が45m～70m、パー5が60m～90m、また、9ホールのパー総数は36となっている。

2 事故類型と対策

(1) 総論

　ターゲット・バードゴルフは、競技者同士が接触する球技スポーツではないこと、激しい運動が求められるスポーツではない上、各地域のターゲット・バードゴルフ協会の管理下で競技会、練習会が行われており、かつ社会的経験豊かな高齢者が競技者の大半を占めていること、そもそも安全性の観点から使用器具（ボールなど）が選定されていることなどから、事故が生じる確率は低い競技といえる。しかし、クラブを用いることなどから、事故とは無縁というわけにはいかず、以下のような事故発生の危険性があるため、競技者や主催者も十分に気をつける必要がある。

(2) 事故類型

1) 通常の事故

① 事故事例

以前は、使用するクラブとして一般ゴルフ用のウェッジクラブを利用していたが、現在はターゲット・バードゴルフ専用のクラブを用いている。いずれにしてもスイング時のクラブが他の競技者などに当たり、思わぬ事故につながる可能性がある。

また、競技者同士の接触を伴うような激しい運動を要求されるスポーツではないにしても、事前の準備運動をしなければ、肩や腰、腱などの損傷を招く可能性はある。

ただし、ターゲット・バードゴルフは、ゴルフボールにバドミントンの羽根がついた形状のボールを使用していることから、通常のゴルフに比べてボールが人に接触して起こる事故（いわゆる「打ち込み事故」）の発生可能性が低いという特徴がある。

② 対策

・使用するクラブについて、正しい利用方法とその危険性の指導を十分にする。
・競技規則に記載されている、「ショットを打つときは周囲に近づかない」旨の規定遵守を徹底する。
・競技前には入念な準備運動をする。

※1【通常のゴルフ】本書2章64頁　参照
※2【ウェッジクラブ】比較的飛距離の短いショット用のクラブ。ゴルフでは、ボールを高く上げるショットに適したクラブであるサンド・ウェッジやアプローチショットに適したピッチング・ウェッジなどの種類がある。

2）施設に関係する事故
① 事故事例
1ホールあたりの距離が短いことや1打あたりの飛距離が通常のゴルフと比べて短いことなどから、カートを利用して移動することが極めて少ないため、カートと人との接触事故は起きにくい。

もっとも、競技会場は、公園などを利用してコースを作るため、競技者がコース外の場所で思わぬ転倒をしたり、競技とは無関係の一般の利用者がコース付近に現れ、ボールの接触などによる事故の発生はあり得る。

② 対策
- 事前に会場の下見を入念にし、コース外に競技者が出ないような動線の工夫をする。
- 競技会場には競技とは無関係の人が進入しないよう、周囲にひもなどで柵を設けて区分し、監視を立てるなどする。

3）用具・器具に関係する事故
① 事故事例
想定される事故としてもっとも可能性が高いのは、ゴルフクラブのスイング時の接触事故である。特に、ターゲット・バードゴルフは、その気軽さから、通常のゴルフと比べ児童が競技をする機会もあるので（授業の一環に取り入れている学校もある）、細心の注意を払う必要がある。

② 対策
- 使用するクラブについて、正しい使用方法とその危険性の指導を十分にする。
- 競技規則に記載されている、「ショットを打つときは周囲に近づかない」旨の規定の遵守を徹底する。
- 児童が競技する場合には、危険な素振りをしていないかなどをよく注意して確認する（場合によっては、児童1人に対し大人1人が監視を行うなどの工夫も検討する）。

4）天災に関係する事故
① 事故事例
ターゲット・バードゴルフにおいても、通常のゴルフ同様、日中に屋外で競技が行われる以上、暑熱環境下による熱中症や、落雷事故などの発生の可能性は同様に存在する。

② 対策
- こまめな休憩や水分補給を心掛ける。
- 熱中症が起きてしまった場合には、ⅰ安静→ⅱ冷却→ⅲ水分補給の3つをただちに行う。
- 落雷に関しては、（主に主催者において）より有効な気象情報の取得に努め、早期の競技中止の判断ができるようにする。

3 事故と法的責任

ターゲット・バードゴルフ競技においても、例えば、競技者がクラブスイング時に周囲の状況の監視を怠り漫然とスイングをした結果、他の競技者に傷害結果が生じるなどした場合には、競技者に民法709条に基づく不法行為責任が生じ得る。また、指導者や、施設管理者、大会主催者には、一般論として、事故発生の危険性を具体的に予見し、当該予見に基づいて事故発生を防止する措置を取る必要があるといえる。

MEMO

特に、ターゲット・バードゴルフ競技においては、幅広い年齢層が競技に取り組めるという競技特性から、高齢者や児童の競技者も多くいるため、これら関係者には、より一層の注意を払う必要がある。ターゲット・バードゴルフ競技中の事故ではなく、通常のゴルフ競技中の事故事例ではあるが、ターゲット・バードゴルフ競技においても同様の問題が生じ得ると考えられる事故類型についての裁判例を紹介する。

（１）競技中のスイング接触事故事例

隣の打席との間隔が狭く、練習者のゴルフクラブが隣の打席の練習者に当たったという事故に関し、ゴルフ練習場の設置および保存に瑕疵があったとして、ゴルフ練習場の経営者に対し損害賠償を命じた裁判例[※4]がある。

また、ラウンドの最中ではなく、空地でのスイング練習中の事故に関し、新品のゴルフクラブの素振りを住宅地裏の空地で行っていたところ、素振りの衝撃でクラブヘッドが折れて住宅地内に飛び込み、住民に怪我をさせたという事案で、素振り練習者の責任を肯定した裁判例[※5]がある。この事案で素振り練習者（被告）側は、ヘッドが折れることは予見不可能であるとして不可抗力の主張をしたが、裁判所は、練習者が周囲の状況に照らしてスイングの強さ、地点、方向などを選定するのに注意を払っていれば事故は発生しなかったとして練習者の主張を退けている。

ターゲット・バードゴルフにおいても、使用するゴルフクラブ自体は通常のゴルフと同様であり、スイング時の事故については、同様の危険性を有している。劇的な予防策を想定するのは難しいが、やはり、今一度、ゴルフクラブが有している危険性を認識し、スイングの際に周辺に気を払うよう努める必要がある。また、練習場設置の際は、スイングする場所の両隣の間隔を十分に保つなど、スイング時の事故を可及的に予防する必要がある。

（２）ゴルフ場の施設に起因した事故事例

ゴルフ場においてプレーをしていた原告が、プレー中にふたのないマンホールに転落して傷害を負ったとして、工作物責任もしくは一般不法行為責任に基づき、損害賠償請求を請求した裁判例[※6]で、以下のように判示して請求を一部認容した（しかし、マンホールへの落下について原告自身の過失を認め、7割の過失相殺がなされた）。

「本件マンホールは、本件ゴルフ場のコース内に設置されているから、土地の工作物にあたるといえる。そこで、これが通常有すべき安全性を有していたかどうかについて検討するに、そもそも、ゴルフという競技は、各ゴルフ場の具体的な立地や設計によって程度こそ異なるものの、地形を利用した起伏や湾曲などのあるコースの中で硬いゴルフボールを金属などの素材でできたクラブで打って行われるものである。また、コース内には、運営管理やサービスのため、大小様々な人工物が存在していることは通常のことであり、これら全てについて、例えば市街地や公道上のように安全性を確保すべきものであるとまではいえない。しかし、本件マンホールは、10番ホールと11番ホールの境界付近にあるが、10番ホールの競技者の打球が周辺に飛ぶことは時折ある場所だったのであり、一定数の競技者がその周辺に立ち入ることが想定される場所であったといえる。そして、本件マンホールは、直径、深さとも約1mもあるものであったから、万が一足を踏み外した場合には大きな傷害を負うこともあり得る形状の工作物である。このような、本件マンホールの位置、形状などに照らすと、たとえ、それが競技者から明確に視認可能であったとしても、ふたをするなどの措置が執られるべきであり、これにふたがされていないことは通常有すべき安全性を欠いていたものといえ、被告には、本件マンホールの設置または保存に瑕疵があったものというべきである」。

ターゲット・バードゴルフにおいても、競技会場は、公園などを利用してコースを作る、あるいはゴルフ競技場を利用して行われることもあるため、競技者がコース外の場所で思わぬ転倒や本裁判例のような穴への落下など、施設の瑕疵に起因した事故は起き得る以上、事前の予防策として、コースおよび会場全体に不備や危険はないか確認をしておく必要がある。

[※4] 千葉地判昭和46年10月29日
[※5] 大阪地判昭和36年7月31日
[※6] 東京地判平成24年1月25日

1 障がい者スポーツ

事故のポイント／争点

○ 障がい者支援と障がい者スポーツの関係を考える必要がある。
○ 障害への理解が重要である。

事故防止対策

○ 障がい者自身が<u>自分の障害についての理解</u>をする。
○ 指導者が、障害について<u>十分な理解</u>をする。

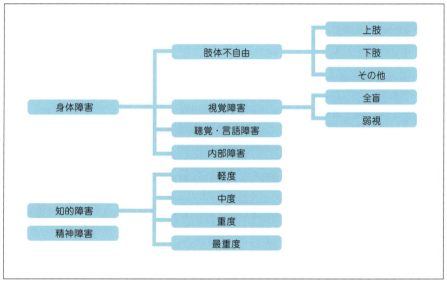

障害の分類

MEMO

基本情報をチェック！
（公財）日本障がい者スポーツ協会　　http://www.jsad.or.jp/
（公社）東京都障害者スポーツ協会　　http://tsad-portal.com/
本項作成検討にあたっては、東京都障害者総合スポーツセンターへのインタビューを行った。障がい者は、条例により、障害者手帳を持っていれば当該スポーツセンターを無料で利用できるため、障がい者スポーツの利用ケースが多いと考えられる。

1 はじめに

　障がい者スポーツは、医学的リハビリテーション[※1]の一環として行われたのが始まりだが、徐々にスポーツとして楽しむ意識が生まれるようになった。スポーツ施策の一つとして文部科学省の管轄により、大会などが開かれるほか、国際的な大会であるパラリンピックも行われている。近年は、プロとして活動できる種目もあり、競技スポーツとしての地位も確立されつつある。障がい者スポーツとして、一般的に認知されているのは、例えば陸上競技、水泳、アーチェリー、卓球など健常者スポーツのルールをそれほど変更しないものの他に、フライングディスク、サウンドテーブルテニス、グランドソフトボール、車いすバスケットボール、ブラインドサッカーといった障がいのある人のために独自に考案したスポーツがある。一般に、障がい者スポーツといえば、障がいのある人のための"特別なスポーツ"ではなく、障がいのある人がスポーツをする時、その障害の種類や程度によってルールの一部を改正したり、使う用具を工夫したりするスポーツのことを指す。すなわち、障がい者スポーツで生じる事故のリスクは、当該スポーツそのものに内在する事故のリスク、障害に内在する事故のリスクの2つが重なるため、より事故のリスクが高い。

　なお、平成23年に制定されたスポーツ基本法では、障がいのある人が自主的かつ積極的にスポーツを行うことができるように配慮すべき旨の基本理念を定めた。平成28年4月には「障害を理由とする差別の解消の推進に関する法律」が施行された。このような流れから、これまで障がい者の利用が想定されていなかった施設でも今後は、障がいのある人が利用するようになることが予想される。またさまざまな障がいのある人・ない人が同じ施設を利用することで事故が起こることが予想され、スポーツ設備だけでなく施設利用そのものによる事故についても対応が必要になると思われる。

2 事故類型と対策

（1）総論

　まず障害の分類をした上で、各障害においてどのようなリスクの特徴があるかについて述べる。障害は大きく分けて、身体障害[※2]、知的障害[※3]、精神障害[※4]の3つに分けられる。さらに3分類の中で細分化した区分がなされている。身体障害については部位と程度により細分化された区分がなされ、知的障害は障害の程度により区分される。精神障害は障害のレベルが固定していないため、程度による分類は困難である。スポーツ大会などでは、このような分類に基づき同種同程度の障がいを持つ者同士で競技ができるよう、区分に応じて行われる。

（2）障害の分類および注意が必要な事項

1）身体障害

① 肢体不自由

下肢に障害がある場合、車いすや義足を使用することが多い。車いすを使用する場合には、褥瘡[※5]や、足部がフットレストから外れることによる巻き込み、手の指の外傷などが起きやすいため、車いすの種類やクッションなどへの注意が必要となる。また、頚椎を損傷している場合は、体温調節ができないため、高温時などの体調管理にも注意が必要となる。

② 視覚障害

視覚障害は、全盲の他に弱視の場合や視野が狭い場合もある。糖尿病や緑内障・加齢による白内障などで生じることもある。視覚障害は障害物や段差に気づかず怪我をする事故が多いため、音や触覚で位置を確認すること、色のコントラストに配慮することが必要である。また、ガイドと呼ばれる補助者が状況を適切に説明することが必要である。

※1【医学的リハビリテーション】障害の除去、緩和、機能回復訓練、体の障害部分を代行する機能の向上のための代償機能訓練を治療計画の一環で日常生活動作の評価と指導などを行い、利用者の自立や社会参加への威力を高めること。
※2【身体障害】先天的、後天的な理由から、身体機能の一部に障害を生じている状態。
※3【知的障害】知的能力の発達が全般的に遅れた水準にとどまっている状態のこと。認知症も含まれる。
※4【精神障害】著しい苦痛や社会的な機能の低下を伴い、精神や行動に機能的な障害を伴っている状態。
※5【褥瘡（じょくそう）】一般的に床ずれのこと。寝たきりなど体重で圧迫される部位の血流が悪くなり滞ることで、皮膚の一部がただれたり、傷ができることもある。

③ 聴覚・言語障害
聴覚障害は、比較的健常者と同じルールでスポーツを行うことができる。スポーツ大会もデフリンピックという独自の大会が開かれている。ただ、コミュニケーション・情報伝達に制約があるため、視覚的に補完しないと衝突などの事故につながる。脳振盪からの復帰について、平衡機能の評価を基準に行うと、正しく評価ができない。

④ 内部障害
内部障害の典型的な例は、膀胱や直腸の機能障害により、排尿・排便を人工的に行う必要がある。ただ主治医の許可があれば参加可能である。しかし、接触のあるスポーツにおいては人工膀胱・人工肛門が損傷しないようにする必要がある他、運動は脱水症状が起きやすい傾向があるため、こまめな注意が必要になる。その他に、心臓機能障害・腎臓機能障害・呼吸器系機能障害などがあるが、主治医の指示に従って運動することを勧める。

2）知的障害
知的障害は程度により4つに分類がされている。軽度から順に①軽度、②中度、③重度、④最重度に分けられ、8割が①軽度に分類される。

3）精神障害
精神障害は、脳腫瘍などで生じる外因性のもの、統合失調症[※6]など確かな原因が不明な内因性のものとパニック障害[※7]など心因性のものがある。精神障害は、症状は固定しておらず、再発再燃の危険性のある慢性疾患である。症状をコントロールした上でスポーツを行うことが重要である。

（3）施設における事故類型
1）通常の事故
①事故事例

イ 擦過傷・切傷
スポーツセンターでの応急処置として最も多い事故類型である。障害の種類、程度・スポーツの種類にかかわらず、運動をする以上生じる擦過傷や切傷の事故が多い。混同されやすいものとして褥瘡がある。褥瘡は直接組織が破壊されない程度の外部の力により阻血となり、組織が壊死することである。

ロ 打撲・捻挫、靭帯損傷
着地の失敗や衝突などで生じる事故であり、運動をする以上生じる事故である。聴覚障害などのバランス機能が低下する障がいがある場合にも生じやすい。

ハ 気分不快
スポーツセンターでは、気分不快の場合にも応急処置を行う。気分不快の原因としては、頸椎損傷などを原因とする障がいを持つ者は体温調整ができないため、高温下で運動したことなどが挙げられる。

ニ 筋肉痛・関節痛
障害のある部位をかばって運動をするため、それ以外の部分に筋肉痛などの炎症が起きやすい。

ホ 痙攣発作
病気がある者が、てんかん発作を起こす場合がある。てんかん発作は薬によりコントロール可能であるが、完全に防ぐことができない。

※6【統合失調症】幻覚や妄想という症状が特徴的な精神疾患。日本ではおよそ80万人の患者がいると推察されている。
※7【パニック障害】突然起こる激しい動悸や発汗、脈拍が異常な向上、震えや息苦しさ、胸部の不快感、めまいといった体の異常などに伴って強い不安感に襲われる病気
※8 横浜地判平成4年3月5日／東京高判平成6年11月29日

2）対策

東京都障害者総合スポーツセンターでは、場所貸しだけでなく、スタッフが健康・安全管理にも留意している。初回利用時には利用登録をしてもらい、障害の内容や服薬の状況などを確認・把握するほか、利用に際して特に注意すべきことがある場合には、それも含めて全職員間で共有し、利用中の事故などに速やかに対応できるよう徹底している。各施設には最低1名以上のスタッフを配置するといった運営体制を整えており、水分補給の呼びかけ、体調の変化はないかなど安心安全な施設利用をしてもらえるように努めている。

また、利用者間のトラブルについても目を配っている。精神障がいのある利用者は対人関係でストレスを抱える場合もあるため、スタッフの配慮が必要である。

このような日々の安全管理を徹底するため、東京都障害者総合スポーツセンターのスタッフは（公財）日本障がい者スポーツ協会が主催する指導者講習を受講して、医師などから障害の類型ごとに注意すべきポイントを学習している。

3）障害者スポーツ施設以外のスポーツ施設での事故

障害者スポーツ施設以外のスポーツ施設においては、障がい者の利用に対応した施設の整備や対応が十分になされていないところもある。そういった施設では、移動時、更衣時などの転倒事故が生じやすい。手摺の設置や設置個所の改善、多目的トイレの設置、救助ボタンの設置など、バリアフリー化による対応がまず必要である。

次に、スタッフの対応として、健康状態などの把握を十分にできなかったことが原因と思われる、利用者の運動のしすぎによる転倒事故などが生じることがある。

また、障がいのある者とない者が同時に利用するような場面がある場合などは、接触事故が生じやすい。例えばプールであれば追い越しを制限するなど利用方法を設定したり、注意喚起したりする方法での対策が必要となる。

（4）競技中の事故

平成28年9月17日、パラリンピック・リオデジャネイロ大会の自転車ロードレースにおいて、脳性まひおよび運動機能障害C4の部で出場していた、左下肢のない選手が、下り坂でコントロールを失いコース外に飛び出し死亡した。もっとも障害の程度の軽いC5と同じコースで行われたものであった。バランスを崩したことが障害に内在する事故のリスクが高まったものでもあるとも捉えられる。パラリンピックなど、勝敗への執着心が高まる競技大会では、より安全性に配慮したコース設定などが必要になる。

（5）指導者に関係する事故

昭和62年4月、県立養護学校高等部2年の自閉症児であった生徒が、体育授業の一環として行われていた水泳練習に参加し、学級担任教諭から個別に指導を受けていた。教諭は生徒の足をつけさせないようにするためプール内で生徒を横抱きにして、生徒の足などにヘルパーを14個つけて水中での指導を行った結果、生徒は足もつけず息継ぎもできなくなり、水を誤嚥した。教諭は適切な蘇生措置もとらなかったことから、生徒は溺死した。教諭はヘルパー14個を足などにつける方法は、養護学校で実績のある指導方法だったと主張したが、判決は、「ヘルパーの正しい使用方法とは異なっていることや、足などにヘルパーをつければ下半身が浮いて鼻口が水没することは当然予見可能であることから、生徒の呼吸の状態に注意すべき義務があったにもかかわらずこれを怠ったこと、また生徒が痙攣を起こしていたのだから、ただちに適切な蘇生措置を執る注意義務があるにもかかわらずそれを怠った点に過失がある」として教諭の責任を認めた[※8]。知的障がい者の場合は、健常者以上に指導が難しく忍耐が必要になる。しかし危険が高まる方法をとる場合にはより高い注意義務が生ずる点に注意が必要である。

〈項目の参考文献〉
▽「新版 障がい者スポーツ指導教本 初級・中級」（公財）日本障がい者スポーツ協会　（株）ぎょうせい　2,314円（本体）
▽「全国障がい者スポーツ大会競技規則集」（公財）日本障がい者スポーツ協会　925円（本体）

スポーツ法の実践

キーストーン法律事務所　弁護士　菅原哲朗

　スポーツは明るく豊かで活力に満ちた社会の形成や個人の心身の健全な発達に寄与するものだ。しかし、スポーツ界にさまざまな不祥事が生じると、新聞テレビでガバナンス（組織の統治）とコンプライアンス（法令遵守）が話題となる。

　「スポーツを通じて幸福で豊かな生活を営むことは、全ての人々の権利」であると「スポーツ権」を定めるスポーツ基本法が平成23年8月24日施行され5年が経過した。

　2020年東京オリンピック・パラリンピック競技大会を成功させるためにも「スポーツ権」を基礎に、正しいスポーツを発展させるべきであろう。昨今、競技スポーツ団体関係者から「法の支配とは何か」という質問を受ける。なにも法に無知だとおそれる必要はない。常識で判断すれば良いのだ。すべてのスポーツにはルールがある。スポーツ団体、スポーツ人はルールに則って「自由と正義を」確立することが法の支配であろう。つまり、監督選手、先輩後輩などの封建的残滓を払って、スポーツ自治組織内に自由な討論を重ね、トップが説明責任を果たすべく透明性のある、外部に開けた論議の公開が「法の支配」の基本なのである。

　法というルールは強者がごり押しをするためにあるのではない。弱者の人権を底上げすることこそ「法の下の平等」の意味である。

　それとともに、（公財）日本体育施設協会の講習会において、よく受ける質問に「免責同意書を参加者から取得すべきか、否か」という問題がある。

　損害賠償請求の基礎となる「過失責任」、「債務不履行責任」は法的には注意義務を尽くしたか、否かだが、具体的な安全配慮の内容は「予見可能性と回避可能性」の視点から裁判所は判断する。

　スポーツイベントにおける主催者側の安易な発想で、大会参加者から事前に免責に関する同意書と決まりを設け、どういう事故が起こるか分からない参加者から一方的に免責同意書をとるのだ。免責同意書は将来に向けて、万一事故が起こった時にあらゆる責任を負わないということだが、紙切れ一枚で法的責任が一切なくなれば便利だ。

　しかし、免責同意書は事故前に主催者が責任逃れのため、参加者に一方的に不利益を課すもので、スポーツ権の侵害で、社会的相当性を欠き、公序良俗に反して無効である。

　もちろん、事件が起こった後の示談書は有効である。いわゆる示談の法律用語は「和解契約」と呼ぶのだが、なぜ示談書は有効なのだろうか。

　無効な「免責同意書」と有効な「示談書」との違いは、事前・事後の違い、まさに予見の有無である。免責同意書に署名捺印した人は、まさか死ぬはずがないと思っており、損害賠償請求権を放棄する気持ちはない。何故なら、死は予見できず、そもそも予見可能性はないからである。他方、示談書は被害の結果が分かった上で、譲歩するのだ。予見できるという事前と事後の違いが、無効と有効を峻別する違いとなる。

　まさにスポーツ事故防止は実践にあり、すべてのスポーツのステークホルダーが連携して安全配慮を尽くすことしかない。

第3章

事故の原因と対処法
（施設編）

1 体育施設総論

事故のポイント/争点

○ 体育施設が、施設の老朽化や整備不良、設計ミスにより通常備えているべき安全性を欠き、そのことが原因となって事故が生じた場合には、施設管理者も責任を問われることとなる。

事故防止対策

○ 上記事故を防止するためには、所有者、施工業者、体育施設管理者、指導者・利用者、大会主催者、監督者などが協力し合って対策を検討・実行することが重要である。
○ 施設の老朽化や整備不良が生じているものの予算などの都合でただちに修理や補修を行うことが難しいといった場合には、ただちに当該施設の全部または一部の利用を停止し、利用者に危険が及ばないように配慮する必要がある。

1 はじめに

体育施設が、施設の老朽化や整備不良、設計ミスにより通常備えているべき安全性を欠き、そのことが原因となって事故が生じた場合には、施設管理者も責任を問われることとなる。本稿ではまず、体育館で起きた事故のその後の対応や天井崩落事故などについて触れた後、次項より取り上げる野球場、サッカースタジアム、体育館、プール、陸上競技場、フィットネスクラブ、公園施設、モータースポーツ場、スキー場の9つの施設に加え、体育施設器具に関連する事故およびその対策について概観を述べる。最後に、体育施設において大規模イベント開催時の注意点についても検討する。

2 事故発生後の対応のあり方

ここでは、A市民体育館事故[※1]を紹介し、事故発生後の事故原因の究明や再発防止に向けた取り組み、被害者対応のあり方について説明する（事故現場における救急対応については除く）。

（1）経緯

① 事故の概要

平成21年12月26日、小学校6年の男児（当時11歳、サッカースポーツ少年団員）が、A市民体育館の採光換気用の出窓から落下し、病院に救急搬送されたものの、翌年2月8日に死亡した。

② 第三者委員会の設置

平成22年4月、弁護士（委員長）、建築士、元県保健福祉環境センター所長の3名を委員とする第三者委員会が設置され、事故発生状況や経過、事故原因の調査、再発防止策の検討が行われた。最終的に、計6回にわたる調査委員会の検証を経て、事故調査報告書がまとめられた（調査期間約2カ月）。

基本情報をチェック！
文部科学省　http://www.mext.go.jp
国土交通省　http://www.mlit.go.jp/

③ 被害者（遺族）との和解

前記報告書では、体育館管理者であるA市および施設管理業者が、換気窓から人が落下するという危険性を看過し、換気窓に乗らないようにという注意・指導、落下防止のための物的措置を施していなかったこと、つまり、換気窓の管理方法に問題があったことが事故の原因であると結論づけた。また、同時に、再発防止についても具体的な提言を行っている。以上の報告を受け、被害者（遺族）からA市に損害賠償請求がなされ、最終的には和解が成立した。

（2）事故原因の究明および再発防止に向けた取組み ※2

体育施設事故に限らず、スポーツにおける事故が発生した場合、被害者（およびその家族）は、被害・損害の填補ということよりもまず、何が起きたのか（事実関係の解明）、なぜ事故が起きたのか（事故原因の究明）、再発防止、という点について、明らかにされることを強く望んでいることが多い。

したがって、事故が発生した場合には、まず、被害者（およびその家族）の意思を確認した上で、警察などの協力も得ながら、一体何が起きたのか、事故発生の経緯、事故内容を中心とした事実関係を調査する必要がある。事故現場は長くその状態が保存されるものではなく、また、関係者の記憶も次第に薄れていくものであるから、速やかに取りかかることが重要である。

事実関係が解明された後には、なぜ事故が起きたのか、原因を究明する必要がある。これは有効な再発防止策のための大前提であり、一般的な内容に終始せず、当該事故を踏まえた具体的な原因の解明が必要である。特に、死亡など、重大な被害が発生した場合や社会的影響が大きい場合には、前述のA市民体育館事故のように、外部の専門家による第三者委員会を設置し、中立性・公平性を確保した上で調査することが有効である。このような調査を経て、再発防止策を検討し、これを実行すること、これを公表して共有していくことが重要である。また、被害者（およびその家族）に対しては、以上の事実関係の解明、事故原因の究明、再発防止策について、その内容を逐次、丁寧に説明する必要がある。その上で、金銭賠償やメンタルケアなど、被害者の状況に応じた責任ある対応が求められる。

3 天井崩落事故

（1）事故事例

昨今、体育館では震災や積雪などにより天井が崩落するという事故が起きている。また屋内プールでは、高温多湿となるため、結露やさびが生じないようにするための換気が重要であり、これがうまくいかないと、天井崩落事故が発生し得る。つり天井方式を採用せずに躯体に直接吹き付ける方法によっても事故が発生している。

（2）事故対策

建設時に天井崩落が起こらない設計、施工を行うことが重要であるが、施設管理においても、当該危険を正確に認識・把握し、これまでの天井崩落事故を踏まえた、必要な対応を講じることが求められる点に留意する必要がある。少なくとも、定期的な点検は欠かさずに行うべきであり、その点検の結果、施設側が認識した施設の危険性（補修・整備の必要性）に対応する対策が速やかに講じられ、利用者を危険にさらさないことが、施設側には求められているといえるだろう。なお、文部科学省では、「屋内運動場などの天井等落下防止対策事例集」を、国土交通省においても、建築基準法の改正、「大規模空間を持つ建築物の天井の崩落対策について」などの通知を行うほか、「特定天井及び特定天井の構造耐力上安全な構造方法を定める件」にて技術基準の策定などを行っている。また、（一社）日本建築学会「天井などの非構造材の落下防止ガイドライン」策定や、日本耐震天井施工協同組合の天井耐震診断といった取り組みがなされている。

※1 「体育館の転落死亡事故に係る和解について」 PDF
※2 学校事故対応に関する指針 HP

No	発生年月	発生場所	事故概要	事故要因
1	平成17年8月	宮城県内のスポーツ施設内の屋内プール	宮城県沖を震源とするマグニチュード7.2の地震が発生し、震度5強を観測した地区にある施設内の温水プールの天井の壁際から、建物の半径約20mの扇形の天井の天井材の約9割が、次々に真下のプールに向かって崩落。施設内には割れたガラスが散乱した。同施設は、地震の1カ月半前にオープンしたばかりの真新しい施設で、屋内に25mプールや流水プールなどの温水プールのほか、温浴施設もそろえる。プールでは大勢の利用客が遊泳中で、親子連れなど35人が重軽傷を負った。	耐震性
2	平成20年1月	愛知県内の屋内プール（地下2階）	ケイ酸カルシウムでできたつり天井のパネルや、ロックウールの化粧吸音板が長さ20m、幅4mの範囲で落下。営業時間前だったので怪我人はいなかった。プールは平成13年に完成。年末年始の休業期間中に天井裏の換気扇を止めたため、結露が発生。ケイ酸カルシウムのパネルが結露水を吸って重みを増した。そこに一部のパネルと天井下地材とのビス止めが不十分だった施工ミスが重なり、落下を招いた。	多湿多温による結露やサビ
3	平成21年8月	大阪府内の屋内プール（鉄筋コンクリート造3階建ての最上階）	屋根と天井を兼ねる鉄筋コンクリートの躯体に15mmの厚さで吹き付けた「調湿性粒状岩綿」と呼ぶロックウール系の仕上げ材が縦2m、幅3mにわたって剥落。落ちた仕上げ材の重さは100kg超。プールには小学生など約40人がいたものの、怪我人はいなかった。プール棟は事故が起こるわずか半年前の平成21年2月に完成。大阪市は設計当初からつり天井を使わず、躯体への直仕上げを決めていたが、それでも仕上げ材が落ちた。原因の特定には至らず。事故後、吹き付けた仕上げ材をすべて撤去した上で塗装仕上げに変更し、平成22年2月に再オープンした。	原因不明
4	平成24年3月	川崎市内の民間屋内プール（鉄筋コンクリート造5階建ての4階）	つり天井のパネルが落下し、プールサイドにいた小学生2人が顔に擦り傷などの軽い怪我を負った。1枚のパネルの大きさは縦24cm、横60cm、厚さ1cm程度。数百枚のパネルが30秒間ほどかけて、長さ19m、幅2.7mの範囲にわたって次々と落ちた。プールには当時、約40人の小学生と約10人のスタッフがいた。平成3年オープン。天井が吹き抜けになっており、プールがあるフロアの床から天井までの高さは約6.5mあった。	原因不明
5	平成26年2月	埼玉県内の市民総合体育館	鉄筋コンクリート造3階建ての体育館アリーナの屋根が積雪により崩落。屋根は鉄骨造りでトラス梁、小梁およびブレースで構成する骨組みの上に降り板が載った陸屋根であった。当日の積雪量は、35～39cmであり、設計時に想定していた30cmを超えていた[※3]。	耐重量
6	平成28年	熊本県内の体育館	平成28年4月に発生した熊本県熊本地方を震源とする地震規模マグニチュード6.5 最大震度：震度7の震災により、天井の一部や照明などが崩落した。体育館は指定避難所となっており400名ほどの住人が避難していたが、人身事故は起こらなかった。地震によって重さ約10Kgの天井板が1千枚以上落下した。	耐震性

最近の主な天井崩壊事故

4 各種施設における法的責任

（1）体育施設

体育施設の設置や管理上の責任については、主に民法第717条（土地の工作物）および国家賠償法第2条（公の営造物）が問題となる。前者は、「土地の工作物の設置または保存の瑕疵」、後者は、「公の営造物[※4]の設置または管理の瑕疵[※5]」が認められた場合に責任を負うことになる。

（2）体育施設器具

体育施設器具に関する事故についてメーカーは、製造物責任法第3条に基づく損害賠償責任が問題となる。製造物に欠陥[※6]があり、これにより他人に損害が生じた場合は、過失の有無を問わず、メーカーに責任が生じることになる。

※3 「総合体育館調査報告書」国土交通省 PDF
※4 【公の営造物】（国家賠償法第2条）は「土地工作物」（民法第717条）よりも広い概念であると考えられているが、裁判例において「公の営造物」ないし「土地工作物」と認められた体育施設としては、ここでも取り上げる野球場、体育館、プール、グラウンド、スキー場、のほか、ゴルフ場、サッカーのゴールポストなどが挙げられる。
※5 【瑕疵】その物が予測される使用方法に応じて通常備えているべき安全性を欠いている状態をいう。そして、通常備えるべき安全性を欠いているか否かの判断にあたっては、当該施設の構造や用法、周囲の環境、利用状況などなど、具体的個別的な状況が総合的に考慮される。
※6 【欠陥】設計上・製造上の欠陥のほか、表示や警告がないことをもって「欠陥」とする裁判例もある。

5 各種施設における事故事例と対策（各体育施設の概要）

　施設の老朽化、整備不良を引き起こす最大の要因は、迅速な補修や定期的な点検、整備のための予算・費用がないことである。そのため、施設側が一定の危険やその可能性を認識しながら、対策や定期的な点検・整備を「後回し」にした結果、利用者が危険にさらされて事故に至ってしまうケースが後を絶たない。営業を継続して利用者のニーズに応え続けなくてはならないという施設側の事情を鑑みても、そのために利用者を危険にさらすことは許されない。少なくとも、定期的な点検は欠かさず行うべきであり、施設側が認識した危険性、補修・整備の必要性を、速やかに利用者に開示し、注意喚起をすべきである。その危険性のレベルが高い場合、利用者に重傷を負わせる危険や危険が生じ得る可能性がある部分を、利用をさせない措置を取ることなどが、施設側に求められる。上記に述べてきたように、事故が起きた際には、損害賠償責任が課されるほか、場合により刑事責任に問われる可能性もある。予算措置の関係で修繕が後回しにされた結果、事故が起きた場合には、できる限りの対策を講じなかったことを理由に相応の責任が問われることとなる。施設管理者は事故を起こさないための対策を講じるとともに、事故後の対応を施設所有者と事前に細事取り決めておく必要があろう。

（1）野球場

　主な事故事例として、試合中にファウルボールや折れたバットが内野席にいた観客に当たった事故、打撃練習中のホームラン性の打球が外野席にいた観客に当たった事故などが挙げられる。

　これらの事故対策として、観客に対する一定の危険があることのアナウンス、打球の飛ぶ方向や頻度などの実証データの収集などが挙げられる。野球場やサッカースタジアムでは、観客同士の暴力を行使した喧嘩が起こることがある。観戦による興奮や、飲酒により酔っていることもその原因の一つと考えられる。喧嘩は暴行罪や怪我をさせれば傷害罪にもなり得る。試合中にアルコール飲料を販売している場合もあるが、常識の範囲内で飲むべきことは言うまでもない。

（2）サッカースタジアム

　主な事故事例として、練習中または試合中のボールが観客席に飛び込み、観客に当たる事故、観客席から地面に転落する事故などが挙げられる。

　これらの事故対策として、観客自身がプレーを注視すること、運営者側として防護ネットや透明アクリル板の設置、落下防止措置をとることなどが挙げられる。

（3）体育館

　主な事故事例として、剥がれた床板が身体に刺さる事故、水分などで滑りやすくなった床板での転倒事故、壁面に激突する事故、付帯設備の落下や破損による事故などが挙げられる。

　これらの事故対策としては、床板の状態について、定期点検を行うとともに、毎回の使用にあたって破損の有無などの確認を行うこと、破損を見つけた場合には、速やかに修繕を行い、利用者に対する注意喚起や必要に応じて、使用中止などの措置を講じる、壁面の突起物を必要最低限にするとともに、緩衝材を使用するなどして衝突時の衝撃を和らげる措置などが挙げられる。

（4）プール

　主な事故事例として、子どもが誤って水深の深い大人用のプールに入ってしまうことによる溺水事故、飛び込みによる水底への衝突事故、排（環）水口への吸い込み事故などが挙げられる。

　これらの事故対策としては、救命具の設置、柵などによる幼児用プールと大人用プールの区分け、監視室の設置、日常点検および監視、監視員などの教育・訓練、適正配置、利用者への情報提供などが挙げられる。

《項目の参考文献》
▽「月刊体育施設」2008年1月号（株）体育施設出版　1,300円(本体)
▽「月刊体育施設」2008年12月号（株）体育施設出版　1,300円(本体)
▽「月刊体育施設」2015年10月号（株）体育施設出版　1,300円(本体)

(5) 陸上競技場

主な事故事例として、短距離走のスタートダッシュ練習の順番待ちをしていた選手にハンマー投げのハンマーが直撃した事故、ジョギングしていた選手とスタートダッシュの練習をしていた選手とが衝突した事故などが挙げられる。

これらの事故対策としては、陸上競技場では、同時に複数の競技が行われることを前提に、各競技の練習場所の位置関係の検討、投てき系の競技を行うサークルの周りに防護ネットを設置することなどが挙げられる。

(6) フィットネスクラブ

主な事故事例として、屋内プールからロッカールームへ移動中に水溜まりで転倒した事故、トレーニングマシン（アダクション）のクッションからホチキスの針が出ていて利用者のスパッツに穴が開いた事故、トレーニング器具を収納しようとした際、バランスを崩して転倒した事故などが挙げられる。内因性疾患による重傷・死亡事故も散見される。

これらの事故対策として、クラブ施設のこまめな見回り、トレーニングマシンの定期的なメンテナンス、利用者情報の共有、事故マニュアルの作成・周知などが挙げられる。

(7) 公園施設

主な事故事例として、ブランコが根本から折れて遊んでいた子どもが地面に頭を打つ事故、1人乗り用のブランコに2人で乗って転落するなど、通常の用途を逸脱したために発生する事故、利用者の体力不足による事故、滑り台の滑り出し部分に子どもの肩掛け鞄が引っかかり、首を絞められた状態になる事故などが挙げられる。

これらの事故対策としては、経年劣化や部品の緩みなどの不具合を見つけられるよう定期的なメンテナンスの実施、通常の使用方法の明記、利用者への注意喚起、体力が十分でない子どもの利用の際の補助や制限、施設利用時の服装や持ち物に関する注意喚起などが挙げられる。

(8) モータースポーツ場

主な事故事例としては、選手が突然心臓発作などの疾病に罹り引き起こした事故、その他の原因によるクラッシュによる事故が挙げられる。観客など、選手以外の者が被害者となる事故事例としては、走行中のマシンがコースを外れて観客や監視員と接触する事故、衝突事故が起こり、マシンの破片などが観客席に飛び込んで観客に当たる事故がある。

これらの事故対策としては、主催者によるルール設定と選手に対して周知することである。その他、事故が発生した際に被害を最小限にとどめるための対策や、選手が突然心臓発作などの疾病により事故を引き起こした際の安全対策を取らなければならない。

(9) スキー場

主な事故事例として、ゲレンデを滑走中に前方のスキーヤーに衝突する事故、スキーで滑降中に木の切り株に激突する事故、照明塔支柱に激突する事故、防護ネットを突き破りコース外に転落した事故、スキー場内で雪崩に遭遇する事故、スキー場管理区域外・立入禁止区域での雪崩事故・遭難事故などが挙げられる。

これらの事故対策として、スキー場マップを作成し、スキーヤーに危険個所や難易度、立入禁止区域といった情報を提供する、障害物に緩衝具を設置する、雪崩危険個所マップを作成して周知徹底する、看板や標識、ロープ、ネットを設置して立入禁止区域であることの注意を促すといったことが挙げられる。

(10) 体育施設器具

主な事故事例としては、つり輪競技中につり輪が外れてしまい選手が落下する事故や、バスケットゴールに長時間ぶら下がっているうちにゴールごと落下してしまう事故、テニスなどの審判台に飛び乗りバランスを崩して転倒する事故、

跳び箱種目で踏み切りの歩数が合わずに跳び箱に激突する事故などが挙げられる。

　これらの事故対策としては、定期的な点検や修理の実施による不具合の発見、器具利用者側の危険性の理解、メーカーとしてメンテナンスの実施の働きかけ、通常の用途の遵守および注意喚起、自分の能力の把握と能力に合わせた技の実施などが挙げられる。

6 大規模スポーツイベント時に発生し得る事故への注意点

　特に観衆が多く集まる大規模なスポーツイベント開催にあたっては、①マスコミや大衆の注目が集まる、②利害関係者が多岐にわたる、③そのイベントの影響が経済効果など社会全般に及ぶ、④要人が観戦する、のいずれかの特徴がある場合は、政治的に利用されやすいため、テロの対象となりやすいといえ、本書で主に取り上げた事故対策の他に、いくつか注意すべき点がある。これら注意点を踏まえて、大会主催者、施設管理者などは適切な対策を講じる必要がある。

（1）事故事例

　昭和47年のミュンヘンオリンピックで、反イスラエルのテロリストグループが選手村を襲撃し、イスラエルの人質など11人が殺害された事件、平成25年のボストンマラソンの際に、イスラム過激派の主張に共鳴した人物により仕掛けられた爆弾が破裂し、3人が死亡、200人が負傷するという事件など、オリンピックのような国家的イベントだけでなく、一般の人も参加し、毎年行われている単一競技のイベントでもテロが発生している。また、通常時と違い、多くの人が集まるため、スリやひったくりのような財産的な犯罪から、小競り合い、喧嘩、暴行などの暴力事件が発生する可能性もある。

（2）事故へ対する注意点

　日本は比較的治安はいいかもしれないが、オリンピックやワールドカップのような世界的なスポーツイベントが開催される場合は、そこでテロを行えば、マスコミを通じてその主張や存在を世界中にアピールできる絶好の機会であることは間違いない。大会イベント開催時にはテロは起こり得るものと考えるべきであろう。対策を講じるにあたっては、少なくとも、施設管理者、大会主催者、自治体、警察や消防、警備会社が連携し、それまでにテロを発生させたことがある組織はもちろん、重大テロを発生させたことがない組織も十分な情報収集を行う必要がある。暴力や爆破、破壊といったテロだけでなくサイバーテロに対しての注意も必要であろう。各種コンピューターシステムが稼働しているため、もしサイバー攻撃を受ければ、イベントの運営に支障が生じる可能性が高い。

　また、人が多く集まるため、スリやひったくりのような財産的な犯罪から、小競り合い、喧嘩、暴行をはじめとする暴力事件も通常時と比べて発生しやすいといえる。そのため、これらを防ぐために治安対策をする必要がある。観客などへの注意喚起やアナウンスもその一つの手段となり得るが、外国人も大勢いることを前提に、多言語で行うべきである。また、警備員、監視員を通常時とは異なることを前提に適正に配置する必要がある。犯罪以外でも大規模スポーツイベントでは、選手だけでなく観衆も多く集まるため、人が将棋倒しになるというような事故も発生し得る。そのため、交通整理や動線を考えるなどといった対策が必要である。人の輸送対策や交通渋滞対策も検討しなければならない。

　さらに、上記のような未然防止策だけでなく、事件や事故が突発的に発生してしまったとしても、その被害を最小限に収めるために、選手や観客が驚いてパニックになることを防止し、速やかに安全に観客たちを避難させることに努めるなど、安全確保のための方策を事前に計画しておく必要がある。例えば、事故が発生した場合に、競技を続行するのか、その判断は誰が行うのか、観客たちをどのように避難させるか、誰が避難の指示をするのかなど事前に検討し、関係者全員が把握、実行できるよう定期的なシミュレーション訓練などの教育を行う必要もあろう。

2 体育施設器具

事故のポイント／争点

○ 体育施設器具が関連する事故は、その原因別に類型化すると、おおむね①**器具の不具合**による事故、②通常の**用途を逸脱した使用による事故**、③利用する者（選手など）の**能力不足**による事故の３つに分けられる。

事故防止対策

○ 事故を防止するためには、製造業者（メーカー）・体育施設管理者・指導者・利用者・大会主催者・監督者などが協力し合って**保守点検の実行**をすることが重要である。

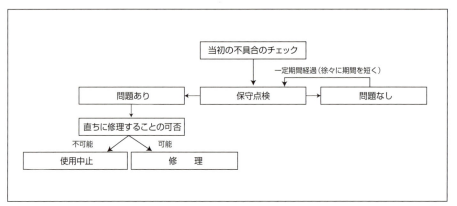

メンテナンスについて

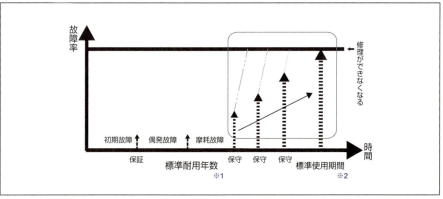

標準耐用年数と標準使用期間について

MEMO

基本情報をチェック！

消費者庁	http://www.caa.go.jp/
（一財）製品安全協会	http://www.sg-mark.org
日本スポーツ用品協同組合連合会	http://www.jsera.jp/
（公財）日本体育施設協会	http://www.jp-taiikushihsetsu.or.jp

《項目の参考文献》
▽「スポーツ器具の正しい使い方と安全点検の手引き」（公財）日本体育施設協会 施設用器具部会 2,500円（本体）
▽「月刊体育施設」2008年11月号 （株）体育施設出版 1,300円（本体）

1 はじめに

　体育施設器具は、体育館などの体育施設において用いられる器具を意味する。例えば、小中学校の体育の授業でも利用するソフトマット、とび箱、平均台、鉄棒などの器具のほか、体操競技で利用するつり輪、サッカーゴール、バスケットのゴール、テニス・バドミントンやバレーボールなどの支柱およびネット、卓球台、審判台などが挙げられる。
　これらの体育施設器具が関連する事故は、さまざまな原因で存在している。ここでは、体育施設器具が関連する事故の原因ごとに、事故防止のための対策を検討する。

2 事故類型と対策

（1）総論
体育施設器具が関連する事故については、おおむね①器具の不具合による事故、②通常の用途を逸脱した使用による事故、③利用者の能力不足による事故の3つに分けて、この原因ごとに、事故防止のための対策を検討する。

（2）事故類型
1）器具の不具合による事故
① 事故事例
体育の鉄棒種目において鉄棒の固定が不十分なためにバランスを崩して生徒が落下した事故、体操競技のつり輪種目において競技中につり輪が外れてしまい選手が落下した事故、バレーボール支柱や巻取器の摩耗、ネットの張り過ぎなどによって、頭部、顔面に直撃するといった事故などが挙げられる。

② 対策
体育施設器具の不具合が原因となっているものであっても、その多くは器具が提供された当初から不具合が存在するというものではなく、器具を長期間利用し続けているうちに、目に見えない金属疲労などの経年劣化や部品の緩みなどにより不具合が発生するというものである。
経年劣化や部品の緩みなどによる事故を防止するためには、製造業者（メーカー）の製品開発だけではなく、体育施設管理者・指導者・利用者などが体育施設器具に含まれる危険性を十分把握し注意することが重要となる。
まず、施設管理者は、定期的な点検および保守を実施する必要がある。定期的な点検および保守によりボルトの緩みや、経年劣化により脆くなっているなどの器具の不具合を発見し、老巧化した器具の入れ替えや、その不具合の修理を製造業者（メーカー）に依頼することで、事故を未然に防止する。この点検および保守は、器具の使用年数が長期に及ぶほど頻度を高くする。点検の時点で不具合がなかった場合であっても、それは購入時と同じ品質のものであることを意味するわけでは必ずしもなく、不具合が生じる可能性が徐々に高まっていることを理解する必要がある。さらに、施設管理者は、各製品の点検表を作成し、その点検表には、メーカー名、製造番号、購入時期、使用頻度、最近の点検、保守の時期・修理個所などを記載しておく。この点検表を保守の際に業者に見せることにより、不具合の見落としなどを防ぐことにもつながる。過去の事例を見ると、定期点検で不具合が見つかっても予算などの関係から優先順位によって次年度以降に見送られ、修理せずに放置しているケースがある。すぐに修理ができない場合には使用を中止する対応が必要である。使用期間が長い器具は新製品への入れ替えを検討する。少なくとも、器具の入れ替え時期を検討するためにも点検表作成は重要である。

点検マニュアルについては　参照 254頁

次に、製造業者（メーカー）は、メンテナンスの重要性を告知した上で、施設管理者に対し、メンテナンスを積極的に

※1【標準耐用年数】標準的な使用に耐用する年数であり、これを越えると、初期の器具特性が保持できなくなり、器具に起因する事故率が高くなる。
※2【標準使用期間】正しいメンテナンスを実施することで使用可能と判断できる年数。これを過ぎると、主要部品を交換しても全体的に劣化しており、本来の性能が維持できないため、修理ができなくなる。

働きかける。大会主催者、指導者および利用者は、体育施設を利用する際には、その器具に不具合が生じていないかなど、安全面の確認を十分に行う。この確認により安全面に問題があると考えられる場合には、ただちに使用を中止し、必要に応じて「使用中止」の貼り紙をするといった所有者または施設管理者は周知措置を取らなければならない。

2）通常の用途を逸脱した使用による事故
① 事故事例
具体的な事故事例としては、サッカーゴールポストのクロスバーにぶら下がり、ゴールポストが倒れてしまいその下敷きになる事故、バスケットゴールにぶら下がることによってゴールが外れて落下するという事故、追いかけっこをしていて逃げるために審判台に勢いよく上って審判台のバランスが崩れて転倒するという事故などが挙げられる。

② 対策
このような事故を防止するためには、利用者（主に生徒や児童）が通常の用途を守ることはもちろん、製造業者（メーカー）・体育施設管理者・指導者・監督者なども協力して対策を取ることが重要である。
具体的な対策について、製造業者（メーカー）は、通常の用途に限定した安全設計にとどまることなく、利用者が思いつき得る範囲での逸脱した使用方法を想定し、そのような使用方法によっても転倒や落下などという事故が生じないような安全な設計改良を続けていく必要がある。加えて、取扱説明書などにおいて、「～という使用をして下さい」、「固定して下さい」という記載にとどまることなく、「～という使用はしないで下さい。もし～という使用をした場合には、～という危険があります」と記載するなど、安全面からの注意喚起をより明確にすることも大切である。このような製造業者（メーカー）の安全性の追求は、体育施設管理者や監督者の信頼を得ることにもつながるものである。
次に、体育施設管理者・指導者・監督者については、利用者に対して、通常の使用を逸脱した使用をしないように繰り返し注意喚起しておくことが重要である。注意喚起の例として施設管理者は、その危険性に応じて体育施設器具に直接貼り紙をするなど、常に利用者が視覚的に認識できるようすること、指導者や監督者は、具体的に行為を禁止することにとどまらず、その行為の危険性を具体的に説明するなどして、利用者が通常の使用方法を逸脱したことを考えついても思いとどまるような注意喚起をすることなどが重要となる。
また、通常の用途を逸脱した使用も考慮した上で、事故が起こらないよう安全に配慮して設置することが必要である。例えば、サッカーゴールの場合は、水平で平たんな場所に設置する、強風や人がぶら下がる、押す、引くという行為を想定した上で設置場所にあわせてゴールの転倒防止処置を施す、未使用時にはゴールを前方に倒すことや、ゴール前面を壁際に固定するといった処置をすることが考えられる。

3）利用者の能力不足による事故
① 事故事例
具体的には、平均台種目においてより高度な技に挑戦しようとしたところバランスを崩して落下するという事故、とび箱種目において踏切板で歩数が合わないことによってとび箱に激突するなどという事故などが挙げられる。

② 対策
このような事故を防止するためには、まず、利用者に自らの技量を把握させることが何よりも必要であるが製造業者（メーカー）・体育施設管理者・指導者・監督者らも協力して対策を取らなければならない。
例えば、製造業者（メーカー）・体育施設管理者・監督者においては、利用者に対して、その種目の危険性を一般的に認識させておくための注意喚起を取扱説明書、貼り紙、口頭での説明などによって行うことが望ましい。また、指導者は、その利用者の技量を把握するにあたっては、技能修得カードなどを作成して把握することが必要だが、常に接してい

る指導者ならば、その利用者の技能を把握していることも想定されるが、いずれの場合であっても、過去の技の達成度などから形式的に挑戦させる技を判断するのではなく、その日の利用者の体調や得意・不得意なども加味した適切なアドバイスが必要である。

3 事故発生分析

消費者庁などは、体育施設器具が関係する主な事故について収集しているが、すべての事故情報が一括されて記録・収集されているわけではない。製造業者（メーカー）は、自社製品が関連して発生した事故について、情報を収集して、製品改良など事故対策に生かしている。

4 事故と法的責任

製造業者（メーカー）は体育施設器具に欠陥があった場合、無過失であっても製造物責任法第3条本文に基づく損害賠償責任を負う。

施設管理者の管理に過失があった場合には、直接、施設管理者が損害賠償責任を負う（民法709条）。さらに、指定管理者であるときには、国家賠償（国家賠償法第2条第1項）をした地方公共団体から損害賠償を求められることもあり得る（同条第2項）。指定管理者の協定書において、地方公共団体と指定管理者間の求償関係を明記している場合もある。

具体的なケースとしては、小学6年生が市民体育館の採光換気用の出窓から落下して後に死亡した事案において、体育館管理者（自治体、施設管理業者）が、当該換気窓から人が落下するという危険性を看過し、換気窓に乗らないようにという注意・指導も換気窓からの落下を防止する物的措置も施していなかったことが問題であるとして、市が遺族に対して損害賠償金を支払う旨の和解が成立した事案などがある。

さらには、中学生が一般公開前の市営多目的広場に置かれたサッカーのゴールを倒して同級生を死亡させた事故につき、ゴールを倒して移動させるのはゴールの取り扱いとして通常予想されるものであるとしてその設置管理の瑕疵を認定して市の責任を認めた事案がある。また、課内クラブ活動での練習に使用した内折式の卓球台を収納するため、児童4人で折りたたんでいたところ、これが倒れて下敷きになり負傷した事故について、卓球台に本来的に内在する一定の危険性がある以上、その危険に十分対処せず児童に収納を任せきりにした指導教諭に教育活動に伴う危険から生徒を保護すべき義務を怠った過失があったとして、市の国家賠償責任が認められた事案がある（なお、当該事案は地裁と高裁で判断が分かれている）。このように、体育施設器具に関係する事故は、法的責任が密接に関係する。

5 団体独自の予防対策

競技団体ごとに安全面からの規格基準を作成することにより、体育施設器具の安全性が高くなることに努めている。SGマーク※3制度が製品の安全性向上に役立っており、事故予防対策として機能している。

日本スポーツ用品協同組合連合会は、スポーツ用器具管理アドバイザー認定講習会を定期的に行っている。スポーツ器具販売のチャンネルの1つであるスポーツ用品店の資質を高め、点検時期・方法、安全な使用法と誤った使用法、標準耐用年数などをマスターし、精度の高い提案やレクチャーを行えるようにするためである。

また、（公財）日本体育施設協会は、安全点検のシステム化やスポーツ器具の正しい使い方、安全点検の時期と内容、誤った使い方について187器具収録した「事故防止のためのスポーツ器具の正しい使い方と安全点検の手引き」の作成を行うなど、事故防止の啓蒙に努めている。

※3【SGマーク】「消費生活用製品安全法」に基づき通商産業省の特別認可法人として設立された（一財）製品安全協会が、厳正な検査・審査の上で安全を保証するマークである。万が一、SG製品の欠陥により人身事故が起きた場合にも、1億円を限度とする対人賠償保険がつく。法的に表示が義務付けられたものではなく、表示を希望するメーカーが独自の判断で表示する任意のマークであり、すべての製品が対象ではない。また、マークの表示は指定された表示対象製品のみであり、対象製品は随時見直されている。だが、SGマーク取得に際し厳しい検査・審査を経ている製品は、製品の安全性向上にも役立っており、メーカーの積極的な取得表示により、体育施設器具や公園遊具の安全性が高まることが望まれる。

3 野球場

事故のポイント／争点

○ 近時、いくつかの訴訟が提起されたことで、**打球やバット**が当たって**観客が負傷**する事故が発生している。
○ 野球場外にボールが飛び出すことによっても事故が生じ得る。また、（事故ではないが）照明による光害[※1]や応援による騒音についても、野球場の管理者には対策が求められる。

事故防止対策

観客の負傷事故を防止するためには
○ **観客**は、グラウンドで行われているプレーに**注意を払うこと**、特にボールやバットを注視すること、さらには物品を購入する際にプレーから完全に注意を逸らさないことが必要である。
○ **野球場の管理者**は、打球やバットが飛んでき得ることを観客に対して**警告**することや、観客のプレーへの**注意を過度に逸らさないように配慮**してスタンドにおける物品販売などを行うことが必要である。

ファウルボールの危険性に対する注意喚起を怠らないようにしてください。

基本情報をチェック！
環境省　　　　　　　　　　http://www.env.go.jp/
（一社）日本プロ野球機構　http://npb.jp/
試合観戦契約約款　　　　　http://npb.jp/npb/kansen_yakkan.html
（公財）日本体育施設協会　http://www.jp-taiikushisetsu.or.jp

1 はじめに

野球場において起こり得る事故には、競技者以外の者に生じ得る事故もある。これらの事故には、施設設計や施設管理上の不備に関係して生じる事故も含まれており、対策が必要である。

2 事故類型と対策

(1) 総論

野球場において観客など第三者に生じる事故を、野球場の施設に関係して発生するもの、野球の器具に関係して発生するもの、および天災に関係して発生するものに分けると、近時、いくつかの訴訟が提起されたことで関心が高まっているのは、グラウンドからの飛来物が当たって観客が負傷する事故である。このほかに、野球場の施設や器具に関係する事故には、野球場外にボールが飛び出すことによって生じる事故、プレーヤーの練習中に、バッティングケージが転倒する事故や防球ネットが破損していたためにボールがすり抜ける事故がある。

(2) 事故類型

1) 野球場の施設に関係する事故

① 事故事例

野球場の施設が関係して起こった事故の例として、グラウンドからの飛来物が当たって観客が負傷する事故[2,3,4]、野球場外にボールが飛び出すことによって生じる事故、プレーヤーの練習中に、バッティングケージが転倒する事故や防球ネットが破損していたためにボールがすり抜けることによる事故、照明による光害や応援による騒音、スタンドから観客が落下する事故[5]がある。これらの事故において負傷した観客は、野球場の管理者などに対して損害賠償を求める訴訟を提起してその一部については判決が下されており、関心が高まっている。このような事故は、グラウンドとスタンドとの間のネットやフェンスといった、施設ないし設備を充実させることで防止できる(さらには防止すべき)場合が多い。しかし、プロ野球では、ファンサービスの一環として臨場感を演出するために、ネットや防球ネットを撤去する動きもあり、争点となっている。

② 対策

イ 観客

- ボールやバット、プレーへの注意

上記①で挙げたような事故を防ぐためには、グラウンドで行われているプレーに一定の注意を払うこと、特にボールやバットを注視することが必要である。物品の購入時にもボールが飛んでくる危険性があることを注意していなければならない。野球場の関係者に対して行った聴取調査によれば、打球による観客の負傷事故には、ライナー性の打球が直接当たるというタイプだけでなく、山なりに飛んできた打球が座席にはねて観客に当たるというようなタイプもあるとのことで、ライナー性の打球が多い内野席の観客の怪我だけに注意すればよいわけではない。打撃練習中は、ホームラン性の打球が試合中よりも多く観客席に入るし、試合中と異なって同時に複数のボールが使用されることがあるため、注意が必要である。さらに最近では、ファウルグラウンドに設けられた席で観戦する場合や、ネットの一部が取り外された野球場で観戦する場合には、ほかの場所で観戦する場合よりも、集中してプレーを注視することが求められる。

ロ 野球場の管理者に求められる対策

- 観客への警告

野球場の管理者が行う事故防止策として重要なものに、観客席に打球やバットが飛んでき得ることを観客に対して

---

[1] 【光害】(ひかりがい) 良好な「光環境」の形成が、人工光の不適切あるいは配慮に欠けた使用や運用、漏れ光によって阻害されている状況、またはそれによる悪影響をいう(環境省「光害対策ガイドライン(平成18年12月改訂版)」1頁)。
[2] 仙台地判平成23年2月24日／仙台高判平成23年10月14日
[3] 神戸地尼崎支判平成26年1月30日
[4] 千葉地判平成23年10月28日
[5] 本文で挙げたもののほか、平成23年9月30日、プロ野球公式戦で観客女性が転落し左足首を怪我したという事故もある。
[6] DON'T SIT THERE...OR THERE...OR THERE: AN ANALYSIS OF BALL PARK PROTECTION AND FOUL BALL INJURY RISKS Gil Fried Andy Pittman Andrew Milsten Troy Abell Juline Mills

アナウンスすることがある。例えば、「ファウルボールに注意」などと書かれた看板の設置、電光掲示板の表示、ホームランボール、ファウルボールなどが観客席に飛んだ際の警笛およびアナウンス、プラカードを持つ係員の巡回、チケット裏面に飛んでくるボールに注意する旨の記載が挙げられる。

・観客のプレーへの注意を過度に逸らさせないための配慮

野球場内において、マスコットのパフォーマンスなどの演出が行われることがある。また、野球場内には多くの広告の看板が設置され、さらにはスタンドでは物品の販売がなされている。これらは、観客の注意をプレーから逸らし、事故の発生の要因になり得る。特に、アルコール飲料は、販売時だけでなくその作用によって、観客のプレーへの注意を散漫にさせる効果を持ち得る。事故防止のためには、観客にはプレーから過度に注意を逸らさないようにする努力が必要であるが、野球場の管理者にも一定の配慮が求められる。

・実証データの収集

有効な事故防止策を行うためには、実証的なデータ、例えば、どのような速さの打球やバットが、どの観客席に、どのくらいの頻度で飛んでいくのかというデータを収集することが有用であろう。それによって、危険な打球が飛んでいきやすい観客席付近に警笛を鳴らす係員を多く配置するというようなことが可能となるからである。野球場の管理者としては、実験を行う、実際の試合や打撃練習の打球や折れたバットの記録を取る、さらには運営や警備を委託している会社が観客の負傷などを認知した場合には報告を徴求するといった方法により、データを収集していくことが考えられる。このような取り組みとして、(公財)日本高等学校野球連盟は平成13年、ファウルボールの飛球調査を実施し、ファウルボール事故対策を講じている。米国MLBにおいてもメジャー・マイナーリーグで飛球調査が実施されており、これを米国ニューヘイブン大学のGil Fried教授が分析し、一・三塁ダッグアウト付近の危険性を指摘[※6]し、ファンからファウルボール事故に関する集団訴訟が提起されたことをきっかけとして、平成27年暮れ、MLBでは一・三塁のダッグアウトまでのネットの敷設を推奨する基準を提示した[※7]。

・施設ないし設備を適切に管理する

まずは、できる限り球場の外にボールが飛び出さないよう、ネットを張るなど球場を管理する必要がある。プロ野球など野球の観客については、ボールなどの行方を注視するよう注意することができるが、例えば、一般の公園にある野球場の周辺の住民が、常に球場から飛んでくるボールについて注意していることは事実上不可能である。したがって、球場の管理者としては、どのような場合にどこにボールが飛ぶのかを調査し、適切にネットを設置し、維持管理することにより、周辺住民や、同じ公園を歩いている人に打球が当たって、怪我をさせる危険性をできるだけ少なくしなければならない。球場周辺の全域におこる事故を防ぐためには、高さの高いフェンスを作る必要があるが、その場合は、強風による転倒のリスクもあることを考慮しなければならない[※8]。

また、上記のような一般住民だけでなく、観客の安全も含め、安全のために設置されている施設ないし設備がその本来の性能を保つよう適切に管理すべきことは言うまでもない。バックネットに穴が開いていれば、ファウルチップがバックネット裏の観客に当たるのを防ぎきれないのは自明である。なお、施設ないし設備の「瑕疵」(民法717条1項、国家賠償法2条1項)と野球場の管理者の法的責任については、「3.事故と法的責任」を参照されたい。なお、バッティングケージの転倒や防球ネットの破損によってプレーヤーに生じる事故を防ぐための対策についても、防球ネットに穴が開いていないか、設置方法に間違いはないか、設置場所は正確かといった対策が必要である。

屋外の野球場の施設管理者には、光害への対策を講じる必要がある。環境省のガイドライン[※9]は、チェックリストを作成して対策を行うことを求めている。また、地方自治体が光害や照明についての条例を設けている場合もある。騒音については騒音規制法に基づき騒音の許容範囲の設定、騒音の測定、また条例においては騒音が環境省令で定める限度を超えていることにより周辺の生活環境が著しく損なわれると認めるときは、改善措置を取るべきことを要請するなどの対策を講じる必要がある。また、(一社)日本プロ野球機構では試合観戦契約約款において特別応援許可規程を設け、応援団による応援を許認可制にするとともに、許可を得ていない応援団や個人応援の場合は、鳴

MEMO

※7 Safety fan recommendation
※8 「屋外スポーツ施設要覧 改訂第7版」では、飛球の飛び方をシミュレートして、さまざまな場合を想定した、ネットの張り方が検討されている(210頁〜219頁) 長永スポーツ工業(株)著
※9 「光害対策ガイドライン」(平成18年12月改訂版) 環境省 HP
※10 神戸地尼崎支判平成26年1月30日
※11 当然、このような判断手法が妥当であるか否かを検討すべきである。その際には、野球観戦中の負傷事故についての判例法および制定法が発展しているアメリカ法を参照することが考えられよう。アメリカ法の状況については、磯山海「野球観戦中の負傷事故と球場管理者の賠償責任—アメリカ法における限定義務の法理をめぐって—」日本スポーツ法学会年報21号掲載およびそこで引用した論考を参照。
※12 「屋外体育施設の建設指針」(公財)日本体育施設協会屋外体育施設部会 4,000円(本体)
　　内野フェンスの高さは「3m程度」、バックネットの高さは「10から15m」、その幅は「25から35m」とされている。これ自体、国家が定めた規範ではないが、野球場が備えるべき内野フェンスやバックネットの高さや幅の目安として、一定の参考になるものと思われる。

り物を制限するという対策を取っている。また、野球場によっては鳴り物を用いた応援を22時以降は自粛するよう観客に求めている。

2）野球の器具に関係する事故

観客に損害が生じる事故であって、野球の器具に関係する事故としては、極めて折れやすいバットを使用していたところ、そのバットが折れて観客席に飛び込んだという場合が考えられる。また、極端に飛びやすいボールを使用していて、それが高速度で観客席に入り、観客に当たって負傷したというようなケースがある。アメリカでは、折れやすいとされるメイプル製のバットによって観客が負傷する事故が生じ、野球場の管理者の法的責任が問題とされている。

3）天災に関係する事故

東京ドームは、エアドーム型の屋根を維持するために、野球場の内外で気圧差が生じるよう設計されている。野球場の関係者によれば、天災時、特に大規模な天災によって電力供給が絶たれるような場合に、その気圧差を維持できるようにしておくことが必要であり、また気圧差を念頭に置いて外部への避難経路を確保しておく必要がある。

その他天災ついては　参照 270頁

3　事故と法的責任

野球場は「土地の工作物」（民法717条1項）に通常あたるため、管理者は、その「設置または保存に瑕疵があることによって」（同条項）、観客が負傷するなどして損害を被った場合には賠償責任を負う。また、野球場が「公の営造物」（国家賠償法2条1項）にあたる場合には、その「設置または管理に瑕疵」（同条項）により観客が損害を被れば、「国または公共団体」（同条項）が賠償責任を負う。また、このほかに、契約法ないしは不法行為法（ここには、民法709条だけでなく国家賠償法1条1項も含まれる）上の損害賠償責任が問われることもあり得る。

例えば、バックネットに開いていた穴をすり抜けたボールが観客に直撃したような場合、「瑕疵」によって観客が負傷したと言えるのが通常であると考えられる。そのような場合、野球場の管理者は通常、法的な賠償責任を負うであろう。これに対して、例えば、観客が折れたバットに当たって負傷したが、内野フェンスがもう少し高ければバットが観客席に入ることはなかったであろうという場合、「瑕疵」があると評価すべきかどうかは検討を要する問題である。この点が争点となった訴訟において「プロ野球の球場の『瑕疵』の有無について判断するためには、プロ野球観戦に伴う危険から観客の安全性を確保すべき要請と観客側にも求められる注意の程度、プロ野球観戦にとって本質的要素である臨場感を確保すべき要請という諸要素の調和の見地から、プロ野球の球場に設置された安全設備について、その構造、内容に相応の合理性が認められるか否かを検討すべきである（なお、その際には、安全対策として他にどのような手段が講じられているかも併せ考慮すべきである）」とした裁判例[10]がある。これによれば、「瑕疵」の有無は、例えば、「ホームプレート裏に、どの程度の高さの内野フェンスを設置していたかどうか」というような一義的に明確な基準によって判断されるのではなく、諸要素を踏まえて、安全設備の「構造、内容に相応の合理性が認められるか否か」という基準によって、いわばケース・バイ・ケース[11]で判断されることになる。

もっとも、上記判決においては、内野フェンスやバックネットの高さや幅の目安として（公財）日本体育施設協会の作成する「屋外体育施設の建設指針」[12]が参照されている。

「瑕疵」を理由とするもののほかにも、野球場の管理者や野球の試合の主催者などが契約法ないし不法行為法（民法709条や国家賠償法1条1項）上の損害賠償責任を問われることもあり得る[13]。

---

[13] プロ野球の試合の主催者は、危険があることおよび相対的にその危険性が高い席と低い席があることなどを具体的に告知して、当該保護者らがその危険を引き受けるか否かおよび引き受ける範囲を選択する機会を実質的に保障するなど、招待した小学生およびその保護者らの安全により一層配慮した安全対策を講じるべき義務を負っていた」と判示した札幌高判平成28年5月20日（裁判所HP）がある。

《項目の参考文献》
▽「屋外体育施設の維持管理マニュアル」（公財）日本体育施設協会屋外体育施設部会　2,000円（本体）
▽「スポーツ照明の設計マニュアル」（公財）日本体育施設協会スポーツ照明部会　2,200円（本体）
▽「月刊体育施設」2003年7月号（株）体育施設出版　1,300円（本体）
▽「月刊体育施設」2012年4月号（株）体育施設出版　1,300円（本体）
▽「月刊体育施設」2013年4月号（株）体育施設出版　1,300円（本体）
▽「月刊体育施設」2015年4月号（株）体育施設出版　1,300円（本体）

4 サッカースタジアム

事故のポイント／争点

○ **ボールが観客席に飛び込み**、観客が負傷する事故が起こり得る。
○ 観客が飲酒や試合展開に興奮して**転落**する事故が起きている。

事故防止対策

○ 練習中および試合中の選手のプレーに**注意**し、**ボールの行方から目を離さない**。
○ スタジアムの管理者、試合の運営者は、観客に対し、ボールが客席に飛び込む可能性がある場合には、**注意喚起**する。
○ **情報共有**を行い、事故防止につなげる。

観客の落下事故防止対策を講じてください。

基本情報をチェック！
（公財）日本サッカー協会　　　　　　http://www.jfa.jp/
（公社）日本プロサッカーリーグ機構　http://www.jleague.jp/

1 はじめに

　サッカーに関する事故で競技者に生じる事故については２章でも取り上げているが、ここではサッカースタジアムに関連して起こり得る事故として、競技者だけでなく競技者以外にも生じ得る事故も取り上げる。これらは、施設設計上の問題点や、施設管理上の不備に関係して生じる事故であるものもあり、注意が必要である。

2 事故類型と対策

（１）総論
　スタジアムにおいて、観客に生じる事故としては、①施設に関係するもの、②天災に関係するものに分類できる。

（２）事故類型

１）施設に関係する事故

① 事故事例

イ　観客にボールが当たる事故

　施設に関係して観客に生じる事故としては、練習中またはプレー中のボールが観客席に飛び込み、観客に当たることで、負傷することがある。

　サッカーは、スタジアムによっては、ピッチ[※1]と観客席の距離が他の競技に比べ近い場合がある。このようなスタジアムにおいては、練習中または試合中に何度も観客席にボールが入る可能性が高い。ほとんどの場合、ボールに当たったとしても、負傷することはないが、小さい子どもや不意にぶつかった場合には、負傷することがある。しかし、そもそもサッカーボールは、頭でプレーすることも考えられた上で作られたものであることから、ボールが当たることによりただちに傷害を発生させるものではなく、仮に発生した場合でも傷害結果も重篤なものが生じる可能性は低い。発生している負傷例の多くは、突き指、骨折などといった手指の損傷や打撲などである。

ロ　客席からの転落

　日本では、陸上競技場においてサッカーの試合を行うケースも多く、サッカー専用スタジアムでも２階席が設置されている場合など、観客席が地面から高い位置に設置されているスタジアムも多い[※2]。このようなスタジアムにおいては、試合に興奮した観客や酒に酔った観客が、観客席から地面に転落する事故が発生している。事例数は少なく、かなりまれな事故であるが、発生した場合には、重篤な傷害結果を引き起こす可能性が高い。

② 対策

イ　観客自身の対策

　練習中および試合中には、いつボールが飛んでくるか分からないため、プレーを注視する必要がある。

　特に、試合前の練習では、複数のボールを同時に使用するため、注意深くピッチの状況を見ておくことが重要である。

ロ　運営者の対策

・ネットなどの設置

　ボールの客席への飛び込みを防ぐためには、客席とピッチの間に、防護ネットや透明なアクリル板を置くことが考えられる。しかし、このような措置をした場合、観客席からの視界が悪くなり、観客に不満が生じる可能性がある。実際にこれらの措置を行うかどうかは、ボールが観客席へ飛び込んでくる頻度やそれによる負傷の回数・程度を鑑み、各スタジアムでそれぞれ対応をすることになる。

　運営者としては、少なくとも、場内放送や電光掲示板において注意喚起することが必要である。

・落下防止措置

　観客の観客席からの落下を防ぐために、観客席の最前列を使用しない方法を実施した時期もあったが、実効性およ

※１【ピッチ】サッカーにおけるグラウンドのこと。
※２「はじめてのＪリーグ観戦ガイド」ぴあ（株）　**HP**

び経済的な観点から最適な対策とはいえない部分もあり、現在ではほとんど行われていない。また、透明なアクリル板の設置などは、前述のような点から採用されていない。
施設管理者および大会主催者としては、警備員による監視や観客席から身を乗り出している観客に対する注意、場内放送や電光掲示板において注意喚起することが必要である。

・報告書の提出による情報共有
試合運営を行っている各クラブは、事故などが発生しない場合であっても、試合ごとに運営報告書および医事関係報告書をJリーグに提出している。
Jリーグでは各クラブから提出される報告書に基づき、年に数回、Jリーグ、各クラブ運営担当者および警備会社などが集まり、事例報告、対応報告およびJリーグとしての今後の対応方針などについて話し合う場を設けている。

2）天災による事故
① 事故事例（落雷、地震）
天災による事故としては、落雷および地震による事故が考えられる。サッカーは、ルール上は原則、降雨の場合であっても試合は行われ、ピッチはもちろん、観客席への落雷も考えられる。現在のところ、Jリーグにおいて、観客席に落雷があったという事例や地震により事故が発生した事例はない。平成8年に起きた高校サッカー部の男子生徒が試合中に落雷に遭って視力を失い、手足が不自由になるなど重度の障害を負うという事故などのほか、スタジアム付近で行われていたサッカーとは別のイベントに参加していた観客に落雷があった事故が発生している。

② 対策
落雷に対する対策としては、落雷前に安全な場所に避難させることが最重要である。そのため、試合を中止させ、観客を誘導することが必要になる。
試合の実施および中断・中止に対する判断のための資料が指針として（公財）日本サッカー協会から出されるとともに[※3]、中止の判断までのフローチャートがルールブックに記載されている[※4]。
地震に対する対策としては、緊急地震速報が発令された場合には、試合を一時的に中断し、安全が確認された場合、試合を再開する対応が取られている[※5]。
また、地震・落雷に対する観客への対応については、Jリーグおよび各クラブが避難など対応マニュアルを作成し、スタジアムで働いているスタッフおよびアルバイト、ボランティアにも周知している。
また、天災ではないが、サッカーの試合会場の内外で暴力的な言動・行動を行う暴徒化した集団、いわゆるフーリガンによる被害が生じた場合も、試合の中断、中止の判断、観客の避難誘導などを適切に行う必要がある。後述する（公財）日本サッカー協会のスタジアム標準において、テロ対策を行うための施設基準も設けられている。

天災については　参照 270頁

3　事故と法的責任

Jリーグで使用されているほとんどのスタジアムは、地方公共団体が所有しており、その管理については、多くの場合、指定管理者が行っている。スタジアムで事故（損害）が発生した場合、それが、施設管理者の過失を原因とする場合には、指定管理者が損害賠償責任を負う（民法709条）。スタジアムの設置または保存に瑕疵があることによって損害が発生した場合は、その指定管理者が、占有者として、その損害を賠償する責任を負う。ただし、指定管理者が損害の発生を防止するのに必要な注意をしたときは、所有者がその責任を負うこととされている（民法717条1項）。スタジアムが公共の施設である場合は、国または公共団体が賠償責任を負う（国家賠償法2条または同法1条）。

MEMO
※3 「サッカー活動中の落雷事故の防止対策についての指針」（公財）日本サッカー協会　PDF
※4 「危機事象（落雷）発生時の試合運営に係る判断について（フローチャート）」（公財）日本サッカー協会　PDF
※5 平成27年5月30日、明治安田生命J1リーグファーストステージ第14節において、関東を中心に緊急地震速報が発令され、震度4程度の地震が起きたため、複数のスタジアムで、試合を数分間中断した。

一方で、スタジアムの利用者であるクラブの利用方法に問題があり、それが原因で第三者に事故（損害）が発生した場合には、クラブが損害賠償責任を負う（民法709条）。

実際に事故（損害）が発生した場合には、事故原因が施設管理の瑕疵か、利用方法などの問題か、不明確な場合も多く、法的責任を誰が負うのか争いになることもある。例えば、スタジアムのコンコースや階段などの破損により観客が負傷した場合やスタジアム内で開催されていたイベントで生じた事故などの場合に、その事故の発生が、施設に瑕疵があったのか利用者の利用方法が悪かったのかが明確でなければ、紛争になることがある。

4 競技関連団体の対策

（1）Jリーグクラブライセンス制度

Jリーグでは、各クラブがJリーグへ参加するためのJリーグクラブライセンス[※6]を交付している。このライセンスの交付を受けるためには、Jリーグクラブライセンス交付規則に定められている競技基準、人事体制・組織運営基準、法務基準および財務基準とともに、施設基準を満たさなければならない[※7]。

各クラブは、施設基準として、以下のような事項を守る必要がある。

①スタジアムの認可

スタジアムは、国内法や地域の条例による安全性と避難計画に関する規定を満たし、認可を受けて建設されたものでなければならず、地元警察や消防などの公的機関と密接に協力し、（ⅰ）スタジアム構造の安全性についての状態と改善方法、（ⅱ）安全および治安についての戦略（医療サービス、火災や停電などの緊急事態が発生した場合の対策などの試合運営の全般的な事情）を定めなければならない。

②安全性

国内法令に基づく安全性が確保され、さらに当該基準で定められたスタジアムやスタンドのすべての部分における安全基準に準拠していることが求められる。

③承認された避難計画

緊急時にスタジアム内のすべての人が避難できる内容であると地元の警察や消防に承認された避難計画を定めなければならない。

（2）（公財）日本サッカー協会「スタジアム標準」

（公財）日本サッカー協会では、Jリーグをはじめ、日本代表の試合や国際大会などの大会を開催することができるか否か、また新しいスタジアム建設にあたり、スタジアムに求められる環境について、快適性、適合性、安全性の側面からスタジアムの基準を作成している。

①安全対策

観客席からピッチへの乱入を防ぐ策として、次のような方策が記載されている。
（ⅰ）警備員の配置、（ⅱ）フェンスとスクリーン、（ⅲ）侵入防止柵

②防災対策

（ⅰ）構造上の安全性、（ⅱ）火災予防、（ⅲ）避難経路の確保が求められている。

※6【Jリーグクラブライセンス制度】Jリーグに参加するための資格要件のこと。J1およびJ2のライセンスは、Jリーグクラブライセンス交付規則に基づいてリーグとは独立した第三者機関（クラブライセンス交付第一審機関：FIB）による審査が行われる。
※7 Jリーグクラブライセンス交付規則（公社）日本プロサッカーリーグ機構 PDF

5 体育館

事故のポイント／争点

○ <u>床（フロア）</u>が<u>破損</u>し、木片が刺さる事故が最近多く見られる。
○ 特に学校の管理する体育館では、スポーツ以外の用途にも使用されるため、付帯設備も多く、こうした<u>設備</u>が絡む事故にも注意を要する。

事故防止対策

○ <u>定期点検</u>、<u>使用前点検</u>を徹底する。
○ <u>付帯設備</u>の固定・落下防止・破損防止措置を実施する。

施設の定期点検を怠ることなく行ってください。

MEMO

基本情報をチェック！
文部科学省　http://www.mext.go.jp/
スポーツ庁　http://www.mext.go.jp/sports/
消費者庁　http://www.caa.go.jp/

1 はじめに

体育館は、学校における体育の授業や部活動、学校行事などで使用されるほか、地域住民に開放されるなど、スポーツ施設の1つとしてさまざまな人に利用されている。体育館ではバスケットボール、バレーボール、バドミントン、卓球、フットサル、体操、器械運動などの競技が行われる。そのため、使用される用具・器具もさまざまである。各競技および用具・器具に関する事故・予防策については別で述べることとし、ここでは、体育館という施設の瑕疵に起因する事故を取り上げる。

スポーツ器具製造者責任ついては 参照 30頁
体育施設器具に関する事故については 参照 200頁

2 事故類型と対策

（1）事故類型

1）床（フロア）に関する事故

① 事故事例

体育館の床は、木材フローリングを使用していることが多いが、経年劣化および固い物や尖った物を引きずったり落下させたりすることで、表面に傷がつき、木材の剥がれや不陸[※1]が生じる。体育館で行われる競技では、バレーボールにおけるレシーブや、フットサルでのスライディングなど、床上を体が滑ることも多く、床の木材に剥離など破損が生じていると、これが体に刺さるという事故が起こる。最近でも、神奈川県内の中学校体育館で学校開放中に、地域のバレーボールチームの中学生がレシーブ練習の際、床の木片が胸部に刺さり除去する手術を受けた事故がある。また、大阪市にある体育館でも、全日本男女選抜大会中に出場選手の1人が、やはりレシーブ練習の際に腹部に木片が刺さり、合計5針を縫う全治2週間程度の怪我を負うという事故が起きた。

② 対策

平成27年12月7日付で出された、「体育館等の床から剥離した床板による負傷事故について」[※2]において
・床板に傷や割れ、ささくれ、そり、浮き、目違い、床鳴りなどがないかどうかを点検し、そのような状態を確認した場合は、速やかに修繕等（必要に応じて全面改修）を行うなどの維持管理を適切に行い、修繕などを行うまでの期間、利用者への注意喚起や必要に応じて使用を中止するといった事故防止措置を講ずること。
・体育館などの床材による軽傷事故の発生状況を常時確認し、重大事故につながるおそれがないかの検証をすること。
・経年劣化などにより、床板が破損しやすくなっている場合があるため、床置き式のバスケットゴールやバレーボールのネット支柱、トレーニング機器、パイプ椅子の収納台車などの設置や利用、移動の際に、床板に傷や破損などが生じないよう注意すること。

といった点に留意するよう求められた。これらの留意事項からも分かる通り、剥離した床板による負傷事故を防ぐには、床の状態について定期点検を行うとともに、毎回、使用にあたって、破損などがないか確認を行うことが重要であり、小さなものでも破損を見つけた場合には、パテ[※3]で埋め、テープを貼るなどして応急の措置を施し、破損が大きい場合などは、体育館の使用中止を含めた対応も検討すべきである。

また、堅い物や尖った物を引きずることは、床板の剥離の原因になるため、体育施設器具や用具、トレーニング機器、パイプ椅子の収納台車などの設置や利用、移動の際には床を傷つけないよう、利用者に注意を呼び掛けることが必要である。木床へのワックス掛けは床をすべりやすくするだけでなく、ワックス清掃の際に、ワックスを取り除くために行う水拭きによって木床がダメージを受け、剥離、不陸の原因にもなるので使用してはならない。

※1【不陸】面が平ら・水平でないこと。
※2 平成27年12月7日付事務連絡「体育館などの床から剥離した床板による負傷事故の防止について」
　文部科学省大臣官房文教施設企画部施設担当課／スポーツ庁参事官（地域振興担当） PDF
※3【パテ】下地の窪みや割れ、穴などを埋めるために用いられる補修剤のこと。

No	発生年月	発生場所	事故概要	築年数
1	平成18年8月	高等学校体育館	フライングレシーブの体勢で上半身から床に飛び込んだ際、浮き上がった床材の一部が右胸下部に刺さった。	16年
2	平成23年7月	中学校体育館	バレーボールの部活動中に床板の木片が左胸に刺さった。	改修後7年
3	平成24年4月	中学校体育館	バレーボールのレシーブの練習で床に飛び込んだ際に、一部剥がれていた床板の木片が右胸に刺さった。	改修後8年
4	平成25年4月	中学校体育館	バレーボールの部活動中に体育館の床板が剥がれて刺さり怪我をした。	2年
5	平成25年5月	公立体育館	バレーボールのレシーブ練習で上半身から床面に滑り込んだ際、床板の木片が腹部に刺さり5針を縫う怪我をした。	26年
6	平成26年4月	公立体育館	バレーボールでレシーブをした際、床板の一部がめくれて右脇腹に刺さり負傷した。	31年
7	平成27年4月	大学講堂	フットサルの活動中、背中に床材の木片が突き刺さった。木片は肝臓にまで達していた。	51年
8	不明	中学校体育館	バレーボール部の練習中、ウォーミングアップでフライングレシーブの練習をしていた。その際、体育館の床材の一部が左大腿部から左下肢に刺さった。	不明

※消費者庁事故調査室　平成27年9月25日付「体育館等の床から剥離した床板による負傷事故」についてを元に筆者作成

2）転倒事故

① 事故事例
前記の通り、体育館の床は木材フローリングを使用しており、表面に水分があると予期せぬ転倒の原因となる。転倒により、頭の強打、足首の捻挫、他の競技者との接触による怪我につながるおそれがある。

② 対策
水分による転倒事故を防ぐためには、汗や雨により床面が濡れた場合はただちに水分を除去する必要がある。競技者はタオルを持参し、管理者側もモップなどを準備しておき、床が水に濡れた場合にはすぐに対応できる体制を取っておく必要がある。

3）壁面に関する事故

① 事故事例
体育館は閉め切られた施設であり、競技スペースの周りは壁で覆われている。競技スペースの周りに十分な余裕があればよいが、そうでない場合には、競技中の勢いのままに壁に激突することがままある。打撲やムチ打ちといった怪我の原因になるだけでなく、壁に突起物があるような場合には、さらに重大な怪我につながるおそれもある。

② 対策
競技スペースと壁面との間に十分なスペースを設けるよう心掛け、壁面の突起物も必要最低限にするとともに、壁面に緩衝材[4]を使用するなどして、衝突時の衝撃を和らげる措置を行う必要がある。利用者側も、練習場所を調整するなどして、できる限り壁面から離れた場所で活動するよう心掛けるべきである。

4）付帯設備に関する事故

① 事故事例
体育館には、照明設備やスピーカーなどの放送設備、緞帳、カーテンといった付帯設備があり、老朽化やボールが当

MEMO
- ※4【緩衝材】コンクリートなどの硬い柱や壁面に身体が衝突したときの衝撃を緩和し、身体への危害を未然に防ぐためのクッション性、衝撃吸収性を持った素材。
- ※5【キャットウォーク】体育館の2階部分ないし天井付近にある通路部分。通常、カーテンの開け閉めやメンテナンスのために使用されるものであるが、トレーニングスペースとして使用していることもある。
- ※6 大阪地判昭和51年2月27日
- ※7 大阪地判平成25年7月29日

たるなどして、落下し怪我をするという事故が起きている。

② 対策
体育館が必ずしもスポーツだけのためにある施設でないことを認識し、付帯設備についても、落下や破損の危険がないか定期点検を実施する必要がある。また、故意に付帯設備にボールなどを当てないよう、施設利用者に注意喚起を行うべきである。

5）キャットウォーク[※5]に関する事故
① 事故事例
転落事故や、ここから物が落下する事故が起こり得る。また、同スペースをトレーニングスペースとして利用していることもあり、そのような場合には、本来の目的外の使用であり、転落事故や物の落下事故が起こりやすい。

② 対策
キャットウォークは、メンテナンス目的の場所であることを認識し、必要がない限りは進入しないようにする。トレーニングスペースとして使用している例も散見されるが、本来、そのような用途で設計されていないため、目的外使用は絶対に行わないよう徹底する。
また、施設利用者が勝手にキャットウォーク内に進入しないような措置を施すとともに、万が一に備え、十分な高さの手摺を設置すべきである。

6）屋根の崩落
① 事故事例
幸いにも人的被害は発生しなかったが、平成26年2月の埼玉県内の市立総合体育館で屋根全体が落下した事故などが発生している。

② 対策
大雪が降った場合など、崩落の危険が予想される場合には使用を中止する。また、積雪荷重などある程度余裕をもった設計を行うべきである。

3 事故と法的類型

市立小学校の体育館において、生徒が天井床から墜落した事故について、学校側の責任を認めた裁判例[※6]や、バレーボール部の部活終了後に、体育館の天井に乗ったボールを取りに行った際、床が踏み抜けて転落した事故について、学校側の責任を認めた裁判例[※7]など体育館が通常備えるべき安全性を欠いていたといえる場合には、体育館を管理する者の責任を問われる可能性がある。体育館が公立学校ないしは公営の管理下にある場合には、国家賠償法2条1項、そうでない場合（私立学校や民間企業の管理下）には、民法717条1項に基づく責任である。部活動中や、チームの練習中などの事故の場合には、指導者の責任も問われる可能性がある。大会開催中に発生した場合には、施設管理者の責任のほか、大会主催者についても、そのような瑕疵のある施設を大会にあたって使用したこと、大会を通じて施設の安全を保つ義務を怠ったことなどを理由として、責任を問われる可能性がある。

《項目の参考文献》
▽「Indoor Sports Floor ～屋内スポーツフロアの企画から維持管理まで」（公財）日本体育施設協会屋内施設フロアー部会　2,000円（本体）
▽「スポーツフロアのメンテナンス」（公財）日本体育施設協会屋内施設フロアー部会　1,000円（本体）
▽「月刊体育施設」1999年8月号（株）体育施設出版　1,300円（本体）
▽「月刊体育施設」2008年12月号（株）体育施設出版　1,300円（本体）
▽「月刊体育施設」2013年8月号（株）体育施設出版　1,300円（本体）
▽「学校施設における天井等落下防止対策のための手引」文部科学省 HP
▽ 平成29年5月29日付「事故等原因調査報告書―体育館の床板の剥離による負傷事故―」消費者安全調査委員会 PDF

6 プール

事故のポイント／争点

○ 事故が発生した場合は**重大な事故**に発展するリスクが高い。プールにおける事故で死に至る危険性をはらむものとして、**溺水事故**、**飛び込み事故**、**吸い込み事故**があげられる。

事故防止対策

○ プールにおける事故への対策については、施設（ハード）面および施設の管理・運営（ソフト）面両方での対応が必要となるが、溺水事故および飛び込み事故への対策については、**施設の管理・運営（ソフト）面での対応**が特に重要である。吸い込み事故への対策は**施設（ハード）面での対応**が特に重要である。これにより限りなく事故数をゼロに近づけることが可能である。

排（環）水口の適切な対策を講じてください。

MEMO

基本情報をチェック！
- 文部科学省　　　http://www.mext.go.jp/
- 国土交通省　　　http://www.mlit.go.jp/
- （公財）日本水泳連盟　http://www.swim.or.jp/

1 はじめに

　プールで生じる事故は、利用者の過失が原因で生じる事故とハード面またはソフト面の瑕疵が原因で生じる事故がある。競技利用者の過失が原因で生じる事故については2章で取り上げているが、プールにおいて起こり得る事故には、施設設計上の問題点や、施設管理上の不備に関係して生じる事故であるものもある。

2 事故類型と対策

（1）事故事例

　溺水事故、飛び込み事故が圧倒的に多いが排（環）水口への吸い込みによって死亡した事故も散見される。プールでの事故は重篤となるケースが多く、特にこの3つの事故はプールの三大事故とされ対策が強く求められている。

　浅い部分で水底に足がつく状態でも、水深の変化が大きいプールにおいては、深みに入ると足が立たないことがある。また大人用プールと幼児用プールとが併設されている施設においては、子どもが誤って大人用プールに入るなど溺水の理由はさまざまである。兵庫県内の中学校で水泳のタイム測定中に溺水した事故[※1]などの事例がある。

　飛び込み事故については、中2男子生徒が4.5mの高さの飛び込み台から水深1.1mのプールへ飛び込んだ事故[※2]などのように、飛び込んだ者が水底あるいは他の泳者に衝突して頭部外傷、頸髄損傷などにより死亡・重傷事故が生じている。また、平成18年7月31日、埼玉県内の流水プールにおいて、小学2年生の女児が流水プール内の排（環）水口に吸い込まれて死亡した事故[※3]や、大阪市立高校で、高1男子生徒が蓋のない排（環）水口に足が吸い込まれて死亡した事故[※4]などのように、プールの水を濾過するための排（環）水口の蓋が外れていたりした場合に、足や腕などが吸い込まれ、あるいは吸い付けられて離れなくなる事故も起きている。

（2）事故対策

1）総論

　プールは、利用者が安全かつ快適に利用できる施設でなければならない。担架などの救命具を備え、必要な場合にただちに使用できるようにしておくことや、AEDを適当な場所へ配備する。監視員を統括管理し、監視体制の充実を図るために監視室を設置することも必要である。プールが大規模で、水域全体を見渡す場所に監視室を設置できない場合は、監視台を充実させることで監視室の機能を補完する措置を講じることも必要であろう。また、プール利用者の怪我や急病に備え、救護室、医務室などを設け、緊急時にただちに対処できるよう、救命具、救急医薬品やベッド、救急医療設備などを備え、床は耐水性とし、換気を十分できるようにする。さらに、プール利用者に対する危険発生の周知や、監視員と管理責任者が緊急時などに円滑に連絡を行うために、放送設備が完備されている必要がある。

　プールを安全に管理するためには利用者への適切な注意や警告も必要であり、適切な看板や標識類を設置する必要がある。排（環）水口部を示す標識、排（環）水口に触れることや飛び込むこと、プールサイドを走ることなどの禁止警告看板は、入場者全員の目に付く場所（プールの入り口部とプールサイドなど）に2カ所以上設置する。また、幼児用プールを含む複数のプールが設置され、幅広い年齢層による利用や多様な利用形態が見込まれる場合は、幼児が大人用プールで溺れるといった事故防止のため、幼児用プールの外周を柵などで区分することも必要である。

　プールの安全を確保するためには、上記施設面での安全確保とともに、管理・運営面での点検・監視および管理体制についても、徹底した安全対策が必要である。プールの設置管理者は、管理責任者、衛生管理者、適正な監視員・救護員の配置など漏れのない管理体制を整え、施設の異常や事故を発見、察知した際には、緊急対応の内容を連絡、安全管理に携わるすべての従事者に周知徹底する仕組みを作る必要がある。また、全管理に携わるすべての従事者に対し、プールの構造設備や維持管理、事故防止対策、事故発生など緊急時の対応と救護などについて、就業前に十分な教育や訓練を行うことも重要である。

※1 神戸地判平成2年7月18日
※2 宮崎地判昭和63年5月30日判時1296号
※3 さいたま地判平成20年5月27日（刑事訴訟）
※4 大阪地判昭和56年2月25日判タ449号

プールの使用期間前には、清掃を行うとともに点検チェックシートに基づき施設の点検・整備を確実に行う。使用期間中も、日々のプール利用前後と利用中の定時ごとに、目視、触診および打診によって点検を行い、特に排（環）水口の蓋などが堅固に固定されているか、またネジなどの金属部が腐食していないかなどを確認する。施設の異常が発見された場合は、危険個所に遊泳者を近づけないようただちに措置を講じるとともに、プールの使用を中断して当該個所の修理を行い、修理が完了するまでプールを使用しないなどの策を講じる。

万が一、人身事故が起きた場合は、傷病者の救助・救護を迅速に行うとともに、速やかに消防などの関係機関および関係者に連絡する。さらに、プールを安全に管理するためには、利用者への適切な注意や警告を行うことも有効であるため、排（環）水口の位置など危険個所の表示、プール利用に際しての注意・禁止事項、毎日の点検結果などは、利用者が見やすい場所に見やすい大きさで掲示するなどの対策を講じる。

2）飛び込み事故対策

昭和41年に文部省から出された「水泳プールの建設と管理の手引き」では、下記表1のとおり、最浅水深と最深水深とスタート台の基準を設けていたが、現在、プールの安全性の判断基準にそぐわないものとなっている。一方、（公財）日本水泳連盟ではプール公認規則第21条において、「端壁前方 6.0mまでの水深が 1.35m 未満であるときはスタート台を設置してはならない。」と規定している。

しかし、既存のプールには水深1.0～1.2mの施設が存在していたため、平成17年7月に、いかなる飛び込み状況の中でも安全を確保するという観点ではない上、必ず自分自身の身体で水深を確認させるなど条件は付すものの、水深 1.00m～1.35m未満のプールにおける飛び込みスタートを行う場合のスタート台の高さのガイドラインとして下記表2の通り定めた[※5]。

もっとも、必ずしも十分な水深がないプール施設での事故発生の危険性を、適切・合理的な飛び込みスタート方法（到達水深が深くならないで速やかに泳ぎにつなげる飛び込みスタート）によって回避できることを前提としており、ガイドラインに即さない施設の利用法や適切・合理的な飛び込みスタートができない泳者の利用により飛び込み事故が生じた場合には、施設の管理者や指導者の法律上の責任が問われる場合があることに留意が必要である。特に可動床の施設では水深設定に注意が必要である。

なお、学習指導要領解説では、小学校で水中からのスタートを指導、中学校においては、泳法との関連において水中からのスタートおよびターンを取り上げること。高等学校でようやく、安全を十分に確保しながら段階的な指導を行うとしている。識者においては判断が分かれるところではあるが、飛び込み台の廃止や飛び込みの全面禁止を行っている自治体や学校もある。望月浩一郎弁護士のホームページ[※6]では、適正な飛び込み台と水深や、安全を確保するための指導法について、かなり詳細に記した執筆原稿を公開しているので、参考にされたい。

表1 文部科学省「水泳プールの建設と管理の手引き」より

プールの使用目的	最浅水深～最深水深	スタート台の高さ
幼児用プール	0.3m～0.8m	—
小学校用プール	0.8m～1.1m	40cm
中学校用プール	0.8m～1.4m	40cm
高校大学用プール	1.2m～1.6m	—
競泳用プール	1.3m～1.8m	60cm

表2 （公財）日本水泳連盟「プール水深とスタート台の高さに関するガイドライン」

水 深	スタート台の高さ（水面上）
1.00～1.10 m未満	0.25 m±0.05 m
1.10～1.20 m未満	0.30 m±0.05 m
1.20～1.35 m未満	0.35 m±0.05 m

MEMO
※5 「プール水深とスタート台の高さに関するガイドライン」（公財）日本水泳連盟 PDF
※6 弁護士望月浩一郎個人Webサイト HP
※7 東京地判平成14年3月27日
※8 横浜地判平成4年3月5日判タ789号213頁／東京高判平成6年11月29日判タ884号173頁

3）吸い込み事故対策
① 二重構造の安全対策
吸い込み事故を未然に防止するため、排（環）水口の蓋などをネジ、ボルトなどで固定させるとともに、配管の取り付け口には吸い込み防止金具を設置するといった二重構造の安全対策を施すことが必要である。また、排（環）水口を分散して一つ当たりの吸入力を抑える構造にすることも対策として検討する必要がある。
② 仕様や形状についての配慮
排（環）水口の蓋など、それらを固定しているネジ、ボルトなどは、接触による怪我を防止できる仕様とすることや、蓋などの穴や隙間は、子どもが手足を引き込まれない大きさとするといった、形状、寸法、材質、工法についても十分な配慮が必要である。
③ プール使用期間前後の点検
排（環）水口については、水を抜いた状態で、蓋が正常な位置に堅固に固定されていること、それらを固定しているネジ、ボルトに腐食、変形、欠落、ゆるみなどがないこと、配管の取り付け口に吸い込み防止金具が取り付けられていることを確認し、異常が発見された場合はただちに設置管理者に報告するとともに、プール使用期間前に修理を施す。

3 事故と法的責任

プールは裁判例において、民法717条の「土地の工作物」にあたると判断されている。したがって、プールが通常備えるべき安全な性状、または設備を欠いていることにより事故が発生した場合、施設管理者は、損害賠償責任を負わされる可能性がある。同様に、プールは、国家賠償法2条の「公の営造物」にあたると判断されており、プールが通常有すべき安全性を欠いているがゆえに事故が発生した場合には、施設管理者は損害賠償責任を負わされ得る。

また、施設管理者は、監視台や監視者の設置などの監視体制を講じないことに起因して事故が発生した場合や救助体制が講じられていないことに起因して損害が発生した場合には、注意義務違反により損害を発生させたとして損害賠償責任を負わされる。

具体的には、プール授業の参加児童121人を4人の教師で監視していたところ、児童がプール内で溺死したという事案において、プール授業に参加する児童の人数や身体の発育、泳力などを把握し、それらを前提にしてプールの水深や具体的監視方法などを検討した上、児童らを監視すべきであったとして施設管理者の損害賠償責任を認めた裁判例[7]や、授業中に自閉症の生徒をマンツーマンで指導していたところ、溺水し、死亡したという事案において、溺水して痙攣した生徒に対してただちに蘇生措置を講じなかったことを注意義務違反と認定して施設管理者の損害賠償責任を認めた裁判例[8]が存在する。

平成24年6月に、「プールの監視業務は警備業法上の警備業務に該当する」という見解が警察庁から通知されました。有償でプール監視業務を外部へ委託している場合、受託業者の警備業取得および警備業法に基づいた監視員の確保と教育訓練が必要です。

《項目の参考文献》
▽「プールの安全標準指針」文部科学省・国土交通省 PDF
▽「月刊体育施設」2009年2月号 （株）体育施設出版 1,300円（本体）
▽「月刊体育施設」2011年5月号 （株）体育施設出版 1,300円（本体）
▽「月刊体育施設」2013年5月号 （株）体育施設出版 1,300円（本体）
▽「月刊体育施設」2016年5月号 （株）体育施設出版 1,300円（本体）
▽「水泳プールでの重大事故を防ぐ」(公財)日本水泳連盟　(有)ブックハウス・エイチディ 品切れ
▽「HELTH NETWORK 203号」16頁「知っているようで知らない素朴な疑問 プールでの事故と補償!?」望月浩一郎著 (公社)日本フィットネス協会 HP
▽「水泳プールの安全管理マニュアル」(公財)日本体育施設協会水泳プール部会 1,000円（本体）
▽「プール運営・監視法の安全ガイドライン」(公財)日本体育施設協会水泳プール部会 1,000円（本体）

7 陸上競技場

事故のポイント／争点

○ ハンマー投げのハンマーややり投げのやりなどが人に**接触した**時に衝撃は大きく大事故につながり得る。
○ 走り高跳びや棒高跳びのマット自体やその設置、ポールに**欠陥**があることによっても事故は起こり得る。

事故防止対策

○ 事故の防止、安全の確保に**細心の配慮**をする。
○ 競技の特性や練習場における他競技の練習場所との**位置関係**を細かく検討する。

防護ネットを適切に設置してください。

MEMO

基本情報をチェック！
（公財）日本陸上競技連盟 http://www.jaaf.or.jp/

1 はじめに

　民法上、土地の工作物の設置または保存に瑕疵があることによって他人に損害を生じた時は、その工作物の占有者は、被害者に対してその損害を賠償する責任を負うとされている。占有者が損害の発生を防止するのに必要な注意をした時は、所有者がその損害を賠償しなければならない。陸上競技場はスタンドなどの建物だけでなく、トラックや砂場などもこの「土地の工作物」に該当する。したがって、トラックや砂場が本来備えるべき安全性を欠いていると判断され、それが原因で事故が起こった場合、その占有者（施設の管理者）または占有者が損害の発生を防止するために必要な注意をした時（施設の管理を適切に行っていた時）は所有者が、損害賠償責任を負うことになる。

　施設が公立であれば、「公の営造物の設置または管理に瑕疵があった」として国家賠償法が適用され得るが、設置管理者が民間法人の場合、民法上工作物の占有者としての責任が認められる可能性が高い。

　また、直接は陸上競技場自体の欠陥を原因としたものではないが、競技場施設内の事故を防止する責任がある事例として、大会主催者の安全配慮義務違反が問題となった事例も紹介する。

　なお、陸上競技場では、陸上競技だけでなく、サッカーやラグビーなどさまざまな競技に利用されるため、そこでは多くの種類の用具・器具が使用されるし、それらを起因とした事故も起こり得る。例えば、サッカーのゴールも上記「土地の工作物」に該当すると判断されているので、学園内の固定不十分なサッカーゴールが転倒して園児の頭部を強打し、園児が死亡した事故につき、サッカーゴールの設置、保存に瑕疵があるとして、当該学園に責任を認めた事例もある[※1]。
　ここでは、陸上競技に関連して起こり得る事故について、判例を中心に検討する。

2 陸上競技場で起こる施設の瑕疵による事故類型と対策

（1）総論

　下記2(2)で取り上げる判例からも分かるように、陸上競技大会の主催者や指導者を含む、練習する場所の設置、管理に関わる者が、一般的に、①事故の防止、安全の確保に細心の配慮をする、②競技の特性や練習場における他競技の練習場所との位置関係を細かく検討することにより、事故の発生可能性を予測するなどの対策を取る必要がある。事故は競技規則を遵守していれば発生しなかったはずだといっても、それだけでは完全に責任を免除されることにはならない。事故を防止し、また法的責任を問われないためには、常に事故を防止することを念頭において、競技の準備・運営・指導をする必要がある。これは、陸上競技の施設に限っても、(2)で事例として紹介するハンマー投げの防護ネットだけでなく、他の陸上競技の器具についても当てはまる。例えば、走り高跳びや棒高跳びのマットに欠陥がないか、それらのせいで選手が怪我をすることがないように、常に確認しなければならない。例えマット自体に欠陥がないとしても、その設置場所は適切かどうか常に確認を怠らないようにする必要がある。走り幅跳びの砂場についても民法上の工作物責任が追及され得る「土地の工作物」と解釈され得るのであり、手入れがきちんとされているか、異物が放置されていないか、固くて着地時に怪我をすることがないかについても、当該施設の管理者・所有者として確認する必要がある。もしその確認を怠ったせいで何らかの事故が発生すれば、それは大会の主催者だけでなく、当該競技場の所有者・管理者の責任とされる可能性が高い。

　陸上競技場ではなく、市立小学校のグラウンドでの事故であるが、小学4年生の児童が校庭の砂場において体育の授業中、担任教師の指導で走り幅跳びの跳躍を試み、砂場に着地したところ、砂中にスコップが埋没放置されていたため怪我をした。この事案は、設置者である市の責任を肯定した判例である[※2]。これは小学校の砂場であったが、陸上競技場での砂場であっても同様に、その管理者の責任を認める判断がなされる可能性が高いと思われる。本件の事故が発生したのが公立の学校だったため、国家賠償法2条が適用され「公の営造物の設置または管理に瑕疵がある」と判断されたが、

[※1] 岐阜地判昭和60年9月12日判時1187号110頁
[※2] 神戸地尼崎支判昭和46年5月21日判時647号74頁

国家賠償法2条でこのように判断されたということは、もし民間などの法人が管理している施設で同様の事故が発生した場合は、上記民法上の土地工作物の管理者としての責任が認められる可能性が高いと考えられる。

（2）事例
1）県立高校陸上競技部の校庭における練習中、短距離走のスタートダッシュ練習の順番待ちをしていた2年生部員の左後頭部に、別の3年生部員が投げたハンマーが直撃し死亡した。この事故についてハンマー投げ練習場は、通常有すべき安全性を欠いたと認定し、損害賠償を命じた[※3]。

① 争点に対する判断（要約）
高校生の行うハンマー投げ競技は、把手のついた約1.2mのピアノ線の先端に結ばれた5kgを超える重量の金属球を約40m近くも飛ばすものであり、これが他人に衝突すれば、生死に関わるような重大な結果が生じることとは明白であるから、この練習場所を設置、管理にあたる者には、衝突事故の防止、安全の確保に細心の配慮が要求される。
そして本件練習場は、他から区分された専用区域にはなく、校庭内のラグビー場と兼用の陸上競技場の東南隅にサークルを設け、そこから北西方向に投てきを行うこととされ、その落下地点は300mトラックのライン内となることが当然に予定されていた。しかも、ハンマー投げの練習自体、陸上競技場に他者の立ち入りを許さずに実施することを予定していたわけではなく、他の生徒のクラブ活動と同時に行うことを予定していたのであるから、陸上競技場内にいる、ハンマー投げの練習に関わらない他人への安全確保が特に必要な場合であったということである。
サークル内から投てきを開始した場合であっても、ハンマー投げ練習用の投てきサークルの周囲を囲う防護ネットでは妨げることができない方向にハンマーが飛ぶ事態を予測することができたはずである。また、競技規則においても、本件防護施設のような設備だけでは不十分であるとして、その前方に移動パネルを取り付けると定められており、そのような方法で防護ネットの防止機能不足を補う方法も知られていたのに、これらの移動パネルないしこれに類似する防護施設を付加して設けていなかった。その結果、サークル内で投てき開始されたハンマーにより、本件事故が発生したのであれば、付加施設の設置を欠いた点で、前記のような基準で安全性を考えるべき本件練習場としては、通常有すべき安全性を欠いたものと断ぜざるをえない。
競技規則においても、練習場については、もっと簡単な防護構造でも十分であるとされていることが認められるが、安全上十分であるかどうかは、その練習場の置かれた状況によるのであり、練習場であるとの一事をもって、本件防護ネットだけで安全施設として十分であるということはできない。
したがって、学校の営造物である練習場の設置、管理に瑕疵があったことになり、これを賠償すべき義務がある。

② まとめ
この判例は、練習場の設置、管理に瑕疵があったとして、県の責任を認めたものである。同様の注意義務は、自治体が設置する競技場の指定管理者、部活動などの練習を監督する指導者や大会主催者にも求められ得るものである。したがって、この判例からは、指定管理者、指導者や大会の主催者を含む、練習する場所の設置、管理に関わる者には、事故の防止、安全の確保に細心の配慮をし、競技の特性や練習場における他競技の練習場所との位置関係を細かく検討することにより、事故の発生可能性を予測し、対策を取ることが必要であるということが分かる。

MEMO
[※3] 浦和地判平成8年10月11日判夕954号138頁
[※4] 東京地判昭和63年4月25日判夕678号118頁
[※5]【バリカー】車止め
[※6]【ボックス】ポールを突き立てるための、ポールの下先端を入れる場所。

2）トレーニングセンターの会員（「原告」）が、競技場ランプ下走路（アップ走路）のコースを横切ろうとして、ナイター陸上参加選手と激突して重傷を負ったが、主催者には過失がないとされた[※4]。

① 事案の概要
原告がジョギングをしていたところ、競技場アップ走路付近において、スタートダッシュの練習をしていた競技場で行われたナイター陸上に参加する招待選手と激突し、転倒して頭部を強打し、傷害および後遺症を負った。ナイター陸上の主催者は、競技場施設内において競技会運営上事故が発生しないよう選手役員やその他の競技関係者や観客などに対してその安全配慮すべき義務を負っているため、当該安全配慮義務違反により原告に対して損害賠償義務を負うかどうか争われた。

② 争点に対する判断（要約）
主催者は、アップ走路を含む競技場施設内において競技会運営上事故が発生しないように選手役員などの競技関係者や観客に対して安全配慮義務があった。事故現場にも入口から入場する競技関係者以外の者がたやすく入らないように危険防止のための適当な措置を施すなど注意義務を有していたというべきである。
主催者は、入口から入場した競技関係者以外の者が事故現場に近付かないように、入口から事故現場に至る経路の途中にバリカーを並べて設置させ、さらにバリカー[※5]間にロープを張らせた。また、主催者は、競技役員のうち8名ほどを場内司令としており、場内司令は、競技会運営に支障を生じないよう、競技関係者以外の者が立ち入ることのできない場所に一般人が立ち入ることを監視するなどして、随時競技会場内を巡視していた。さらに事故現場付近には「無断使用禁止」と記された立札が建てられていた。
事故当日、ナイター陸上が開催されていることは競技場入場者にも一見して明らかであった上、事故現場にも、本番前の練習、準備運動を行っていた選手が多数いたほか、その周囲にも競技関係者が多数おり、事故現場が何らかの競技会のために使用されていた関係者以外の者の立ち入りが禁ぜられていることも一見明白な状況にあったものということができる。上記危険防止措置は、主催者の注意義務を尽くすに十分なものであったと解すべきである。

③ まとめ
競技場の瑕疵の有無にかかわらず、競技場内に誰かが入り込んで事故が起こる可能性は否定できないものであり、大会の主催者としては、そのようなことも想定して準備をしなければ、今回の競技場内で起こった接触事故についても、不法行為責任などを負わされる危険性がある。本件では、これらのことを想定して、ロープを張り、立札を建て、巡視するなどしていたため、十分注意義務を尽くしていたとして、その責任が否定されたものである。

3 事故と法的責任

　陸上競技においては、グラウンド自体の状態に問題がないかどうか、注意しなければならないことはいうまでもない。濡れていて滑りやすくなっていれば転倒の危険性があるし、穴が空いていれば、転倒や捻挫の怪我をする危険性がある。全天候トラックの摩耗も確認する。スターティングブロックが置くべきでない場所に置きっ放しになっていないか、縁石が適切に設置されているかなど、グラウンド上に余分なものが置かれていたり、逆に設置するべき場所に設置されていなかったりすることで事故が起こり得ることも注意しなければならない。棒高跳びのボックス[※6]も、欠陥があれば事故につながる危険性があるため、定期的に検査をするなど適切に維持管理する必要がある。

《項目の参考文献》
▽「月刊体育施設」2006年12月号　(株)体育施設出版　1,300円（本体）
▽「月刊体育施設」2013年12月号　(株)体育施設出版　1,300円（本体）
▽「安全対策ガイドライン」(公財)日本陸上競技連盟　PDF

⑧ フィットネスクラブ

事故のポイント／争点

○ 施設の管理業務にかかる事故、トレーニングマシンなど**設置器具**にかかる事故、**指導者**（トレーナー）の指導にかかる事故、**利用者の疾患**にかかる事故など多様な事故類型が想定される。

事故防止対策

○ クラブ施設の安全性にかかる細かな**見回り、管理**を行う。
○ トレーニングマシンなど設置器具の**メンテナンス**を十分に行う。
○ **利用者情報**の共有を徹底する。
○ **事故マニュアル**を作成する。

マシンや錘りの配置には注意してください。

MEMO

基本情報をチェック！
経済産業省　　　　　　　　　　http://www.meti.go.jp/
（一社）日本フィットネス産業協会　http://www.fia.or.jp/

1 はじめに

　フィットネスクラブとは、室内プール、トレーニングジム、エアロビクススタジオなど主に屋内の運動施設を有し、インストラクター、トレーナーなどの指導者を配置し、会員にスポーツ、体力向上などのトレーニングの機会を提供する施設をいう[※1]。

　平成29年2月の特定サービス産業動態統計調査によると、全国で延べ2億人が利用している。フィットネスクラブのみの売上高は、平成27年は5,270億円でありスポーツ施設提供業務全体の32％を占める[※2]。

2 事故類型と対策

（1）総論

　フィットネスクラブは、さまざまな施設で多岐にわたる運動が行われるため、多様な事故類型が想定されるが、そのうち、フィットネスクラブ特有の事故類型としては、施設管理業務にかかるもの、トレーニングマシンなど設置器具にかかるもの、指導者（トレーナー）の指導にかかるもの、利用者の疾患にかかるものが挙げられる。

　フィットネスクラブ開設に資格は必要なく、また、強制加入団体はないことから、事故防止対策は各企業の自助努力に頼られる。事故事例につき対策を講じた上で、従業員に周知させる、事故対策マニュアルを作成するなど、各企業の姿勢が問われることになる。

（2）事故類型

1）施設の管理業務にかかる事故

① 事故事例

　利用者がプールで行われた水中体操に参加後、水着のままロッカールームに通ずる廊下を歩行中、水たまりに足を取られ滑って転倒した事故[※3]がある。

　本件クラブのプール利用者は、1階のプール、シャワーから2階のロッカールームまで濡れた水着のまま通行するところ、クラブは、階段の上り口、踊り場などに、足拭きマットを設置し、身体をよく拭くよう促す注意書きを複数掲示していた。また、従業員に1時間おきに巡回させ、2階ロッカールーム手前にある本件廊下などの床の水を拭き取るとともに、プールでのレッスン終了後、時間を見計らって本件廊下の水を拭き取るなどして清掃を行っていた。

　しかし、上記清掃前には、本件廊下の、ことに利用者が転倒した個所は、水たまりができるなどして滑りやすい状態になっていた。それにもかかわらず、カラーすのこを敷くなどして危険を防止する有効な措置は取られていなかった。判決は、本件廊下は、一階から濡れた水着のままで上がってくるプール利用者が通行するため、利用者の身体から水滴が落ち、素足で通行する利用者にとって滑りやすい個所が生ずるという危険性を有していたとして、本件施設（本件廊下）の設置または保存に瑕疵があったものとして、クラブの責任を認めた。

② 対策

　足拭きマットの設置、身体をよく拭くよう促す注意書きの掲示、従業員による床の水の拭き取りと清掃に留まらず、クラブ内の滑りやすい個所を見つけ、同個所に個別に滑り止めを設置するなど、クラブ内の細かな見回り、管理が肝要である。

2）トレーニングマシンなど設置器具にかかる事故

① 事故事例

　アダクション（太ももの筋肉を鍛えるトレーニングマシン）の左内ももに接するクッションからホチキスの針が出てお

[※1] 経済産業省「特定サービス産業実態調査」における定義。
[※2] 「平成27年特定サービス産業実態調査」（平成27年11月）経済産業省 **HP**
[※3] 東京地判平成9年2月13日判夕953号208頁
　なお、本件においては、利用者にも、足下の状況に十分注意し、水を避けて歩行すべき義務があったとして、4割の過失相殺がされた。

り、利用者が履いていたスパッツに穴が開いた事例、トレーニング器具の錘りを収納しようとした際、バランスを崩して後方に設置してあった別の器具の支柱に足を取られ転倒した事例[※4]などがある。

② 対策
マシン機器メーカーの仕様書にある使用方法の遵守、定期的なマシン機器のメンテナンス、マシン機器同士の配置間隔への配慮、利用者の動線に配慮したトレーニングマシンの設置、利用者に対しマシン機器には潜在的に危険が内在することを周知することが重要である。
マシン機器のメンテナンス[※5]においては、マシンリストを作成し、マシンごとの点検内容を定めることが有用である。稼働部分の清掃、注油のほか、さび防止のため、汗拭きタオルを設置するなど使用者の汗処理も必要である。

3）指導者（トレーナー）の指導にかかる事故
① 事故事例
指導者において、利用者の体力などを考慮せず、過剰負荷を与えるなどして、利用者を負傷させることがある。

② 対策
各クラブにおいて、指導者研修の実施や、トレーナー資格の取得を奨励し、指導者の知識と技能の向上に努める。関連資格としては、（公財）健康・体力づくり事業財団[※6]の健康運動指導士・健康運動実践指導者、（特非）NSCAジャパン[※7]のNSCA認定パーソナルトレーナー（公財）日本体育協会、（公財）日本体育施設協会の公認スポーツプログラマー、（公財）日本体育施設協会のトレーニング指導士などがある。
指導者は利用者に目を配り、積極的に会話することで、利用者の現状を把握するよう努める。特に、初回利用者がいる場合、同人の体力・レベルなどを確認しつつ、声掛けを行うことが有用である。
なお、近年は、顧客管理システム上に顧客のカルテを作成し、指導者がこれを館内にてタブレットなどにより確認できるシステムを取り入れているクラブもある。

4）利用者の疾患にかかる事故
① 事故事例
近年、運動による健康増進が推進される一方、運動に関連して発生する内因性疾患による重傷・死亡事故も報告されている。特に、普段とは環境が異なる屋外でのスポーツ大会時に発生することが多い。
また、利用者の中には、心臓ペースメーカーを埋めている者、てんかんなどの持病を持つ者もいる。

② 対策
疾患につき利用者から申告があった場合は、利用者の主治医の承諾とアドバイスを得る。未成年の場合、保護者との間で利用前の体調管理について確認するとともに、場合によっては、保護者の同席を求める。また、疾患を持つ利用者について指導者間にて情報共有することも重要である。
心臓ペースメーカーなど埋込み型医療機器を装着する者については、指導者において同機器に影響を及ぼす電波を利用するトレーニングマシンを把握し、これらのマシンには近づかないよう指導する。
利用者の疾患につき、利用者から申告がない場合や、利用者自身が自らの健康状態を把握していない場合は、メディカル・チェック[※8]が有用である。具体的には、問診、血圧測定などの身体所見をもとに、運動負荷試験を行い、個人に応じた運動プログラムを処方[※9]する。
医師が常駐するクラブは少ない[※10]が、顧問医など提携病院を作る、救急医療体制を充実させるなどの策を講じること

MEMO

※4 東京地判平成22年5月11日
なお、本件においては、器具と器具との間の距離が十分であるかが争点の一つとして争われたが、十分であると判断された。かえって、会員が不注意でよそ見をしながら後退したことによる自招事故であるとして、請求棄却された。
※5 「月刊体育施設」2006年6月号(株)体育施設出版　1,300円(本体)
※6 厚生労働省の「健康日本21」や文部科学省の「生涯スポーツ・体力づくり」など、「国の健康・体力づくり施策」を具現化するため、各種事業を推進している。
※7 (特非)日本ストレングス＆コンディショニング協会。日本におけるストレングストレーニングとコンディショニングの指導者の育成などに貢献している。
※8 「臨床スポーツ医学」(Vol.13,No.7,819頁)「経時的メディカル・チェックにより施設内事故の発生を回避し得たフィットネス・クラブ会員の1例」藤枝賢晴、藤枝順子、竹内徹、岩根久夫、下光輝一、勝村俊二著　(株)文光堂　2,700円(本体)

は可能である。

3 事故と法的責任（民間事業者としての責任）

施設の設置または保存に瑕疵がある場合[※11]は、民法717条（工作物責任）に基づく損害賠償責任、土地の工作物ではないトレーニングマシンなど器具の設置に過失がある場合は、民法709条または民法415条（安全配慮義務違反）に基づく損害賠償責任を負い得る可能性がある。

また、指導者に誤指導があった場合は、民法715条（使用者責任）に基づく損害賠償責任を負い得る可能性がある。なお、民法715条にて責任を負う使用者は、雇用契約・委任契約にかかわらず、使用者と被用者との間に実質的な指揮・監督関係があれば、上記、損害賠償を負い得る可能性がある。

4 保険

スポーツクラブや指導者にかかる保険としては、以下の3種がある。

（1）施設賠償責任保険

クラブ施設の瑕疵に起因する事故により、利用者に生じた損害をカバーする保険である。特約にてクラブ従事者に起因する事故を含めることができるものもある。

ほとんどのクラブが加入している。

（2）（入場者包括）傷害保険

クラブ施設内で利用者が負傷した場合の保険である。

加入していないクラブが多い。

（3）指導者用賠償責任保険

指導者（トレーナー）が負傷した場合や、第三者に対し損害賠償責任を負った場合の保険である。

5 （一社）日本フィットネス産業協会独自の予防対策

（一社）日本フィットネス産業協会（以下、「FIA」）は、フィットネス産業およびスポーツ・健康増進に関する調査・研究・情報の収集および提供を行うことにより、フィットネス産業の健全な発展と、わが国経済の発展に寄与するとともに、国民の健康増進に寄与することを目的に設立された一般社団法人である。FIAは、全国の約7割の事業者が加入している。

FIAにおいては、FIA顧問弁護士による会員企業への法律相談、FIA職員による会員企業の相談に対するアドバイスといった形で具体的な事故対策を行っており、その他、セミナーの開催、調査研究、省庁への提言を行っている。

FIA職員による会員企業の相談に対するアドバイスには、権限、予算、経営意思（設備やオペレーション）が必要なものが多い。そこで、現場監督者である支配人へのアドバイスにとどまらず、各会員企業の総務部（本社）とも連携し、各会員企業の事故予防に尽力している。

※9 「高齢者健康増進用の生活強度別運動処方器具と運動プログラム開発」、「高齢者の運動プログラム開発にかかる研究報告について」
　　永田晟（富山国際健康プラザ）、村上慶朗（（独）国立病院機構箱根病院）、室増男（東邦大学）、内山靖（群馬大学）、森昭雄（日本大学）
　　厚生科学データベース
※10 「民間スポーツクラブにおける安全対策」鳥羽泰光、吉原紳（聖マリアンナ医科大学）、坂本静男（国際武道大学）、新井重信（防衛大学）、朝日洋一（（公財）佐々木研究所所属杏雲堂平塚病院）（一社）日本体力医学会
※11 ※3の判例 は、工作物の設置または保存に瑕疵あるとは、当該工作物が当初から、または維持管理の間に、通常あるいは本来有すべき安全性に関する性状または設備を欠くことをいい、その存否の判断にあたっては、当該工作物の設置された場所的環境、用途、利用状況などの諸般の事情を考慮し、当該工作物の通常の利用方法に即して生ずる危険に対して安全性を備えているか否かという観点から、当該工作物自体の危険性だけでなく、その危険を防止する機能を具備しているか否かも併せて判断すべきであると判示している。

9 公園施設

事故のポイント／争点

○ 遊具が関連する事故は、その原因が多種多様に及ぶが、主な原因別に類型化すると、①**遊具の不具合などによる事故**、②**通常の用途を逸脱した使用による事故**、③**利用者の体力不足による事故**、④**不適切な服装や持ち物を所持していたことによる事故**の4つに分けられる。

事故防止対策

○ 遊具の利用者である子どもは、発達の程度によって、身体の大きさ・体力・危険を予測する能力などが大きく異なり、明らかに未成熟な者も存在するため、公園遊具が関係する事故防止のためには、そのような能力が**未成熟な子どもを想定**して対策を検討する必要がある。

○ 事故防止のためには、すべて子どもである利用者の自己責任とするのではなく、製造業者（メーカー）・公園管理者・監督者などが**協力**し合って対策を検討・実行することが重要である。

遊具の正しい遊び方の
ルールを周知
徹底してください。

MEMO

基本情報をチェック！
- 国土交通省　　　　　　　　　http://www.mlit.go.jp/
- 文部科学省　　　　　　　　　http://www.mext.go.jp/
- （一社）日本公園施設業協会　https://www.jpfa.or.jp/
- 全国地域活動連絡協議会　　　http://www.hahaoya-club.ne.jp/

1 はじめに

公園遊具[※1]は、遊びに供するために利用される道具・設備を意味する。例えば、ぶらんこ、すべり台、シーソー、ジャングルジム、ラダー（雲梯）、複合遊具などが挙げられる。これらの遊具は、利用者のほとんどが子どもであることが特徴的であり、これらの遊具に関する事故は、さまざまな原因によって起こっている。

2 事故類型と対策

（1）総論

遊具が関連する事故は、その原因が多種多様に及ぶが、主な原因別に類型化すると、①遊具の不具合または、適切に遊具を設置しなかったために起きた事故、②通常の用途を逸脱した使用による事故、③利用者の体力不足による事故、④不適切な服装や持ち物を所持していたことによる事故の4つに分けられる。公園遊具は、上記のように利用者のほとんどが子どもであるという特徴があるところ、子どもは発達の程度によって、身体の大きさ・体力・危険を予測する能力などが大きく異なり、明らかに未成熟な者も存在する。そのため、公園遊具が関係する事故の防止のためには、そのような能力が未成熟な子どもを想定した対策を要する[※2]。

（2）事故類型

1）遊具の不具合または、適切に遊具を設置しなかったために起きた事故

① 事故事例

具体的には、支柱が1本のブランコにおいて、その支柱がさびていたためブランコが根元から折れて倒れ、遊んでいた子どもが地面に頭を打ってしまうという事故や、滑り台を滑っていたところ滑り台の腐食した部分の金属片が指に刺さる事故などが挙げられる。また、遊具間の距離や周辺の安全領域の確保、遊具の材質、その他障害物などによって、遊具への衝突、コンクリート地面への落下、利用者同士の衝突など思わぬ大怪我をすることがある。

② 対策

公園遊具の不具合が原因となっているものであっても、その多くは、遊具が備え付けられた当初から不具合が存在するというものではなく、遊具を長期間利用し続けているうちに、経年劣化したり、ボルトなどの部品が緩んだりすることにより不具合が発生するというものである。上記の事故事例も、支柱がさびていたことが、支柱が根元から折れた原因の1つとなっていると考えられる。経年劣化や部品の緩みなどによる事故を防止するためには、製造業者の製品開発だけではなく、公園管理者・監督者などが公園遊具に含まれている危険性を十分に把握し注意することが重要となる。

公園管理者は、定期的なメンテナンスを実施することがもっとも有効的な対策である。定期的なメンテナンスは、それによりボルトの緩みや、経年劣化によりもろくなっているなどの遊具の不具合を発見できる[※3]。不具合を発見できれば、その不具合の修理を製造業者に依頼することで、事故を未然に防止することを期待できる、このメンテナンスは、遊具の使用年度が長期に及ぶほど頻度を高くすることが望ましい。メンテナンスの時点で不具合がなかった場合であっても、それは設置時と同じ品質を維持しているわけでは必ずしもなく、不具合が生じる可能性が徐々に高まっていることを理解する必要がある。さらに、公園管理者は、各遊具のカルテを作成し、そのカルテには、設置時期・利用される頻度・最近のメンテナンス時期・修理個所などを記載しておくことが望ましい。このカルテをメンテナンスの際に業者に見せることにより、不具合の見落としなどを防ぐことにもつながる。

次に、製造業者としては、メンテナンスの重要性を理解した上で、公園管理者に対して、メンテナンスを積極的に働きかける。

[※1]「都市公園における遊具の安全確保に関する指針」国土交通省　公園遊具は、多様な遊びの機会を提供し、子どもの遊びを促進させる。そして、子どもの遊びは、運動能力・言語能力などの発達を助け、子どもの身体的・精神的・社会的発達に寄与する。また、子どもの遊びは、新しい挑戦を伴うものであり、危険に関する予知能力や事故の回避能力などを高めることに寄与する。

[※2] 他方、国土交通省は、公園遊具の安全確保に関する基本的な考え方として、「完全にリスクを除去することは、事故の回避能力を育むといった点から問題があり、遊具が子どもにとって魅力的かつ有益であるためには、子どもの発育発達段階に応じてリスクに挑戦できる機能を備えているものであることが必要である。安全性を重視した遊具であっても、それが子どもにとって面白味のない構造や機能であれば、利用されなくなるか、危険な方法で利用されるおそれがある」などとして、「最低限の安全は確保した上で、利用状況や子どもおよび地域の実状を踏まえて柔軟に対応する」ことが重要であるとしている。

監督者としては、公園を利用する際には、その遊具に不具合が生じていないかを入念に確認するなど、安全面の確認を十分に行う。この確認において不具合が発見された場合には、公園管理者に対して、その旨を通報することが望ましい。他方、確認によっては不具合が発見されなかった場合であっても、発見できない不具合により事故が起きる場合に備えて、常に子どもから目を離さず、必要に応じて子どもの傍に付き添うことが必要である。

遊具の配置については、遊具と遊具周辺にいる子どもの衝突事故などを防ぐため、遊具周辺も含めた利用動線や各遊具の運動方向を考慮した安全領域などに配慮する。能力に適合しない遊具の利用による事故や衝突事故を避けるため、幼児用遊具と小学生用遊具の混在を避けるなどの安全対策を講ずる。また、コンクリートのような硬い設置面には配置せず、必要に応じて設置面への落下に対する衝撃の緩和措置を講じる。

2）通常の用途を逸脱した使用による事故
① 事故事例
1人乗り用のブランコで子どもが2人乗りをしていたところ、誤ってブランコから転落するという事故、ジャングルジムの一番上から飛び降りようとしたところバランスを崩して落下するという事故、滑り台の上で滑る順番を待っていたところ、柵を越えて横から入ってきた子どもに押されて転落するという事故、滑り台の滑走面を走って逆行していて上から滑り出した別の子どもと接触するという事故などが挙げられる。

② 対策
このような事故を防止するためには、利用者である子どもが通常の用途を守るというだけではなく、製造業者（メーカー）・公園管理者・監督者なども協力して対策を取ることが重要である。

具体的な対策について、製造業者（メーカー）としては、通常の用途に限定した安全設計にとどまることなく、生徒や児童が思いつき得る範囲での逸脱した使用方法を想定し、そのような誤った使用方法によっても転倒や落下などという事故が生じないような安全設計にする。加えて、取扱説明書などにおいて、「〜という使用をして下さい」という記載にとどまることなく、「〜という使用はしないで下さい。もし〜という使用をした場合には、〜という危険があります」という記載をするなど、安全面からの注意喚起をより明確にする。

次に、公園管理者・監督者については、利用者に対して、通常の使用を逸脱した使用をしないように注意喚起しておくことが重要である。注意喚起の方法としては、例えば、公園管理者としては、その危険性に応じて公園遊具の付近に立て看板をするなど、常に利用者が視覚的に認識できるようにしておく。監督者としては、常日頃から、具体的に行為を禁止することにとどまらず、その行為の危険性を具体的に説明するなどして、生徒や児童が通常の使用方法を逸脱したことを考えついても思いとどまるような注意喚起をしておき、場合によっては付き添ってそのような行動を制止するなどの措置を講ずることが重要となる。

3）利用者の体力不足による事故
① 事故事例
具体的には、幼少期の子どもが保護者と登はん棒で遊んでいたところ、上部まで登った後に握力が続かなくなり落下してしまうという事故、雲梯から手を滑らせて転落するという事故などが挙げられる。

② 対策
利用する子どもに対しては、自身の体力を正確に把握した上で遊ぶことを要求することは現実的ではない。そのため、事故を防止するためには、製造業者（メーカー）・公園管理者・監督者も協力して対策を取ることが必要となる。

例えば、製造業者（メーカー）としては、遊具の設計において、階段の一段目の高さを高くするなどの工夫をして、体

MEMO

※3 国土交通省は、安全点検の点について、「設置から長期間経過した遊具については、遊具そのものの老朽化や材料の劣化のほかに、子どもの年齢構成が変化することなどにより、遊具の配置や利用者の動線、植栽などによる見通しなど安全性への配慮が十分でなくなる場合もあり、遊具の利用状況なども勘案した安全点検が必要である」としている。

※4【SPマーク】「遊具の設計、製造、販売、施工、点検、修繕を行うことが出来ることを、外部審査委員会の審査により認定」された安心・安全な道具の目印。(一社)日本公園施設業協会による制度である。

力が十分でない子どもの利用を制限するなどの設計上の工夫が考えられる。
公園管理者としては、利用者である子どもに対して、その遊具の危険性を事前に認識させておくための注意喚起を立て看板などによって行うこと、監督者としては、遊具の危険性を認識させる必要があることはもちろんのこと、その子どもの年齢や体力などに応じて、近くに付き添うことや、場合によっては遊びを制止する必要があることも考えられる。

4）不適切な服装や持ち物を所持していたことによる事故
① 事故事例
具体的には、すべり台の滑り出し部分に子どもの肩掛けカバンの紐が引っかかって、子どもの首部分が締めつけられ肩掛けカバンの紐で縛られた状態となるという事故、滑り台の手すりのつっぱり部分にポンチョなどが引っ掛かり、首が締め付けられたという事故などが挙げられる。

② 対策
このような事故を防止するためには、まず、製造業者（メーカー）・公園管理者・監督者などが協力して対策を取ることが望まれる。
例えば、製造業者（メーカー）としては、遊具の設計において、意図的または不注意による落下が予測される個所や滑降系遊具の滑り出し個所には、絡まったり引っかかったりするような突出部や隙間が生じないように工夫するなどの設計上の工夫が考えられる。
公園管理者としては、利用者である子どもや保護者に対して、服装や持ち物などに関する注意喚起を立て看板などによって行うこと、監督者としては、服装や持ち物に関する事故の危険性を認識させる必要があることはもちろんのこと、場合によっては、不慮の事故に備えて、近くに付き添うなどの対応も考えられる。

3 事故と法的責任

製造業者（メーカー）は、設計などの過失によって利用者が怪我をした場合には、損害賠償責任を負う（民法709条）。
公園管理者については、公園管理者の管理に過失があった場合には、直接、公園管理者本人が損害賠償責任を負う（民法709条）。さらに、指定管理者である時には、国家賠償（国家賠償法第2条第1項）をした指定権者である地方公共団体から求償を受け得る立場にある（同条第2項）。指定管理者の協定書において、地方公共団体と指定管理者間の求償関係を明記している場合もある。利用者が未成年者の場合、親などの監督者は、監督義務者として損害賠償責任を負う（民法第714条第1項）。

4 関連団体の予防対策

国土交通省は、「都市公園における遊具の安全確保に関する指針」により、子どもが遊びを通して心身の発育発達や自主性・創造性・社会性などを身につけていく「遊びの価値」を尊重する立場から、公園管理者が子どもの遊戯施設の利用における安全確保に関して配慮すべき事項を示しており、同指針は公園管理者に通知されている。
（一社）日本公園施設業協会は、公園遊具について「SPマーク」[※4]という制度を設けているほか、点検技術者の認定を行っている。また、全国地域活動連絡協議会は、普段からの安全点検活動や全国一斉安全点検活動などを実施しており、遊具の安全管理に努めている。

《項目の参考文献》
▽「都市公園における遊具の管理」国土交通省
▽「学校に設置している遊具の安全確保について」文部科学省

10 モータースポーツ場

事故のポイント／争点

○ モータースポーツ[※1]中の事故は、①**選手自身**が被害者となる事故、②**観客など**の選手以外の者が被害者となる事故に大別することができる。
○ モータースポーツ中の事故においては、大会の**主催者**や**施設管理者**の責任を問われることもある。

事故防止対策

○ モータースポーツのように、他のスポーツと比較して相対的に危険度が高い競技においては、選手や観客などが死亡する事故や重傷を負う事故が発生する可能性が高くなる。したがって、**危険度に対応した安全対策**を取る必要がある。

©WallaceChan

MEMO

基本情報をチェック！
国際自動車連盟　http://www.fia.com/

1　はじめに

　モータースポーツの競技会・レース・イベントにおける事故は、選手自身が被害者となる事故、観客など選手以外の者が被害者となる事故に大別することができる。これらの事故類型ごとに、望まれる安全対策・事故防止策について検討する。なお、モータースポーツ中の事故の責任の主体については、下記の通り、主に大会の主催者や施設管理者が法的責任を問われる。

2　事故類型と対策

（1）総論

　モータースポーツのように、他のスポーツと比較して相対的に危険度が高い競技においては、選手や観客などが死亡する事故や重傷を負う事故が発生する可能性が高くなる。したがって、安全対策を取る重要性は、より高いといえる。

（2）事故事例

1）選手自身が被害者となる事故事例

　選手自身が被害者となる事故事例としては、スピンやハンドルミスはもちろんのこと選手が突然心臓発作などの疾病に罹り引き起こした事故、その他の原因によるクラッシュ[※2]などの事故がある。

2）観客など選手以外の者が被害者となる事故事例

　観客など選手以外の者が被害者となる事故事例には、走行中のマシンがコースを外れて観客や監視員と接触する事故、レース中衝突事故が起こり、マシンの破片などが観客席に飛び込んで観客に当たる事故がある。

（3）対策

1）選手自身が被害者となる事故事例

　選手自身が被害者となる事故に関する対策としては、主催者によるルール設定と選手に対する周知が必要となる。国際自動車連盟のドライバーズガイドにおいて、注意事項がまとめられているが、主なものとして主催者は、以下のようなルールを定めて選手に周知し、遵守させることが必要である。

（遵守事項）
- 転倒や停止した場合には必ず周囲や後続車への合図を行う。
- 負傷者を見かけたら、速やかに大会運営者や施設管理者に連絡し、必要に応じて救護活動を開始する。
- ヘルメットなどの安全器具の着用を義務付ける。
- マシンのオイルなどを地面にこぼさないよう注意する。

以上のような内容を定めた誓約書を選手によく読み聞かせた上、選手から署名をもらう。選手が未成年の場合には、法定代理人からも署名をもらう。

　さらに、事故が発生した際に被害を最小限にとどめるため対策を取る必要があることや、選手が突然心臓発作などの疾病により事故を引き起こした際の安全対策という観点から、主催者は、施設管理者と協力の上、以下のような事項を実施することが必要である。

（実施事項）
- 競技やレース中、必ず管理者を常駐させる。
- AEDを一定間隔で配置する。また、必要最小限の医薬品も備えておく。夏季においては、熱中症予防の注意喚起を行うとともに、クーリングエリアを設定する。

※1【モータースポーツ】モーターやエンジンを使って稼働する四輪自動車や二輪自動車などを用いて行われるスポーツ。
※2【クラッシュ】モータースポーツではおもに「衝突」の意味で使われるが、単独でのアクシデントでマシンを壊した場合にも用いられる。

- 施設付近の病院の連絡先や地図をいつでも選手に指示できるよう準備する。
- コースの外であっても、コースサイドなど、選手が接触する可能性がある場所に障害物を置かない。
- コースレイアウトにおいて、可能な限り視界を妨げないようにするとともに、適切な間隔や幅を確保する。
- スタート時の混乱や事故を防ぐため、天候に応じて、同時に出走する選手の人数を適切に制限する。

2）観客など選手以外の者が被害者となる事故事例

選手以外の観客らが被害者となる事故への安全対策としては、競技コース内と外を峻別した上で、主催者と施設管理者と協力の下、以下のような事項を実施することが必要である。

（実施事項）
- パドック[3]内の動線、立入禁止、コース横断禁止区域は看板やコース図で分かりやすく示す。
- コースインとコースアウトは動線に従い、常に安全確認を怠らないよう選手に注意喚起する。
- パドックでは歩行者に気をつけるよう、また車両移動の場合には最徐行するよう、選手に義務付ける。
- 観客側に対して、幼児やペットから目や手を離さないよう、注意喚起と監視を行う。
- 観客側に対して、競技やレース中におけるコースの横断やコース内への侵入を禁止し、注意喚起する。

3 事故発生分析

モータースポーツについては、国際自動車連盟が、そのHP[4]に、事故のデータベースを含む、安全についてのページを設けている。日本では、下記の通り裁判例がある。

4 事故と法的責任

（1）選手

選手が危険な運転をしたことにより事故が発生し、観客が怪我を負うなどした場合、観客が選手に対して不法行為に基づく損害賠償請求（民法709条）をすることが考えられる。

しかし、モータースポーツを観る以上、クラッシュによりコースアウトして観客に怪我を負わせたり死亡させたりするという、モータースポーツに内在する危険性を観客も理解した上で観戦しているということから、損害賠償請求が認められるのは、例えば観客が近くにいるのを分かっているにもかかわらず、選手が観客をあえて挑発するような運転をしたというような例外的な場合に限られる。

（2）主催者、施設管理者

1）法的責任

主催者は、観客から入場料の支払いを受ける一方で、観客に対して、レースなどの観戦中、衝突事故などの危険から観客を守らなければならないという安全配慮義務を負っている。したがって、主催者は、これを怠って観客に損害を生じさせた場合には、債務不履行による損害賠償責任を負うこととなる（民法415条）。

また、レース場は土地に人工的に設備された物、すなわち「土地の工作物」にあたり、主催者・施設管理者はこれを一定期間管理しているので、「占有者」にあたる。「土地の工作物」の設置または保存に瑕疵があり、それによって他人に損害を与えた場合には、損害の発生を防止するのに必要な注意をしたことを立証しない限り、民法717条1項の責任（工作物責任）を負うこととなる。ここでいう「瑕疵」とは、工作物が通常有すべき安全性を欠いていることをいい、構造、用法、場所的環境および利用状況など諸般の事情を総合考慮して個別具体的に判断すべきものとされる。したがって、

MEMO

※3【パドック】モーターレースなどにおける車両の整備場所。
※4 事故および安全対策　国際自動車連盟 **HP**
※5 東京地判昭和54年3月24日
※6 東京地判昭和55年9月30日
※7 京都地判昭和59年8月31日
※8 本レースの主催者ではなかったが、レース場所有者として共催者の立場にあった。
※9 大阪地判平成元年3月10日
※10 東京地判平成15年10月29日
※11【ダートトライアル】未舗装の路面を一台ずつ自動車で走行し、所要時間を競うモータースポーツの一種。
※12 浦和地判平成10年9月25日判時1673号

レース場に危険防止設備を備えていたか、危険回避の運営を行っていたか、などを考慮して瑕疵の有無が判断される。このほか、主催者・施設管理者には使用者責任（民法715条）も生じ得る。なお、主催者が負う債務不履行責任と不法行為責任は、それぞれの請求が認められても、あくまで損害は1つであるから、合計額を請求できるわけではない。

2）裁判例
モータースポーツについては、次の各事故に対する裁判所の判断が存在し、一部の事故については法的責任が肯定されているため、参考情報として下記事例を紹介する。

① モトクロス大会において、コーナーを曲がり切れず転倒し重症を負ったという傷害事故[5]
大会主催者に対し、安全配慮義務と工作物責任のいずれの責任も認めなかった。

② 別の車からコース上に流出したオイルが原因で車がコースアウトし、その運転者が重症を負ったという傷害事故[6]
レース場の占有管理者に対し、工作物責任、不法行為責任、使用者責任のいずれの責任も認めなかった。

③ 自動車レース競技中、レーシングカー同士の追突事故が発生し、一方のレーシングカーがコースを外れてガードレールを越えて突進し、同ガードレールの外側で同レースを監視していた監視員を跳ね飛ばして死亡させたという死亡事故[7]
本レース場の所有者[8]が占有管理者に該当するとした上で、本レース場の事故付近は、レーシングカーの逸走に備えた安全性を欠いていたと認定し、土地工作物責任に基づく損害賠償責任を認めた。

④ オートバイのスポーツ走行中、オートバイ同士の接触事故が発生し、これにより転倒したオートバイが後続のオートバイ3台に次々と衝突された結果、最初に転倒したオートバイの運転者が死亡するに至ったという死亡事故[9]
最初の接触事故によりオートバイが転倒した位置には、見通し不良と監視員の不配置が認められ、かつ、本スポーツ走行において、初心者と熟練者とを分けることなく同時に本コースを走行させていたことも考慮すると（死亡した運転者は初心者であった）、監視員を配置しなかったことはスポーツ走行時に利用されるレーシングコースとして通常有すべき安全性を欠いていたと認定し、施設管理者に工作物責任に基づく損害賠償責任を認めた。

⑤ 自動車レーススタート前の予備走行中、原告運転車両が他の競技車両に衝突して炎上し、全身に重度の熱傷などを負った事故[10]
競技長にはフォーメーションラップ中の競技車両に対する安全確保義務に違反した過失、主催者には、競技長が後続競技車両の安全走行を可能ならしめるように先導車を走行させる義務を尽くさなかったことを理由とする安全確保義務に違反したことと消火救護義務を怠った過失があることを理由に損害賠償責任を認めた。施設運営会社には、本件レース場が事故後30秒以内に被害者を救助できるだけの消火救護設備、またはこれを使用する人員を配置していなかったことを理由に、工作物責任により損害賠償責任を認めた。

⑥ ダートトライアル[11]において、技術力が未熟な競技者に対して、競技者よりもキャリアの長い被害者が同乗し、スピードの加速減速の指示を出していたが、競技者がハンドルの自由を失って、防護柵に衝突転倒した事故[12]
被告人には自己の運転技量に応じた範囲で運転し、同乗者の生命、身体に危害が及ぶことのないよう速度を調整するなどして走行する業務上の注意義務に対する違反があったとして損害賠償を求めた裁判において、ダートトライアルにおいては運転手に要求される注意義務の程度は限定的になることなどを理由に、被害者側の訴えを退けた。

《項目の参考文献》
▽「Q&Aスポーツの法律問題〔第3版補訂版〕－プロ選手から愛好者までの必修知識－」121頁
　藤村航太郎著　スポーツ問題研究会編　（株）民事法研究会　2,400円（本体）
▽「モトクロス競技会における安全対策の指針」（一財）日本モーターサイクルスポーツ協会　**HP**
　（一部の競技について安全対策指針などが公表されている例として）

11 スキー場

事故のポイント／争点

○ スキーやスノーボードなどのスノースポーツ※1は、大自然の恩恵（地勢・気候など）を受けたスポーツであり、生身での高速移動を可能とするスポーツであることなどから、<u>天候</u>に伴う危険、<u>自然の地形</u>に伴う危険、<u>雪質や雪面の状態</u>による危険、<u>自然の障害物</u>による危険、<u>人工工作物</u>による危険、<u>他のスキーヤー</u>による危険、<u>自己転倒</u>による危険が内在している。

事故防止対策

○ <u>スノースポーツに内在する危険</u>を十分認識する。
○ <u>各スキー場施設</u>に内在する危険を具体的に予見する。
○ スキー場管理者は、<u>スノースポーツ安全基準</u>※2を遵守する。
○ スキー場管理者は、スキー場利用者への<u>啓蒙活動</u>を怠らない。
○ スキー場管理者は、コース外滑走に対する基本方針を明らかにし<u>情報開示</u>を徹底する。

基本情報をチェック！
国土交通省　　　　　　　http://www.mlit.go.jp
全国スキー安全対策協議会　http://www.nikokyo.or.jp よりリンク
（一財）日本鋼索交通協会　http://www.nikokyo.or.jp/

1 はじめに

　スキー場は、スキー・スノーボード・チェアスキー、その他の雪上スポーツや遊びをするための場所・施設である。スキー場は、主として冬季に、リフト・ゴンドラなどの索道[※3]施設によって傾斜面の上部へ移動し、自然の地形を利用して整備された雪の傾斜面を、スキーやスノーボードで滑走するといった形で利用されている。

2 事故類型と対策

（1）総論
　スキー場に関しては、自然の障害物との衝突事故、人工の工作物との衝突事故、自然の危険個所に転落する事故、人工工作物に転落する事故、スキーヤー・スノーボーダー同士の衝突事故、雪崩事故などが発生している。なお、近年、滑走禁止区域滑走中の事故が大きな社会問題となっている。

（2）事故類型
1）通常の事故
① 事故事例
イ　スキーやそりでゲレンデを滑降中に桜の木の切り株や根元に激突した事故、ゲレンデを滑走中に前方のスキーヤーにぶつかり、その後前方のスキーヤーが松の木に衝突した事故が発生している。
ロ　スキーでゲレンデを滑走中にコンクリート製照明塔支柱に衝突した事故、夜間にそりでゲレンデを滑降中に、鉄塔に衝突した事故が発生している。
ハ　スキーでゲレンデ内を滑降中に転落防止用ネットと橋の隙間から転落した事故、スノーボードでゲレンデ内を滑降中に防護ネットに衝突したところ、ネットが破れ、コース外に転落した事故が発生している。
ニ　スキーヤーがゲレンデ内のクレバスに転落した事故、夜間にそり遊びをしていたところ、児童2人がそりに乗ったままがけ下に転落した事故が発生している。
ホ　スキーでゲレンデを滑走中に前方のアスファルト舗装の地面に飛び込むように滑落した事故、スキーでゲレンデを滑降中に雪の段差部分から転落し、駐車場内に飛び込み転倒した事故が発生している。
ヘ　他のコースから侵入してきたスキーヤー同士が衝突した事故、隣接ゲレンデからスノーボーダーが侵入したためスノーボーダー同士が衝突した事故、コース内に存在した段差をジャンプしたところ、下方にいたスノーボーダーに衝突した事故が発生している。

② 対策
スキー場管理者[※4]は、スキー場マップを作成し、いつでもスキーヤーに提供できる状態にする。スキー場マップには、スキーヤー・スノーボーダーに対する注意事項、スキー場境界線と立ち入り禁止区域、コースおよびリフト・ゴンドラ、コースの難易度、危険個所などを掲載する。なお、コースの閉鎖・気象警報の発令・雪崩発生の危険など、ゲレンデコンディションが異常な状況にある時には、掲示・場内放送などを通じていち早くスキーヤー・スノーボーダーに情報を伝える。
また、スキーヤー・スノーボーダーに対する注意事項は、スキー場内にあるリフト券発売所、スクール受付、最初に乗るリフト乗り場に掲示する。
そして、通常の視界条件（日中、場合によっては夜間でも降雨・降雪のない天候状態）のもとで30m手前から視認しにくい障害物があるときは、コース内またはコースに隣接する箇所に「危険」、「SLOW」、「SPEED DOWN」などの表示をして注意を促す。転落などの危険個所は、ネット・規制ロープなどにより注意を促す。人工工作物にはマットなど

※1【スノースポーツ】スキー・スノーボード・チェアスキーその他の雪上のスポーツや遊びの総称。
※2【スノースポーツ安全基準】スノースポーツ安全基準とは、全国スキー安全対策協議会による、① スキーヤーがスキー場を滑る際に守らなければならないルール、および、② スキー場管理者がスキー場の安全業務を行う際に守らなければならないルールについて定めた国内統一の基準。スノースポーツに内在する危険を可能な限り回避し、事故を未然に防止することによって、スノースポーツの健全な発展に寄与していくことを目的とする。
※3【索道】ロープウェイやゴンドラリフトなどスキー場において空中に渡したロープに吊り下げた機器に人や荷物をのせて輸送を行う交通機関。
※4【スキー場管理者】スキー場経営者、スキー場経営者からスキー場の維持・管理について委任された個人・法人・地方自治体・その他の団体。
※5 長野地判昭和45年3月24日判時607号62頁

11 スキー場

の緩衝具を取り付ける。自然の障害物にもマットなどの緩衝具を設置することが望ましい。

2）雪崩事故
① 事故事例
スキー場内で発生した雪崩事故について、引率指導者の刑事責任が認められた事故や、スキー場管理者の民事責任が認められた事故が発生している。国土交通省砂防部が調べ発表している統計などを見ても、毎年雪崩による死者や行方不明者などの重大な被害が発生しており注意が必要である。

② 対策
スキー場管理者は、事前に調査を行って雪崩危険個所（雪崩発生のおそれがある場所や、発生した雪崩が到達する範囲）を把握する。「雪崩危険個所マップ」を作成してスキーヤーなどに周知徹底する。雪崩防止柵、防雪堤、気象観測システム、監視カメラの設置、雪崩ビーコンの装備などの物的設備、雪崩対策の権限を持つ部署の設置、指揮命令系統の整備など人的体制など、雪崩が発生したときに迅速な救助活動が展開できるよう必要な人員と装備を備えておく。
また、気象観測機関の雪崩に関する警報、注意報に十分注意を払うとともに、降雪量、積雪量、最高・最低気温、風向、風速などの気象状況を把握し、雪崩の発生が予想される場合には、ただちにコースの全部または一部を閉鎖し、スキーヤーを安全な場所に誘導する。

3）スキー場管理区域外・立入禁止区域での事故
① 事故事例
スキー場管理区域外・立入禁止区域での雪崩事故・遭難事故が後を絶たない。コース外を滑降中にルートを誤り、引き返さずに下山しようとしたところ吹雪のため行動不能となり救助された事故、コース外を滑走していて雪崩に巻き込まれた事故などが発生している。

② 対策
イ　スキー場管理者は、スキー境界線と立入禁止区域、危険個所を明確に記載したスキー場マップを作成し提供する。マップには、雪崩の巣であったり、沢落ちの地形であったり、樹木の密集地であったり、絶対立ち入ってはならない危険なエリアの情報などを盛り込み、色分けをしたり斜線を引いたりして、視覚的にも分かりやすいものにする。
また、スキー場内の要所に、マップを印刷した看板やポスターを掲示し、情報を周知する。ゲレンデ外へ迷い込みやすい場所、危険性の分かりにくい場所には、立入禁止標識、ロープ・ネットなどにより注意を促す。
安易なゲレンデ外滑降を抑制し、遭難者の救助や安否確認に役立てるため、バックカントリーエリアへ立ち入る者への登山届の義務化が検討されるべきである。
ロ　なお、一部のスキー場では、天候や雪崩の危険性などの状況に応じたゲート管理をしたり、技術レベルや装備の申告書などを提出させたりして、事故発生の可能性が高い状況下や、技術や装備不十分な者のコース外滑降禁止を周知徹底し、事故予防に努めている。

3　事故発生分析

スキー場での傷害事故の原因などについては、全国スキー安全対策協議会において、毎年、報告書の形でまとめており、同協議会のホームページで公開している。
これによれば、3年間（平成26年〜28年度）を通じて、①自分で転倒した事故の割合が最も高く（平成28年度の報

MEMO
- ※6　旭川地判昭和62年6月16日判時1250号111頁
- ※7　東京地判平成2年3月26日判タ737号173頁
- ※8　東京地判平成10年2月25日判タ984号135頁／東京高判平成10年11月25日判タ1016号119頁
- ※9　松江地判平成26年3月10日判時2228号95頁
- ※10　長野地判平成13年2月1日判タ1180号259頁
- ※11　福岡地行橋支判平成15年3月5日判タ1133号155頁
- ※12　富山地高岡支判平成2年1月31日判時1347号103頁
- ※13　最判平成2年11月8日判タ751号62頁
- ※14　横浜地川崎支判平成2年12月6日判時1382号112頁

告では、スキー 74.5％、スノーボード81.9％)、次に、②他人と衝突した事故（同じくスキー 19.6％、スノーボード13.6％)、③人以外との衝突（スキー 3.5％、スノーボード3.3％)、④その他と続いている。

しかしながら、他方で、死亡などの重大事故については、立木などの対物衝突の割合が最も高く（スキー 53％、スノーボード30％)、転倒（スキー 13％、スノーボード30％)、対人衝突（スキー 11％）やジャンプ失敗（スノーボード14％）と続くという研究報告も存在するところである。

そして、転倒や衝突などの事例に加え、かつてあまり報告されなかったような事例（跳び系のジャンプ失敗、規制ロープを無視したコース外滑走による雪崩誘発や沢への転落など）が徐々に目立つようになってきており、こうした状況を受けて、スキー場管理者にはさらなる"安全管理"の徹底が、強く求められるようになっていることが指摘されている。

4 事故と法的責任

スキー場に関する事故においては、スキー場管理者の「土地工作物の瑕疵」（民法717条）が問題とされることが多い。スキー場管理者の法的責任を肯定した裁判例として、ゲレンデを滑走中のスキーヤーが雪面に突き出ていた伐倒木の先に臀部を突き当て死亡した事故[5]、小学生のスキーヤーがバランスを崩してコンクリート製の灯支柱のむき出し部分に衝突した事故[6]、スキーヤーがゲレンデから駐車場に転落して死亡した事故[7]、スキーヤーがコース途中の橋から転落・死亡した事故[8]、町の管理するスキー場での雪崩・死亡事故[9]などがある。否定した裁判例として、滑走禁止区域で滑走中に雪崩で死亡事故が発生したが、その遺族がスキー場経営者および滑走仲間に対して損害賠償を請求することができないとされた事例[10]、スキーヤーがゲレンデ内の松の木に衝突した事例でスキー場の設置管理に瑕疵があったかどうか争われた事例[11]、そりで滑走中、鉄塔に衝突し受傷。スキー場経営管理者およびそりの販売業者に対する損害賠償請求事件[12]、スキーヤーがクレバスに転落して負傷した事故がスキー場管理者の管理の過失によるものとはいえないとされた事例[13]、スキーヤーの滑走中に発生した衝突死亡事故[14]がある。

5 施設関連団体の安全対策

各スキー場ではルールを設けて、スキーヤーやスノーボーダーへ事故防止を呼びかけている。例えばニセコアンヌプリ国際スキー場には、ニセコルールがある。その中で、スキー場外の安全管理は行われていない旨の通知および捜索救助には費用が発生するなど、事故が起きた際の注意点を明示しており、スキーヤおよびスノーボーダーの行動の自制を求めている。また、全国スキー安全対策協議会は、スノースポーツ安全基準（平成25年10月改定）を作成し公表している。同基準は、国際スキー連盟が定めた「スキーヤーとスノーボーダーの行動規範」と一体をなすものとして解釈・運用されることとなっている。

このようなスキー場での事故の原因などについては、全国スキー安全対策協議会において、毎年、報告書の形でまとめており、同協議会のホームページで公開している。

《項目の参考文献》
▽ 中央大学保健体育研究所紀要32号「野外運動研究班スノースポーツ安全基準コンメンタール」布目靖則他著　中央大学保健体育研究所　PDF
▽「日本スキー教程 安全編」（公財）全日本スキー連盟編著　スキージャーナル(株)　2,600円(本体)
▽ 中央大学保健体育研究所紀要28号「スノースポーツ重大（重傷・死亡）事故のデータベース作成」
　布目靖則、坂東克彦他著　中央大学保健体育研究所　PDF
▽「スポーツ事故の法務―裁判例からみる安全配慮義務と責任論」
　日本弁護士連合会弁護士業務改革委員会　スポーツエンターテインメント法促進PT編著　(株)創耕舎　3,333円(本体)
▽ 専門実務研究第9号「スキー場における安全管理の在り方について」徳田 暁、松原範之共著　神奈川県弁護士会

【取材協力】安比高原スキー場（(株)岩手ホテルアンドリゾート）、安比スキー＆スノーボードスクール、(一財)日本鋼索交通協会

スポーツ事故予防には具体的な基準が必要

虎ノ門協同法律事務所 弁護士 望月浩一郎

　文部科学省は平成21年、「学校施設における事故防止の留意点について」を発行し、サッカーゴールなどの転倒防止について次の通り対応を指導している。
・サッカーゴール、バスケットボールゴールやテント等が、強風や児童生徒などの力により転倒しないように、杭などにより固定したり、十分な重さと数の砂袋等で安定させたりする等、転倒防止のため配慮することが重要である。
・サッカーゴール等重量のある移動式の器具の移動時における事故を防止するため、教員等が指導した上で、安全に移動させることが可能な人数を集めることや、経路の安全性を事前に確認する等、配慮することが有効である。

　留意点を読んだ教員があなたに、市販の一般アルミ製サッカーゴールを管理するために、次の質問をしたらどのように答えるか？
（1）このサッカーゴールの転倒を防止するための「十分な砂袋の重さと数」を具体的に教えて欲しい。
（2）平均風速20mという「強風」の場合には、（1）の重さと数で十分なのか、さらに砂袋を追加しなければならないのか？
（3）「安全に移動させることが可能な人数」とは、高校3年生男子を前提とすると何人？この人数をどのように配置してサッカーゴールを持ったらよいのか？

　同様に、文部科学省と国土交通省は、平成19年3月、「プールの安全標準指針」を公表している。そこでは、「監視員および救護員」の項で次の通り述べられている。
・遊泳目的で利用するプールにおいては、監視員および救護員の配置は、施設の規模、曜日や時間帯によって変わる利用者数などに応じて適切に決定することが必要である。また、監視員の集中力を持続させるために休憩時間の確保についても考慮することが望ましい。
・監視設備（監視台）は、施設の規模、プール槽の形状などにより必要に応じて、プール全体が容易に見渡せる位置に相当数を設けることが望ましい。
・飛び込み事故、溺水事故、排（環）水口における吸い込み事故、プールサイドでの転倒事故等、プール内での事故を防止するため、各施設の設置目的や利用実態などに応じて禁止事項を定め、利用者に対し周知を行うとともに、監視員などは違反者に対し適切な指導を行うことが必要である。

　小学校でよく見られる、長さが25m、5～6コース（幅12～15m）、水深1.0～1.2mのプールを夏休み中に一般開放して小学生30～50人程度が利用する場合を前提として、みなさんはプール管理者から次の質問があったらどのように答えるか。
（1）「監視員および救護員」は何人必要？
（2）「監視員の集中力を持続させる」ために、「連続できる監視時間」は？「必要な休憩時間」は？監視員一人あたりの「一日の総監視時間」は？
（3）このプールでは「監視台」は必要？必要とするならば「どこに何台の監視台を設置する？」、「監視台の高さは？」
（4）このプールでは「競泳のスタートの練習は禁止すべき？」、「競泳のスタートの練習もしたいという希望に応えるために、部分的に許可するならば、どのような条件が必要？」

　事故を予防するための行為規範（行動基準）は、具体的でなければ意味がない。「安全に注意しよう」で終わっているのが、スポーツの世界ではないか？

　労働安全衛生の基準は具体的である。10分間の平均風速が10m/秒を超えると原則としてクレーン作業は禁止される。瞬間最大風速が30m/秒を超えると安全点検を実施してからでないと作業の再開はできない（クレーン等安全規則第31条の2、第37条、「労働安全衛生法および労働災害防止団体法の一部を改正する法律などの施行について（平成4年8月24日、基発第480号）」、「Ⅴクレーン等安全規則関係」）。スポーツ界は、労働安全衛生の優れた部分に学ぶことが必要なのではないだろうか？

第4章

安全対策各論

1 スポーツ現場における安全管理体制の構築

1 はじめに

スポーツが安全に行える「環境」のことを欧米では「スポーツセーフティー（以下、SS）」と呼び、「人」、「物」、「体制」がそろってはじめて実現する。例えば、AEDの使い方を知っていたとしても、AEDが現場になかったり、どこにあるか知らなかったりすれば、まったくAEDの知識は無意味になるのと同様、「人＝知識」とその知識を生かすために必要な「物＝設備」、そして「人」と「物」が機能するための「体制」を整えることが必要である。

2 スポーツセーフティートライアングル

安全な環境はスポーツに関わる「選手（未成年の場合はその家族）」、「指導者」、「施設／団体」の3者がそれぞれの責任を果たすことではじめて実現する。

日本のスポーツ現場においては安全管理体制を構築するためにアスレティックトレーナーや医療従事者が配置されている状況は非常に少なく、実際には現場に関わる前述の3者が構築しなければならない。

SSトライアングル

3 スポーツセーフティーアクション

スポーツが安全に行えるための環境を実現するために起こすべきアクションは①知る、②備える、③整える、である。
「知る」＝人
「備える」＝物
「整える」＝体制

スポーツの安全環境をつくる3者が、それぞれこの3つのアクションを起こすことが安全な環境づくりには重要である。

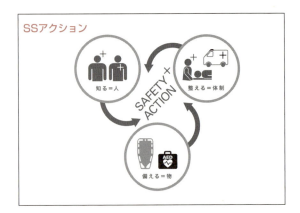

「知る」・健康状態
　　　・参加／不参加の判断
　　　・競技特性、安全の知識

選手自身または家族は、参加するスポーツに耐えうる健康状態かどうかの体調を把握する必要があり、参加するかどうかの判断も行わなければならない。そのためにも参加する競技でどのような怪我が起きるかなどの知識もつけておく必要がある。

「備える」・水分／栄養補給
　　　　・適切な用具／衣類
　　　　・救急箱／セルフケア用具

プロスポーツの世界などでは、練習中の飲料水や用具などはチームなどで供給されるケースが多いが、それ以外のアマチュアスポーツでは、各自で揃えなければならないケー

スが大半であろう。環境や各競技団体の安全基準などに適合したものを各自で揃える。負傷時なども応急手当は現場で行うが、それ以外のケアは自宅で行えるようにする。

「整える」・体調管理
　　　　・協力体制

　スポーツ活動に健康な状態で参加できるよう、各自で体調を整えておく。また参加するチームの指導者が選手の保護者やボランティアのケースも多く、選手やその家族は運営に協力する必要がある。

「知る」・SS知識
　　　・正しいトレーニング法
　　　・競技特性

　現場の責任者である指導者は、突然起こる怪我や事故に対応するための知識や技術を習得していなければならない。最悪の事態を想定した「エマージェンシーアクションプラン（EAP、緊急時対応計画書）」※1の作成や怪我を予防するための対策など、SSに関する知識も定期的に更新する必要がある。

EAPについては　参照 246頁

「備える」・救急セット
　　　　・連絡ツール

　応急手当に必要な救急セットや緊急時に迅速に医療機関への搬送を手配するための携帯電話などの連絡ツールは常に身近に置いておく。

「整える」・エマージェンシーアクションプラン（EAP）
　　　　・必要書類（同意書、事故報告書など）

　突然起こる怪我や事故に迅速な対応をするためにEAPの作成は必要不可欠でありスポーツ現場の安全管理体制構築の上で最も重要である。その他参加にあたっての健康診断書／健康状態自己申告書および参加同意書、事故報告書なども準備する。

「知る」・SS知識
　　　・事故状況把握（件数＆原因）
　　　・環境把握（天候、会場設備、参加人数）

　施設や競技イベント運営でも安全を確保する必要があるため、スタッフは運動が行われている環境を把握し、起こり得る事故を想定した準備や発生時の迅速な対応が求められる。また再発を予防するために管理する施設や競技において実際にどのような怪我や事故が起きているかを調査し現状を把握しなければならない。

「備える」・救命具（AED、担架、氷など）
　　　　・EAP
　　　　・専門スタッフ
　　　　　（ドクター、アスレティックトレーナーなど）

　イベント参加チームや施設利用者各自が携帯することの難しいAEDや担架などは運営側で用意し、使えるような体制も整える必要がある。EAPはイベント参加者や施設利用者など多くの人と共有する必要があり、配布もしくは掲示ができるようにする。大会やイベントには安全管理のできる専門スタッフ（ドクター、アスレティックトレーナーなど）を配置することが望ましい。

「整える」・教育プログラム＆安全基準
　　　　・事故データ集計／分析
　　　　・環境整備（施設／用具など）

　施設利用や競技開催に関する安全基準を定め、利用および競技の中止の基準や事故発生時の対応を明確にする。また発生した事故に関するデータを収集・分析し事故発生の予防対策を立てるとともに、教育プログラムや安全基準に反映させ広く共有する。

4 医療スタッフ／医務室

すべてのスポーツ現場に医療スタッフを配置できるのが理想ではあるが、現状は難しい。しかし大きな大会やイベントの場合は事故や怪我発生時の応急手当と医療機関へのスムーズな搬送を行うことのできる専門スタッフ（医師、看護師、救急救命士、アスレティックトレーナーなど）の配置が望ましい。

- 専門スタッフ　　医師、看護師、救急救命士、アスレティックトレーナーなど
- 設備　　　　　　AED、担架／スパインボード[※2]セット（脊椎固定）、氷／製氷機
- 救急キット　　　固定具（副木、スプリント、シーネ、バンデージなど）
　　　　　　　　　創傷ケア（滅菌ガーゼ、生理食塩水、消毒液、包帯）
　　　　　　　　　外傷ケア（氷嚢／ビニール袋、バンデージ、医師などがいる場合は、医薬品や専用キットを持参）

スパインボード

人 （知る）	教育プログラム	・ライセンス制度 ・定期更新
	内容	・心疾患、頭部／頸部外傷、熱中症 ・エマージェンシーアクションプラン（EAP） ・固定法、搬送法、落雷　など
	対象	・指導者＆選手 ・施設管理者 ・競技運営スタッフ　など
物 （備える）	救急セット	・チーム ・家庭 ・施設／イベント
	救急救命具	・AED ・担架／スパインボード（脊椎固定） ・製氷機　など
体制 （整える）	EAP	・エマージェンシーアクションプラン（緊急時対応計画） ・シミュレーション訓練
	安全基準	・運動中止の基準 ・安全管理／医療スタッフの配置 ・安全管理マニュアル
	事故調査	・事故／傷害報告書＆集計 ・現状の把握⇒対策

> **MEMO**
> ※1【エマージェンシーアクションプラン（EAP）】緊急時対応計画、Emergency Action Plan
> 　緊急時の対応を迅速に行うために、連絡先一覧、救急救命具の設置場所、搬送経路などを簡潔に記載された、すべてのスポーツ現場、施設、イベントで作成されるべき計画書。
> ※2【スパインボード（バックボード）】硬い素材で作られた担架で、主に脊椎などの損傷が疑われる傷病者の搬送に用いられる。通常は頭部を固定するヘッドイモビライザーと体を固定するストラップとセットになっており、全身を固定した状態で脊椎へのダメージを最小限に搬送することが可能になる。

◀ 参加同意書

参加同意書

団体名 ＿＿＿＿＿＿＿＿＿＿＿＿ 宛

私は、貴団体のプログラムに参加するにあたり、下記事項に同意します。

1. 私は、貴団体のプログラムに参加するにふさわしい身体状況にあることを認めます。

2. 私は、運動中に起こる事故や怪我の可能性を理解し、自分で最大限の安全管理を行った上で参加します。

3. 私は、緊急時に家族／保護者への連絡なしに、医療機関への搬送や応急手当てが行われることに同意します。

ふりがな
選手氏名 ＿＿＿＿＿＿＿＿＿＿＿＿＿＿＿＿ 印
保護者名 ＿＿＿＿＿＿＿＿＿＿＿＿＿＿＿＿ 印 （18歳未満の場合）
生年月日 ＿＿＿＿ 年 ＿＿ 月 ＿＿ 日 年齢 ＿＿ 歳
住所 ＿＿＿＿＿＿＿＿＿＿＿＿＿＿＿＿＿＿＿＿＿＿
電話番号 ＿＿＿＿＿＿ 携帯番号 ＿＿＿＿＿＿ メール ＿＿＿＿＿＿
緊急連絡先
氏名 ＿＿＿＿＿＿＿＿＿ 続柄 ＿＿＿＿ 電話番号 ＿＿＿＿＿＿

20 ＿＿ 年 ＿＿ 月 ＿＿ 日

✚ SPORTS SAFETY

◀ 健康診断自己申告書

健康診断自己申告書

ふりがな
選手氏名 ＿＿＿＿＿＿＿＿＿＿＿＿＿＿ 年齢 ＿＿ 歳
所属 ＿＿＿＿＿＿＿＿＿＿＿＿ カテゴリー ＿＿＿＿
生年月日 ＿＿ 年 ＿＿ 月 ＿＿ 日 性別 男・女 血液型 ＿＿ 型
身長 ＿＿＿＿ cm 体重 ＿＿＿＿ kg
住所 ＿＿＿＿＿＿＿＿＿＿＿＿＿＿＿＿＿＿
電話番号 ＿＿＿＿＿ 携帯番号 ＿＿＿＿＿ メール ＿＿＿＿＿
緊急連絡先
氏名 ＿＿＿＿＿＿＿ 続柄 ＿＿＿＿ 電話番号 ＿＿＿＿＿

1. 現時医療機関に通っているケガや病気がある。
　　ない ・ ある　傷病名／症状 ＿＿＿＿＿＿＿＿
　　　　　　　　　傷病名／症状 ＿＿＿＿＿＿＿＿
2. 1以外で、慢性疾患や持病、アレルギーがある。（ぜんそく、食品／薬品アレルギーなど）
　　ない ・ ある　傷病名／症状 ＿＿＿＿＿＿＿＿
　　　　　　　　　傷病名／症状 ＿＿＿＿＿＿＿＿
3. 過去に大きなケガや病気、手術をしたことがある。（靭帯断裂、骨折、脳震盪など）
　　ない ・ ある　いつ・障害部位・傷病名 ＿＿＿＿＿
　　　　　　　　　いつ・障害部位・傷病名 ＿＿＿＿＿
4. 上記1～3の質問に「ある」と答えた方で、疾患が発生した際の対処方法があればお書きください。
　　対処方法 ＿＿＿＿＿＿＿＿＿＿＿＿＿＿＿＿＿＿＿

5. 医師による運動の制限がある。
　　ない ・ ある　内容 ＿＿＿＿＿＿＿＿
6. 常用している薬がある。
　　ない ・ ある　薬名 ＿＿＿＿＿＿＿＿
7. 健康状態において留意すべき点、もしくは気になる点がございましたらお書きください。
　　＿＿＿＿＿＿＿＿＿＿＿＿＿＿＿＿＿＿＿

参加条件
＊ 運動参加するにふさわしい身体状況であること。
＊ 運動参加の最終判断は、選手本人（未成年の場合は保護者）が責任を持つこと。
＊ 緊急の際には家族／保護者への連絡なしに、応急手当てや医療機関への搬送を承諾すること。

選手本人（未成年の場合は保護者）サイン ＿＿＿＿＿＿＿＿ 印

✚ SPORTS SAFETY

2 エマージェンシーアクションプラン（EAP）

1 はじめに

スポーツにおける死亡事故の原因で一番多いのが心臓疾患による突然死。続いて頭や首の怪我、熱中症などが原因として挙げらる。これらの事故のほとんどが突然起こるもので、予測することは非常に困難である。エマージェンシーアクションプラン（EAP）は、いつ起こるかわからない事故や怪我に対して、発生後いかに迅速に対応し医療機関へ搬送できるかを事前に想定した計画書であり、すべての競技、施設などにおける事故に有効な対策である。

2 エマージェンシーアクションプラン作成の目的

EAPを作成することの目的は、緊急時の体制作りをすることで緊急時の迅速な対応、医療機関への迅速な搬送を行うことである。

3 エマージェンシーアクションプラン作成のポイント

- ・簡潔：緊急時に誰が見ても一目で分かるよう、簡潔で見やすいものでなければならない。
- ・施設／場所ごと：同じ敷地内にあったとしても、エリアや施設ごとにそれぞれ作成されるべきである。
- ・イベントごと：同じ会場を使ったとしても、イベントごとにスタッフや参加者が違えば、その都度作成する。
- ・チームごと：施設にEAPがあったとしても、利用するチームやクラス、部活動ごとにEAPを作成し、役割分担などを事前に決めておく。
- ・シミュレーション訓練：EAPを作成したら、必ず実際の現場と同様の環境でシミュレーションを行い、スムーズなオペレーションができるよう訓練する。
- ・定期更新：一度作ったEAPは定期的に見直しとシミュレーションを行い、更新する。問題点の確認と見直しを行い、更新する。
- ・全員と共有：施設やチーム、イベントなどに関わる人と共有できるよう、配布もしくは掲示する。
- ・協力要請：管轄エリアの消防署や医療機関に事前にコンタクトをとり、EAP作成にあたり確認、相談、協力要請を行う。

4 エマージェンシーアクションプランの必須内容

EAPには、最低下記内容を記載しておく必要がある。

- ・緊急時対応人員：ドクター、看護師、アスレティックトレーナー、その他医療従事者、もしくは訓練を受けた緊急時対応スタッフ
- ・緊急連絡先：安全管理責任者、施設管理者、施設所有者・設置者、医療機関（総合、専門医）、メディカルスタッフ、タクシー会社など
- ・施設／場所情報：施設名、住所、目印、救急車ルート
- ・救急救命具設置場所：AED、救急セット、担架（スパインボード）、製氷機など
- ・ルート：救急車、災害避難経路、落雷避難経路など
- ・マップ：施設（エリア）別マップ、用具設置場所（AED、担架、救急キットなど）、医務室・処置室、メディカルスタッフ待機場所、傷病者搬送経路、救急車・救急隊誘導経路、緊急避難経路など
- ・役割分担：①処置（心肺蘇生、AED、応急手当など）
  ②連絡（救急車、救助）
  ③調達（AED、担架、救急セットなどおよび①の補助）
  ④誘導（救急車、観客、選手）

5 シミュレーション訓練

できあがったEAPは、現場の多くの人との共有が必要になるため、必ずシミュレーション訓練を行い、EAPに基づいた行動をスタッフに浸透させていくことが大切である。また、不備や、状況の変化に応じて定期的に見直しを行う必要がある。

- ・スタッフ：実際の現場で対応するスタッフの人数や配置で行う
- ・場所：実際に試合や練習、イベントが行われる施設で行う
- ・シナリオ：起こり得る事故や場所をいくつか想定し行う
- ・検証：リハーサルでの問題点や対応時間などを検証しEAPに反映
- ・定期開催：最低でも毎年、シーズン前は必ず行う

Emergency Action Plan
（緊急時対応計画）

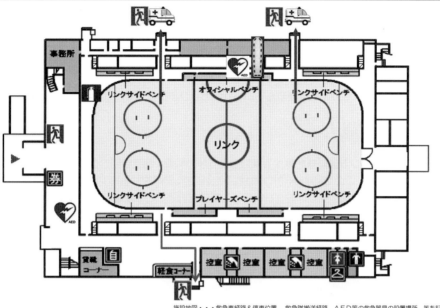

施設地図・・・救急車経路＆停車位置、救急隊搬送経路、AED等の救急器具の設置場所　等を記入

作成日：　2012年1月1日

基本情報
- 大 会 名：2012ヤングリーグU16
- 施 設 名：ABCアイスアリーナ
- 住　　所：東京都渋谷区渋谷１－１－１
  - 目印　ＡＢＣ郵便局となり　　TEL 00-0000-0000

連絡先
安全責任者：鈴木一郎 TEL 00-0000-0000		施設管理者：鈴木二郎 TEL 00-0000-0000	
リンクDR：鈴木三郎 TEL 00-0000-0001		医 務 室： TEL 00-0000-0001	
ホームDR：鈴木四朗 TEL 00-0000-0002		ホームAT：田中一郎 TEL 00-0000-0002	
警　察：ABC警察 TEL 00-0000-0003		消　防：ABC消防署 TEL 00-0000-0003	
タクシー：ABCタクシー TEL 00-0000-0004		タクシー：ABC交通 TEL 00-0000-0004	
TEL 00-0000-0005		TEL 00-0000-0005	

- 病 院 １：ABC総合病院　TEL 00-0000-0000
- 病 院 ２：ABC整形外科　TEL 00-0000-0001
- 病 院 ３：ABC歯科　TEL 00-0000-0002

設置場所/ルート
AED：オフィシャル本部席		担　架：オフィシャル本部席	
車椅子：オフィシャル本部席		救 急 箱：オフィシャル本部席	
消火器：管理事務所			
救急車入口：ABC公園北ゲート		救急隊入口：アリーナ北入口（本部席裏）	

怪我人発生時の担当者@リンク / 怪我人発生時の担当者@観客席
処　置：チームDR		処　置：リンクドクター	
連　絡：チームマネージャー		連　絡：運営スタッフ	
AED調達：チームトレーナー		AED調達：運営スタッフ	
誘　導：施設スタッフ		誘　導：施設スタッフ	

Emergency Action Plan（見本）　　　©（特非）スポーツセーフティージャパン

3 緊急時の救急対応

> **事故のポイント／争点**
> ○ 緊急を要する事態とは、生命に危険が及んでいる状態および重い後遺症が残る可能性がある状態である。
>
> **事故防止対策**
> ○ 緊急対応におけるポイントは緊急を要する事態かどうかの判断、医療機関への迅速な搬送（手配）救急隊到着までのアクションであり、この３つが適切に行われるためには、定期的な教育プログラムの受講や事前にエマージェンシーアクションプランを作成しシミュレーション訓練を行うことが望ましい。事故後もこの３つのポイントをしっかりクリアできたかどうか検証し、今後の参考にする。

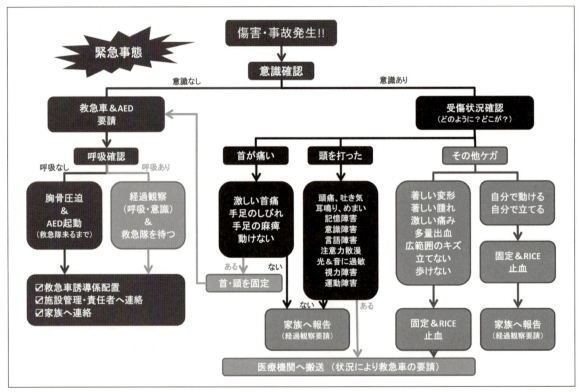

事故発生時対応チャート（特非）スポーツセーフティジャパン

1 はじめに

　スポーツにおける怪我や事故のほとんどが予期せず突然発生することと一瞬の出来事であるため、周りの人がその怪我の受傷機転や事故の状況を把握できていないことが多い。対応のポイントは、目の前で起こった事故が緊急を要するかどうかの判断とその後のアクションを迅速に行うことである。

2 事故発生後の救急対応

（１）緊急を要する事態かどうかの判断

　どのような状況でも、目の前で起こっている怪我や事故が緊急を要するか否かを迅速に判断しなければならない。受傷者に生命の危険が及んでいるかどうかは２つのチェックポイント（「意識の確認」と「呼吸の確認」）をもって判断する。

①チェックポイント1「意識の確認」
　方法：大声をかける、肩を叩く（体は絶対に動かさない）
　結果：反応がない、意識に異常がある
　行動：救急車とAEDの要請

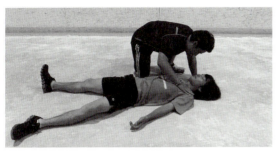
意識確認

救急車要請

②チェックポイント2「呼吸の確認」
　方法：お腹や胸の動きを見て確認（時間をかけない）
　結果：呼吸に異常がある
　行動：心肺蘇生（胸骨圧迫）とAED

呼吸確認

胸骨圧迫　　　写真はすべて©（特非）スポーツセーフティジャパン

　人間が生命維持のために最も重要な機能を果たしている臓器は「脳」であるため、最初に確認を行わなければいけないことは脳の機能（意識）チェックである。その次に、脳が機能を維持するために血流を供給し続ける心臓が機能しているどうかを呼吸で判断する。この2つのチェックポイントの結果に応じて、救急車の要請や心肺蘇生を行う。それ以外の判断は医師などでない限り難しいため、何が原因で倒れているかなどの評価に時間をかけるよりも、前述の2つのチェックポイントをもって判断をし、迅速に医療機関への搬送を行うことを最優先とする。

（2）医療機関への迅速な搬送
　救急車はその場に携帯電話などの連絡手段があればすぐに要請できるが、エマージェンシーアクションプランの作成など事前の準備がない限り、迅速な搬送は実現しないだろう。

事前の準備　エマージェンシーアクションプランの作成
・現場の位置情報（施設名、住所、目印など）
・救急車の搬送経路（施設への入り口、施設内経路など）
・救命具の設置場所
・役割分担　　処置（応急手当、心肺蘇生）
　　　　　　　連絡（救急車、責任者）
　　　　　　　調達（AED、救急セット）
　　　　　　　誘導（救急隊、選手、観客）

（3）救急隊到着までのアクション
　平成28年度版の消防白書によれば、通報から救急車到着までの時間は全国平均で8分36秒、到着から医療機関に収容されるまでの時間は39分24秒と報告があるが、AEDによる電気ショック（除細動）は1分遅れるごとに7〜10%で成功率が低下すると言われている。緊急事態と判断されたら救急車を要請して終了ではなく、救急隊が到着するまでの間に応急手当や心肺蘇生などを必要に応じて迅速に行うことが非常に重要である。

緊急対応
①意識の異常 ⇒ 救急車＆AEDの要請
②呼吸の異常 ⇒ 心肺蘇生＆AED

AEDについては　**参照 262頁**

首の外傷：首に激しい痛みや四肢にしびれもしくは無感覚の状態などがある場合、絶対に体は動かさず現状のまま体を固定し救急隊を待つ。少しでも体を動かしたことにより、脊椎へのダメージを悪化させ、重い後遺症や死に至ったケースもある。
熱中症：熱中症の中でも一番重度とされる熱射病の場合は、38℃以上の高熱の体温に加え、意識の異常やふらつき、けいれんなどを起こすことがある。この場合は救急隊到着前に、氷水に体を浸すなどして迅速に体温を38.5℃以下に下げる必要がある。意識があれば水分の補給も行う。

熱中症については　**参照 270頁**

4 事故発生後の対応および再発防止

事故のポイント／争点

○ スポーツで起こる重大事故の原因として突然死（心疾患）、頭頚部外傷、熱中症などについて報告が多い。

事故防止対策

○ スポーツ現場での死亡事故の3大原因と言われる突然死（主に心疾患）、頭頚部外傷や熱中症、またすでに身の回りで起きた過去の事故への対策は、安全管理をする上で必須である。事故の調査を行い傾向や原因を調べ対策を練ることや、マニュアルを作成しその情報を指導者や管理者だけでなく選手や家族とも共有することを定期的に行わなければならない。

1 はじめに

一度起きてしまった事故や怪我も、その後の対応次第では繰り返し起きてしまう場合がある。怪我人（被害者）を救急隊に引き渡した時点で終わりではなく、その後の対応が再発防止に非常に重要である。

2 事故発生後対応ポイント

・**フォローアップ**：関係者への迅速な連絡はもちろん、怪我人（被害者）の家族への連絡や誠意ある対応は重要である。怪我の発生状況や対応報告を怠らず、医療機関へ搬送された場合は関係者が付き添い対応する。その後も定期的に連絡を行い、状況を確認する。

・**報告書**：被害者の氏名や連絡、事故・怪我発生時の状況、怪我の部位や種類、対処の内容などを記載する。

3 再発防止ポイント

・**調査・集計**：先行状況の報告書を書いただけで終わらせず、発生原因をしっかり調査し原因を追及することで初めて再発防止につながる。「なぜ」事故が起こったかをさまざまな角度から検証し、今後起こり得る事故も想定し対策を立てる。年間を通じての事故の統計がとれれば理想だが、せめて集計して安全基準やマニュアル、教育プログラムへの反映と、情報共有を広く行う。

・**教育プログラム**：指導者や管理者への教育プログラムは必須で、現場の責任者として定期的に安全に関する最新情報を更新しなければならない。また競技者やその家族なども含めた、スポーツ現場に関わる多くの人と情報を共有する必要があるため、教育プログラムを受けられるような機会を定期的に設ける。内容も心肺蘇生法だけでなく、スポーツで起こり得る大きな事故を想定した内容で行われることが望ましい。

・**安全基準／マニュアル**：事故調査により判明した事実を専門家を含めて分析し、施設・競技ごとに安全基準やマニュアルを設ける、もしくは既存のものに反映させる。試合・練習中止の決断や選手のプレー中止の判断を団体などで決められた基準に従って行い、できるだけ個人の判断に委ねないよう努める。

MEMO

※1【ベースラインテスト】シーズンの始まる前に、記憶力やバランス能力などを評価するスポーツ脳振盪評価テストなどを用いて行う。受傷後にシーズン前の健康な状態での評価と比べ、競技復帰の指標に用いる。

※2【GRTP】(Gradual Return to Play：段階的競技復帰プロトコル) など医師やその他の有資格のヘルスケア専門家、およびチームスタッフ、指導者、保護者、プレーヤーなどのために作成された、スポーツにおける脳振盪の競技復帰プロトコルを用いる。

※3【パルスオキシメーター】指先や耳などにプローブを付けて、脈拍数と血中酸素飽和度をモニターする医療機器。

4 安全マニュアル

- **内容**：EAP雛形、緊急対応手順（心疾患・脳振盪・熱中症など）、応急手当手順（出血・急性外傷）、フローチャート、運動中止の基準、報告書雛形など
- **更新**：年に一度は必ず見直し、事故調査や傷害集計の結果などにより必要があれば、内容を更新する。

5 トリプルH予防策

スポーツにおける死亡事故の3大原因が①心疾患による突然死（Heart＝心臓）、②脳振盪などの頭や首の傷害（Head＝頭）、③熱中症（Heat＝熱）と言われている。スポーツで起こる膝や肩などの怪我もあるが、まず、これらを起こさないための対策が重要である。

・心疾患（HEART）

©スポーツセーフティージャパン

日々の体調管理
定期健康診断
無理をしない

スポーツにおける死亡事故の原因で一番多いのが突然死である。その大半が心疾患だと言われている。心疾患の多くは発症前に胸や肩の痛み、動悸や脈拍の異常、息切れや呼吸困難、むくみ、めまい、異常な発汗などの症状が現れることが多く、これらのサインを見逃さないように普段から自分の体調を把握しておく必要がある。体重や脈拍、血圧、血中酸素濃度、体温など簡易に測定できる客観的な数値と主観的な体調を数値化したものなどを日々測定することにより、体調の変化を察知しやすくなる。最終的に体調が悪ければ無理せず休むことが重要である。

また迅速な対応により、最悪の事態を免れることが多く報告されており、特に現場に関わる人のAEDなどの使い方を含めた心肺蘇生法の習得や、EAPの作成などで、事前の安全管理体制を整えることが、死亡事故などへ発展させないための鍵である。

・頭首外傷（HEAD）

©スポーツセーフティージャパン

頭首の怪我の知識向上
復帰のプロセス
ベースラインテスト[※1]

頭の外傷で多いのが脳振盪である。プレー中の接触などにより、脳に直接または間接的に衝撃が伝わり、脳機能の低下が起こることを指す。脳振盪のときにどのような症状が出るか、実際に起こり得る危険な状況、受傷後の復帰のプロセスなどを指導者だけでなく選手自身もしっかり学ぶ必要がある。選手が脳振盪の知識がないがために症状はあるが受傷しているという認識がなかったり、プレーを続けたいという強い気持ちから症状を隠したりするというケースが現場では多くみられる。このことからも、選手に対しての教育プログラムは指導者などに対してのものと同様に重要であることがわかる。またシーズン前の健康時に脳の機能テスト（ベースラインテスト）受けることにより、受傷後のテストと比べることができ、復帰の指標[※2]になる。

	いつ	どうやって	目安	備考
体　重	朝／運動前後	体重計	－2％要注意 －3％〜脱水症状	運動前後、前日との比較
体　温	朝	体温計	上昇⇒疲労などの可能性	普段の平均値との比較
脈　拍	朝／運動時	ストップウォッチ パルスオキシメーター[※3]	上昇⇒疲労などの可能性	普段の平均値との比較
血中酸素飽和度	朝／運動時	パルスオキシメーター	96％〜正常 95％以下注意	普段の変動値との比較

・熱中症（HEAT）

暑さに慣れる
体重チェック
水分補給

　熱中症は、スポーツにおける3大死亡原因の中でもっとも予防が可能と言われており、現場での対応に依存するところが大きい。上昇する体温に対して体が熱を下げようと血管を拡張したり、大量に発汗したりすることによって症状として現れる。体温コントロールが効かず体温が上昇し続ければ、脳や臓器の機能も失い死に至ることもある。まずは、体温調節機能が暑さに対応できるかが重要で、まだ暑さに体が慣れていない夏の初めの時期、特に梅雨の時期の晴れ間や7月あたりに多く発生するため、体が暑さに慣れるまでの間は、運動の量や活動の負荷、時間を調節しながら徐々に順応させる必要がある（暑熱順化※4）。暑さ指数（WBGT※5）などを用いて温度だけではなく湿度も把握しながら、その気候に合った負荷、活動時間、給水／体温調節の頻度をコントロールし熱中症を予防する必要がある。
　また発汗による脱水症状も熱中症の原因の一つとなっており、運動中はもちろん運動前後の適切な水分補給も重要な予防策である。運動前後での体重測定で減少分を水分で補うことより確実に脱水症状を回避することができる（2％減→注意、3％減→危険）。熱射病など体温調整が出来なくなった状態は、熱中症の中でも異常に危険であり、医療機関に搬送する前に、迅速に体温を38℃台まで下げる必要がある。現在、氷水への全身浸水が一番効果的であるといわれており、スポーツや教育現場において、熱中症対策用に大量の氷を備えておくことが求められている。
　その他、気候に合わせた服装や帽子の着用などで熱中症を防ぐこともできるが、十分に時間をかけた暑熱順化と脱水症状を防ぐための適切な水分補給、運動前中後の体温調節が十分に行われることが重要である。

6　ハインリッヒの法則とPDCAサイクル

（1）ハインリッヒの法則

　労働災害における経験則がもととなったハインリッヒの法則は、「一つの重大事故の背後には、29の小さな事故と300もの異常がある」というものである。29の小さな事故を起こさないようにしていけば1つの重篤な事故は起きないし、300のヒヤリ・ハットを気に留めて防いでいけば、29の軽減な事故も起きない。リスク管理の観点からいうと、この法則は、スポーツ事故対策に活用することができる。

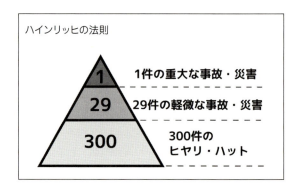

> ※4【暑熱順化】徐々に体を暑さに順応させる。暑い環境での運動や作業を始めてから3～4日で汗をかくための自律神経の反応が早くなる。3～4週間経つと、汗に無駄な塩分を出さないようになり、熱中症の症状が生じるのを防ぐ。
> ※5【暑さ指数（WBGT）】Wet Bulb Globe Temperatureの略。熱中症を予防することを目的として昭和29年にアメリカで提案された指標。単位は気温と同じ摂氏度（℃）だが、その値は気温と異なり、人体と外気との熱の関係（熱収支）を数値化した指標で、人体の熱収支に与える影響の大きい ①湿度、②日射・輻射（ふくしゃ）など周辺の熱環境、③気温の3つを取り入れた指標である。
>
> 《項目の参考文献》
> ▽「WR脳振盪ガイドライン（一般向け）」（公財）日本ラグビーフットボール協会 HP
> ▽「サッカーにおける脳振盪に対する指針」（公財）日本サッカー協会 HP
> ▽「熱中症環境保健マニュアル」環境省 HP
> ▽「スポーツ活動中の熱中症予防ガイドブック」（公財）日本体育協会 HP

（2）PDCAサイクル

　PDCAサイクルとは、もとは生産や品質の管理を円滑に進めるための手法として考案されたものであるが業務の改善にも用いられている。Plan（計画）→ Do（実行）→ Check（評価）→ Act（改善）の4段階を繰り返すことで、継続的に改善をしていくことができる。

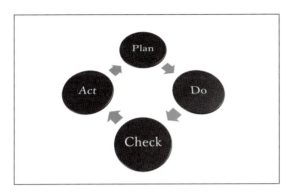

　PDCAサイクルとハインリッヒの法則を組み合わせて、事故防止のために活用することで、事故を起こさない体制への改善につながるのではないか。

（3）スポーツ事故を防ぐための ハインリッヒの法則とPDCAサイクルの活用

Plan ：これまでに起きた小さな事故やヒヤリ・ハットしたことについて、全スタッフ、利用者（競技者）などからヒアリングを行い、また都度記録を行い、何が原因となっているかを分析、改善計画を立てる。

Do ：改善計画に沿って、業務を行う。

Check：改善計画の遂行がきちんと行われているか、また、計画実行後に小さな事故やヒヤリ・ハットするような事態は起きていないかをチェックする。

Act ：改善計画に沿えなかった部分について改善を行う。

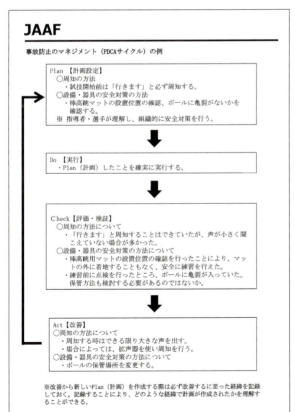

（公財）日本陸上競技連盟「安全対策ガイドライン」

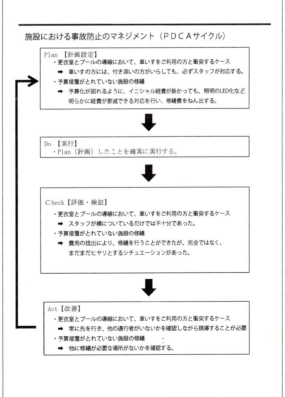

（公財）日本陸上競技連盟「安全対策ガイドライン」を元に著者作成

5 施設に常備すべきマニュアルおよび日誌

> **施設に常備すべきマニュアルのポイント❗**
> ○ チェックポイントなど情報を共有し、<u>ノウハウを蓄積</u>することで、正常時と異なる小さな点をいち早く発見・対応することに役立てられる。
> ○ 点検者が異なっても点検の精度が変わらないようにするため<u>マニュアル化</u>が望ましい。
> ○ 修繕計画を立てやすくなり、また修繕のための<u>予算化の根拠</u>づけができる。
> ○ <u>管理・業務・巡視・定期点検・非常時のマニュアル</u>を作成、常備することが望ましい。
> ○ スポーツ施設の安全性、信頼性を損ない、<u>重大な問題に発展するおそれを含んでいる</u>ことを念頭に劣化対応をする必要がある。

1 はじめに

　事故を防止するためには、日常からの施設、器具などの点検を行い、正常と異なる小さな点を一刻も早く発見して対応しなければならない。また、施設や器具などのハード面だけでなく、サービスについても日常から危機意識をもち、事故を起こさないようにしなければならず、万一事故が起こってしまった場合にもスピーディに的確な対応をする必要がある。事故が起こってから対処するのでは、利用者に取り返しのつかない傷害を負わせる可能性があるし、大事故に至らないとしても、サービスが悪いとして利用者の信頼を失うことになる。

　これら事故予防の有効な手段の一つとして、マニュアル、すなわち現場で、手近において使用される実用的な図書・書類の作成および活用がある。

2 各種マニュアルについて

（1）マニュアルの必要性

　マニュアルを作成することにより、
・点検などで見落としがなくなる。
・チェックポイントなど情報を共有し、ノウハウを蓄積できる。
・マニュアルを作成する際に、危険防止について考察することができる。また、マニュアルを作成する際に事故予防対応についてのシミュレーションもするため、実際に事故が発生してしまった場合に、迅速かつ的確な対応をすることが可能になる。
・マニュアルに沿った確認をしたことを記録しておくことにより修繕計画を立てやすくなり、また修繕のための予算化の根拠づけとなる。さらに、万一事故が起こってしまった場合も、その原因を特定するための有益な情報になり得る。また、当該施設の管理者などが、きちんと器具などの点検を行っていたことの証拠になり得る、その

責任を軽減する根拠となり得るといったさまざまなメリットが考えられる。

（2）マニュアルの種類

　マニュアルのタイトルにはいろいろなものが考えられるが、事故防止のために施設に常備すべきマニュアルとして、例えば以下のものが考えられる。もちろん、実際に使用する状況によって、これらを一つにまとめたり、いくつかに分けたりすることもできるし、分かりやすいようにアレンジする必要があるため、あくまでも例にすぎない。

1）管理マニュアル

　「管理マニュアル」は、主にスポーツ施設や器具の維持保全に関する施設管理および利用管理に関するマニュアルである。スポーツ施設や器具が劣化し、または故障するという不具合があるにもかかわらず、それらを見逃し、または知っていたにもかかわらず放置することにより、利用者が負傷などの不利益を被ることを防ぐのを目的とする。

　記載内容としては、各器具の正しい使い方、安全点検の時期、点検個所、点検方法、点検内容、点検理由、標準耐用年数、維持管理の方法（専門家のメンテナンスの必要性）などがある。

　施設の規模については、内容がまったく異なる場合があるので、複数の場所がある場合は、施設ごと、または持ち場ごとに作成したほうがより便利である。

点検表

　運動施設の場合、グラウンドやコートの他に、体育館、付属施設としてクラブハウスやスタンドなどの建築物、芝生などの植物、その中の器具など多様なものがあり、点検ポイントも多くなるため、これを確実に行うために、点検の対象、点検項目、点検結果などを記載する点検表

を作成する。施設によって点検するポイントも異なってくるため、点検表も施設ごとに作成する。日常点検では、事故が起こらないようにすることはもちろん、その日の使用に不備がないようにすることも確認する必要があるため、その観点からポイントを選定する。

点検表を作成することにより、当該施設の維持管理上の問題点を発見するのに役立てることができる。

2）業務マニュアル

「業務マニュアル」は、管理員の業務についてのマニュアルである。

記載内容としては、
- 始業および始業点検
- 器具や備品の出し入れを含む貸出
- 利用者の利用や閲覧に対する注意、措置ほか管理および返却された備品などが損傷されていないかの確認を含む返却などの利用管理
- 各器具の正しい使い方
- 施設、器具などの日常的な整備点検
- 特別な利用方法や機材などの持ち込みがある場合の利用打ち合わせ
- 前後の利用者に迷惑がかからないスケジュール管理
- 終業および終業点検

などがある。

管理員の業務にも点検が含まれるため、1）管理マニュアルで説明した通り、点検表を作成する。

3）巡視点検マニュアル

「巡視点検マニュアル」は、利用者の利用の手助けをし、また施設の破損や不適切な利用方法を原因とする事故を未然に防ぐためにする巡視点検に関するマニュアルである。

記載内容としては、
- どのような経路でどのくらいの時間で回るか
- 点検ポイントおよび点検の方法
- 異常時および緊急時の対応
- 全点検ポイントおよびポイント間の経路情報に関する書面の作成報告

などがある。

どのような経路でどのくらいの時間で回るかは、死角がなく、かつ利用の実態に合わせた設定が必要である。天候や人の流れを考慮し、目的に合わせ、効率的に行うために設定する必要がある。巡視の経路は、点検ポイントを入れて、地図に示すのがよい。

巡視ノート

巡視の主な目的の一つは点検であるため、①と同様点検表を使用する。

4）定期点検マニュアル

「定期点検マニュアル」は、施設およびその利用に関する定期的に行う点検についてのマニュアルである。事故を未然に防ぐためには、施設や器具の点検は不可欠である。前記のマニュアルにも点検は含まれるが、それ以外も含めた「点検マニュアル」を作成し、業務や巡視の際には、それを使用するということも考えられる。

①点検実施の意味と種類

点検には、一般的に、原則として毎日行う日常点検（上記「巡視」を含む）、日常点検よりも詳しく行う専門点検、そして経過観察としてきた項目も含めて再チェックなどを行うための総合点検がある。簡単な項目はできるだけ日常点検で完了できるようにし、専門点検は、やや時間を要する。総合点検は、サービスや施設の改良も含めた点検に重点を置く。さらに当該スポーツ施設と利用の態様に応じて適切な点検をする必要がある。

日常点検

毎日の変化や異常を観察するもの。簡単にかつ施設全体にわたって行うことに意義がある。

専門点検

上記の通り日常点検は、原則として目視など簡単に行われるが、複雑な構造からなる建築物や器具については、さらに詳しい点検が必要である。そのため、日常点検とは別に、定期的、または臨時的に詳しい点検をする。また、建築基準法、消防法などの法令で一定期間ごとに点検、報告が義務付けられる法定点検と施設器具・用具ごとに定められている保守点検を定期的に行う。

MEMO

〈項目の参考文献〉
▽「事故防止のためのスポーツ器具の正しい使い方と安全点検の手引き」(公財)日本体育施設協会施設用器具部会　2,500円(本体)
▽「スポーツフロアのメンテナンス」(公財)日本体育施設協会屋内施設フロアー部会　1,000円(本体)
▽「総合運動場維持管理マニュアル」(公財)日本体育施設協会　品切れ
▽「公園管理運営マニュアルの作り方」辰巳信哉著　(株)学芸出版社　品切れ

総合点検
通常の日常点検、定期点検では確認しない細かな点まで念入りに検査点検を行う。また、発見された事案で緊急性が低いことから経過観察となっていたものなども含めて再検討をする。また異常の発見や対処だけでなく、潜在的な危険や将来予想される問題も含め検討する。

	間隔	専門性レベル	方法	内容
日常点検	営業日ごと	2 管理者	目視、打音、触手 など	日常的に変化や異常を観察
保守点検	器具用具ごと	3 管理者と専門業者	劣化判定 基準判定	各種機器の機能を常時適正に発揮させ、常に安全かつ良好な状態に保つことが目的
総合点検	年1回〜数回	5 専門業者	劣化判定 基準判定	通常の日常点検、定期点検では確認しない細かな点まで念入りに行う検査点検
臨時点検	随時(イベントなどの前後や管理責任者の交代時など)	3 管理者と専門業者	適宜	

※専門性レベルは1を低い、5を高いとした5段階評価

②施設の劣化
施設の劣化とは、建築物それ自体の物理的劣化のみならず、機能的劣化、社会的劣化を総じて考える必要がある。スポーツ施設の安全性、信頼性を損ない、重大な問題に発展するおそれを含んでいることを念頭に劣化対応をする必要がある。

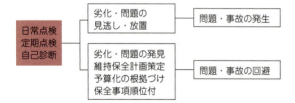

点検は、特に毎日行っているものについては形式化されてしまうことで、不具合などを見落とすリスクがある。したがって点検表を作成し、確実に行う必要がある。

・定期点検マニュアルの記載事項
　定期点検マニュアルに記載する事項の例としては、下記項目をまとめることが望ましい。

イ　基本項目
・点検対象施設　〇〇市総合体育館
・点検時期　平成〇〇年〇〇月〇〇日
・点検責任者、立ち合い者
　指定管理者〇〇市体育協会　　館長　　山田　太郎
　　　　　　　同　　　　　　副館長　　田中　花子
・点検器具、用具　テニス支柱　他

ロ　点検準備
・巡視チェックリストなどから問題点の洗い出し
・点検コース、計画
・注意ポイント、修理履歴など
・点検用機材、応急処置機材、など

ハ　点検要領
・点検者が注意をすべき点を洗い出しておく

ニ　点検作業方法
・点検表に準じて確認をしていく

258頁以降に巡視チェックリストの例を掲載する。

5) 非常時マニュアル
「非常時マニュアル」は、下記表にあるような非常時に対応するためのマニュアルである。

防災対策	特別訓練	応急対策
水防対策	防災訓練	人身事故 物損事故
震災対策		
防火対策	防火訓練	
	人命救助訓練(水難救助訓練)	急病・怪我など
		事故・暴力事件など
		施設、設備など故障
		盗難
		落し物・遺失物
		迷子
		無許可、違反など利用

・洪水、震災、火事の被害は、人身から物的被害におよび、いったん発生すればその被害の規模が大きくなることが多く、特別の組織的な対策をとる必要がある場合が多い。防災対策として、非常時に備えた通常の業務、非常時の役割分担、非常時になすべきこと、連絡・記録、救助・救援などについて記載する。
・自然災害も火災も規模が大きく、利用者の生命にかかる事態も深刻であるが、日常的に体験し得ることではないため、組織的かつ定期的に、繰り返し訓練をする必要がある。そこで、訓練の時期、訓練体制、訓練計画策定および訓練内容について記載する。
・非常時に適切な処理をすることにより被害が拡大することを防ぐことができる。そのため、各場合にどのような対応をすべきか応急対策について記載する。
・災害の種類ごとに危険地域、気象に応じた避難誘導計画、被災者の避難受入計画を定める。
　事故や災害の多くは、最終的に警察、消防、医療機関といった、外部の機関に依存する場合が多い。そのため、これらの機関と連携を保ち、連絡先などの情報を常に把握し、マニュアルの更新を行わなければならない。防火訓練について消防署、人命救助訓練では医師らの協力を得て行うことが必要である。

- 怪我、急病対策としては、本人の意思が確認できる場合は、①安静、または簡単な措置、②自分で医者に行く、③医者に行きたいが自分で行けないなど、本人の意思を確認し、医薬品の提供や医者の紹介などの対応をする。本人の意思が確認できない場合は、現場応急処置や救急車を要請するなど、どのような対応をするべきか具体的な記載をする。
- 事故には、その場ですばやく救助および応急措置を行うことにより被害の拡大を防ぐことができるため、具体的になすべき応急処置などを記載する。また、警察や救急の要請、それらへの協力、病院への同行、家族への連絡、事態の把握や記録の必要性などについて記載する。
- 施設、設備などの故障の場合には、①修理を待つことができる場合には、応急処置をとる、②すぐに修理が必要な場合でも、自ら修理できる場合は、応急修理を行う、③専門家に修理を依頼する必要がある場合は、修理を依頼するなどの対策を記載する。①、③の場合は、修理の完了までに時間がかかるため、使用禁止、通行止め、迂回、立ち入り禁止などの措置などを行い、事故が発生するのを防ぐ必要がある。また①、②、③とも、写真などで記録しておく必要性があることが多いため、その旨記載する。③専門修理については、指定業者の一覧まで記載しておくと、すばやい対応がしやすい。

6）事故記録報告書

前述のとおり、事故が発生した際には、EAPに基づいての対応が必要となるが、今後事故を起こさないためにも、事故記録報告書の作成が大切である。事故記録報告書は、死傷者が出てしまうような大きな事故だけでなくヒヤリ・ハットした事柄について、チェックシートなどと併せて記録をしておくほうがよい。事故記録報告書は、下記のとおりであるが、傷病者の身元、発生日時、意識や呼吸、脈拍などの有無、外傷出血の有無とともに、心肺蘇生法（CPR）・AEDの有無や事故発生時の状況、処置内容、使用開始時間、救急車の要請時間、到着時間、搬送病院などを記載しておく。傷病者対応が完了した段階で、現場の写真なども残しておく。訴訟になった際には、こうした報告書が証拠になり得る可能性もあるので重要である。

事故記録報告書

平成　年　月　日　　　　　　　　　　　　　　　　　　時　　分

意識の有無	有	無	傷病者氏名		
呼吸の有無	有	無	同 住所		
脈拍の有無	有	無	同 TEL		
外傷の有無	有	無	緊急連絡先		
出欠の有無	有	無			

CPR開始時間	時　分	回復時間	時　分	
AED到着時間	時　分	AEDの使用有無	有	無
救急車要請	時　分	到着時間	時　分	
病院名	時　分	病院TEL		

事故発生時の状況と処置内容

作成者		処置担当者	

(公財) 日本体育施設協会水泳プール部会　「プール運営・監視法の安全ガイドライン」を元に作成

チェックシート（サンプル）体育施設全般

記入日　年　月　日

		評　価		備　考 （場所や状況など詳しく）
外壁				
	外壁にひび割れ	有	無	
	タイルがはがれている	有	無	
	ひび割れからの錆びの溶け出し	有	無	
	シーリング材のひび割れ	有	無	
鉄				
	塗装のひび割れ	有	無	
	手すりなどの金属部の錆の発生	有	無	
建具				
	取り付けた部分のがたつき	有	無	
	開け閉めの時の動作異常	有	無	
内部				
	天井材の漏水による汚損	有	無	
	壁材のはがれの発生	有	無	
	床材のはがれの発生	有	無	
	タイルや石貼部のはがれの発生	有	無	
	金属の錆の発生	有	無	
設備				
	設備機器での錆びの発生	有	無	
	配管類とくに結合部の錆びの発生	有	無	
	電気設備などの異臭や異常な熱	有	無	
	取り付け部分のがたつき	有	無	
グラウンド路面クレイ部				
	水溜りなどによる凸凹の発生	有	無	
	砂利などの異物の有無	有	無	
	雑草の有無	有	無	
グラウンド路面芝生部				
	凸凹の有無	有	無	
グラウンド路面全天候型舗装				
	磨耗の有無	有	無	
	亀裂の発生	有	無	
	剥離の有無	有	無	
	水たまりなどによる凸凹の発生	有	無	
	人工芝パイルの磨耗	激しい	良好	
	人工芝充填材や目砂の状態	良い	悪い	

		評　価			備　考 （場所や状況など詳しく）
植栽					
	樹木の支柱の状況	危険		安全	
	根張りによる舗装の隆起の有無	有		無	
舗装材					
	清掃状況	悪い		良い	
	滑り止めの欠如や磨耗	有		無	
	バリアフリー対応の有無	有		無	
排水設備					
	清掃状況	悪い		良い	
	排水口の詰まり	有		無	
	蓋の固定状況や欠損	有		無	
サイン					
	身体障がい者やお年寄り、外国人を考慮しているか	している		していない	
	サインが途切れているか	いる		いない	
フェンス、ベンチ、遊具など					
	傷みやネットの破損	有		無	
	清掃状況	悪い		良い	
	支柱やベンチ脚部破損	有		無	
	安全柵の有無	有		無	
	安全柵の適正配置	不適正		適正	
	使用説明看板の見やすさ	わかりにくい		わかりやすい	
【場所や状況など】					

チェックシート（サンプル）体育館

記入日　年　月　日

	評　価			備　考 （場所や状況など詳しく）
床				
床面の滑り	危険		安全	
ワックスの使用	有		無	
塗装面の磨耗				
塗装面の傷	有		無	
塗装面の剥離	有		無	
フローリング				
傷や割れの有無	有		無	
反りや浮きなどの有無	有		無	
木栓の浮きや抜け	有		無	
ゆるみやたわみ	有		無	
取り付け器具				
フレームの破損・変形の有無	有		無	
使用時の異音	有		無	
取り付け金具の破損	有		無	
移動型競技器具				
使用時の異音、動き	有		無	
本体の破損・変形	有		無	
競技器具・支柱				
破損変形の有無	有		無	
接続部の異常	有		無	
【場所や状況など】				

チェックシート（サンプル）プール

記入日　年　月　日

		評　価		備　考 （場所や状況など詳しく）
プールサイド				
	滑りやすさ	滑る		問題なし	
プール本体				
	割れや欠けなどの損傷	有		無	
プール水				
	異常に水位が下がる	有		無	
	浮遊物や沈殿物の有無	有		無	
	異常な濁り	有		無	
	水質は適正か	不適正		適正	
スタート台・ラダーハンドル				
	固定されているか	いる		いない	
コースロープ				
	ワイヤーの錆びやほつれ	有		無	
	フロート部の割れ	有		無	
排（環）水口				
	二重構造	有		無	
	破損や欠損	有		無	
	給排水力分散	有		無	
	蓋の固定	有		無	
水深表示・注意看板				
	適正な設置	有		無	
	わかりやすさ	わかりにくい		わかりやすい	
プールクリーナー				
	漏電遮断機の作動	有		無	

【場所や状況など】

※チェックシート　（公財）日本体育施設協会　総合運動場維持管理マニュアルを元に作成

6 応急対応（突然死とAED）

事故のポイント／争点
○ 心臓疾患に起因して発生する事故がある。
○ 心臓震盪や熱中症のように外的障害に起因して発生する事故がある。

事故防止対策
○ 防具の着用などによりスポーツ事故の発生を未然に回避する。
○ AEDの設置・整備などスポーツ事故発生を想定した準備を行う。
○ 実際にスポーツ事故が起こったときに迅速に適切な行動をとる。

1 はじめに

突然死[※1]による死亡類型は、（独）日本スポーツ振興センターが提供している「学校安全WEB学校事故事例検索データベース」により、学校事故での事故類型を把握することができる。それによると、平成17年から平成27年における突然死事例は381件あり、そのうち、心臓系突然死による死亡が225件、中枢神経系突然死による死亡が65件、大血管系突然死による死亡が91件ある。当該統計からすると、心臓系の疾患による突然死の割合が非常に多いことがよく分かる。

2 突然死の対応策

(1) 事故事例

スポーツにおける突然死事例が、裁判に発展した例としては、次のようなものがある。例えば、平成17年に、キャッチボールをしていた9歳の少年の球が逸れて、10歳の少年の胸に当たり心臓震盪[※2]により死亡した事案で、加害生徒の親に約6,000万円の損害賠償義務を認めたものがある[※3]。また、平成15年に、公立中学校で早朝にラグビーの部活動をしていた13歳の少年が、熱中症により死亡した事案について、指導教員の責任を認めて、市に約2,000万円の損害賠償義務を認めたものがある[※4]。

(2) スポーツ事故の発生の回避

スポーツの現場に携わる者（特に選手を指導、管理する立場にある監督、コーチなど）には、スポーツ事故の発生を未然に防止する対策を講じる責任がある。日頃から、選手の体調管理をしっかりと行い、選手のコンディションに合わせた練習メニューを組むことが必要である。また、頭部や胸部などを保護するための防具（ヘルメットや胸部保護パッドなど）の装着や、危険度の高い練習を避ける工夫をすることも重要である。

(3) スポーツ事故発生時を想定した事前対策

もっとも、スポーツは、常に危険と隣り合わせのアクティビティであり、優れた防具を装着していても、また体調が万全であっても、突然スポーツ事故は発生する。そこで、スポーツ事故が発生した場合にとるべきファーストアクションを、事前にきめ細かく策定しておくことも極めて重要である。また、適切なファーストアクションをとるための環境整備（緊急時の通報手段の確保、AEDの設置・動作確認、緊急車両搬入通路の確保など）をすることも重要である。

(4) 事故発生時の対処

実際に事故が発生してしまった場合、事故現場にいる者には事前に策定したプログラムに沿って、冷静に救命活動を行うことが要求される。救護の要請、人工呼吸・AEDを使用した応急措置、救急隊への被害者の引き渡しである。現場にいた者がどのようなファーストアクションをとるかにより、被害者の救命率は大きく左右されることから、事故発生時の対応は非常に重要である。しかし、日頃から事故発生時のアクションを想定していないと、いざ発生した際、冷静に対処をすることは困難であるから、事前にプログラムを策定することが、同じく重要である。

3 突然死の具体的防止策

(1) 防具の着用

スポーツは、強い衝撃を伴う競技が多いため、防具を必要とする競技を行う場合は、適切な防具を着用し、未然に重大なスポーツ事故の発生を防止することが重要である。

例えば、頭部は、与えられた衝撃により重篤な事故が発生するリスクがあり、保護の必要性が高いことから、競技に応じて、ヘルメットやヘッドギアなどの防具を着用すべきである。また、胸部も（特に少年を対象として）心臓震盪を誘発するリスクがある箇所であるから、防具を着用することが望ましい。現状、心臓震盪予防の防具の開発は、あまり進んでいないが、例えば、野球においては、胸部を保護するためのパッドが製品化されている。

頭部や胸部の他にも、首や腹部など、重篤な事故を発生させるリスクの高い部位に対しては、競技に応じて適切な防具を着用すべきである。なお、これらの防具は、選手の体に合った適切なサイズのものを装着してはじめて事故防止に有用であることにも留意すべきである。

（2）AEDの設置・整備

日本では、救急車の出動を要請してから救急車が到着するまでに平均して約8分前後の時間を要する[※5]。そして、心室細動[※6]が生じた場合、除細動までの時間が1分経過するごとに、生存率は約7％から10％低下する[※7]。スポーツ事故により心臓系の疾患を発症した場合、現場にいる者が、救急車を単に待つだけではなく、一刻も早くAEDを使用して、除細動を行うことが極めて重要である。実際に、平成19年に開催された高校野球地方予選で、打球が直撃し心臓震盪を起こした投手に対して、試合会場備え付けのAEDを使用し救命された例や、平成21年に行われたマラソン大会で、心肺停止状態に陥ったランナーが、救護チームが保持していたAEDにより救命された例[※8]など、多くの救命事例が存在する。

まずは、日頃スポーツを行っている場所からすぐ手の届くところに、AEDが設置されているか、そしてAEDが実際に動くかどうかを確認することが大切である。

（3）EAPの作成・シミュレーションテストの実施

スポーツ現場で重大な事故が発生した場合、事故現場にいるスタッフによる1分1秒でも早い救命活動が重要である。しかし、ほとんどのスポーツ現場において、実際に事故が発生した場合の事故対応準備を十分行っていないのが現状である。例えば、AEDの設置はあったが、現場にいた者が場所を知らなかった、AEDを施設に設置していたが、正常に作動しなかった、あるいは休日のために設置場所のドアが施錠されており、使うことができなかったなどの理由で、救命ができなかった事例は数多く存在する。

このような事例を防ぐためには、246頁で詳解した通りまず、緊急時の行動指針（緊急時の人員配置、緊急時の救急隊への連絡方法、緊急時の救命用具、救急隊の到着時間、運動場所の説明、第一応答者の役割、その他参照すべき資料など）をまとめたEAPを作成することが重要である。また、作成したEAPをもとに、実際にシミュレーションテストを行うことも、極めて重要である。事故が発生したものと仮定し、スタッフを動かす、AEDを作動させる、医療機関への連絡をする、緊急車両を入れるといった作業を行うと、さまざまな想定していない要素が発見できる。シミュレーションにより浮き彫りとなった課題について、それをまたEAPに反映し、周知徹底を図らなければならない。

EAPについては　参照 246頁

4　スポーツ事故発生時の救命処置の手順

（心肺蘇生の手順およびAEDの使用法）

スポーツ現場に携わる者は、後述する（265頁の図も併せて参照）心肺蘇生の手順およびAEDの使用法を頭に入れておくとともに、事故発生時にすぐに使えるようマニュアルを整備するなどの準備をしておくことが大事である。

1）心肺蘇生の手順[※9]

・反応（意識）の確認および救護の要請

スポーツ事故が発生した場合、まずは、傷病者を仰向けにし、反応（意識）を確認する必要がある。例えば、呼びかけに応じない場合、けいれんのように全身がひきつるような動きがある場合には、「反応なし」と判断する。反応がない場合、救護者は、助けを呼び、119番通報とAEDの手配を行う（なお、反応がある場合には、傷病者の訴えを聞き、必要な手当てをする）。そして、傷病者のそばに座り、傷病者の胸や胸部の上がり下がりを見て、「普段通りの呼吸」をしているかどうかを10秒程度で確認する。

・胸骨圧迫および人工呼吸（心肺蘇生）

傷病者に「普段通りの呼吸」がないと判断したら、ただちに胸骨（胸の真ん中）を重ねた両手で「強く、速く、絶え間なく」圧迫（胸骨圧迫）する。胸骨圧迫は、1分間に少なくとも100回のテンポで行い、30回連続して絶え間なく行う（30回の胸骨圧迫）。そして、30回の胸骨圧迫終了後、片手を額に、もう一方の手の人差し指と中指の2本をあご先に当て、頭を後ろにのけぞらせるとともに、あご先を上げ気道の確保をする。気道を確保したら、額に当てた手の親指と人差し指で傷病者の鼻をつまみ、口を大きく開けて傷病者の口を覆い、空気が漏れないようにして息を約1秒かけて吹き込む。傷病者の胸が持ち上がるのを目で確認したらいったん口を離し、同じ要領で再度吹き込む（人工呼吸2回）。一方で、反応はないが「普段通りの呼吸」をしている場合は、気道の確保を行い、救急隊の到着を待つ。

胸骨圧迫30回と人工呼吸2回の組み合わせ（心肺蘇生）は、傷病者を救急隊に引き継ぐまで絶え間なく続ける。当該蘇生は、相当の体力を要するので、5サイクル（2分間程度）を目安に交代しながら行うとよい。

2）AEDの使用手順

心肺蘇生を行っている途中でAEDが届いたらすぐに使用準備を始める。なお、AEDにはいくつかの種類があるが、どの種類も同じ手順で使えるように設計されている。

- 電極パットの貼り付け

  まず、AEDを傷病者の頭付近の横に置き、ケースから本体を取り出し、電源を入れる。そして、傷病者の衣服を取り除き、胸をはだけさせた後、電極パッドを袋から取り出し、シールを剥がした上で、傷病者の胸の右上（鎖骨の下）および胸の左下側（脇の5〜8cm下）にしっかり貼り付ける（貼り付ける位置は電極パッドに絵で記載されている）。

- 心電図解析

  電極パッドを貼り付けると自動的に心電図の解析が始まる。この際、傷病者に手を触れないよう注意する。心電図解析の結果、AEDが電気ショックを加えることが必要であると判断すると、その旨の音声ガイドが流れ自動的に充電が始まるので、充電の完了を待つ（数秒）。一方で、電気ショック不要の旨の音声ガイドが流れた場合には、ただちに前述の胸骨圧迫および人工呼吸を再開する。

- 電気ショック

  充電が完了すると、ショックボタンを押す旨の音声ガイドが流れるので、傷病者に誰も触れていないことを確認した後、ショックボタンを押す。

- 心肺蘇生

  電気ショックが完了すると、心臓マッサージ開始の音声ガイドが流れるので、前述の胸骨圧迫30回と人工呼吸2回の組み合わせ（心肺蘇生）を2分程度で5サイクルほど行う。

- 心電図解析、電気ショック、心肺蘇生の繰り返し

  心肺蘇生を再開して2分経過すると、AEDは音声ガイドを流した上で、自動的に再度心電図の解析を行うことから、その際は傷病者から手を離し、解析後のAEDの判断に従う。以後は、心電図解析、電気ショック、心肺蘇生の手順を繰り返す。

- 救急隊への引き継ぎ

  到着した救急隊に引き継ぐ。傷病者が正常な呼吸を取り戻す、または傷病者がうめき声を出すなどした場合は、心肺蘇生を中止してよい。ただし、AEDの電極パッドは剥がさず電源も入れたままにする。

5 法令による対策

条例を制定することにより、突然死を未然に防止しようとする動きも、徐々に広まっている。例えば、横浜市では平成19年に「横浜市救急条例」を制定し、一定規模以上の施設などにAEDの設置を義務付けた。また、茨城県では平成25年に「茨城県AEDなどの普及促進に関する条例」を制定し、多数の県民が利用する施設や、体育・スポーツ施設へのAEDの設置を促している。

もっとも、全国的には条例などの法令による対策は、ほとんどなされていない。近年アメリカでは、AEDの細かい設置基準や、EAPの作成までをも義務付ける条例（ASSEMBLY, No.1608 STATE OF NEW JERSEY 215th LEGISLATURE 通称"Janet's Law"）が制定され、参考になる。日本においても、国や地方公共団体が主導となって、突然死を未然に防ぐ対策をしていく必要があるものと思われる。

競技関係者としては、競技を行う地域に関連する法令が存在するかを確認し、事故対策を再検討するとよい。

6 その他

スポーツの現場で実際に起こっている事故の件数、そしてそれらの事故に対する対応は、網羅的な集計が十分になされていないのが現状である。しかし、突然死に限らず、スポーツ事故の防止策を検討するためには、実際にスポーツ事故が、どのような態様で発生し、それに対して、どのような対応がとられたかどうかを、十分吟味しなければならない。そのためには、各競技団体や、指導者、競技者が協力し合い、網羅的なデータベースを作成していくことが重要である。

MEMO

- ※1【突然死】急死・頓死のことであり、医学においては、「発症から死亡までの時間が24時間以内」という定義付けがなされている。
- ※2【心臓震盪】心疾患がないにもかかわらず、胸部への外的な衝撃が加わることにより、突然心停止が起こってしまう症状であり、近年突然死の類型の一つとして挙げられることが増えている。発育途中にあり胸郭が柔らかい若年者に発症が多いと言われている（救急救命第18号「子供の突然死「心臓震盪」について」輿水健治）。
- ※3 仙台地判平成17年2月19日（高裁で和解）
- ※4 神戸地判平成15年6月30日判タ1208号121頁
- ※5 平成28年版 救急・救助の現況 総務省 HP
- ※6【心室細動】心臓の筋肉が小刻みにふるえた状態になり、脳や体に血液を送り出すことができなくなる状態となる不整脈の一つ。そして、このような状態を正常な状態に戻すことを、除細動という。
- ※7 国際ガイドライン2005 アメリカ心臓協会
- ※8「大学の取組東京マラソン2015」国士舘大学 HP
- ※9 心肺蘇生の手順およびAEDの使用方法についてのより詳しい記述は、消防庁HP他、各種メーカーサイトを参照されたい。

救命処置図（消防庁「応急措置マニュアル」を元に作成）

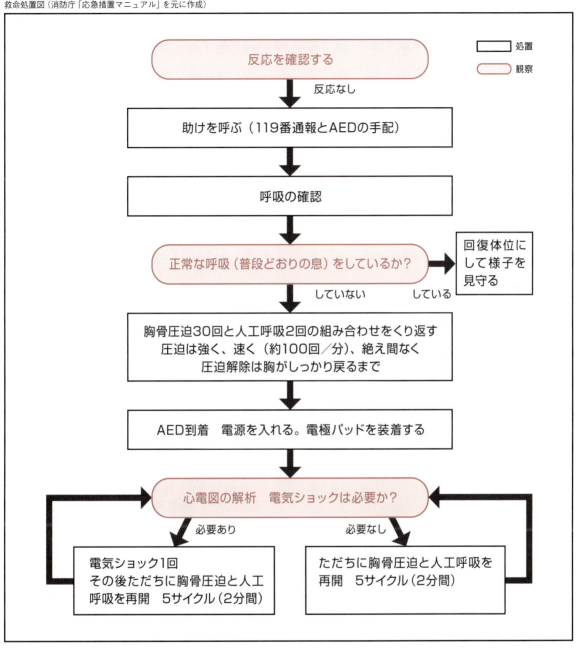

MEMO

（公財）日本体育施設協会では、「スポーツ施設におけるAEDの設置・管理のあり方に関するガイドライン」を策定。同協会が実施している「スポーツ救急手当プロバイダー資格」などの資格所有者を中心とした人員配置、設置場所、設置密度や標識、誘導サイン、管理基準などについて指標を示している。

《項目の参考文献》
▽「月刊体育施設」2017年3月号 （株）体育施設出版　1,300円（本体）

7 応急対応（脳振盪）

> **事故のポイント／争点**
> ○ 脳振盪は、重大な障害ないし死亡につながる危険のある傷病である。
> ○ 脳振盪対策を怠り、万一、アスリートに障害・死亡の結果が生じた場合、多額の賠償責任を負うおそれがある。

1 脳振盪とは

　頭の外傷には、直接頭部への打撃などで脳内に出血などがみられる、脳挫傷や急性硬膜下血腫なども起こり得るが、脳振盪のように画像検査などで出血や炎症が確認できないものもある。脳振盪とはプレー中の接触などにより、脳に直接または間接的に衝撃が伝わり、脳機能の低下が起こることを指す。めまいや頭痛などが主な症状として挙げられるが、吐き気や光・音への過敏な反応、情緒不安定なども症状として現れることもある。必ずしも毎回、意識や記憶を喪失するわけではなく、病院などで画像検査を受けても、異常が見られないことが多い。脳機能が完全に回復する前、もしくは受傷直後の検査で小さな血管の損傷などを見逃したまま復帰した場合、脳に新たな衝撃を受けて、例えそれが小さいものであっても、重症になり重い後遺症が残る、もしくは死に至るケースも報告されている。また、脳振盪が繰り返し起きることで、次のような、より重い症状を発症することがある。

・セカンド・インパクト・シンドローム
　最初の頭部への衝撃で脳振盪を起こし、その後、短期間に2度目の衝撃が加わることによって取り返しのつかない重篤な症状を引き起こす危険が生じるおそれがあり、その致死率は50%以上とも言われている。

・慢性外傷性脳症
　（Chronic traumatic encephalopathy：CTE）
　長期間にわたって、脳への衝撃が反復することにより脳が変性して、高次脳機能障害を引き起こし、攻撃性が増したり、錯乱や抑うつ状態などを引き起こす症状が出る

2 事故類型と対策

　現在、米国のスポーツ界において、脳振盪が大きな問題となっている。

（1）NFL（アメフト）

　アメリカンフットボールのプロリーグ（NFL）において、4,500人を超えるNFL元選手やその家族らが、NFLを相手に訴訟を提起した。主たる争点は、NFLが脳振盪のリスクを知りながら、長年、安全措置を怠ってきた、ということ。この訴訟は、平成26年の夏に和解の基本合意に達した。その内容は、NFLが補償金の支払や脳振盪プログラムの導入など約930億円もの費用を負担すると言うものである。

（2）NHL（アイスホッケー）

　米国のアイスホッケーのプロリーグ（NHL）でも、200人を超える元NHL選手らが、NHLを相手に提起した訴訟が進行している。

（3）NCAA（大学スポーツ）

　米国の大学スポーツを統括する団体NCAAでも、元アメリカンフットボールの学生選手らがNCAAを相手に複数の訴訟を提起し、これらの訴訟は平成26年9月末頃、NCAAが約75億円を負担して、脳振盪と診断された選手のためのモニタリングなど各種プログラムを導入することとする和解が成立した。

（4）サッカー

　平成26年8月に、FIFAや米国のサッカー競技団体を相手に、保護者らが脳振盪に関するガイドラインやヘディングによる頭部への衝撃をできる限り緩和するための対策を講じるよう訴訟を提起している。
　このようにアメリカのスポーツ界においては、脳振盪が問題視され、スポーツ団体は、補償や安全対策などで巨額の費用の負担が求められている状況である。

3 日本の現状

　裁判例を顧みれば、頭部外傷に起因するスポーツ事故が多数生じていることが分かる。
　名古屋大学大学院の内田良准教授によれば、（独）日本スポーツ振興センターに報告された学校管理下の柔道事故での死亡事例は、昭和58年～平成23年までの29年間で118名に上るとされ、その原因は頭部外傷（急性硬膜下血腫など）が多数を占めている。こうした指摘を踏まえ、（公財）

全日本柔道連盟は脳振盪対策を講じている。また、後述するラグビーやサッカーなどコンタクトスポーツにおいては、それぞれの国際連盟による対策を国内で実施する形で、脳振盪の対策を進めている。

平成25年には日本脳神経外科学会が「スポーツによる脳損傷を予防するための提言」を公表し、注意喚起を促している。

こうした現状を踏まえれば、脳振盪対策を講じていないスポーツにおいて、脳振盪から生じる重大な傷病が発生した場合、脳振盪対策を怠った責任が問われる可能性は高いと思われる。

4 脳振盪対策

日本脳神経外科学会の提言では、脳振盪が起きた場合は、試合や練習への参加を停止し、症状が完全に消失してから徐々に復帰させるということに尽きるとされている。なぜなら、脳振盪の治療薬はないからである。

こうした脳振盪対策は、簡単なことのように見えるが、多くの場合、意識消失はせず、頭痛、めまい、ふらつき程度の症状であり、選手本人や指導者らは、脳振盪の自覚・認識がないまま、あるいは自覚・認識はあってもプレーに支障はないと考えて、プレーを続けてしまうおそれがあることに留意する必要がある。

そのため、脳振盪がいかに危険な怪我かということを、指導者はもちろん選手自身も認識しておく必要があり、そのための教育プログラムが重要である。

コンタクトスポーツを行う上で、頭頸部外傷の発生をゼロにすることは難しく、危険性を学ぶための教育プログラムや、受傷後の復帰プロセス（GRTPプロトコル）を忠実に守ること、シーズン前の健康時に脳機能テスト（ベースラインテスト）を受けることにより、受傷後のテスト結果と比べて復帰の指標を設けるなど、事前の環境整備を行わなければならない。

また、スポーツにおける脳振盪に関する国際会議において、脳振盪か否かを客観的に評価するツールであるSCAT（Sports Concussion Assessment Tool）[※1]が公表され、日本語訳も公開されている。また、このSCATを簡易化した「ポケットSCAT」もあり、現場の指導者が携行できるように、SCATのポイントが簡潔にまとめられている。自覚症状の評価に加えて、認知と身体のテストを行い総合的に診断する。自身の状態が数値化されるので、プレーを続行しようとする選手自身を納得させる一つの手段としても用いることができよう。

そのほか、フィールドのサイドラインで簡単に脳振盪のチェックができるKing-Devick Test（KDテスト）が開発されており、日本では、（公財）日本アイスホッケー連盟において活用されている。では、脳振盪対策は、どのように実施すればよいか、ラグビーとサッカーを事例として取り上げて具体的に見ていく。

5 ラグビーにおける脳振盪対策

ラグビーでは、コンタクトスポーツであることの性質上、頭部外傷の確率は他競技より高いことが否めない。そのため、脳振盪への対策について、率先して取り組んできている。

具体的な対策として、ワールドラグビー（WR）は脳振盪ガイドラインを制定し、脳振盪の危険性を明示してこれを周知している。具体的な対応として、脳振盪の見分け方、脳振盪の疑いがある場合の直後の対応、その後の安静、および競技への段階的復帰について定めている。

まず、脳振盪の見分け方について明示し、プレーヤーの外見、自覚症状、プレーヤーに対する質問などから、脳振盪と疑わしい場合にはゲームや練習から退場させるものとしている。前述のSCATについては、レフリーや現場の医療関係者が容易にチェックを行うことができるように、「ポケットSCAT」を準備するなどして対応を進めている。

次に、頭部外傷の後、何らかの症状がある（すなわち、脳振盪か、脳振盪の疑いのある場合の）アスリートはすべて、プレーまたは練習を止めさせて、かつ、すべての症状が消えるまで、活動に戻ってはならないとする。特に、脳振盪の疑いが生じた日にプレーに復帰することを禁止している。

復帰に関しては、いかなる場合であっても24時間、競技への復帰を禁止する（絶対安静）[※2]とともに、段階的復帰（GRTP）プログラムを定める。脳振盪と診断されたすべてのプレーヤー、および、医師らの適切な資格を持つ者がいない場所で脳振盪を起こした疑いがあるすべてのプレーヤーについては、GRTPプログラムを行うことを義務付けている。

GRTPプログラムにおいては、6段階のリハビリテーションステージを設けている[※3]。プレーヤーは、各ステージに

MEMO

[※1] 日本においては、SCAT普及に尽力している藤原QOL研究所がHPにてSCATとチャイルド版SCATの翻訳版も併せて提供している。
[※2] 最低24時間という期間は、成人の場合に推奨されているが、子どもや青年の場合にはさらに長い絶対安静期間を置くことが推奨されている。

おいて脳振盪の症状がない状態が24時間続いた段階で次の段階に初めて進むことができる。逆に、症状が出た場合は1つ前の段階に戻ってプログラムを実施することとなる。6段階のステージがあるので、一度も症状が生じなかった場合であっても、5日間の競技復帰は不可能となっている。

（公財）日本ラグビーフットボール協会（JRFU）は、このWRが定める基準よりもさらに推し進めた対応をとっている。具体的には、JRFUの安全対策委員会は、医師管理下で脳振盪の疑いと診断されたプレーヤーについてもGRTPプログラムを行うことを義務付けた。また、医師管理下外の場合、最低安静期間を14日間、プログラム全体の期間を最低21日間と定め、より慎重な対応をとっている。

脳振盪のもたらす危険性に鑑みれば、その発生頻度が高い競技団体に限らず、すべての競技団体において、SCATのように脳振盪あるいはその疑いを判定する仕組みを設け、脳振盪または脳振盪の疑いのある選手に無理をさせないようにする仕組みづくりが絶対に必要である。だが、ラグビーにおいて（例えば脳振盪後に涙を流すなどの感情失禁をゲームに参加できない悲しみと誤解した指導者が退場をためらうこと、GRTPプログラムによる長期のチーム離脱を免れるため、脳振盪があったにもかかわらず、そのことが発覚する前に選手を入れ替えてしまうことなどが考えられる）も、運用面で課題がある重大事故を未然に防ぐ実績を積み重ねていくことが、最も重要なことである。

また、前述のとおり、脳振盪の特徴として、一般的に標準的な脳の画像所見が正常であること、他方セカンド・インパクト・シンドロームの危険性があることに鑑みれば、例えば脳の画像所見の結果が良好であったからといって、ただちに競技に復帰させられないことはいうまでもない。その意味で、GRTPプログラムは医学的知見に基づいて安全に選手を復帰させることに主眼を置いて作成されたプログラムである。ステージによっては、フルコンタクトの練習への復帰など、コンタクトスポーツ独自の要素も含まれているため、修正の必要はあるが、いかなる競技においても、類似の制度を設け、脳振盪を起こした後に安全に選手が復帰できるように制度を設計していくことが必要である。

6 サッカーにおける脳振盪対策

サッカーにおいては、ボールを頭部でプレーすることが認められており、それが前提とされているスポーツである性質上、頭部外傷の確率は他競技と比して高い。具体的には、他競技者と頭部同士が衝突する場合や競り合った際にバランスを崩し、頭から地面に落ちることにより、受傷する場合もある。また、そもそもヘディングにより頭部でボールを扱った際の衝撃により、頭部外傷を負うこともある。このような競技であることから、脳振盪に対して、積極的に取り組んでいる。

日本における脳振盪対策では、（公財）日本サッカー協会スポーツ医学委員会（当時）が平成24年3月に「Jリーグに

リハビリ段階	各リハビリ段階の機能的運動	応急対策
1. 医師により管理される場合は受傷後最低24時間、その他の場合は受傷後最低14日間経過するまではいかなる活動も禁止	心身の完全休養。無症状であること。	リカバリー
2. 24時間の間に軽い有酸素運動を実施	最大予測心拍数の70％未満のウォーキング、水泳、固定した自転車エルゴ。レジスタンス運動は禁止。24時間、無症状であること。	心拍数をあげること
3. 24時間の間にスポーツ固有の運動を実施	ランニング・ドリル。頭部に衝撃を与える運動は禁止。24時間、無症状であること。	運動を増やすこと
4. 24時間の間にコンタクトのない練習ドリルを実施	より複雑な練習に進む（例：パス・ドリル）漸進に負荷トレーニングも開始可能。24時間、無症状であること	練習、調整、心的負荷
5. フル・コンタクト練習実施	医師の許可後に通常のトレーニング活動に参加	プレーヤーに自信を取り戻させ、コーチング・スタッフによって機能的スキルを評価すること
6. 24時間経過後競技に復帰	プレーヤー復帰	回復

WB脳振盪ガイドライン（一般向け）：（公財）日本ラグビーフットボール協会訳

脳振盪からの復帰プログラム

ステージ	内容	具体的な行動
ステージ1	活動なし	体と認知機能の完全な休息。
ステージ2	軽い有酸素運動	最大心拍数70％以下の強度での歩行、水泳、室内サイクリングなど抵抗のないトレーニング
ステージ3	スポーツに関連した運動	ランニングなどのトレーニング。頭部への衝撃となる活動は控える。
ステージ4	接触プレーのない運動	パス練習などのより複雑な訓練で運動強度を強めていく。
ステージ5	接触プレーを含む練習	医学的チェックで問題がなければ通常練習を行う。
ステージ6	競技復帰	通常の競技参加。

（公財）日本サッカー協会「サッカーにおける脳震盪に対する指針」より

おける脳振盪に対する指針」を作成したのをはじめ、その後Jリーグに限らず、サッカーをしているすべての人に対するものとして、平成26年11月「サッカーにおける脳振盪に対する指針」を作成し使用している。具体的な対応として、①ピッチ上での対応、②24時間以内の対応、③復帰へのプログラムと受傷から段階をおった対応が定められている。

① ピッチ上での対応

サッカーのプレー中（試合に限らず、練習中なども含む）に、頭部外傷を負った可能性のある選手に対しては、呼吸などのチェック、意識状態の確認、簡易的な脳振盪判断ツールを用いての脳振盪の可否判断、脳振盪が疑われる場合の試合・練習からの離脱の順で、対応・診断を行っていくことが必要となる。ここで使用されている簡易的な脳振盪判断ツールとは、ポケットSCATを一部改変する形で制定されており、めまいなどの自覚症状の聞き取り、「試合会場はどこか」、「今は前半か、後半か」というような記憶を確認する質問、バランステストを行うことで、脳振盪の疑いがあるかどうかを判断するものである。

② 24時間以内の対応

脳振盪が疑われた場合には、短期間で症状が回復した場合であっても、休息をとることが求められる。受傷時に記憶消失などがあった場合には、症状の回復が認められても、病院への搬送が望ましい。また、一度症状が回復したにもかかわらず、再度頭痛や吐き気などの症状が現れた場合や全く症状が回復しない場合には、脳振盪に伴う別の外傷の可能性を考慮し、より専門的な対応することができる病院などに搬送することが必要となる。
受傷後の経過が良好な場合であっても、受傷から1日程度は、単独での生活は避け、症状が現れた場合には即座に受診できるようにすることが求められる。

③ 復帰へのプログラム

脳振盪またはそれが疑われる場合には、選手は6つのステージを段階的に行った上で復帰することになるが、各ステージは、最低1日を費やすこととされている。また、各ステージにて復帰プログラムを実施中、脳振盪の症状が現れた場合には、24時間の休息（第1ステージと同内容）をとることが求められている。

日本以外の対策では、米国や欧州で独自の対策が行われている。

前述のように、平成26年8月、米国でサッカーをしている少年少女の両親らが国際サッカー連盟（FIFA）や米国サッカー連盟などに対して、脳振盪に対する効果的なガイドラインの採用を怠っているとして、指針とルールの変更を求める訴訟を提起した。

この訴訟については、平成27年11月、和解が成立したとされるが、この訴訟提起を起因として米国サッカー連盟は、平成27年12月、ヘディングに関する指針を発表した。具体的には、「10歳以下は練習でも試合でもヘディングを禁止」「11～13歳は、ヘディングの練習は週30分以下、回数は週15～20回を上限とする」というものであり、これら指針は、米国のユース代表や育成アカデミー所属の選手に適用される。これに対しては、欧州サッカー連盟（UEFA）や（公財）日本サッカー協会だけでなく、FIFAにおいてもヘディングを禁止するという動きは今のところみられないが、今後の対応が注目される。

また、UEFAでは、脳振盪が疑われる場合には、主審は試合を3分間停止し、医療スタッフをピッチに入れることが義務付けられる規則を定める委員会決定を発表した（平成26年9月14日）。サッカー競技規則では、試合中、脳振盪も含めた重篤な負傷が想定される場合には、主審が試合を停止し、対応することができる旨、規定されているが、この決定ではより脳振盪に対して積極的に対応していくことになっている。これに対して、（公財）日本サッカー協会でも、日本代表およびJリーグの試合を対象として、同様の対応をとることになっている[※4]。

負傷の発生頻度やその影響度を鑑みれば、脳振盪は、選手生命だけでなく、人生をも失いかけない重大な傷病である。そのため、脳振盪またはそれが疑われる選手にプレーを続けされることのないようにすることが必要となる。そのためには、チームドクターによる判断を最終なものとして取り扱うなど、選手・監督以外の判断を重視する取り組みが重要となる。

また、プロ選手のみならず、ドクターのいないアマチュアや自分で判断することのできない子どもなど、それぞれの状況に応じた対策を検討し、講じていく必要がある。

MEMO

※3 ①最低安静期間、②軽い有酸素運動、③競技に特化した運動、④ノーコンタクト・トレーニングドリル、⑤フルコンタクトの練習、⑥競技への復帰という段階に分かれている。

※4 「JFAメディカルインフォメーション —競技中、選手に脳振盪の疑いが生じた場合の対応」
（サッカー日本代表、Jリーグ対象）（公財）日本サッカー協会 HP

8 天災対応（落雷・熱中症など）

事故のポイント／争点

○ 事故が起こるポイントについて、**文献などで確認**しておく必要がある。
○ 熱中症は屋内外、季節に関係なく、**冬季スポーツでも起こる**ので注意が必要である。

事故防止対策

○ かすかにでも雷光や雷鳴を認識したら、すぐにでも**グラウンドに落雷する危険がある**と考えて対処する。
○ 直射日光の下で、**長時間にわたる運動は避ける**。

日本救急医学会熱中症分類

	症 状	治 療		臨床症状からの分類
Ⅰ度 （応急処置と見守り）	めまい、立ちくらみ、生あくび、大量の発汗、筋肉痛、筋肉の硬直（こむら返り）意識障害を認めない。	通常は現場で対応可能。→冷所での安静、体表冷却、経口的に水分とNaの補給	熱けいれん 熱失神	Ⅰ度の症状が徐々に改善している場合のみ、現場の応急処置と見守りでOK
Ⅱ度 （医療機関へ）	頭痛、嘔吐、倦怠感、虚脱感、集中力や判断力の低下	医療機関での診療が必要→体温管理、安静、十分な水分とNaの補給（経口摂取が困難なときは点滴にて）	熱疲労	Ⅱ度の症状が出現したり、Ⅰ度に改善が見られない場合、すぐ病院へ搬送する（周囲の人が判断）
Ⅲ度 （入院加療）	下記の3つのうちいずれかを含む ・中枢神経症状（意識障害、小脳症状、痙攣発作） ・肝・腎機能障害（入院経過観察、入院加療が必要な程度の肝または腎障害） ・血液凝固異常（急性期DIC診断基準（日本救急医学会）にてDICと診断）→重度の中でも重症型	入院加療（場合により集中治療）が必要→体温管理（体表冷却に加え、体内冷却、血管内冷却などを追加）呼吸、循環管理、DIC治療	熱射病	Ⅲ度か否かは救急隊員や、病院到着後の診察・検査により診断される。

・暑熱環境にいる、あるいは、いた後の体調不良はすべて熱中症の可能性がある。
・各重症度における症状は、よくみられる症状であって、その重症度では必ずそれが起こる、あるいは起こらなければ別の重症度に分類されるというものではない。
・熱中症の病態（重症度）は対処のタイミングや内容、患者側の条件により刻々変化する。特に意識障害の程度、体温（特に体表温）、発汗の程度などは、短時間で変化の程度が大きいので注意が必要である。
・そのため、予防が最も重要であることは論を待たないが、早期認識、早期治療で重症化を防げれば、死に至ることを回避できる。
・Ⅰ度は現場にて対処可能な病態、Ⅱ度は速やかに医療機関への受診が必要な病態、Ⅲ度は採血、医療者による判断により入院（場合により集中治療Ⅰが必要な病態である。
・治療にあたっては、労作性か非労作性かの鑑別をまず行うことで、その後の治療方針の決定、合併症管理、予後予想の助けとなる。
・DICは他の臓器障害に合併することがほとんどで、発症時には最重症と考えて集中治療室などで治療にあたる。
・これは、「熱中症（暑熱障害）Ⅰ～Ⅲ度部類の提案」安岡らの分類を基に、臨床データに照らしつつ一般市民、病院前救護、医療機関による診断とケアについて分かりやすく改訂したものであり、今後さらなる変更の可能性がある。

(公財)日本体育協会熱中症予防運動指針

WBGT℃	湿球温度℃	乾球温度℃		
31	27	35	運動は原則中止	WBGT31℃以上では、特別の場合以外は運動を中止する。特に子どもの場合には中止すべき。
↕ 28	↕ 24	↕ 31	厳重警戒（激しい運動は中止）	WBGT28℃以上では、熱中症の危険性が高いので、激しい運動や持久走など体温が上昇しやすい運動は避ける。運動する場合には、頻繁に休息をとり水分・塩分の補給を行う。体力の低い人、暑さになれていない人は運動中止。
↕ 25	↕ 21	↕ 28	警　戒（積極的に休息）	WBGT25℃以上では、熱中症の危険が増すので、積極的に休息をとり適宜、水分・塩分を補給する。激しい運動では、30分おきくらいに休息をとる。
↕ 21	↕ 18	↕ 24	注　意（積極的に水分補給）	WBGT21℃以上では、熱中症による死亡事故が発生する可能性がある。熱中症の兆候に注意するとともに、運動の合間に積極的に水分・塩分を補給する。
			ほぼ安全（適宜水分補給）	WBGT21℃未満では、通常は熱中症の危険は小さいが、適宜水分・塩分の補給は必要である。市民マラソンなどではこの条件でも熱中症が発生するので注意。

1) 環境条件の評価にはWBGT[※1]が望ましい。
2) 乾球温度を用いる場合には、温度に注意する。温度が高ければ1ランク厳しい環境条件の運動指標を適用する。

1 はじめに

特に屋外で行われるスポーツにおいては、天候による影響を受けやすく、事故が発生する可能性がある。熱中症や低体温症については、天災とはいえないが、天候に関連する事故としてここで検討する。

2 天候に関連する事故と対策

（1）雷

1）事故

雷の電気量は1回数万A、電圧は10億Vにも達するため、雷に直撃されたらひとたまりもない[※2]。雷雲（入道雲のような積乱雲や頭上に厚い黒雲が広がる場合）は、10分間くらいで急成長し（全寿命はおよそ45分）、4〜7kmの高さのものが時速5km〜40kmという高速で移動する。どのような方法でも発生・接近の正確な予測は困難であるから、早めに安全な場所（建物、自動車、バス、電車などの内部）へ避難する必要がある。

2）対策

落雷事故を減らすために必要な対策として、以下のものが考えられる。雷光から雷鳴が聞こえるまで時間があったとしても、上記のように、雷雲は高速で移動するため、かすかにでも雷光や雷鳴を認識したら、すぐにでもグラウンド（屋外プールを含む：以下同様）に落雷する危険があると考えて対処しなればならない。人体そのものが電気を通すので、金属を身につけているかどうかということは、無関係に落雷を受ける。

雷光や雷鳴だけでなく、雷雲、天気予報や携帯型雷警報機などの情報にも注意して、落雷の危険性を予測する[※3]。現在、気象庁では、降水、雷、竜巻などの情報を気象庁のHP内に「レーダー・ナウキャスト」というコンテンツを設けており、全国を19ブロックに分け、マップ上に4段階に活動度を色分けして雷の危険度を示しているので、参考にされたい。

活動度4	「激しい雷」で、落雷が多数発生している。
活動度3	「やや激しい雷」で、落雷がある
活動度2	「雷あり」で、電光が見えたり雷鳴が聞こえる。または、現在は、発雷していないが、間もなく落雷する可能性が高くなっている。
活動度1	「雷可能性あり」で、1時間以内に落雷の可能性がある。

（公財）日本高等学校野球連盟では試合前、試合中の情報収集、避雷針設備の状況把握、避難計画などの徹底と実行、大会本部が気象台または民間の天気情報会社から、局地予報により、慎重に判断し、雷雲が去るのを待ち、さらに20〜30分待って、試合再開の決定を行うなど落雷事故防止対策を設けている。

また、旧労働省が提示した、下記ゴルフにおける落雷事故防止のためのガイドラインの基準も参考になるので再掲する。落雷の可能性がある場合の競技者および大会主催者や指導者などの対策は以下のとおりである。

① 競技者（当事者）

・避難

競技を中断し、安全な場所に避難する。特にグラウンドなど開けた場所や山頂や尾根などの高いところでは、人に落雷しやすくなるので、早急に非難する。鉄筋コンクリートの建物、自動車、バス、列車の内部は比較的安全である[※4]。木造建築の内部も比較的安全だが、すべての電気器具、天井・壁から1m以上離れればさらに安全である。近くにそのような空間がない場合は、電柱、煙突、鉄塔、建築物などの4m以上30m未満の高

ゴルフにおける落雷事故防止のためのガイドライン

【一般的な基準】

状況	判断など
①雷雲（雷）が20km付近まで近づいてきた場合	「注意喚起」の情報を流す。
②雷雲（雷）がさらに20km以内に入り、10km付近までまだ距離があるが、その移動速度が早い場合	その状況に応じ、早めに「避難指示」を出す。
③雷雲（雷）がさらに10km付近まで近づき、その移動方向から来週の可能性が予測される場合	ただちにプレーを中止させ、「避難指示」を出す。
④雷雲（雷）が安全に抜け、ぶり返しのおそれがなくかつまた、新たに近づく雷雲がない場合	「プレー再開」の指示を出す（雷雲の去った地域から逐次再開可能）
④雷雲（雷）や強い雨雲が引き続き入ってくることが予想され、時間的にもプレー続行が不可能となる場合	「クローズ」の指示を出す。

【特別な判断事項（次の状況の場合、上記一般的基準にさらに「余裕」を加え、最終的に判断を下す）】

状況	判断など
ゴルフトーナメントなどで多数のギャラリーが入っている場合、または、避難に時間を要する入場者がかなりいる場合	雷雲が20km付近に近づくまでに予測を行い、「避難指示」の判断を下す。
場内で施設・装置などの工事が行われているとき、または、避難誘導にあたる人員、車両が不足しているときなど、避難に支障をきたすおそれがある場合	その状況に応じて、時間的余裕をとり、所要の判断を下す。
気象情報の判断が難しく、その判断に不安が残る場合	その状況に勘案し、時間的余裕をとり、所要の判断を下す。

い物体のてっぺんを45度以上で見上げる範囲（30m以上の高い物体の場合は、物体から30m以内）で、その物体から4m以上離れたところに退避し、姿勢を低くする。高い木の近くは危険であるから、最低でも木のすべての幹、枝、葉から2m以上離れる。樹木の下の雨宿りの木・枝からの側撃による事故も多い。

② **大会主催者、指導者、監督者**
主催者側の対策は以下のものが考えられる。
・大会・試合・練習を中断して選手を避難させる。
・雷の対策について周知し、個々の競技者に責任感を持たせる。

3）応急処置
ただちに心肺蘇生法を施せば、助かる確率が高まる。これだけで回復しなければ、AED（自動体外式除細動器）を使用する。

心肺蘇生法・AEDについては 参照 262頁

4）判例
落雷事故については、課外のクラブ活動の一環として、屋外の運動広場で開催されたサッカー競技大会において、サッカー部員が落雷にあって負傷した案件について、最高裁は、引率者兼監督であった教諭には落雷事故発生の危険が迫っていることを具体的に予見することが可能であったとし、また、予見すべき注意義務を怠ったと判じた※5。

この差し戻し後の控訴審判決では、予見可能性および予見義務について上記上告審判決と同様の判断を示し、結果回避措置などについても、同試合開始後間もなく発生した本件落雷事故を回避できたものとの判断を示している※6。上記最高裁判決では、本件運動広場の南西方向の上空には黒く固まった暗雲が立ち込め、雷鳴が聞こえ、雲の間で放電が起きるのが目撃されていたことを理由に予見可能性および予見義務を認め、たとえ平均的なスポーツ指導者において、落雷事故発生の危険性の認識が薄く、雨がやみ、空が明るくなり、雷鳴が遠のくにつれ、落雷事故発生の危険性は減弱するとの認識が一般的であっても左右されるものではないことを明言している。すなわち、その他、落雷回避に関する文献上の記載が多く存在するなどの事情から、平均的なスポーツ指導者が知らないということは、その責任を免れる理由にならないということである。

（2）熱中症
1）事故
熱中症とは、暑熱環境における身体適応の障害によっておこる状態の総称であり、日本救急医学会熱中症分類では、270頁上表のとおり3段階の重症度に応じて分類している。上から下に行くほど重症度が高くなる※7。

2）対策
熱中症は、体内での熱の産出と熱の放散のバランスが崩れて、体温が著しく上昇した状態だが、体への熱の出入りに関係する気象条件としては、気温（周囲の空気の温度）、湿度（空気に含まれる水蒸気量に関係）、風速、放射（輻射）熱（太陽からの日射、地表面での反射、建物からの輻射など）がある。気温が高い、湿度が高い、風が弱い、日射・輻射が強いという条件は、いずれも体からの熱放散を妨げる方向に作用するため、熱中症の発生リスクを増加させる※7。

① **競技者（当事者）**
（公財）日本体育協会は、「スポーツ活動中の熱中症予防5ヶ条」を公開している※8。
・暑いとき、無理な運動は事故のもと
・急な暑さに要注意
・失われる水と塩分を取り戻そう
・薄着スタイルでさわやかに
・体調不良は事故のもと

② **大会主催者、指導者、監督者**
（独）日本スポーツ振興センターは、学校における熱中症予防のための指導のポイントとして、以下の6項目を挙げているが、これは一般的に指導者にあてはまるので引用する（以下は「児童生徒等」を「選手など」に置き換えてある※9）。
・直射日光の下で、長時間にわたる運動やスポーツ、作業をさせることは避ける
・屋外で運動やスポーツ、作業を行うときは、帽子をかぶらせ、できるだけ薄着をさせる
・屋内外にかかわらず、長時間の練習や作業は、こまめに水分（0.1％〜0.2％食塩水あるいはスポーツドリンクなど）を補給し適宜休憩をいれる。また、終了後の水分補給も忘れないようにする
・常に健康観察を行い、選手などの健康管理に注意する
・選手などの運動技能や体力の実態、疲労の状態などを把握するように努め、異常が見られたら、速やかに必要な措置を取る
・選手などが心身に不調を感じたら申し出て休むよう習慣づけ、無理をさせないようにする

3）判例
部活動中に生徒が熱中症で倒れた事案について、その責任を認定するにあたり、立ち合いができたか、生徒の習熟度などさまざまな事情が考慮されるが、「熱中症に陥らないように、予め指示・指導する義務があったといえる」として、顧問の責任を認めたもの10)など複数の判例が存在する。

（3）低体温症

1）事故
低体温症とは、体の中心部の温度が35℃以下の場合をいう。寒い環境、体熱が奪われた状態、体内でつくられる熱の量が少ない、体温を調整する体の仕組みが低下しているなどが原因で起こる[11]。

2）対策[12]
低体温症の予防策としては、
- 気候にあったウェア着用、重ね着で体温調節を可能にすることや、ハイテク素材のウェア着用、帽子や手袋の着用、そしてなによりも無理をしないことが挙げられる。

また、低体温症になったときの基本的な措置としては
- 風、雪、雨を避け、できれば屋内に収容すること。
- 湿った着衣・靴下・手袋を温かく乾燥したものに取り換える。
- 毛布や寝袋などで患者を覆う（できれば前もって温める）。
- わきの下やそけい部に湯たんぽなどをあてて体の深部の内臓をゆっくり温めるなどが考えられる。また、炭水化物を含んだ温かい飲み物を、少しずつゆっくりと与えるのは効果的である。

体温が30℃〜33℃の低体温の時にとるべき処置は、以下の通りである。
- 体を動かさない。
- 体を丁寧に取り扱う。
- わきの下や、そけい部に加温を行う。急速な加温はかえって不整脈を誘発することがあるので、ゆっくりと行う。
- 体温が30℃以下の場合は、呼吸や心拍の有無・状態を確認し、以下のような処置をとる必要がある。
- 無呼吸またはゆっくりした呼吸の場合、人口呼吸をする。
- 心拍がなかったら心臓マッサージが必要。

※京都電子工業(株) WBGT-203

熱中症指標計でWBGTを確認して、水分補給や休息を行いましょう。また高い数値の時には無理な運動は避けましょう。

MEMO

- ※1 熱中症予防の温度指標として、WBGT (Wet-bulb Globe Temperature) が用いらる。WBGTは気温（乾球温度）、湿度（湿球温度）と輻射熱（黒球温度）および気流の影響も反映された、総合的に暑さを評価できる温熱指標。屋外で日射のある場合のWBGTは0.7×湿球温度+0.2×黒球温度+0.1×乾球温度、屋内で日射のない場合のWBGTは0.7×湿球温度+0.3×黒球温度。
- ※2 「雷とスポーツ」（一社）静岡市静岡医師会 HP
- ※3 「落雷事故対策マニュアル」（公財）埼玉県体育協会他著 PDF
- ※4 「雷から身を守るためには」気象庁 HP
- ※5 最判平成18年3月13日判タ1208号85頁
- ※6 高松高判平成20年9月17日判タ1280号72頁
- ※7 「熱中症診療ガイドライン2015」7頁 日本救急医学会 PDF
- ※8 「スポーツ活動中の熱中症予防ガイドブック」（公財）日本体育協会 HP
- ※9 「熱中症を予防しよう　知って防ごう熱中症」（独）日本スポーツ振興センター PDF
- ※10 大阪高判平成27年1月22日
- ※11 低体温症について　テルモ（株） HP
- ※12 もっと身近に　スポーツセーフティー「体調管理編　冬のランニングの注意点　〜低体温症〜」
  コニカミノルタ（株） HP

（公財）日本体育施設協会では「スポーツ施設における熱中症対策に関するガイドライン」を策定。施設管理者としての責任および熱中症対策の基本（施設の設備、情報の提供、水分補給の促進、発症予防・救護体制、利用者への啓発活動など）について指標を示している。

《項目の参考文献》
▽「月刊体育施設」2017年3月号（株）体育施設出版　1,300円（本体）

9 各種保険制度について

事故のポイント／争点

- 不幸にもスポーツ事故が発生してしまった場合には、被害者をはじめとして関係者にさまざまな損害が発生し得るが、あらかじめ保険制度を利用することによって、そのリスクを軽減することが可能である。
- スポーツ事故による損害をカバーするための保険・補償制度として、実務上、さまざまなものが存在している。それぞれ、①誰の、②どのようなリスクに備えるためのものなのかを理解し、適切なものを利用することが大切である。
- 保険と同様の機能を有するものとして、スポーツ団体が独自に見舞金制度を運営している例もあるが、その場合には、給付金額を少額にするなど、保険業法に違反しないように注意が必要である。

1 スポーツ保険制度の意義・機能

第2章および第3章において、各種競技や競技施設で起こり得る事故の原因と対処法について解説した。もちろん、事故は未然に防ぐことが最良だが、スポーツを行う以上、事故を完全に防ぐことは困難である。不幸にも事故が発生してしまった場合には、被害者をはじめとして関係者にさまざまな損害が発生し得る。

まず、事故により怪我をした場合、治療費や、一定期間働けないことによる逸失利益などの損害を被るおそれがある。仮に被害者がこれらの損害をすべて自身で負担しなければならないとすると、競技者はスポーツを行うことによって多大なリスクを負うこととなり、競技者が減少し、ひいてはスポーツの発展を妨げるおそれがある。

また、第1章で見たように、一定の場合には、事故の原因となる行為をした競技者（加害者）のほか、施設所有者、指導者・監督・保護者、施設管理者などにも法律上の損害賠償義務が発生し得る。かかる賠償の金額も莫大となり得るところ、仮にそれをすべて関係者が負担しなければならないとすると、スポーツに関わる者は大きなリスクを負うこととなり、その萎縮効果によって、スポーツの発展が妨げられるおそれもある。

さらに、被害者が損害の賠償を受けられるかどうかは当事者の資力に左右されることとなり、被害者の救済が十分になされないおそれも生じる。

この点、保険制度を利用することによって、事故によるリスクを多数の関係者の間で分散することができれば、スポーツに関わる者は安心して活動ができるようになる。したがって、スポーツの健全な発展のためには、充実したスポーツ保険制度の存在が重要である。

2 主なスポーツ保険制度の種類と特徴

スポーツ事故による損害をカバーするための保険・補償制度として、実務上、さまざまなものが存在している。中には、指導者に対する保険や、施設所有者に対する保険など、一部のリスクに特化したものも存在する。次頁において、主要な制度を紹介するが、それぞれ、①誰の、②どのようなリスクに備えるためのものなのかを理解することが重要である。例えば、スポーツ安全保険は、団体の管理下で行うスポーツに伴う事故による損害に広く対応できる保険であるが、学校やプロスポーツを行う団体の管理下の事故は補償の対象外である。学校管理下のスポーツ事故に対しては、災害共済給付制度が重要な役割を果たしている。それ以外にも、スポーツ指導者のための保険（公認スポーツ指導者総合保険）や、スポーツ施設の所有者・管理者のための保険（スポーツファシリティーズ保険）などが存在している。なお、次頁の説明は、本稿執筆時点の情報に基づき、概要のみを記載したものであることから、加入に際しては、必ず各団体のホームページおよび重要事項説明書などで最新情報を確認していただきたい。

3 その他の保険制度

（1）労働者災害補償保険（労災保険）

企業所属のスポーツ選手が競技中や大会会場への往復中に事故に遭った場合には、労働者災害補償保険（労災保険）に基づき損害の補償が受けられる可能性がある。ただし、労災保険の対象となるのは、①事故に遭った者が、労働基本法第9条の「労働者」（職業の種類を問わず、事業または事務所に使用される者で、賃金を支払われる者）に該当する場合であって、かつ、②事故が「業務上の負傷、疾病、障害または死亡」または「通勤による負傷、疾病、障害または死亡」（労働者災害補償保険法第7条第1項第1号・第2号）

	スポーツ安全保険	公認スポーツ指導者総合保険	スポーツファシリティーズ保険	災害共済給付制度	学生教育研究災害傷害保険（学研災）
契約者・運営者	（公財）スポーツ安全協会	（公財）日本体育協会 全国スポーツ指導者連絡会議	（公財）日本体育施設協会	（独）日本スポーツ振興センター	（公財）日本国際教育支援協会
概要・目的	スポーツ団体などの管理下における団体活動中の事故および団体活動への往復中の事故による損害を補償するための保険	スポーツ指導者の指導活動に起因する第三者への損害賠償責任および指導者自身の怪我などに対する保険	体育施設において発生した事故について、当該施設を所有・使用・管理する者が負担する法律上の損害賠償責任などを補填するための保険	学校管理下における児童・生徒などに生じた災害に対する補償制度	大学の学生の教育研究活動中の災害に対する補償制度
被保険者（補償の対象となる者）	スポーツ、レクリエーション、ボランティア活動などを行う4名以上のアマチュアの社会教育関係団体	公認スポーツ指導者（日本体育協会およびその加盟団体などが公認スポーツ指導者認定制度に基づき認定する者）	日本体育施設協会の会員および準会員（会員が所有する施設の指定管理者等）	小学校、中学校、中等教育学校、高等学校、高等専門学校、特別支援学校、幼稚園、認定こども園、保育所などの設置者	日本国際教育支援協会の賛助会員である大学（大学、短期大学、大学院）に在籍する学生（留学生なども含む）
保険の内容（補償の対象となる事故・損害）	①傷害保険 急激で偶然な外来の事故により被った傷害による死亡、後遺障害、入院、手術、通院 ②賠償責任保険 他人に怪我をさせたり、他人の物を壊したりしたことにより、法律上の損害賠償責任を負うことによって被った損害 ③突然死葬祭費用保険 突然死（急性心不全、脳内出血などによる死亡）に際し、親族が負担した葬祭費用	①他人への損害賠償責任 指導者が、指導活動中のミスにより発生した偶然な事故に起因して、法律上の損害賠償責任を負うことによって生じた損害 ②指導者自身の傷害 急激かつ偶然な外来の事故によって身体に被った傷害ならびに傷害に起因する死亡および後遺障害	①施設所有（管理）者賠償責任保険 施設の所有者・管理者が負うべき法律上の賠償責任による損害 ②スポーツ災害補償保険 アマチュアスポーツ活動中の施設利用者の怪我への見舞金 ③レジャー・サービス施設費用保険（オプション） 施設利用者が、施設内で災害に遭った場合の対応費用・見舞費用など	学校の管理下における児童生徒などの災害（学校の管理下の事由による負傷、疾病、障害または死亡）	①普通保険 正課中、学校行事中、キャンパス内にいる間、課外活動中（ただし、山岳登はんやハンググライダーなどの危険なスポーツを行っている間、大学が禁じた時間もしくは場所にいる間、または大学が禁じた行為を行っている間を除く）の傷害事故 ②通学中等傷害危険担保特約 通学中・学校施設等相互間の移動中の事故
備考	・学校管理下の活動は補償の対象外 ・プロスポーツを行う団体や営利活動を行う団体は加入することができない	加入には、公認スポーツ指導者としての認定が必要	施設所有者と管理者が異なる場合、いずれかが本制度に加入していれば、両者とも共同被保険者として補償を受ける対象となる	平成27年度における加入率は95.7パーセント（小学校および中学校においては、99.9％）であり、学校における事故に対する補償制度として重要な役割を果たしている	平成27年3月現在における加入者数は、約280万人（1,098大学）

（平成28年12月現在）

に該当する場合に限られることに注意が必要である。この点、②の「業務上」の要件については、運動競技が労働者の「業務行為」またはそれに伴う行為として行われ、かつ労働者の被った災害が運動競技に起因するものである場合は、「業務上」と認められる。また、上記の「業務行為」には、出場が出張や出勤として扱われ、旅費などを労働者が負担しない対外的な運動競技会への出場や、所属企業が練習場所、時間や内容を定めている運動競技の練習などが該当するものと解釈されている（労働省労働基準局長「運動競技に伴う災害の業務上外の認定について」発第366号平成12年5月18日）。

（2）その他の保険

上記以外にも、スポーツ活動に伴うさまざまなリスクに対応して、民間保険会社が多様な保険を提供している。これらの中には、個人向けのものもあれば団体向けのものも存在し、現にスポーツ団体の中には、民間保険会社と団体保険契約を締結し、競技中の怪我などに対する独自の補償制度を設けている例が多い。このような取り組みは、競技者が安心してスポーツに専念することができる環境を作るために重要である。

（3）見舞金制度

保険会社と契約せずに、スポーツ団体が独自に見舞金制度（例えば、あらかじめ会員から徴収した会費の一部をプールしておき、競技中の事故が発生した場合に、当該事故の被害者に、プールされた資金から一定額を給付する制度）を運営している例もあるが、その場合には、給付金額を少額にするなど保険業法に違反しないよう注意が必要である。

同法は、内閣総理大臣の免許を受けた者（保険会社）以外の者が、保険業を行うことを原則として禁止している（第3条）。保険会社の監督官庁である金融庁の解釈によれば、「一定の人的・社会的関係に基づき、慶弔見舞金などの給付を行うことが社会慣行として広く一般に認められているもので、社会通念上その給付金額が妥当なもの」は保険業に含まれないが、その社会通念上妥当な給付金額は10万円以下とされている（保険会社向けの総合的な監督指針（別冊）少額短期保険業者向けの監督指針Ⅲ-1-1（1））。したがって、10万円を超える給付を行う見舞金制度を設ける場合には、保険業法に定められている、いずれかの例外（1,000人以下の者を相手方とする場合や、会社またはその役員・使用人が構成する団体が、その役員・使用人またはこれらの者の親族を相手方として行う場合（いわゆる企業内共済）など）に該当しない限り、保険業の免許が必要となると考えられる。なお、保険金額および保険期間が一定の範囲内に限定されている場合には、保険業の免許の代わりに、少額短期保険業（保険業法第272条第1項）の登録を受ければ足りるが、本稿執筆時点において、スポーツ団体による登録は行われていないようである。また、日本費用補償少額短期保険（株）が提供する「レスキュー費用保険」（登山・スキー・スノーボード・ロッククライミングなど、各種山岳スポーツやアウトドア活動中の遭難事故にかかる捜索・救助費用が補償の対象となる）のように、スポーツ事故に対する補償として機能するものも存在するが、まだその数は少ないようである。

なお、見舞金制度の前身である、いわゆる共済制度の歴史と保険業法との関係については、5を参照していただきたい。

4 スポーツ保険制度の課題

以上、わが国の主なスポーツ保険制度の概要について見てきたが、わが国のスポーツ保険制度に対しては、その事故補償額が、「必ずしも被害者の損害を補填するだけのものになっていない」との指摘がある[※1]。また、保険料の引き上げなどを理由に、保険に加入しない競技者や指導者が増えることを懸念する声も存在する[※2]。冒頭で述べたように、スポーツの健全な発展のためには、スポーツに携わるすべての者が安心して活動できるよう、充実したスポーツ保険制度の存在が必要である。保険制度においては、保険料と補償額およびリスクのバランスがとられなければならないため、現状の補償額を増やしたり保険料を引き下げたりすることは必ずしも容易でないと思われるが、スポーツに携わるすべての者の間で、保険制度の重要性が認識され、その利用がいっそう普及すること、および利用者のニーズに合った保険制度・保険商品の開発がいっそう進むことに期待したい。

5 スポーツ団体による共済制度の歴史

労災事故や交通事故に比べると、スポーツ事故に対する公的な補償は薄い。これは、憲法上、義務化されている労

MEMO

基本情報をチェック！

（公財）スポーツ安全協会	http://www.sportsanzen.org/
（公財）日本体育協会	http://www.japan-sports.or.jp/
（公財）日本体育施設協会	http://www.jp-taiikushisetsu.or.jp/
（独）日本スポーツ振興センター	http://www.jpnsport.go.jp/
（公財）日本国際教育支援協会	http://www.jees.or.jp/
日本費用補償少額短期保険（株）	http://www.nihiho.co.jp/

※1 「詳解スポーツ基本法」日本スポーツ法学会編275頁　（株）成文堂　3,200円（本体）
※2 「スポーツ事故の法務・裁判例からみる安全配慮義務と責任論」168頁　日本弁護士連合会弁護士業務改革委員会スポーツエンターテインメント法促進PT編著　（株）創耕舎　3,333円（本体）

働や、現代の生活において不可欠となっている自動車運転に比べ、スポーツへの参加は自由意思に委ねられており、自己責任を広く認めるべきであるという価値判断に基づくものと思われる。

こうした公的補償の薄さを補うために、スポーツ団体は、かつて独自の共済制度を作り、スポーツ団体に登録するアスリートやチーム、指導者などから会費を拠出し、これを運用することで、スポーツで傷害などを被ったアスリートたちに一定の補償を行ってきた。この共済制度は、根拠となる法律は存在しないスポーツ団体内部の互助会的な制度であった。

しかしながら、スポーツ団体によるものではないが、根拠法のない共済を悪用した事件が生じ被害が相次いだことをきっかけに、平成17年に保険業法が改正され、従来、規制の対象外と考えられていた根拠法のない共済も広く規制の対象とされた。具体的には、改正前の保険業法においては、「不特定の者」を相手方として保険の引き受けを行う事業が規制の対象とされており、いわゆる根拠法のない共済は、相手方が特定されているため保険業法による規制を受けないと解釈されていた。この点、改正後は、相手方の特定・不特定を問わず、保険の引き受けを行う事業は原則として保険業に該当するものとされ、法律上のいずれかの例外に該当しない限り、当該事業を営むためには保険業の免許が必要とされた。

この改正により、スポーツ団体が従来行ってきた共済制度を継続するためには、自ら保険業の免許または少額短期保険業の登録を受けるか、保険会社に代替となる保険の引き受けを委託するか、規制の対象外となるように最大給付金額を10万円以下に縮小するなどの対応をとらなければならないこととなった。しかしながら、スポーツ団体が免許または登録を受けることは事実上困難であり、また、危険性の高いスポーツにおいては、保険会社による保険の引き受けも不可能であった。そこで、多くのスポーツ団体が、従来の共済制度を廃止し、少額の見舞金制度へと移行せざるを得なかった。これにより、従来共済により手厚くできていた補償も薄くなってしまったのである。法律による規制の潜脱を防止するためとはいえ、法改正によって、競技者が安心してスポーツを行うために重要な制度が非常に限定された範囲でしか存続できなくなってしまったことは、わが国のスポーツの発展にとって残念なことである。

政策論としては、現在、保険業の定義から除外されるものとして条文上列挙されているもの（いわゆる自治体共済、企業内共済、労組内共済、グループ内共済、学内共済、町内会共済など）の中に、スポーツ団体内の共済を追加することも検討に値するのではないかと思われる。もちろん、これによって保険業法による規制が潜脱されることがあってはならないが、例外が認められるスポーツ団体の要件を工夫することなどによって、制度の悪用を防止することは十分可能であると考えられる。

保険業法が改正された平成17年から現在までの10年以上の間に、スポーツ基本法の制定、スポーツ庁の新設など、スポーツを取り巻く環境は大きく変化している。スポーツは、これまでのように、一部の愛好家が自己責任で営むというものではなく、国民が幸福で豊かな生活を営むために必要な権利として、法律上も位置付けられるようになった（スポーツ基本法前文および第2条第1項）。[1]においても述べたとおり、スポーツ事故に対する保険・補償制度は、国民が安心してスポーツ活動を行うための重要なインフラである。わが国におけるスポーツの健全な発展のためには、現在存在している制度で十分なのか、もし十分でないとすれば、どのような制度が望ましいのか、現在の法規制の是非も含めて、改めて検討する必要があるように思われる。

事故後のリスクを考えて、必ず保険に加入することが大切です。
ただし、保険に入っているからといって、気を緩めることなく、事故対策に努めることが必要です。

MEMO

《項目の参考文献》
▽「Q&Aスポーツの法律問題〔第3版補訂版〕－プロ選手から愛好者までの必修知識－」121頁
　藤村航太郎著　スポーツ問題研究会編　(株)民事法研究会　2,400円(本体)
▽「紛争類型別スポーツ法の実務」383頁　多田光毅・石田晃士・椿原直編著　三協法規出版(株)　4,500円(本体)
▽月刊スポーツメディスン111号38頁「企業スポーツ選手と労災保険」大橋卓生著　(有)ブックハウス・エイチディ　1,000円(本体)
▽生命保険論集第178号209頁「共済事業に係る保険業法改正について」川村基寿著　(公財)生命保険文化センター　HP
▽「無認可共済の法規制　保険業法改正のコンメンタール」新井浩嗣、端本秀夫、赤平吉仁著　(一社)金融財政事情研究会　品切れ

10 指導者による暴力／グループ内のいじめ

事故のポイント／争点
○ 体罰およびいじめは、加害者に **刑事・民事・行政上の責任** が生じる可能性がある

事故防止対策
○ **暴力によらない指導方法** を確立する。

1 指導者による暴力の問題

（1）はじめに

以前から問題視されていた部活動などスポーツの現場における暴力は、平成24年12月に起きた大阪市立高校体罰自殺事件以降、特に注目された。文部科学省は、以前から教師の懲戒事例として体罰案件を収集していたが、同事件を機に懲戒事例以外の体罰案件の調査に乗り出した。その調査結果として文部科学省から報告された「体罰の実態把握について」によると、平成26年度の全国の小中高その他学校（大学を除く）での体罰件数は、部活動のみで344件、全体では1,126件もあった。

精神面が左右するスポーツにおいて、時には厳しい指導は必要かもしれない。しかし、体罰が選手を精神的・肉体的に追い込み惨事を引き起こすことは、上記事件をはじめとする多くの体罰事例から明らかである。そこで、指導者には、いかなる指導が体罰となり、いかなる責任を負うのか把握した上で、体罰によらない指導方法を確立することが求められる。

（2）体罰とは

学校教育法11条には、「校長及び教員は、教育上必要があると認めるときは、文部科学大臣の定めるところにより、児童、生徒及び学生に懲戒を加えることができる。ただし、体罰を加えることはできない」とある。さらに「体罰の禁止及び児童生徒理解に基づく指導の徹底について」において、何が体罰にあたるかは「当該児童生徒の年齢、健康状態、心身の発達状況、当該行為が行われた場所的および時間的環境、懲戒の態様などの様々な条件を総合的に考え、個々の事案ごとに判断する必要がある」と規定され、別紙「学校教育法第11条に規定する児童生徒の懲戒・体罰等に関する参考事例」には細かな事例が整理されており参考になる。また「運動部活動の在り方に関する調査研究報告書」には、指導か体罰かについて、ⅰ通常のスポーツ指導による肉体的、精神的負荷として考えられるもの、ⅱ学校教育の一環である運動部活動で教育上必要があると認められるときに行われると考えられるもの、ⅲ有形力の行使が正当な行為として考えられるもの、ⅳ体罰など許されないと考えられるものの4類型に分けて例を挙げている。指導をする者は、何が許される行為にあたるか否か線引きを求めるのではなく、医科学に基づく合理的な指導方法を模索すべきである。また、体罰の後は、学校教育法上校長・教師の懲戒権行使の場面で問題となる。学校教育法上の教師に該当しない指導者には、「体罰」は存在せず、有形力の行使は暴行にあたることになる。いずれにしても、指導者としては、許される「体罰」、「暴力」は、法律的に違法性が阻却される極めて限定的な場合を除いて、存在しないことを認識する必要がある。

（3）体罰を行った者の責任

1）刑事上の責任

暴行罪（刑法208条）、傷害罪（同法204条）、傷害致死罪（同法205条）、強要罪（同法223条）などで処罰される可能性がある。大阪市立高校体罰自殺事件において同校の顧問は、傷害罪および暴行罪で懲役1年、執行猶予3年の有罪判決を受けた[※1]。

また、私立高校の野球部顧問が、選手に全裸でのランニングを強要したとして、強要罪（同法223条）で執行猶予付きの有罪判決を受けた事例もある[※2]。

さらには、私立高校の野球部監督が、選手に対し、頬を3回平手打ちし、頭部を拳骨で殴り、背後から足で1回蹴るなどの暴行を加えたが、これらの暴行は教育上必要な懲戒権の行使であるから正当行為であるとして無罪を主張して争った事例もある。この事例において裁判所は、監督の行為は、教育上必要な懲戒権の行使として相当な範囲内の行為とはいえず、正当行為とはいえないとして暴行罪の成立を認定した。そして、監督の行為は相応の刑事罰に値するが、害意はなく、事実関係は認めており、

既に社会的制裁を受けていることなどが考慮され、監督は2万円の罰金刑を受けた※3。

2）民事上の責任
国公立学校の公務員である指導者が体罰を行った場合には、国または公共団体が国家賠償法1条1項による損害賠償責任を負い、指導者本人は被害者に対しては責任を負わない。ただし、国または公共団体は、指導者による体罰に故意または重過失があった場合には、その指導者に対して求償することができる（国家賠償法1条2項）。
前述の大阪市立高校体罰自殺事件においては、「体罰で精神的に追い詰められて自殺した」として、市に約7,500万円の支払いを命じる判決が下されている※4。
私立学校やその他の団体に所属する指導者は、不法行為（民法709条）に基づく損害賠償責任を負う可能性がある。

3）行政上の責任
国公立学校の公務員である指導者が体罰を行った場合には、懲戒処分の対象となる。前述の大阪市立高校の顧問は、懲戒免職となった。
私立学校やその他の団体に所属する指導者は、同学校や団体の就業規則に基づく処分の対象となる。

2 グループ内のいじめの問題

（1）はじめに
スポーツの現場におけるいじめの問題は、従来から問題視されていた。従来からよくあったいじめとしては、先輩の後輩に対するいじめである。平成26年には甲子園常連校の一年生野球部員が上級生にカメムシを食べさせられたといういじめも問題になった。
スポーツの世界において、いじめといえるような過度な上下関係は、競技の結果にも影響を与える。このような上下関係によって委縮してしまい、良い成績を収められなくなることもある。また、いじめが原因で、280頁で紹介するイップスという運動障害を発症する例もある。
指導者は、グループ内でいじめが起きていないかしっかりと監督する必要がある。

（2）いじめとは
平成25年に公布施行されたいじめ防止対策推進法2条1項によると、いじめとは、「児童などに対して、当該児童等が在籍する学校に在籍している等当該児童等と一定の人的関係にある他の児童等が行う心理的または物理的な影響を与える行為（インターネットを通じて行われるものを含む）であって、当該行為の対象となった児童等が心身の苦痛を感じているもの」と定義されている。
この定義によると、いじめに該当するかは、心身の苦痛を感じているかという被害者の主観が重要となる。

（3）加害者の責任

1）刑事責任
上記定義に該当する行為を行っただけで当然に刑事上の責任が発生するわけではないが、いじめ行為が、刑法上の要件に該当する場合には、加害者は、暴行罪（刑法208条）、傷害罪（同法204条）、傷害致死罪（同法205条）、強要罪（同法223条）などで処罰される可能性がある。

2）民事責任
加害者は、不法行為（民法709条）に基づく損害賠償責任を負う可能性がある。
加害者の責任が認められた事例としては、私立高校の野球部において、先輩から連日のように暴力を伴う陰湿ないじめ行為を受けたため、野球部を退部し高校を退学せざるを得なかったなどとして、後輩が先輩に対し、不法行為による損害賠償を求めた事案がある。本件において裁判所は、先輩が本件高校の寮内で長期間、一部傷害を伴う暴力行為などにおよび、後輩が学校生活・寮生活に耐えられず転校したことを認め、高校入学時の費用、いじめに対応するために原告の母親が仕事を休んだ分の休業損害、交通費、治療費、慰謝料などの一部である109万円余の請求を認めた※5。
そして、学校などが、被害者に対して、安全配慮義務違反に基づく損害賠償責任を負う可能性や、学校を設置している国あるいは地方公共団体が国家賠償法1条1項に基づく損害賠償責任を負う可能性もある※6,7。

3）その他の責任
加害者は、学校や所属団体から、謹慎処分、停学処分、退学処分などの処分を受ける可能性がある。また、指導者が監督責任を問われ、体罰事例と同様に、懲戒処分や、就業規則に基づく処分を受ける可能性がある。

MEMO
※1 大阪地判平成25年9月26日
※2 岡山智倉敷支判平成19年2月23日
※3 名古屋地判岡山支判平成27年10月21日
※4 東京地判平成28年2月24日判時2320号71頁
※5 神戸地判平成25年11月7日
※6 神戸地判平成21年10月27日
※7 長野地判平成21年3月6日

11 イップスについて

事故のポイント／争点 !

○ イップスとは、一般に、「スポーツ（特にゴルフ）の集中すべき局面において<u>極度に緊張</u>すること。また、そのために<u>震えや硬直</u>を起こすこと」と定義されている。
○ イップスは、トップアスリートからアマチュア選手まで幅広い者が罹り、競技を断念せざるを得なくなる場合もある<u>運動障害</u>である。

事故防止対策 !

○ 指導者はイップスに関する<u>正しい知識</u>を持ち、その現状について<u>理解</u>し、<u>予防・改善</u>に努める

1 イップスについて

（1）はじめに

　イップスは歴史的には主にゴルフにおいて認識されはじめた運動障害であるが、近年、ゴルフ以外のスポーツ（野球、テニス、卓球、バドミントンなど）でも症例が見られるようになった。某プロ球団所属の有望な若手投手が、投球におけるイップス（以下、投球イップス）に悩まされ投球フォームを崩し、球速が約20kmほど低下したため、戦力外通告を受けたという例がある。
　このように、投球イップスは、トップアスリートからアマチュア選手まで幅広い者が罹る運動障害であり、場合によっては競技続行を断念せざるを得なくなるような重大な運動障害といえる。また、投球イップスは、大学野球指導者の話によると約90％もの選手がなっている感覚があるという。本稿では、いわば職業病ともいうべきイップス（特に投球イップス）について、現段階で考えられる原因やその対処方法について検討する。

（2）症例から考えられるイップスの主な原因

　症例からするとイップスの主な原因としては以下のようなものが考えられる、
・上下関係が厳しい環境やいじめられている中でのプレーなど、精神的に追い詰められた状態でのプレーを続けたとき。
・プレッシャーがかかる場面で暴投や失敗をしてしまったなど、トラウマになるような出来事があったとき。
・身体的特徴として、肩甲骨の動きが固い。
　ただし、ある日突然投球イップスになったという例が多く存在するように、イップスの原因は、スポーツ心理学や、体育学の分野で研究が進んでいるものの、科学的には未だ解明されていない。

（3）イップスの症例について

1）ゴルフにおけるイップス
・ドライバーショットの際に体の震えや硬直を起こし、まともにスイングすることができなくなる。
・簡単に成功しそうな近距離のパットの際に体の震えや硬直を起こし、極端に強く打ってしまったり、弱く打ってしまったりする。その結果、パットを外してしまう。

2）野球におけるイップス（投球イップス）
・近い距離の相手に投げる際、どの位置でボールをリリースしたらよいのか分からなくなり、地面にボールを叩きつけてしまったり、とんでもない方向に投球してしまったりする。
・内野手がダブルプレーの際、近い塁に投げようとしたところ、暴投してしまう。
・捕手が投手にボールを返球する際、暴投してしまう。

（4）投球イップスの主な特徴
・正常な状態での投球フォーム
　身体のひねり（外旋・内旋運動を意味する、以下同じ）を使いながら、投球する。一度手の甲を相手方に向けてから投球する。
　親指が離れて人差し指と中指でボールを切る（抵抗を利用してはじく）イメージ。
・投球イップスになった選手の投球フォーム
　指に力が入り、緊張したまま親指が離れないまま投げてしまう。
　身体のひねり（水銀体温計を振る動作、うちわで扇ぐ動作をイメージすると分かりやすい）がなくなり、ダーツ

のように肘の伸展だけで投げてしまう。
　特に捕手は、投手に正対して肘の伸展だけで返球することが多いので、イップスになりやすいのではないかとの分析もある。

（5）投球イップスの治療方法について
1）投球フォームの矯正（ひねりを作り出す）
　前述のとおり、投球イップスの原因は、科学的に解明されていないため、その治療方法の確立は難しい。
　ただ、上記のようなイップスになった選手の投球フォームの特徴からすると、内旋から外旋というひねりを作り出すことが重要であると思われ、以下のような治療方法が考えられる。
- 「カーブを投げるつもりでシュートを投げる」というイメージを持ち投球する。このような投球方法により、投球を小指側から先行させ、内旋から外旋というひねる動作を作り出す。普段からひねる動作を意識する。
- 下半身の動きで上半身の動きも変わる。右投げの場合、左足の裏を相手の方に見せるようにして起動し（この際下半身がガニ股ではなく内股のような形になる）、フィニッシュ時には、右足を上に（足の裏を天井に）向けるようにする。これによって、下半身のひねりを作り出す。
- テニスラケットやアメフトのボールを使って、腕をひねる動きを作り出す。
- いきなりキャッチボールをするのではなく、ひねりのある理想の投球フォームのシャドーピッチングを何度も行い、投球フォームを安定させる。その後、ネットに向かってボールを投げる。これを何度も繰り返し行い、投球フォームを安定させる。フォームが安定したらキャッチボールを行う。
- 上から投げるだけでなく、あえて横から投げたり、下から投げたり、ジャンピングスローをしてみたり、さまざまな投げ方を練習する。

2）精神面のケア
　投球イップスの原因がトラウマなどの精神面にある場合には、精神面のケアが必要と考えられる。
　精神面のケアとしては以下のようなものが考えられる。
- 暴投をしても良い状況で何度も投げる。
- 厳しい上下関係や、いじめ関係を解消する。
- 投球イップスであることを意識させない。

　投球イップスであることを選手が過剰に意識してしまうと、重症化しやすい。なぜなら、これまで述べたように投球イップスは、普段は無意識で投球していたにもかかわらず、「どのように投げたらよいか」ということを意識してしまうことによって起きることがあるからである。非常に難しいが、指導者には、選手に投球イップスであることを意識させないという配慮も必要である。

3）指先の間隔を取り戻す
　投球イップスの選手は、前述のように「どこでボールをリリースしたらよいか分からなくなった」と述べることが多い。そこで、ボールをリリースする感覚を取り戻すという治療方法も考えられる。その方法としては以下のようなものが考えられる。
- 入浴中など水中でボールをリリースし、リリース時にボールを押し出す指の感覚を鍛える。
- ボールに限らず適当なものをカゴ（公園に設置されているようなゴミ箱のようなものから始めると良い）に投げ入れ、物を投げる際の指先の感覚を取り戻す。

4）肩甲骨の可動範囲を広くするトレーニングをして柔軟性を出す
　肩甲骨の可動域が広ければ広いほど腕全体を使って投球動作することが可能になるため、ひねりを生み出しやすくなる。

（6）イップスの予防方法
- 幼少時からボールをリリースする際の指先の感覚を養っておく。指先の感覚が体にしみ込んでいる場合には、どこでボールをリリースするか分からなくなる可能性は低くなると考えられる。
- 肩甲骨の動きを柔らかくするため、ストレッチを普段から行っておく。
- 指導者としては、上下関係やいじめ関係など過度に精神的負担がかからない状況を普段から作っておく。
- 指導者は、「病気だから仕方ない」などとして問題を片付けるのではなく、ましてや、イップスに苦しむ者に対して「ふざけているのか」などという前時代的な発言をすることがないよう注意し、正面からイップスと向き合って、適切な知識を蓄え、そのメカニズムを理解する。

（7）イップスが原因となる法的問題
　実際にイップスによって指導者らに法的責任が生じた例は見当たらない。
　もっとも、これまで述べたように、イップスは厳しい上下関係やいじめ関係と関連しているといえる。そうだとすれば、イップスを発症するような選手が出た場合、指導者はもちろん、保護者や第三者は、厳しい上下関係やいじめが放置され、当該選手がその環境の下でのプレーを強いられている可能性を疑う必要がある。
　また、イップスを発症した選手が暴投したボールが他の選手に当たり、重大な傷害を負わせてしまったなどといった事故が起きることも想定されるため、指導者はイップスについての正しい知識を持ち、予防・改善に努める必要があろう。

12 免責同意

> **事故のポイント／争点**
> ○ 指導者や主催者などの法的責任を事前に免除する免責同意は、その**有効性**について、裁判上、**厳格に判断**される。
> ○ 特に重大な死傷が生じる事故においては、裁判上、免責同意は、公序良俗に違反し、**無効**とされる傾向にある。

1 免責同意とは

　スポーツには大なり小なり負傷、ときには死亡するリスクが伴う。特に、スキューバダイビングやスカイダイビング、クライミングなどのような自然を相手に行うスポーツや高速度で順位を競うモータースポーツ、フリースタイルのBMXなど近年人気が出ている危険さや華麗さなど過激な要素を持ったエクストリームスポーツなどでは死傷のリスクが高くなる。

　こうしたリスクが顕在化した場合、指導者や主催者などは、被害者やその遺族から法的な責任を追及されることになる。指導者や主催者などは、こうした法的責任を免れるため、競技者や参加者などから、当該スポーツ活動により生じた死傷について、指導者や主催者などを免責することに同意してもらうことが免責同意である。同意の取り方は、競技者や参加者などに免責同意書の提出を求めたり、当該スポーツ活動の参加規約や約款の中に指導者や主催者などの責任が免責する旨を規定して、規約や約款に同意したりしてもらうなどさまざまである。

2 免責同意の法的問題点

　不可抗力により生じたような事故は、そもそも指導者や主催者などに法的責任はなく、かかる事故について免責同意は意味を有しない。

　免責同意に意味が生じるのは、指導者や主催者などに法的責任（注意義務違反や施設の瑕疵など）が認められる場合である。すなわち、免責同意は、指導者や主催者などに法的責任が生じる前提で、その責任を免れることに同意するものである。これは、本来、指導者や主催者らが負うべき責任を競技者や参加者に転嫁するものである。この点について免責同意は問題をはらんでいる。

　この点、スポーツ活動に参加する競技者や参加者は、本当に死亡したり、重度の障害を負ったりしても構わないと考えて署名するのであろうか。競技者や参加者が行うのは「スポーツ」であり、命をかけて行う冒険や探検ではない。スポーツにおいては、指導者や主催者などに安全に配慮すべき注意義務が存在し、安全な環境の中でスポーツができるという暗黙の了解が存在するものと思われる。特に、免責同意書は、それを差し入れないとスポーツ活動に参加できないという状況下でなされる附合契約的なものであるという実態を踏まえると、免責同意書にサインをしたとしても、指導者や主催者などの注意義務違反により生じた事故まで競技者や参加者などが受け入れたとはいえない状況であるといえるのではないだろうか。

　こうした免責同意が争われる場合、適用となる法令としては、次の2つがある。

①民法90条

> （公序良俗）
> 第九十条　公の秩序または善良の風俗に反する事項を目的とする法律行為は、無効とする。

　単に違法であるだけでなく、反社会的な行為である場合に適用される。

②消費者契約法8条1項

> （事業者の損害賠償の責任を免除する条項の無効）
> 第八条　次に掲げる消費者契約の条項は、無効とする。
> 一　事業者の債務不履行により消費者に生じた損害を賠償する責任の全部を免除する条項
> 二　事業者の債務不履行（当該事業者、その代表者又はその使用する者の故意又は重大な過失によるものに限る）により消費者に生じた損害を賠償する責任の一部を免除する条項
> 三　消費者契約における事業者の債務の履行に際してされた当該事業者の不法行為により消費者に生じた損害を賠償する民法の規定による責任の全部を免除する条項
> 四　消費者契約における事業者の債務の履行に際してされた当該事業者の不法行為（当該事業者、その代表者又はその使用する者の故意又は重大な過失によるものに限る）により消費者に生じた損害を賠償する民法の規定による責任の一部を免除する条項
> 五　消費者契約が有償契約である場合において、当該消費者契約の目的物に隠れた瑕疵があるとき（当

> 該消費者契約が請負契約である場合には、当該消費者契約の仕事の目的物に瑕疵があるとき。次項において同じ）に、当該瑕疵により消費者に生じた損害を賠償する事業者の責任の全部を免除する条項

　力関係が偏っている事業者と消費者間の契約が対象となる。スポーツにおいては、典型的にはレジャースポーツ（スキューバダイビング、スカイダイビングなど）への参加契約やスポーツクラブの利用契約であろう。事業者側に責任があるのに、その全部または一部を免責する契約条項を無効とする。

3　免責同意の効力が争われた裁判例

　いずれの裁判例も免責同意を無効としている。

（1）スキューバダイビング中の事故に関する裁判例（東京地判平成13年6月20日）

【事案】
被告会社主催のスキューバダイビング講習会に参加した原告が、同講習会の練習海域に移動する途中で溺れた事故

【免責同意の内容】

> 「私は、このコースに参加した結果として、コースの参加に関連して私自身に生ずる可能性のある傷害その他の損害のすべてについて、私自身が責任を負うものであり、潜水地の近くに再生チャンパーがない場合もあることを了承した上で、コースを実施することを希望します。」
> 「私はこのダイビングコースに関連して、私、または私の家族、相続人、あるいは受遺者に傷害、死亡、その他の損害が結果として生じた場合であっても（インストラクター、ダイビングストアーおよびバディが）いかなる結果に関しても責任を負わないことに同意し、また、このコースへの参加が許可されたことを考慮して、このコースに生徒として参加している間に私に生ずる可能性のある、いかなる傷害その他の損害についても、予測可能な損害であるか否かにかかわらず、その責任のすべてを私が個人的に負うことに同意します。また、上記の個人・団体およびこのプログラムが、私あるいは私の家族、相続人、受遺者その他の利害関係人から、このコースへの私の参加を原因とするいかなる告発も受けないようにすることに同意します。」
> 「この文書は、発生し得る個人的傷害、財産の損害、あるいは過失によって生じた事故による死亡を含むあらゆる損害賠償責任から（インストラクター、ストアーおよびバディを）免除し、請求権を放棄することを目的とした」原告の「意思に基づくものです」

【裁判所の判断】
人間の生命・身体のような極めて重大な法益に関し、免責同意者が被免責者に対する一切の責任追及をあらかじめ放棄するという内容の前記免責条項は、被告らに一方的に有利なもので、原告と被告会社との契約の性質をもってこれを正当視できるものではなく、社会通念上もその合理性を到底認め難いとして、公序良俗違反とした。

（2）自動車レース中の事故に関する裁判例（東京地判平成15年10月29日）

【事案】
自動車レースのスタート前に競技車両が行う予備走行中に発生した衝突炎上事故により火傷負傷した事故

【免責同意の内容】

> 本件レースに参加する際、競技参加に関連して起こった事故について、決して主催者らに損害賠償を請求しないことを誓約し、このことは事故が主催者または大会関係役員の手違いなどに起因した場合でも変わらない旨の記載のある本件誓約書に署名し、大会組織委員会に差し入れた。

【裁判所の判断】
主催者らは、自動車レースによって経済的利益を得ながら、ドライバーの安全への配慮を故意または過失によって怠り、その結果、重大な結果を伴う事故が生じた場合でも、経済的利益は取得しつつ、一切責任は負わないという結果となり、著しく不当・不公平であることは明らかである。公序良俗違反とした。

4　まとめ

　過去の裁判例からも明らかなとおり、指導者や主催者などに法的責任が認められるにもかかわらず、リスクが顕在化していない段階で、包括的に免責に同意する免責同意の有効性は、厳格に判断されている。

　免責同意の有効性を広く認めた場合、これまで裁判例などで築き上げられた安全に関する注意義務を容易に回避できることとなってしまうこと、ひいてはスポーツの安全がおろそかにされる危険をはらんでいることに留意すべきである。

　もちろん、事前にスポーツ活動から生じるリスクや危険行為を十分に説明した上で、スポーツ指導などを実施することは奨励されるべきことである。ただ、そのことがただちに指導者や主催者などの法的責任を免責するということには結び付かないのではないだろうか。指導者や主催者はそうしたリスクの予防策を講じてこそ免責につながるものと考えるべきであろう。

　しかしながら、スポーツ活動から生じるリスクや危険行為を十分に説明することは、法的に全く無意味とはいえない。そうした説明を前提に指導を行い、競技者や参加者などがリスクや危険行為を知った上で無謀な行動をした場合などは過失相殺という形で、指導者や主催者などの法的責任を減ずることでバランスを図ることも可能であろう。

損害賠償金と慰謝料

西脇法律事務所 弁護士　西脇威夫

スポーツ事故が発生した時、被害者は、加害者に対して、いわゆる「損害賠償金」を請求することが多くある。

スポーツ事故で一般に問題になる不法行為に基づく損害賠償制度は、被害者に生じた現実の損害を金銭的に評価し、加害者にこれを賠償させることにより、被害者が被った不利益を補填して、不法行為がなかったときの状態に回復させることを目的とするものであるとして[1]、加害者に対する制裁ないし将来における同様の行為の抑止、すなわち一般予防を目的とするものではないとされている[2]。すなわちいわゆる「懲罰的損害賠償」は含まれない。

場合によるが、損害賠償金には、治療関係費、付添費用、将来介護費、雑費、通院交通費・宿泊費、学習費、装具・器具など購入費、家屋・自動車など改造費、葬儀関係費用、損害賠償請求関係費用、後継関係費用、受傷による収入減などによる休業損害、後遺症により収入減などによる逸失利益、死亡による逸失利益、慰謝料などが考えられる[3]。

このうち「慰謝料」は、一般的には精神的損害に対する賠償として使われる。慰謝料の金額は、裁判所は各場合における事情を斟酌し、自由な心証をもってその数額を量定すべきものとされており[4]、認定の根拠も明らかにする必要はない[5]。したがって、裁判例をみても算定根拠は不明なものが多く、機械的に金額を算定することは、一般的には困難である。そのような中で、交通事故に関連する計算例が示してある通称青本と呼ばれる「交通事故損害額算定基準」（日弁連交通事故相談センター本部）や、赤い本と呼ばれる「民事交通事故訴訟 損害賠償額算定基準」（日弁連交通事故センター東京支部）には、たとえば不法行為によって生じた入通院慰謝料や、後遺障害の慰謝料を、入通院期間や後遺障害の等級に分けて示されており、裁判所も含めて参照する場合が多いと思われる。

例えば、1ヶ月入院して、6ヶ月通院した場合の慰謝料の金額は149万円となる。後遺症については、第14級の110万円から第1級の2,800万円まで、その後遺症の等級に従い金額が定められている。もちろんそのまま適用するのではなく、個々の場合の事情に応じて調整される。

なお、被害者またはその相続人が事故に起因してなんらかの利益を得た場合、当該利益が損害の填補であることが明らかであるとき、例えば保険金が支払われた場合は、損害賠償額から控除する場合がある。損害賠償制度は、被害者の損害を填補することを目的としており、被害者に損害の填補以上の利益を与えることは逆に不公平になるからである。また、被害者にその事故にあったことについて責任がある場合は、公平ないし信義則の観点から、その割合に応じて損害賠償の金額は減額される。

スポーツの場合、そのスポーツの性質から、怪我などのリスクが内在するものが多くある。そのようなスポーツに自発的に参加したのであれば、スポーツに事故のリスクが高かったことや、被害者が自発的に当該スポーツに参加したことは、被害者が加害者の過失の割合を低くする、すなわち加害者が被害者に支払うべき損害賠償の金額が低くなる理由となり得る。逆に、加害者が被害者に対して、指導・監督する立場であったり、安全を配慮する立場にある場合は、それだけ加害者の責任が大きかったということになり、慰謝料の金額が高くなったり、過失相殺が認められなかったという裁判例もある[6]。

[1] 最判平成5年3月24日民集47巻4号3039頁
[2] 最判平成9年7月11日民集51巻6号2573頁
[3] 「民事交通事故訴訟　損害賠償額算定基準」（公財）日弁連交通事故相談センター東京支部
[4] 大判明治43年4月5日民録16巻273頁
[5] 大判明治36年5月11日刑録7巻745頁
[6] 「慰謝料算定の実務　第2版」429頁　千葉県弁護士会編（株）ぎょうせい

附録

附録1 スポーツ事故関連法の解説

1 はじめに

　これまで、スポーツ競技および施設ごとに、事故類型とその対策、法的責任を解説してきた。ここではスポーツ事故に関連する法律の横断的な解説をする。なお、この章では、一般的な法律の解説にとどまるため、個々の具体的な事案についての検討は、第2章および3章の各スポーツの特性を踏まえた上で理解するとよいだろう。

2 スポーツ基本法

(1) スポーツ基本法の目的

　スポーツ基本法は、「スポーツは、世界共通の人類の文化である。」とする文言から始まる（同法前文）。スポーツ基本法は、スポーツに関する基本理念を定め、国や地方公共団体の責務やスポーツ団体の努力を明らかにするとともに、国民の心身の健全な発達などを実現することを目的に制定されたものであり、文字通り、スポーツに関する基本法である。

　スポーツ基本法においても、スポーツ事故に関する規定が設けられている。しかしながら、スポーツ基本法は、具体的な救済手段などを規定したものではない（具体的な救済手続などは、後記3以下の法律に規定されている）。

　もっとも、スポーツ基本法が、スポーツに関して、「国や地方公共団体の責務やスポーツ団体の努力を明らかにすること」を目的としていることからすれば、スポーツ基本法におけるスポーツ事故に関する考え方（理念）は、個々のスポーツ事故を検討するについて十分に考慮されなければならないといえる。

(2) 国、地方公共団体のスポーツ事故の防止（スポーツ基本法14条）

　スポーツ基本法14条は、「国及び地方公共団体は、スポーツ事故その他スポーツによって生じる外傷、障害等の防止及びこれらの軽減に資するため、指導者等の研修、スポーツ施設の整備、スポーツにおける心身の健康の保持増進及び安全の確保に関する知識（スポーツ用具の適切な使用に係る知識を含む。）の普及その他の必要な措置を講ずるよう努めなければならない。」と定め、国や地方公共団体に、スポーツ事故の防止策を講じるように求めている。

(3) スポーツ施設の整備（スポーツ基本法12条）

　スポーツ基本法は、上記(2)の他に、国および地方公共団体に対し、「スポーツ施設を整備するに当たっては、当該スポーツ施設の利用の実態等に応じて、安全の確保を図るとともに、障害者等の利便性の向上を図るよう努めるものとする。」と規定する（スポーツ基本法12条2項）。

(4) スポーツ団体に対する安全確保の要請（スポーツ基本法5条）

　スポーツ団体に対しても、「心身の健康の保持増進及び安全の確保に配慮しつつ、スポーツの推進に主体的に取り組むよう努めるものとする。」と規定している（スポーツ基本法5条1項）。

(5) まとめ

　以上の通り、国や地方公共団体スポーツ基本法の理念に沿ったスポーツ事故防止や安全確保のための具体的な法律や、条例の制定、施設の管理などが求められており、また、スポーツ団体においても、自主的な安全確保の対策が求められている。

3 民法

(1) はじめに

　スポーツ事故が起こった場合、被害者（側）[1]は、加害者（側）[2]に対して、スポーツ事故によって生じた損害（治療費や慰謝料など）を支払うよう求めることになる。このようなスポーツ事故によって生じた損害を求める法的根拠が、民法に規定されている。

(2) 不法行為に基づく損害賠償（民法709条、715条）

1) 概説

　加害者（側）に何らかの落ち度があり、これによって、被害者（側）に損害が生じた場合には、不法行為に基づく損害賠償が考えられる（民法709条）。

　ただし、加害者が未成年などの場合には、不法行為に基づく賠償責任を負わないとされている（民法712条、713条）。この場合、未成年者[3]などを監督する親権者（父母など）が、損害賠償責任を負う（民法714条。監督者責任）。

　また、加害者（側）の使用者（雇用主、私立学校の経営者）に対しても、不法行為に基づく損害賠償が規定されている（民法715条。使用者責任）。これは、個人である加害者に対して損害賠償を求めても十分な救済が得られない場合があり（資力を備えていないなど）、使用者に対して損害賠償を求めることで、被害者（側）の救

済を図っている。
なお、国または地方公共団体の職員（教師など）や国または地方公共団体が管理する施設などが関わる事故の場合には、後記の国家賠償法による救済を求めることになる。

○民法709条
故意又は過失によって他人の権利又は法律上保護される利益を侵害した者は、これによって生じた損害を賠償する責任を負う。

○民法712条
未成年者は、他人に損害を加えた場合において、自己の行為の責任を弁識するに足りる知能を備えていなかったときは、その行為について賠償の責任を負わない。

○民法713条
精神上の障害により自己の行為の責任を弁識する能力を欠く状態にある間に他人に損害を加えた者は、その賠償の責任を負わない。ただし、故意又は過失によって一時的にその状態を招いたときは、この限りでない。

○民法714条
前二条の規定により責任無能力者がその責任を負わない場合において、その責任無能力者を監督する法定の義務を負う者は、その責任無能力者が第三者に加えた損害を賠償する責任を負う。ただし、監督義務者がその義務を怠らなかったとき、又はその義務を怠らなくても損害が生ずべきであったときは、この限りでない。

○民法715条1項
ある事業のために他人を使用する者は、被用者がその事業の執行について第三者に加えた損害を賠償する責任を負う。ただし、使用者が被用者の選任及びその事業の監督について相当の注意をしたとき、又は相当の注意をしても損害が生ずべきであったときは、この限りでない。

不法行為に基づく損害賠償が認められる場合
① 加害行為が故意（わざと行ったもの）または過失（注意義務に反したもの）によるものであること
② 加害行為が違法であること
③ 損害の発生
④ 加害行為と損害との間に因果関係があること
⑤ 監督者責任を追及する場合には、①に代えて、加害者が責任無能力であったことおよび監督者が監督義務を負っていたこと
⑥ 使用者責任を追及する場合には、①〜④に加えて、加害行為が事業の中で生じたこと、使用者が事業のために加害者を使用（雇用）していたこと

2）当事者
・被害者（側）：競技者
・加害者（側）：競技者、指導者、教師、親権者（監督者責任）、指導者の雇用主・私立学校設置者（使用者責任）

3）加害行為が故意または過失によるものであること
スポーツ事故において、加害者が、故意に加害行為を行った場合は、一般的には、加害行為が違法であったといえる（不法行為に基づく損害賠償が認められる要件のうち、①と②を同時に満たす）。
では、加害行為が過失によるものであること、とはどのような場合であろうか。
過失とは、加害者（側）に求められる注意義務に違反する行為のことを指す。そして、その中身は、事故の危険を予見することが可能であったかどうか（予見可能性）、およびその予見可能性を前提として、事故を回避することができたかどうか（結果回避義務）である（なお、スポーツ事故において、加害者に注意義務違反が認められた場合も、一般的には、加害行為が違法であったといえ、不法行為に基づく損害賠償が認められる要件のうち、①と②を同時に満たす）。

注意義務違反
・予見可能性があり、かつ結果回避義務に違反すること

どのような事情があれば、予見可能性や結果回避義務違反が認められるかは、競技者の属性（年齢、性別、熟

MEMO
※1 不幸にして被害者が亡くなった場合、遺族が被害者側として、加害者に責任を追及していく場面があることから、その遺族も含む趣旨で（側）とした。
※2 直接の加害者だけでなく、その上司や代表者、統括団体に対しても責任を追及していく場面があることから、それらのものも含む趣旨で（側）とした。
※3 未成年者のうち、事理弁識能力（自己の行為の法律上の責任を弁識するに足りる能力）を欠く者の責任を否定している。判例では、12歳前後を境界線としている傾向にある。

練度など)、スポーツの種目、事故状況や、当事者の属性（競技者、指導者、施設管理者、観客、第三者）など、個別具体的な事情を基に判断される（詳しくは、第2章・第3章を参照）。

4) 加害行為と損害との因果関係について
加害行為と「相当因果関係」にある損害が、賠償の対象となる。原則として、ここにいう相当因果関係とは、その加害行為によって通常生じる損害を指すとされる。

5) 認められる損害項目について
不法行為に基づく損害として認められる損害項目は以下のようなものが考えられる。

①積極的損害
被害者（側）が失った財産の損害。
・治療費
・通院交通費
・義足など器具の購入費

②消極的損害（逸失利益）
事故がなければ被害者が将来得ることができた利益。
・休業損害
・後遺症による逸失利益
・死亡逸失利益

③慰謝料
被害者の死亡、傷害、後遺症などによる精神的苦痛について
交通事故の裁判例の蓄積により、以下の通り慰謝料の目安[※4]がある。スポーツ事故においても参考になるだろう。

死亡慰謝料	一家の支柱	2,800万円
	母親、配偶者	2,400万円
	その他	2,000万円～2,200万円
傷害慰謝料	通院期間、入院期間を基礎として考慮される	
後遺症慰謝料	後遺症の等級を基準に算出される	

(3) 債務不履行に基づく損害賠償（民法415条）
1) 概説
スポーツ事故に遭った被害者（側）と、加害者（側）との間に、指導契約や施設利用契約などの契約関係があれば、その契約に付随する義務として、「生命及び健康等を危険から保護する義務」（これを「安全配慮義務」という）が加害者（側）に認められ、加害者（側）が安全配慮義務に違反した場合（これを「債務不履行」という）に、その安全配慮義務違反と生じた損害との間に因果関係が認められれば、加害者（側）に損害賠償責任が生じるというものである（民法415条）。被害者（側）と加害者（側）に明示の契約がなくてもよい（この場合「黙示の契約があった」と表現する）。

○民法415条
債務者がその債務の本旨に従った履行をしないときは、債権者は、これによって生じた損害の賠償を請求することができる。債務者の責めに帰すべき事由によって履行をすることができなくなったときも、同様とする。

債務不履行に基づく損害賠償が認められる場合
① 契約関係の存在
② ①を前提とする安全配慮義務の存在
③ 安全配慮義務違反の事実
④ 損害の発生
⑤ ③と④との間の因果関係の存在

2) 不法行為に基づく損害賠償との違い
不法行為に基づく損害賠償と債務不履行に基づく損害賠償の違いは、次の点にある。

①被害者（側）が主張、立証しなければならない事情が異なる。
不法行為の場合は、加害者（側）の故意、過失について、被害者（側）が主張、立証（証明）をしなければならない。これに対し、債務不履行の場合には、これらの事情は原則として、加害者（側）が、安全配慮義務違反に違反していないことを主張、立証（証明）することになる。

②消滅時効期間が異なること
消滅時効期間とは、スポーツ事故の場合、原則として、事故が生じた時から、一定期間を過ぎてしまえば、損害賠償請求をすることが法律上できなくなる期間をいう。
この消滅時効期間について、不法行為の場合は、事故が生じた時から3年間であるのに対し、債務不履行の場合は、事故が生じた時から10年間である。
不法行為責任と債務不履行責任とはいずれも要件を満たせば損害賠償責任を認めるものであることから、両者の要件をいずれも満たすときには、被害者（側）はどちらの責任を追及するかについて自由に選べるとするのが判例[※5]である。

3) 安全配慮義務違反の内容
安全配慮義務の内容は、前記2)の不法行為に基づく損害賠償の注意義務違反と基本的には同じものである。
すなわち、一般的には、加害者（側）において
①事故の危険を予想することが可能であったかどうか（予見可能性）
②事故を回避することができたかどうか（結果回避義務）
という2つの要件を検討し、事故の危険を予測することが可能であり（①）、かつ、事故を回避することが可能であった（②）場合に、加害者（側）の安全配慮義務違反が認められる。

どのような事情があれば、予見可能性や結果回避義務違反が認められるかは、第2章・第3章を参照してほしい。

4）その他
安全配慮義務違反と損害との間の因果関係や損害項目については、前記2）の不法行為と同様である。

（4）工作物責任に基づく損害賠償（民法717条1項）

1）はじめに
サッカーゴールが倒れて怪我を負うことや、体育館の床の板が剥がれていたことにより怪我を負った場合には、当該設備や施設を設置している管理者などに対して、民法709条の損害賠償請求とは別に、工作物責任に基づく損害賠償責任（民法717条1項）を追及することができる。なお、民法709条の損害賠償請求と民法717条1項の損害賠償請求とは一般法と特別法の関係であることから、民法717条1項の損害賠償請求が優先的に適用されることになる。

2）概説
スポーツ施設を設置、管理する者が、その設置、管理をするに際して、通常備えるべき安全性を欠いていたことにより、スポーツ施設の利用者に損害が生じた場合には、スポーツ施設を設置、管理する者はその損害を賠償する責任を負う（民法717条1項。工作物責任）。スポーツ用具は後記3）の「工作物」とはいえないことから、工作物責任は負わず、後記4の製造物責任を負う可能性がある。
なお、スポーツ施設を設置、管理する者が、国または公共団体である場合には、後記※6の通り国家賠償法（同法2条）による責任を負う。

> ○民法717条1項
> 土地の工作物の設置又は保存に瑕疵があることによって他人に損害を生じたときは、その工作物の占有者は、被害者に対してその損害を賠償する責任を負う。ただし、占有者が損害の発生を防止するのに必要な注意をしたときは、所有者がその損害を賠償しなければならない。

> 工作物責任が認められる場合
> ①土地の工作物について
> ②通常備えるべき安全性を欠如していたこと
> ③損害の発生
> ④②と③との間の因果関係があること

3）土地の工作物とは
土地の工作物とは、土地に接着して人工的作業を加えることによって成立したものを指すとされる。スポーツ施設の場合は、プール、スキー場のゲレンデ、ゴルフコース、野球場、体育館なども土地の工作物に含まれる。

4）通常備えるべき安全性を欠如していたこと
通常備えるべき安全性は、客観的に判断され、設置者の故意や過失は必要ない。スポーツごとに異なるし、利用対象者や利用方法、安全に対する考え方※7も時代とともに変化している。

4 製造物責任に基づく損害賠償（製造物責任法3条）

（1）概説
器具を使用するスポーツの場合、その器具を製造した者など※8は、その器具が通常有すべき安全性を欠いており、その器具によって利用者に損害が生じた場合に、その損害賠償責任を負う。

> ○製造物責任法3条
> 製造業者等は、その製造、加工、輸入又は前条第三項第二号若しくは第三号の氏名等の表示をした製造物であって、その引き渡したものの欠陥により他人の生命、身体又は財産を侵害したときは、これによって生じた損害を賠償する責めに任ずる。ただし、その損害が当該製造物についてのみ生じたときは、この限りでない。

> 製造物責任が認められる場合
> ①製造業者などであり

MEMO
※4 「民事交通事故訴訟 損害賠償額算定基準」(公財)日弁連交通事故相談センター東京支部
※5 最判昭和38年11月5日民集17巻11号1510頁
※6 最判昭和50年2月25日民集29巻2号143頁
※7 指導教本、社会科学一般の文献や、関係機関による安全に関するガイドラインなど
※8 製造責任を負う主体は①製造物を業として製造、加工又は輸入した者、②自ら製造物の製造業者として製造物にその指名、商号、商標その他の表示をした者又は製造物にその製造業者と誤認させるような氏名等の表示をした者、③製造物の製造、加工、輸入又は販売に係る形態その他の事情からみて、製造物にその実質的な製造業者と認めることができる氏名等の表示をした者をいう（製造物責任法2条3項）。

②製造業者などが製造し、引き渡した製造物に欠陥があったこと
③損害の発生
④②と③との間に因果関係があること

（2）製造物に欠陥があったこと

製造物に欠陥があったこととは、製造物の特性、その通常予見される使用形態、その製造業者などが製造物を引き渡した時期その他の製造物に係る事情を考慮して、製造物が通常有すべき安全性を欠いていることをいうとされる（同法2条2項）。
具体的には、
①スポーツ器具の設計自体に問題があり安全性を欠いた場合（設計上の欠陥）
②スポーツ器具が設計どおりに製造されなかったために安全性を欠いた場合（製造上の欠陥）
③スポーツ器具が持っている危険があるにもかかわらず、その危険に関する適切な情報を与えなかった場合（指示・警告上の欠陥。取扱説明書の不備など）
を検討することになる。

5 国家賠償法

（1）国家賠償法1条1項に基づく損害賠償

1）概説

スポーツ事故における加害者が公務員（国公立学校における教師が典型例）である場合、その公務員の職務の範囲内による違法行為によって、被害者に対し損害が生じた場合には、国または公共団体が、その損害を賠償する責任を負う（国家賠償法1条）。国または公共団体が損害賠償の責任を負うのであって、加害者本人はその責任を負わない（資力がない、という心配をしなくてもよい）。

○国家賠償法1条1項
国又は公共団体の公権力の行使に当る公務員が、その職務を行うについて、故意又は過失によつて違法に他人に損害を加えたときは、国又は公共団体が、これを賠償する責に任ずる。

国家賠償法1条1項に基づく損害賠償が認められる場合
①加害者が公権力の行使に当たる公務員であること
②加害者の行為が公務員の職務を行うについてされたこと
③加害者の故意または過失
④損害の発生
⑤②と④との間の因果関係

2）①公権力の行使および②公務員の職務を行うについてされたことについて

公権力の行使には、公立学校における教師の教育活動も含まれる。また、学習指導要領には、学校における部活動は学校での教育活動の一環として扱われており、部活動中のスポーツ事故も、国家賠償法による損害賠償の対象となっている。

3）故意または過失について

不法行為に基づく損害賠償の故意、過失と同じであり、注意義務違反があること、すなわち、事故の予見可能性があり、かつ事故の結果回避義務に違反することが過失の内容となる。

4）その他

その他の要件（④および⑤）は、不法行為に基づく損害賠償と同様である。

（2）国家賠償法2条1項に基づく損害賠償

1）概説

スポーツ施設の設置、管理者が、国または公共団体であるときは、そのスポーツ施設の設置、管理について通常備えるべき安全性を欠き、それにより利用者に損害が生じた場合は、国または公共団体は、その損害を賠償する責任を負う（国家賠償法2条1項）。工作物責任（民法717条）の特則である。

○国家賠償法2条1項
道路、河川その他の公の営造物の設置又は管理に瑕疵があつたために他人に損害を生じたときは、国又は公共団体は、これを賠償する責に任ずる。

国家賠償法2条1項に基づく損害賠償が認められる場合
①公の営造物であること
②①の設置、管理に通常備えるべき安全性を欠いていること
③損害の発生
④②と③との間の因果関係

2）公の営造物であること

公の営造物とは、国または公共団体の特定の公の目的に供される有体物ないし物的設備をいうとされており、工作物責任（民法717条）における工作物よりも広いと解されている。
具体的には、プール、グラウンド、サッカーのゴールポスト、トランポリン、テニスの審判台も含まれる。

3）通常備えるべき安全性を欠いていること

通常備えるべき安全性を欠いていることとは、営造物の構造、用法、場所的環境および利用状況などの事情を総合考慮して検討される。また、この場合の通常備えるべき安全性についても、スポーツごとに検討する必要があるし、利用対象者や利用方法、安全に対する考え方も時代とともに変化しているので、これらを考慮の上検討されなければならない（工作物責任における検討事項と同じ）。

4）その他

その他要件③および④は工作物責任に基づく損害賠償と同様である。

6 刑法

(1) 概説

これまでは、被害者が加害者に対し、損害賠償を求める観点から関わる法律を解説してきたが、ここでは、加害者の行為が犯罪行為として、国家による刑事罰の対象となる観点から解説をする。犯罪行為やその刑罰を規定しているのが、刑法である。

(2) 正当行為（刑法35条）

スポーツは、一定のルールに基づいて行われるため、そのルールを守っている限り、ボクシングなどの格闘技において相手方に傷害を負わせても、正当行為として、刑事処罰の対象にはならない[※9]。

> ○刑法35条
> 法令又は正当な業務による行為は、罰しない。

(3) 業務上過失致死傷罪（刑法211条）

指導者において、そのスポーツに求められる指導に際しての注意義務に違反し、競技者に傷害や死亡にまで至らせてしまった場合には、業務上過失致死傷罪（刑法211条1項）に該当する。特に危険度が高いスポーツ（登山やスキューバダイビングなど）については、指導者やインストラクターに高度の注意義務が課せられる。

> ○刑法211条
> 業務上必要な注意を怠り、よって人を死傷させた者は、五年以下の懲役若しくは禁錮又は百万円以下の罰金に処する。重大な過失により人を死傷させた者も、同様とする。

7 行政上の責任

スポーツ事故の加害者が公務員であり、その事故が公務員の職務中に生じたものである場合には、行政上の責任として、懲戒処分（免職、定職、減給等）がなされることもある。

> ○国家公務員法82条1項
> 職員が、次の各号のいずれかに該当する場合においては、これに対し懲戒処分として、免職、停職、減給又は戒告の処分をすることができる。
> 一 この法律若しくは国家公務員倫理法 又はこれらの法律に基づく命令（国家公務員倫理法第五条第三項の規定に基づく訓令及び同条第四項 の規定に基づく規則を含む。）に違反した場合
> 二 職務上の義務に違反し、又は職務を怠つた場合
> 三 国民全体の奉仕者たるにふさわしくない非行のあつた場合

> ○地方公務員法29条1項
> 職員が次の各号の一に該当する場合においては、これに対し懲戒処分として戒告、減給、停職又は免職の処分をすることができる。
> 一 この法律若しくは第五十七条に規定する特例を定めた法律又はこれに基く条例、地方公共団体の規則若しくは地方公共団体の機関の定める規程に違反した場合
> 二 職務上の義務に違反し、又は職務を怠つた場合
> 三 全体の奉仕者たるにふさわしくない非行のあつた場合

MEMO

※9 もっとも、正当行為とされるのは、行為が正当なものであるとともに、具体的な行為自体も社会通念上是認されるものでなければならない「条解刑法［第3版］」95頁 前田雅秀編集代表 （株）弘文堂

《項目の参考文献》
▽「詳解スポーツ基本法」日本スポーツ法学会編 （株）成文堂　3,200円（本体）
▽「スポーツ事故の法務—裁判例からみる安全配慮義務と責任論—」
　日本弁護士連合会弁護士業務改革委員会スポーツ・エンターテインメント法促進PT編著　（株）創耕舎　3,333円（本体）
▽「スポーツ法学」日本スポーツ法学会監修 （株）エイデル研究所　2,500円（本体）

附録2 民事訴訟・刑事訴訟手続の基本的な流れ

《民事訴訟》

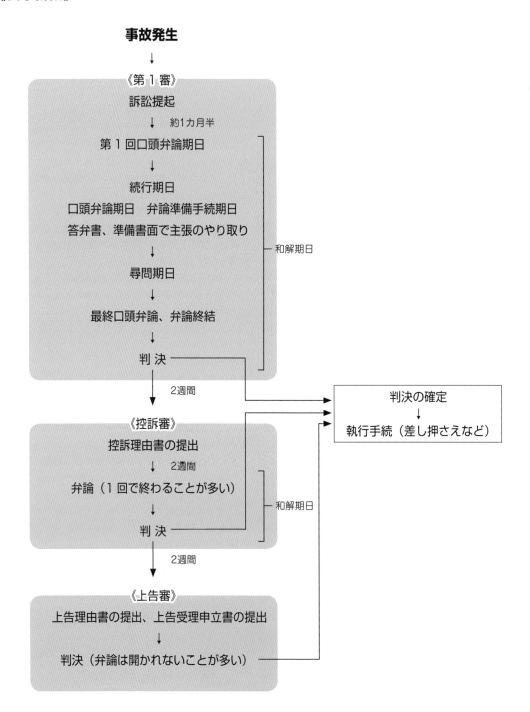

《刑事訴訟》

事件発生
↓
被害届の提出・受理
↓
捜査

身柄不拘束の場合
警察の捜査
「被疑者」(加害者)および「被害者」の取り調べ
↓
書類送検(検察庁に事件書類が送られる)
「被疑者」(加害者)および「被害者」の取り調べ

身柄拘束の場合
逮捕(多くが警察署内の留置場で拘束)
↓ 48時間以内
送検(検察庁に身柄と事件書類が送られる)
↓ 24時間以内
勾留(多くが警察署内の留置場で拘束)
↓ 10日間+10日間=20日間

被疑者が未成年の場合 → 家庭裁判所送致 少年鑑別所送致
↓ 4週間
少年審判
↓
少年院送致、保護観察など

処分保留釈放
↓
不起訴処分

起訴
↓
公判

《第1審》
公判請求
↓ 約1カ月半
公判期日
↓ 約2週間以内
判決
↓ 14日以内

不同意 ←

略式命令請求
↓「被疑者」の同意
略式命令
↓
罰金の納付

※略式命令
公判を開かずに罰金を納めることで事件を終結させる手続

《控訴審》
控訴趣意書の提出
↓ 1カ月後ほど
公判
↓ 1、2週間ほど
判決
↓ 14日以内

※控訴趣意書、上告趣意書
控訴や上告の理由を記載した書面

《上告審》
上告趣意書の提出
↓ 2～4週間ほど
判決(公判は開かれないことが多い)

附録3 主要スポーツ事故判例

野球　徳島地判 平成26年3月24日

1 事案の概要　公立高校2年生の硬式野球部員のXは、シートノック時に一塁を守っており、センターへのノックの際に、中継プレイのためマウンド方向に移動した。その後、Xは、一塁方向に戻ろうとしたところ、同校の監督Aがライト方向にノックした打球が、Xの右頭部を直撃した。その結果、Xは、急性硬膜下血腫などの重傷を負った。Xは、監督Aに、Xに対する安全配慮義務違反があったと主張して、同校を設置するY県に対し、国家賠償法1条1項に基づく損害賠償などを求めた。

2 結論　判決は、監督Aの注意義務違反を認め、部員XのY県に対する国家賠償請求を認容したものの、Xの1割の過失を認め、過失相殺を行った。

3 解説
(1) **監督の過失について**　判決は、監督Aの過失について以下のように判断した。打球衝突予見可能性があり、しかも、結果回避可能性もあった監督Aは、ノックをする際に、部員Xの方を見てその動静を確認し、Xの状況によっては、Xに注意を喚起するかノックを一時中止して打球の衝突による危険を防止すべき注意義務を負っていたといえる。このような義務を負っていたにもかかわらず、監督Aは部員Xの方を見ないままにノックをしたというのであるから、Aには左記の注意義務を怠った過失がある。
(2) **過失相殺について**　次に、判決は過失相殺について以下のように判断した。ライト方向にノックがなされることを把握していた部員Xは、マウンドから一塁側に戻るにあたって、監督Aの動きをさらに確認することで本件事故の発生を防ぐことができた可能性が高い。よって、過失相殺を行うのが公平の観点から相当である。もっとも、監督Aの左記注意義務違反の程度や、監督と選手の関係であること、Aが部員Xの普段の練習態度などを認識していたことなどの事実を総合して勘案すれば、Xの過失割合は1割にとどめるのが相当である。
(3) **本判決の意義**　本判決は、ノッカーが負う具体的な注意義務を明らかにした点で、意義のあるものといえる。また、危険を伴う硬式野球において指導者は、どのような場合に注意してプレーすべきかということも指導する立場にあるといえる。そうだとすれば、部員に不注意があったからといっても容易に過失相殺すべきではない。本判決はこのようなことを配慮して、部員Xの過失割合を1割にとどめたのではないかと考えられる。

（大塚翔吾）

サッカー　高松高判 平成20年9月17日　最高裁の差戻審（最判平成18年3月13日）

1 事案の概要　本件は、高校の部活動におけるサッカー大会の試合中に、部員である生徒が落雷を受けた事故に関する裁判である。被害生徒およびその両親は、引率教諭および大会主催者側の担当者（以下、引率教諭ら）につき、落雷を予見して回避すべき安全配慮義務の違反があったとして、損害賠償を請求した。

2 結論　引率教諭らの安全配慮義務違反が認定され、被害者側の損害賠償請求が認められた。

3 解説
(1) **落雷事故発生の予見可能性**　判決は、⑦過去にも複数件の落雷事故があったこと、④現場では、暗雲が立ち込め、雷鳴が聞こえ、雲の間に放電があったこと、⑦各種文献においてこのような状況では避難すべきと記載されていることを根拠に、引率教諭らは「落雷事故発生の危険が迫っていること」を具体的に予見可能であった上、予見すべきとした。さらに、判決は、平均的なスポーツ指導者としては、本件において落雷事故発生の危険性が少ないとの認識が一般的でも、当該認識は「当時の科学的知見に反するもの」として、「注意義務を免れさせる事情とはなり得ない」とした。
(2) **引率教諭らが取るべき措置および当該措置の有無**　判決は、上記予見可能性を前提に、引率教諭らについて、⑦生徒らを安全な場所に避難させ、姿勢を低くして待機するよう指示した上、④試合関係者に落雷の危険が去るまで試合の開始を延期することを申し入れて協議し、⑦他校の生徒らにも避難措置を取り、④天候の変化に注目しつつ、さらに安全空間への退避の方法についての検討などの措置を取るべきであったとし、引率教諭らの安全配慮義務違反を認めた。
(3) **本判決の意義**　本判決は、スポーツ中の落雷事故について、指導者や大会主催者側の安全配慮義務に関する具体的な基準を示したほか、社会通念上の一般的な認識ではなく、文献などの科学的知見に基づいて注意義務の基準を設定した点に意義がある判決である。

（松原範之）

ゴルフ　岡山地判 平成25年4月5日判時2210号88頁

1 事案の概要　ゴルフをプレーしていたXが、同じ組でラウンドしていたYの打ったゴルフボールが左目に直撃した。左目の失明などの後遺障害が残ったことを理由に、Y、当該ゴルフ場を運営するA、およびAの従業員（キャディ）Zに対して不法行為に基づく損害賠償を求めた事案。

2 結論　請求一部認容（Y、Z、Aは、Xに対し、連帯して、金4,408万7,502円ほかの損害賠償義務を負う）。

3 解説　裁判所は、Xについて「Yの行動を確認しないまま不用意に前方に進んだことに過失が認められる」としながらも、Yについては、「時々30度程度シャンクすることがあることを認識していたのであるから、第2打の際30度程度でシャンクした場合にボールが飛ぶ範囲内にXを含むプレーヤーなどがいるかどうかを確認すべきところ、グリーン方向にまっすぐ飛ぶものと過信して、（中略）…Xは前方に進んでいないと思い込み、Xの動向や存在を確認することなく第2打を打ったことおよび第2打をシャンクさせた」とし、Zについては、「ショット前に打球が飛ぶ範囲内に同伴プレーヤーなどがいる場合には（中略）…同行するキャディとしてはこれを注意して阻止すべきところ、13番ホールまでのXとYの観察の結果、その程度の基本的なマナーやルールまで両名に注意する必要はないと過信して両名の十分な観察を怠り、その結果、必要な注意喚起を行わなかった」として、過失割合をそれぞれX3割、Y6割、Z1割として認定し、AはZの雇用者としてZの過失割合の範囲で負うと結論付けた。

　ゴルフプレーヤーには、「強打したゴルフ球が人に当たれば危険であることは自明である」ことなどから、「ゴルフ球を打つ際は、そうした危険が生じないように自己の技量に応じて打球の飛ぶ可能性のある範囲を十分に確認すべき義務がある」（東京地判平成18年7月24日）とされ、比較的高度の注意義務が課される傾向にあり、本判決もこれを基礎に同伴者の動向や存在を確認する義務に違反したことを理由に過失を認定しているが、本判決はさらに、同伴していたキャディに対しても注意義務違反を認め、その雇用者であるゴルフ場運営会社の責任も認めており、当該運営会社関係者にとっては、キャディの指導方法（立ち位置やショット前の注意喚起の徹底）などについて今後の参考になると思われる。

（石原遥平）

ラグビー　東京地判 平成13年11月14日

1 事案の概要　公立高等学校のラグビー部内の練習中、モールの練習中に頭部から倒れて頸椎損傷などを負った原告が、被告（都道府県）に対し、被告が原告に対する安全配慮義務を怠ったとして、債務不履行に基づく損害賠償を求めた事案である。原告は、被告が負う安全配慮義務として、①顧問教諭らが、自身が不在のときにモールの練習をさせない義務、②顧問教諭らが他の教諭や練習に立ち会う卒業生らに対して、十分な配慮をするよう具体的に注意を徹底して、自己の代わりを依頼する義務などがあり、これを顧問教諭らが怠ったと主張した。

2 結論　請求棄却

3 解説　裁判所は①顧問教諭らが、自己が不在のときにモールの練習をさせない義務はないと認定し、また、②顧問教諭が他の教諭や練習に立ち会う卒業生らに対して、十分な配慮をするよう具体的に注意を徹底しており、自己の代わりを依頼する義務は果たしていると認定した。原告が主張する義務についても、義務はない、あるいは、被告は顧問教諭らおよび立ち会いの卒業生らを通じて義務を果たしたと認定した。

　①については、「何らかの事故の発生する危険性を具体的に予見することが可能であるような特段の事情」（最判昭和58年2月18日民集37巻1号101頁）がないと認定して、顧問教諭が個々の活動に常時立ち会い、監督指導すべき義務までも負わないとした。本判決は、過去のラグビーにおける重大事故事例を比較し、「モール」の「練習中」に起こった重大事故が少ないことを根拠の一つとして、上記特段の事情を否定している。しかし、他競技やその練習と比較すれば、モールの練習は明らかに危険であり、他の事件でも同じ判断がなされるかは疑問である。なお、本判決は、顧問教諭が立ち会っていたとしても、事故を防止させることができなかったと付言しており、本件の結論が変わるところではない。

　②について、本判決は、当該卒業生らは顧問教諭が「信頼できると判断した者であり、事前に、同教諭から練習内容や方法、手段、注意点などを指示されていた」と認定しているが、判決上は具体的な指示が明らかとなっていない。少しでも危険性がある場合には、指導者は練習に立ち会うのが原則だが、仮に立ち会いが困難な場合には、可能な限り具体的な指示を行い、行った指示を正確に記録しておくことが不可欠である。

（椿原 直）

柔道　東京高判　平成25年7月3日判時2195号20頁、判タ1393号173頁
（横浜地判平成25年2月15日判タ1390号252頁）

1 事案の概要　高等学校の柔道部に所属していた部員Xが、柔道大会の予選会の前に行われたウォーミングアップ練習において同柔道部の部員Aに投げられた後、急性硬膜下血腫を発症し、後遺障害を負ったため、同部員Xが、同柔道部の顧問教諭Bを雇用する学校法人Yに対し、不法行為に基づき、損害賠償請求を求めた。

なお、同部員Xは、上記柔道大会の予選会の17日前、同柔道部の練習で投げられた後、頭痛を自覚したことから、病院を受診したところ、脳振盪と診断されていた。

2 結論　部員Xによる学校法人Yに対する損害賠償請求が認められた。

3 解説　本事案は、学校法人Yの損害賠償義務の認定にあたり、高等学校の柔道部の顧問教諭Bの注意義務違反の有無が争点となった事案である。

第1審は、事故当時、（公財）全日本柔道連盟の作成に係る「柔道の安全指導（初版）」に脳振盪症状が出た生徒への対応についての記載がないなどの事情から、顧問教諭の注意義務違反は認められないとし、部員Xによる学校法人Yに対する損害賠償請求を棄却した。

他方、東京高裁は、次のような理由から、顧問教諭Bの注意義務違反が認められるとして、部員XによるYに対する損害賠償請求を認めた。すなわち、柔道部の顧問教諭Bは、部員Xの体力、技量、健康状態などを十分に把握し、それに応じた適切な指導をして、練習から生ずる部員Xの生命および身体に対する事故を未然に防止すべき義務（具体的には、①自ら練習状況を監督・指導すべき義務、②練習状況を指導すべき安全配慮義務、③生徒が脳振盪様の症状を呈した場合に重篤な頭部外傷の発生を回避する安全配慮義務他）を負っていたものであり、平成12年または平成15年ころからスポーツ指導者に向けた文献で、脳振盪後の競技への復帰については適切な判断をする必要があるといった趣旨の指摘がされていたことから、（公財）全日本柔道連盟の作成の「柔道の安全指導（初版）」に脳振盪症状が出た生徒への対応についての記載がないなどの事情があるとしても、顧問教諭Bの注意義務違反は否定されるものではないと判断したのである。

本裁判例は、部活動顧問の指導中注意義務違反の認定にあたり、文献上の記載を理由に引率教諭の雷事故の予見可能性を否定しなかった高松高判平成20年9月17日（本書294頁参照）と同趣旨の裁判例といえよう。　　（杉山翔一）

剣道　大分地判　平成25年3月21日判時2197号89頁

1 事案の概要　県立高校で、剣道部の練習中に部員である被害者が熱中症などを発症して死亡したことにつき、被害者の両親である原告らが、同高校の教員である被告顧問および被告副顧問には、適切な処置をしなかった過失が、また、被害者の搬入先である市立病院の担当医には、適切な医療行為を尽くさなかった過失があり、これらの各過失により被害者は死亡したとして、被告顧問および同副顧問、被告県、被告市に対し、それぞれ損害賠償を求めた事案である。

2 結論　原告らの、被告県および被告市に対する請求は一部認容され、被告顧問および被告副顧問に対する請求は棄却された。

3 解説　本件の争点は、被害者の熱射病の発症時期や剣道部顧問および副顧問の各過失、過失と死亡結果との間の因果関係など多岐にわたるが、ここでは、剣道部の顧問教諭の過失に限定して解説を加える。

顧問教諭の過失について、判決は剣道競技においては熱中症発症のリスクがあるという一般的な理解を前提に、自身も剣道経験者である顧問教諭は当然にそのことを認識しており、顧問教諭としては被害者が竹刀を落としたのにそれに気が付かず竹刀を構える仕草を続けるという被害者の行動を認識した時点で、「直ちに練習を中止させ、救急車の出動を要請するなどして医療機関へ搬送し、それまでの応急措置として適切な冷却措置を取るべき注意義務があった」とし、顧問教諭にはその義務に違反した過失があったとした。

本裁判例は、争点も多岐にわたり、搬送先の医師の過失の介在など、本件に特有の事情もある。しかしながら、本裁判例は、剣道競技における熱中症発症のリスクを証拠に基づき認定し、当該剣道競技の特徴から顧問教諭の上記注意義務を導いている。剣道競技において熱中症発症のリスクがあることは広く知られているが、この特徴が過失を基礎づける法的な注意義務を導くことを示した点において、今後剣道実務に携わる人たちにとって意義のある裁判例であるといえる。

また、その注意義務の内容は、「熱中症を防止すること」ではなく「熱中症が生じた場合に適切な応急処置をとる義務」であることも明示されており、この点も今後剣道実務に携わる人たちにとり意義のある裁判例である。（工藤杏平）

ボクシング　札幌高判　平成10年2月24日
（札幌地判平成9年7月17日判時1632号112頁）

1 事案の概要　本件は、高等学校のボクシング部に所属していた部員Aが、同部の練習中に、同部の部員Bとヘッドギアを着けない状態で、マスボクシング（グローブを着け、二人一組で互いに一定の距離を保ち、実際にパンチを当てずに、攻撃や防御を繰り返す練習〈以下、本件練習〉）を行っていた際に倒れ、その3日後に硬膜下出血により死亡した。部員Aの両親Xらが、同部の顧問教諭Cおよび同高等学校の設置者である都道府県に対し、損害賠償を請求した事案である。

なお、部員Aは、ボクシング経験が1年未満の部員であり、他方、部員Bは、国民体育大会などに出場したことのあるボクシング経験豊富な部員であった。

2 結論　部員Aの両親Xらの同部の顧問教諭Cおよび同高等学校の設置者である都道府県に対する損害賠償は、棄却された。

3 解説　本件は、高等学校の設置者である都道府県の損害賠償責任の有無を判断するにあたり、同高等学校のボクシング部の顧問教諭Cの注意義務違反の有無が争点となった事案である。

第1審は、顧問教諭Cには、技量差のある者同士が本件練習を行う場合は、少なくとも技量的に劣る部員Aにヘッドギアを装着させるなどの注意義務があるとして、顧問教諭Cの注意義務違反を認め、Xらの請求を認容した。

他方、札幌高裁は、①本件練習の性質上、部員Bの技量が上であればあるほど、そのパンチを部員Aに当たらないようにすることができることから、顧問教諭Cが技量の優れた部員Bを部員Aの相手として選んだことは適切であるから、顧問教諭Cが部員Bを本件練習の部員Aの相手方として選んだことに注意義務違反は認められないこと、②本件練習においては、防御側の部員Bのパンチが攻撃側の部員Aの顔面などに衝撃を与える可能性は少なく、また、高校生の指導にあたり、パンチを当てない前提でマスボクシングを行うときには、ヘッドギアを装着させないことが一般的であることからすれば、本件のような場合に顧問教諭Cにはヘッドギアを装着させる注意義務があったとはいえないことなどから、顧問教諭Cの注意義務違反を否定し、Xらの請求を棄却した。

本裁判例は、顧問教諭Cの注意義務違反の認定にあたり、練習方法の安全性が考慮要素になることを具体的に示している点で、意義のある裁判例である。

（杉山翔一）

レスリング　東京地判　平成14年5月29日

1 事案の概要　本件は、アメリカンスクール8年生（14歳）の男子生徒Xが、課外のクラブ活動であるレスリング部の練習で、部員ではなく、かつ、体重の異なる階級の生徒Zと試合を行い、左肩関節外傷性脱臼の傷害を負い後遺症が残存したとして、①コーチに対しては不法行為責任、②校長に対しては不法行為の代理監督者責任、③アメリカンスクールを開設する学校法人に対しては不法行為の使用者責任に基づき、約1億4,400万円の損害賠償を請求した事案である。

2 結論　裁判所は、①コーチ、②校長、③学校法人が、Xに対して、連帯して約1,700万円の支払をすることを命じた。

3 解説　本裁判における主な争点の1つは、コーチの安全配慮義務違反の過失の有無である。

裁判所は、レスリングには本来的に一定の危険性が内在していることから、その指導者は、試合または練習によって生ずるおそれのある危険から生徒を保護するために、常に安全面に十分な配慮をし、事故の発生を未然に防止すべき一般的な注意義務を負うものであり、これは課外のクラブ活動であっても異ならないとした。

その上で、本件においては、Xが対戦したZが当時レスリング部の部員ではなく、試合をするのに十分な水準の技能を有していなかったこと、ZがXより14.5Kgも重く、5階級程度上の階級であったことなどから、両者の対戦にはXが負傷する危険性があったと認めた。そして、そのような危険性があった以上、コーチには、両者を対戦させないか、対戦させるとしてもZにある程度の練習をさせて技能を確認すべき注意義務があったとして、コーチの当該義務違反を認定した。

レスリングなどの格闘技においては、一般的に、階級の異なる者同士を対戦させることは安全上避けるべきと考えられている。本件のXは、レスリング部の主将を任され、関東リーグでの優勝経験がある相当な実力を有する者であったが、本判決は、Zとの階級差などを考慮して、両者を漫然と対戦させたコーチの注意義務違反を認めた。本裁判例は、格闘技における指導者が、事故を未然に防止するために、練習においても生徒の階級差に十分配慮して指導にあたるべきことを明らかにした点に意義がある。

（加藤志郎）

スノーボード　名古屋地判　平成13年7月27日判タ1123号174頁

1 事案の概要　スノーボードスクールに参加した原告が、ゲレンデにおける二つのコース間の段差を利用してジャンプしその場でコーチの指導を受けていたところ、同段差の上からスノーボードでジャンプしてきた被告に後ろから激突され、右大腿骨を複雑骨折したとして損害賠償金約1,470万円の支払いを求めた事案。

2 結論　原告側に35％の過失（スノーボードスクール会社の過失を含む）を認めた上で、被告に対し約500万円の支払を命じた。

3 解説　判決は平成7年最高裁判例が述べるスキー場上方からの滑走者の注意義務を引いた上で、おおまか次のように述べる。

被告は、原告から見て上方から滑降しており同注意義務を負う。さらに、下方のコース上には滑降者などさまざまな人がいるはずで、しかも事故当日は人出が多かったから、本件段差をジャンプすることは相当に危険な行為であった。それでも本件段差をジャンプに利用する場合、着地点周辺に人がいないか安全確認を十分に尽くし、他者に衝突して損害を負わせないように配慮すべき注意義務を負う。しかしながら被告が原告との衝突を避けるために具体的な行動をとった事実は認められず、安全確認義務および衝突回避義務を怠った過失がある。

一方原告も、着地点から漫然と少し移動しつつコーチのアドバイスを聞いていたのであり、続いてジャンプしてくる者を予想して本件段差からただちに遠ざかるなど、安全に配慮していた事実は認められないから原告にも安全配慮義務違反の過失がある。

またコーチは、一般にマナーを習っていない者の中には十分に着地点を確認せずにジャンプすることがあることを認識していたところ、専門業者であるスノーボードスクール会社も、できるだけ速く着地点から離れるようコーチに指示させたり、コーチに補助者をつけたり、講習位置を他のスノーボーダーに明示するなど、特段の衝突防止策を取っていたとは認められないから、スクール生の安全確保について、練習場所の選定、練習場所やスクール生の待機場所の選定などに関して過失があったと認められる（原告側の過失）。本判決は平成7年最高裁判例を前提に、事故現場の特徴や被害者の行動を具体的に認定して各当事者の過失を評価しており参考になるほか、指導者（会社）の過失も認定している点に特徴がある。

(恒石直和)

スキューバダイビング　大阪地判　平成16年5月28日判タ1170号225頁

1 事案の概要　スキューバダイビングの初歩的資格取得のための海洋実習を行う目的でインストラクター1名と受講生6名で海洋に出たが、海岸から講習ポイントへ移動する間にインストラクターが受講生の1人を見失い、当該受講生が溺死したことから、その両親がダイビングスクール主催会社とその被用者であるインストラクターに対し、計1億円弱の支払いを求めた事案である。

2 結論　被告らに対し、連帯して計8,000万円弱を支払うよう命じた。

3 解説　本判決は、スキューバダイビングの初心者に対して水中で指導を行う講師には、極めて高度の注意義務が課されていると考えるべきであるとし、その具体的内容として、スキューバダイビングの講習会の受講生の動静を常に把握し、受講生に異常な事態が生じた場合にはただちに適切な措置や救護をすべき義務を負うと解するのが相当であるとした。

そして、本件においては、被告であるインストラクターは、少なくとも30秒の間、被害者である受講生の動静を全く見ていなかったので、スキューバダイビングの初心者に対して負う高度の注意義務に違反したと認定し、損害賠償請求を認めた。なお、被告は、本件事故は講習中の事故ではなく、海洋散策中の事故であると主張したが、本判決は、海洋散策中の事故であるとしても、初心者に対する注意義務は異ならないとした。

スキューバダイビング初心者の講習中の死亡事故に関する裁判例は本判決以前にも数件あるが、いずれも本判決と同様に、インストラクターに対して、常時監視の必要性など極めて高度の注意義務を課し、その多くでインストラクターの責任を肯定している。本判決は、講習中であっても海洋散策中であってもその注意義務は異ならないとしたが、インストラクターが負う注意義務の程度は、受講生の経験値により異なるものであるから、当然の帰結と言える。

なお、初心者が対象ではなく、一定の経験を積んだダイバーを対象とするダイビングツアー中の事故に関する裁判例では、常時監視義務までは課していないが、参加ダイバーの能力、海況などを十分把握し、これに応じた適確な潜水計画の策定をする義務、その計画に沿った適切な監視体制と必要かつ十分な監視を行う義務、異常な事態が発生し、あるいは発生の危険を予見した場合に、ただちに重大な事故の発生を回避すべく適切な措置を取るべき義務があるとしたものがある。

(関口公雄)

パラグライダー　広島地判 平成6年3月29日判タ876号233頁、判時1506号133頁

1 事案の概要　パラグライダースクールの参加者が、インストラクターの指導の下でフライト練習を行っていた際、飛行中に落下し、腰椎粉砕骨折などの傷害を負った墜落事故につき、インストラクターに代わって被害者に示談金を支払った保険会社（原告）が、パラグライダースクールを主催した施設を管理する財団法人（被告）に対し、安全配慮義務違反に基づく損害賠償義務を負っているとして、求償金を請求した事案。

2 結論　原告の請求を棄却する。

3 解説　本件では、パラグライダースクールの主催者につき、墜落事故について安全配慮義務違反があったか否かが争点となった。

まず、本判決では、スクールの参加者と主催者の法律関係は、宿泊契約および施設利用契約であって、スクールへの参加はその一部をなすものであり、このような契約関係における施設の管理者は、施設の人的・物的設備の運営に伴う危険を防止し、右危険に起因する事故によって宿泊者などの生命・身体に危害の及ぶことのないよう万全の管理を行うべき義務があるとした。

そのうえで、本判決は、①練習場所や練習方法、当時の風の状況について特に危険性を有するものであったとは認め難いこと、②事故の発生状況からすると、事故原因が施設の状況に基づくものと断定し難いこと、③インストラクターは、場所・風の状況とも問題ないとの認識を有しており、主催者の担当者も、それにしたがって練習の実施をインストラクターに任せたこと、④被害者は既にパラグライダーの講習を受けており、その知識・経験を有していたことなどを理由に、主催者には安全配慮義務違反が認められないと判示した。本判決は、事故の際に実際に初心者を指導していたインストラクターではなく、スクールの主催者についての安全配慮義務違反の有無について、具体的な事実を摘示した上で判断している点が特徴的である。パラグライダーは、初心者であっても、生命身体への重大な危険を伴うことになる可能性があるスポーツであり、最終的には自分の安全は自分で守るほかないものの、初心者が参加するスクールの主催者においても、参加者の生命身体に危害が及ぶことのないよう、十分な配慮を行う必要がある。（渡邉健太郎）

登山　富山地判 平成18年4月26日判タ1244号135頁

1 事案の概要　平成11年に文部省登山研究所が大学山岳部などのリーダーを対象として開催した冬山研修会において、研修生らが大日岳頂上付近で休憩中、雪庇の崩落を原因とする雪崩事故によって2名が死亡し、その遺族4名が国に対し国家賠償金総額2億円余の支払いを求めた事案である。

2 結論　被告（国）に対し、原告4名に総額1億6,000万円余を支払うよう命じた。

3 解説　判決の理由は以下の通りである。

講師らは、当時、本件雪庇の規模を正確に予測することは可能とはいえなかったものの、残雪期に大日岳に登高するなどして山頂付近の雪庇の大きさについて調査を行い、もしくは、地元の登山家に情報を求めるなどしていれば、少なくとも雪庇全体(A)の大きさが25m程度であることは予見できた。すなわち、講師らは、危険を回避するために、雪庇の庇部分(C)のみならず吹き溜まり部分(B)にも進出しないように、見かけの稜線(D)上から少なくとも25m程度の距離をとって、登高ルートおよび休憩所を選定すべきであった。それにもかかわらず、上記調査などを怠ったため、見かけの稜線上から十数mの距離をとったのみであった。以上のことから、講師らの登高ルートおよび休憩場所の選定には過失があるとして、被告の国家賠償責任を認めた。

判決において、講師らには、技術や知識が未熟な者がいることを十分に認識した上で研修生の生命身体に対する安全を確保すべき注意義務があるとされる。また、上記のように、求められる注意義務の具体的内容からすると、講師らには相当程度高度な注意義務が課せられている。これは指導される側がリーダー候補であることから、講師らにはリーダーと同等以上の高度な技量や経験が求められ、注意義務もそれに伴い高度なものとなるからであろう。ただし、判決では、講師らに対し、学校教師ら指導者が中学生や高校生に対するのと同様の極めて高度の注意義務までは求めていないとする。

本判決から、指導する者と指導される者との人的関係や技量の成熟度の差が、注意義務の判断の際に大きな要素として考慮されることが判る。なお、本件は控訴されたが、控訴審で和解が成立している。

（合田雄治郎）

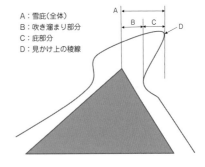

A：雪庇(全体)
B：吹き溜まり部分
C：庇部分
D：見かけ上の稜線

レクリエーションスポーツ　長野地佐久支判　平成7年3月7日判時1548号121頁

1 事案の概要　地域親善のためのソフトボール大会の試合中に、走者の男性選手（被告）がホームにスライディングした際に、相手の女性選手（原告）と衝突し、転倒させた受傷事故につき、原告が被告に過失があるとして損害賠償を求めた事案。

2 結論　被告の過失を認め、被告に対し、原告に100万円余を支払うよう命じた。

3 解説
（1）本件は、地域親善目的で開催されたソフトボール大会において、プレーにより発生した事故に対する参加者の責任が問題となった事案である。本判決は、「親善」という試合の趣旨目的を競技者の注意義務の判断にあたって考慮しており、本件と同様に親善目的で行われることが多いレクリエーションスポーツにおいても参考になると思われ、紹介する。
（2）判決は、試合・大会開催の趣旨目的、参加する者の肉体的条件の違い（年齢・性別）によっては、勝敗を争ってプレーをする際に許容される行動の限度は、出場選手の相互が肉体的に対等な条件下で競うことが競技の本質上求められるプロスポーツやそれに準ずる競技の場合とは自ずから異なると考えられるとし、試合開催の趣旨が地域住民相互の親睦である本件では、得点を激しく競うことを犠牲にしても、試合や競技開催の目的・趣旨（本件では地域住民の親睦）が損なわれるような行動を回避すべく行動する義務が、社会通念として参加者各人に課せられている旨判示する。すなわち、参加者には、勝敗よりも、試合・競技の趣旨を優先した行動が求められていたことを明示したものである。そして、本件で、被告のプレーは、原告が女性であり被告が男性で体格、運動能力にかなりの格差がある危険な行為であり、得点可能性は低くなるにせよ、他にも可能なプレーの選択肢もあり、かつ、そのプレーにより試合の興趣が損なわれるものでもなく、また、上記本件試合の趣旨にも鑑みれば、被告の行為に違法性阻却の余地を認めることは困難とした。
（3）レクリエーションスポーツは、"勝敗にこだわらず、いつでも・どこでも・誰でも、そしていつまでもできる軽スポーツ（みんなのスポーツ）"と定義され（静岡県レクリエーション協会HP）、本事案のような「親善」、「親睦」の趣旨が妥当する大会や、参加者の年齢や性別が混在する試合も多いと思われる。そこで、レクリエーションスポーツの事故の場合も、本事案のように、勝敗を目的としたプレーについて、プロスポーツやそれに準ずるスポーツの場合に比して、その違法性が阻却される余地が狭く解釈される可能性があることに十分な留意が必要である。

（山口純子）

障がい者スポーツ　東京高判　平成6年11月29日（横浜地判平成4年3月5日）

1 事案の概要　昭和62年4月当時、養護学校高等部2年に在学中であったAが、体育授業の一環として行われていた水泳訓練に参加し、学級担任教諭Y1からマンツーマン方式で指導を受けていたところ、Y1はプール内でAを横抱きにして、Aの足などにヘルパーを14個着けて水中での指導を行った結果、Aは水を吸引し、溺死した。
Aの父X1と母X2は、Y1と県Y2に対し、民法709条、国賠法1条に基づいて、損害賠償を請求した。
一審は、Y1の水泳指導上の過失を認めて、Y2の損害賠償責任を肯認したが、Aの逸失利益については、IQ55程度の「自閉症児」であったところから、県内の地域作業所における障がい者1人当たりの年間平均工賃7万2,886円を基礎とし算定して120万1,161円と認め、これに慰謝料、葬祭費、弁護士費用を加算し、総額2,860万円の支払いを命ずるにとどめた。そこで、Xらは控訴し、Aの逸失利益を実務の大勢に従って平均賃金によって算定されるべきである、などと主張した。

2 結論　当該県下の最低賃金（1日4,000円）を基礎としながら10％の限度で減額し、生活費として20％を控除して、1,758万879円と算定し、それに慰謝料額を加算するなどして損害賠償額を約4,840万円とし、Y2に対し、一審の認容額のほか280万円をあらためて支払うよう命じた。

3 解説　本件では、養護学校での体育の授業において、異常な態様のヘルパーの装着や指導の態様に加え、救護の不適切があったため、県の責任が認められたが、国家賠償法1条を理由にY1個人の責任は認められなかった。
逸失利益の算定にあたっては、Aが死亡当時16歳であったため、未就労の年少者の潜在的な不確実要因をどう考慮すべきかが問題となった。地裁は、Aの入学時のIQや養護学校では多くが地域作業所に入所したことなどから地域作業所の工賃から算定した。しかし、高裁はAのIQが改善しつつあったことや、身の回りの始末もできたこと、Aが受けていた大学付属病院の療養プログラムには就職の実績もあることなどから、県の最低賃金を基礎として逸失利益を算定した。
障がい児の逸失利益の算定の基礎を何にすべきか確立されたものがないが、最低賃金が示された裁判例として参考になると思われる。

（小嶋一慶）

野球場　仙台地判　平成23年2月24日

1　事案の概要　原告は、球場の3塁側内野席でプロ野球の試合を観戦していた。原告が販売員から購入したビールを置いて顔を上げた瞬間に、ファウルボールが原告の右眼に直撃した。その結果、原告の右眼の視力は、検査者の手の動きの方向が分かる程度になった。原告は、球場の内野席フェンスには民法717条1項および国家賠償法2条1項にいう「瑕疵」があるなどと主張し、球場の管理者らに対して損害賠償を請求した。

2　結論　請求棄却。

3　解説　本判決は、「プロ野球の球場の『瑕疵』の有無について判断するためには、プロ野球観戦に伴う危険から観客の安全を確保すべき要請と観客側にも求められる注意の程度、プロ野球の観戦にとって本質的要素である臨場感を確保するという要請などの諸要素の調和の見地から検討することが必要である」と述べた。そして、ファウルボールの危険性についての警告措置などと合わせて、「本件球場における内野席フェンスは、プロ野球の球場として通常備えているべき安全性を備えている」とし、内野席フェンスに「瑕疵」はないと判断した。本判決は、このような判断に基づき、原告の請求を棄却した。

原告が控訴したところ、控訴審判決（仙台高判平成23年10月14日）は、本判決を支持し、控訴を棄却した。控訴審判決は、「事故の原因となったファウルボールはライナー性で容易に避けがたいものであった可能性も否定できない」としつつ、「原告が投球動作から打撃を経た打球を十分に注視していても本件事故のような重大な結果の発生を防げなかったとまではいえない」、さらには、ライナー性のファウルボールを「完全に防止する方策を講じることまで、［球場が］通常備えているべき安全性として求められているとはいえない」と判示した点で目を引く。

本判決は、球場の「瑕疵」を判断する際の考慮要素を明示した点で重要である。もっとも、本判決にいう諸要素を考慮すべきだとしても、要素間の軽重についてはさらに検討が必要である。控訴審判決の上記判示に即していうならば、①控訴審判決がいう程度の「注視」まで観客に求めるべきか、②「臨場感を確保する」ためであれば、ライナー性のファウルボールを「完全に防止する方策を講じなくてもよいと本当にいってよいのか、「観客の安全を確保すべき要請」がそこまで後退すべきなのか、といった問題については、さらに検討を要する。

（礒山　海）

プール　さいたま地判　平成20年5月27日

1　事案の概要　市営流水プールに遊びにきていた小学2年生の女児が潜って泳いでいたところ、頭から吸水口に吸込まれ、吸水口から約5m先の吸水管の中で見つかり、事故発生から約6時間後に病院へ搬送されたが死亡が確認された。市教育委員会体育課の課長（Y1）と同課管理係長（Y2）の2名が業務上過失致死罪に問われた事案。

2　結論　Y1：禁固1年6ヶ月、執行猶予3年
　　　　　　Y2：禁固1年、執行猶予3年

3　解説　被告人両名は、「プールの維持管理および補修に関する基本法令や基本文書を十分理解し、関係文書を読んだり、実際にプールに出向くなどして、その構造や危険箇所、状態などを把握するべきであった」。また、「被告人両名は、本件で問題となった流水プールに吸水口を覆っていた防護柵2枚のうちの1枚が脱落し、露出した吸水口から遊泳者らの身体が吸引される危険があることや、防護柵が設計に従ってステンレス製ビスで確実に固定されているか否かが遊泳者らの生命、身体の安全に関わる重要な事項であることを認識するべきであった。特に、流水プールの防護柵は、平成11年ころから、ステンレス製ビスで固定されず、針金留めされる箇所が発生しており、防護柵が脱落して遊泳者らの身体が吸水口に吸い込まれる危険が発生していたのであるから、被告人両名は、防護柵の脱落を防止するため、防護柵を設計どおりに固定させる措置を執るべき義務を負っていた」。しかしながら、「被告人両名は、自らが行うべき義務を完全に怠って流水プールを開放し、本件防護柵が脱落して露出した吸水口から遊泳者らの身体が吸引される危険を発生させた」。被告人両名の過失は重大であるというほかない。

本判決は、被告人両名が課長ないし係長に就任する以前から生じていた危険状態の放置がそのときどきの担当者らにより繰り返されてきた側面を認めつつ、それまでの担当者の職務遂行態度がどうであれ、その立場および職責上、本件事故年度におけるプール担当者として、安全性を完備させない限り流水プールを遊泳者らに対して提供してはならなかったとして、従前の担当者らが作出した危険と被告人両名が作出した危険を別のものとして評価した。プール施設管理者の責任についての意義深い判決といえよう。

（下村将之）

体育館　大阪高判　平成9年11月27日判時1636号63頁

1 事案の概要　市立小学校4年生の児童である原告ら4名が、課内クラブ活動として行った卓球の練習後、卓球台を折り畳んで収納する作業中に、卓球台が倒れ原告が下敷きとなり重傷を負った事故につき、指導教師に指導監督上の過失が認められるとして、市に対して損害賠償（国家賠償責任）を求めた。原告は身長約146cm体重約33kg、本卓球台は木製天板2枚を折り畳んで収納する構造で、重量102kg、天板を畳んで直立した状態で高さ約155cm。

本卓球台の取扱説明書には、「卓球台は大きく、重たいので移動・設置・収納の作業は、児童・生徒などのお子様だけに任せないで下さい」という趣旨の記載があったが、当時、本卓球台には取扱説明書が貼付されていなかった。

2 結論　一　審：請求棄却。
　　　　　控訴審：市に対し、3,566万4,500円支払うよう命じた（請求額は5,000万円）。

3 解説　一審（京都地判平成8年1月26日）は、本卓球台が容易に倒れる可能性のない安定したものであると認定し、指導者の注意義務として卓球台が倒れることを想定して小学校4年生の児童が卓球台を収納する際に必ず立ち会い指導監督する義務まで負わない、と判断して指導教師の過失を否定し原告の請求を棄却した。

控訴審は、本卓球台は背が低く非力な児童にとってかなり大きくて扱いにくく、児童だけで収納する際には転倒する危険を内在していること、実際、取扱説明書には児童だけで収納作業を行わないよう注意を促していることを指摘し、指導教諭は、児童に本卓球台を取り扱わせるにあたって、危険について具体的に注意を与え取扱方法を指示して遵守させるのみならず、収納作業に立ち会い、場合によっては自らも適宜の措置を取り事故の発生を防止すべき義務を負うと述べ、本件ではこれらの注意義務を怠った過失があるとして原告（控訴人）の請求を認めた。

本件は、実際に使用する児童の体格などに照らし、用具（設備）に危険が内在すると指摘した点、その場合に、指導者は単に具体的な注意を促すだけでなく、自らも適宜の措置を取り事故発生を防止する義務を負う、と判断したものであり、指導者の注意義務を考える上で参考になる。

スポーツの実施にあたってはさまざまな用具・設備を使用する。指導者は、用具・設備を使用する際には、必ず取扱説明書を確認するなどして内在する危険を把握し、競技中だけでなく、準備から片付けに至るまで、指導対象となる者の年齢・体格・判断能力などを勘案して危険を予測し、事故を防止できる体制を整えておくことが肝要といえる。（飯田研吾）

スキー場　東京高判　平成10年11月25日（東京地裁平成10年2月25日）

1 事案の概要　パラレルターンによる滑走は可能である中上級のレベルの技術を有していた大学生のスキーヤーが、スキーコースの途中にかけられた橋（以下、本件橋）を滑走中、バランスを崩してスキーを制御できない状態となり、橋の縁に設置された四段のガードレール（以下、本件ガードレール）に衝突して、その上の設置された転落防止用のネット（以下、本件ネット）に突っ込んだところ、その衝撃でたわんだ本件ネットと本件ガードレールの隙間から、体が逆さになった状態のまま真下に転落。本件橋の下の砂防壁上のガードレールに頭部を打ち付けた後に、約11m下の積雪に頭から突入した結果、頭蓋底骨折により死亡した事故について、死亡した大学生の両親が、スキー場および橋の設置・管理主体である村に対し、国家賠償法2条1項に基づく損害賠償を求めた事案。

2 結論　地裁判決では、両親に対し、各金3,472万円余りの損害賠償金を支払うよう命じたのに対し、高裁判決では、認容額を減額し、各金1,811万円余りの損害賠償金を支払うよう命じるにとどめた。

3 解説　地裁、高裁判決とも、本件ネットが、スキーヤーの転落を防止するための防護設備としては極めて不十分な状態であり、本件橋は、スキーコースに要求される通常有すべき安全性を備えていなかったとして、設置・管理の瑕疵があったと認定した。

その上で、地裁判決は、スキーを制御できない状態にしたのは、死亡した大学生の過失であるが、死亡という最悪の事態に至った最大の原因は、十分な安全性を有する防護ネットを設置しなかった点にあり、その設置も容易だったとして、過失相殺割合を20％にとどめたのに対し、高裁判決は、本件橋の手前には、スピードダウンと記載された看板などがあり、死亡した大学生において、コース幅の変化に対応して、自己の技量に応じた無理のない滑走をするべき注意義務に違反したとして、過失相殺割合を60％に修正した。

一般に、スキーは、自然の地形を利用して高速度で滑走するスポーツであり、危険の引き受けの法理などから自己責任が重視される場合が多いが、本判決は、①本件橋が尾根と尾根とを架橋するために設置された人工構築物であること、②スキーヤーが転落した場合に生命身体に重大な危険が生じる可能性があることなどから、本件橋の設置・管理主体の責任をより重くみているといえ、こうしたスキー場施設内の人工構築物、重大な危険が予測される個所の安全管理について、管理者に対して指針を示すものといえる。

（徳田　暁）

関係省庁、関係諸団体 法令・通達一覧

附録4

スポーツ施設を管轄する省庁では、重大な事故を契機として安全対策を講じ、関係諸団体への啓蒙を行っている。

主要4省庁の省令および通知通達 （省庁名は再編以降の名称に統一）
厚生労働省：福祉施設としてのスポーツ施設の安全およびプール水の衛生管理の徹底。
国土交通省：都市公園法に基づく施設での安全徹底。遊具関係の事故によるものが多い。
文部科学省：社会教育施設としてのスポーツ施設、学校教育施設での運動スポーツの安全徹底。
スポーツ庁：プール事故、自然系スポーツでの事故に関するものが度々出されている。

（その他）**警察庁**：プール監視業務の警備業法適応について。

厚生労働省	遊泳用プールの衛生基準について	H19.5.28	健発第0528003号	平成13年7月24日付け「遊泳用プールの衛生基準について」の改訂。
	遊泳用プールの衛生管理者について	H11.5.25	衛企 第22号	上記「遊泳用プールの衛生基準について」において設置を定めた、遊泳用プールの衛生管理者の設置基準について
	遊泳用プールの衛生基準の在り方について（報告）	H13.6.11		平成5年に水道水の水質基準に導入されたトリハロメタンの関係及び平成12年に浴場の水質基準に導入されたレジオネラ属菌の関係について、プールの基準に盛り込む必要があるか、プール水の循環ろ過装置の性能チェックが必要ではないか、学校プールの衛生管理との整合性も極力図るべきではないかなどについての検討報告
	自動体外式除細動器（AED）の適切な管理等の実施について	H21.5.29		救命の現場に居合わせた市民による使用についてその取扱いを示した平成16年7月1日付け医政発第0701001号厚生労働省医政局長通知「非医療従事者による自動体外式除細動器（AED）の使用について」以降、急速に普及している状況を鑑み、AEDの管理不備により性能を発揮できないなどの重大な事象を防止するため、これまで以上にAEDの適切な管理などを徹底することをもとめたもの
国土交通省	「遊戯施設の維持及び運行の管理に関する基準」の送付について	S52.5.27	住指発第四〇一号	「遊戯施設の維持および運行の管理に関する基準」を参照に一層の安全確保の徹底指導 【別紙資料1】「遊戯施設の維持および運行の管理に関する基準」（財団法人日本昇降機安全センター）
	都市公園における事故の発生の防止について	H2.2.19	建設省都公緑発22号	昭和60年に都市公園において発生した設置者の管理に係る事故の和解を受けて事故防止対策の一層の強化を図り、事故の発生の防止を求めた
	都市公園の安全管理化について	H6.1.25	建設省都公緑発第10号	遊具（回転塔）の倒壊による児童の死亡事故を受けて、安全点検など安全管理の一層の強化を求めた
	都市公園の安全管理の強化について	H10.5.1	建設省都公緑発第41号	平成10年4月に起きた遊戯施設の倒壊によって負傷者7名を出す事故を受けて、設置後長期間を経過した公園施設を中心に、緊急に総点検を行うこと、また、必要な補修、改善など事故の発生防止のための措置を適切に講じ、公園施設の破損などによる事故が再度発生することのないよう、その防止措置の適正、かつ、万全を期したもの
文部科学省	遊泳用プールの衛生基準について	H19.5.28	健発第0528003号	平成13年7月24日付け「遊泳用プールの衛生基準について」の改訂
	中学校・高等学校における運動部の指導について	S32.5.16	文初中第275号	運動部の活動を学校教育活動の重要な場であるとし、指導の万全を図るために学校長が留意すべき点を通知したもの
	学校の体育行事等における事故防止について	S41.2.8	文体体第83号	体育活動中に生徒のケガ、死亡などの事故が発生していることを受けて、学校行事などまたはクラブ活動における体育活動の実施にあたって留意するポイントを挙げている
	中学校・高等学校における運動クラブの指導について	S43.11.8	文体体第223号	指導が行き届かない場合において、規律が乱れたり、勝敗にとらわれてゆきすぎた練習や暴力行為がおこなわれたりするなどのあやまった行動を招く事例が一部にみられたことを受けて、特に留意すべき点を挙げ、周知徹底を求めている
				【参照資料1】「中学校・高等学校における運動部の指導について」（昭和32年5月16日文初中第275号文部省初等中等教育局長通達）

文部科学省	児童生徒の体育活動による事故の防止等について	S45.6.28	文体体第169号	ひとりひとりの健康状態や技能の程度をじゅうぶん掌握して、それに即した適切な指導を行う必要があるところ、配慮を欠いたことによる不慮の事故が続いて発生したことを鑑みて事故防止の徹底を求めた
				【参照資料1】「学校の体育行事等における事故防止について」(前掲)
				【参照資料2】「中学校、高等学校における運動クラブの指導について」(前掲)
	中学校及び高等学校における運動部活動について	H10.1.20	文体体第297号	平成7年から開催していた「中学生・高校生のスポーツ活動に関する調査研究協力会議」において取りまとめた「運動部活動の在り方に関する調査研究報告書」を参考にした、運動部活動において適切な指導を求めた
	児童生徒の運動競技について	H13.3.30	12ス企体第6号	昭和54年4月に通知された「児童・生徒の運動競技について」を廃止する旨の通知および、新たな児童生徒の運動競技の取扱いについての通知
	問題行動を起こす児童生徒に対する指導について	H19.2.5	18文科初第1019号	いじめ、校内暴力をはじめとした児童生徒の問題行動が極めて深刻な状況であることにかんがみて、適切な対応を求めた
				【参照資料1】学校教育法第11条に規定する児童生徒の懲戒・体罰に関する考え方
	いじめ、学校安全等に関する総合的な取組方針等について	H24.9.5	事務連絡	次代の我が国を担う子どもの育成を図っていく上で、その生命・身体を守ることは極めて重要であり、これまで以上に学校、教育委員会、国、家庭や地域も含めた社会全体が一丸となって、いじめや学校安全などの問題に取り組んでいくことが必要であると、文科省が取り組むべき方針を明らかにしたもの
	学校等の柔道における安全指導について	H22.7.14	22ス企体第7号	柔道に係る事故が続いて発生していることを鑑みて、適切な措置を求めたもの
				【参照資料1】「柔道の安全指導」(財)全日本柔道連盟
	学校活動中の事故防止について	H27.6.8	事務連絡	平成23年8月12日付の事務連絡を踏まえて事故防止や事故の際の対応について適切な措置を講じるよう求めているが、依然として事故が発生していることを鑑みて、あらためて事故防止のための適切な措置を講じるよう関係各位に求めたもの
	プール監視業務を外部委託する場合の留意点について	H24.7.25	事務連絡	警察庁から出された「プール監視業務を外部委託する場合における警備業の認定の要否について(事務連絡)」を受けて、文部科学省として留意すべき点について、関係各所に通知した
	スポーツによる脳損傷を予防するための提言に関する情報提供について	H25.12.20	事務連絡	(一社)日本脳神経外科学会によりスポーツによる脳損傷を予防するための提言の情報提供を受けて、頭頸部外傷に関する知識と発生した場合の対応について学校関係者に周知、注意喚起し、さらなる事故防止及び安全管理の徹底に向けて適切な対応を求めた
	学校におけるスポーツ外傷等による脳脊髄液減少症への適切な対応について	H24.9.5	事務連絡	厚生労働省において、「脳脊髄液漏出症」の治療に関する硬膜外自家血注入療法(いわゆるブラッドパッチ療法)が先進医療として認められたことを受けて、事故が発生した後、児童生徒などに頭痛やめまいなどの症状が見られる場合の適切な措置を求めた
	サッカーゴール等のゴールポストの転倒による事故防止について	H25.9.4	事務連絡	体育活動、スポーツ活動中において、サッカーゴールのクロスバーに生徒がぶら下がり、ゴールが倒れたために生徒が死亡するなどの重大な事故が複数発生していることを受けて、事故防止に必要な事項の理解を徹底されるとともに、施設設備などの点検や事故防止のための措置に十分に留意するよう求めた
スポーツ庁	冬山登山の事故防止について	H28.11.28	28ス庁第422号	冬山登山においては依然として多くの遭難事故が発生している状況を鑑みて、留意すべき点について関係各所に通知した
				【別紙資料】「冬山登山の警告」
	冬山登山の事故防止に関する緊急通知について	H29.3.29	28ス庁第741号	春山安全登山講習会に参加していた高等学校の生徒及び教員が雪崩に巻き込まれた事故を受けて、最新の気象状況を適切に把握し対応するなど、特に雪崩の発生に対する注意喚起を求めた
	組体操等による事故の防止について	H28.3.25	事務連絡	運動会などで実施される組体操については、年間8,000件を上回る負傷者が発生し、社会的な関心を集めていることを鑑みて、事故防止のための安全対策を確実に講じることなどを求めた

スポーツ庁	水泳等の事故防止について	H29.4.28	29ス庁第99号	海や河川における水難事故およびプールでの水泳事故などにより依然として多くの犠牲者が出ていることを鑑みて、事故防止の周知と衛生管理の徹底を求めたもの 【別紙資料1】学校における指導等について 【別紙資料2】スタートの指導での留意点 【別添資料1】平成28年夏期（7～8月）における水泳の事故 【別添資料2】JSC見舞金支給件数 【別添資料3】プールの安全標準指針
	熱中症事故の防止について	H29.5.18	29ス健第2号	スポーツ活動中をはじめとして、依然として熱中症による被害が多く発生していることを鑑みて、熱中症事故防止に必要な事項の理解を徹底し、熱中症予防に取り組むよう求めたもの
警察庁	プール監視業務に従事する警備員の教育内容について（要請）	H24.6.25		「プール監視業務については、プールの所有者から有償で委託を受けて行われている場合は、警備業務に該当する」として、「警備業の認定が必要」であるという平成23年6月の警察庁見解を踏まえ、プール監視業務を行う業者が従事する警備員に対して行う業務別教育の具体的内容を示したもの
法令・省令 など	独立行政法人日本スポーツ振興センター災害救済給付の基準に関する規定	H15.10.1	平成28年9月13日 平成28年度規程第13号	「学校の管理下の範囲」を災害共済給付の基準を定めたもの
	都市公園等整備緊急措置法	平成14年2月8日	法律第一号	都市公園などの緊急かつ計画的な整備を促進することにより、都市環境の改善を図り、もって都市の健全な発達と住民の心身の健康の保持増進に寄与することを目的としている。
	製造物責任法	H6.7.1	平成6年7月1日法律第85号	製造物の欠陥により損害が生じた場合の製造業者などの損害賠償責任について定めたもの
	スポーツ基本法	H23.6.24	平成23年6月24日法律第78号	スポーツに関し、基本理念を定め、並びに国及び地方公共団体の責務並びにスポーツ団体の努力などを明らかにするとともに、スポーツに関する施策の基本となる事項を定めることにより、スポーツに関する施策を総合的かつ計画的に推進し、もって国民の心身の健やかな発達、明るく豊かな国民生活の形成、活力ある社会の実現及び国際社会の調和ある発展に寄与することを目的として定められたもの
	スポーツ基本計画	H29.3.24		スポーツ基本法の規定に基づき、スポーツに関する施策の総合的かつ計画的な推進を図るための重要な指針
	スポーツ立国戦略	H22.8.26		我が国のスポーツ政策の基本的方向性を示したもの

電子政府の総合窓口（法令検索）http://law.e-gov.go.jp/cgi-bin/idxsearch.cgi
国土交通省（告示・通達データベースシステム） http://wwwkt.mlit.go.jp/notice/
文部科学省（告示・通達検索） http://www.mext.go.jp/b_menu/hakusho/index.htm
厚生労働省（厚生労働省法令等データベースサービス） http://wwwhourei.mhlw.go.jp/hourei/
スポーツ庁（告示通達検室）http://www.mext.go.jp/sports/b_menu/hakusho/index.htm

索引

【安全配慮義務】
ある法律関係に基づいて特別な社会的接触の関係に入った当事者間において、当該法律関係の附随的義務として当事者の一方または双方が相手方に対して信義則上負う義務として一般的に認められている。例えば、スポーツ事故に遭った被害者（側）と、加害者（側）との間に、指導契約や施設利用契約などの契約関係にある際に、その契約に付随する「生命及び健康などを危険から保護する」義務のことをいう。
▽掲載頁
13〜15、20〜21、25〜26、59、77、100〜101、105、141、175、221、223、227、279、288〜289、294、297〜299、308

【営造物責任】
道路、河川その他の公の営造物の設置または管理に瑕疵があったために他人に損害を生じたときは、国または公共団体は、これを賠償する責任を負うものとされている。当該公の営造物に、「設置または管理に瑕疵」があることが必要とされ、この営造物責任は、国または公共団体の過失の有無にかかわらず発生する。一般的に本来の安全性を欠くということに重点がおかれる。なお、営造物責任は、その占有を要件とするものではないため、公の施設を民間事業者などに管理・運営させる指定管理者制度を利用した場合でも、営造物責任は、国または公共団体が負うことになる。ただし、指定管理者も、この注意義務違反などがある場合には、当該不法行為の責任を負うことはあり得る。営造物責任が生じるのは、「公の営造物」であり、国または公共団体の特定の目的に供される有体物ないし物的設備をいうとされている。
▽掲載頁
17〜18、22〜23、25、117

【瑕疵】
その物が予測される使用方法に応じて通常備えているべき安全性を欠いている状態をいう。そして、通常備えるべき安全性を欠いているか否かの判断にあたっては、当該施設の構造や用法、周囲の環境、利用状況などなど、具体的個別的な状況が総合的に考慮される。
▽掲載頁
16〜18、22〜23、57、67、111、119、137、142、144、173、187、196、203、206、208、210〜211、213、215、217、221〜223、225、227、234〜235、239、282、283、289〜290、301〜302

【過失相殺】
双方に過失があると認められる場合に被害者の過失に応じて、損害賠償額を減額することで、損害の公平な分担を認める制度。
▽掲載頁
17、58、68、101、133、187、225、283、284、294、302

【欠陥】
設計上・製造上の欠陥のほか、表示や警告がないことをもって「欠陥」とする裁判例もある。
▽掲載頁
16、20、22、30〜31、112、196、203、221、223、289〜290、304

【国家賠償責任】
スポーツ事故における加害者が公務員（国公立学校における教師が典型例）である場合、その公務員の職務の範囲内による違法行為によって、国または地方公共団体が管理する施設などが関わる事故など被害者に対し損害が生じた場合には、国または公共団体が、その損害を賠償する責任を負う（国家賠償法1条）。
▽掲載頁
15、203、299、302

【損害賠償】
故意または過失によって他人の権利や法律上保護される利益を侵害した者は、これによって生じた損害を賠償する責任を負う。この賠償は、通常金銭または物品によってなされる。
▽掲載頁
12〜13、15、18〜20、22〜27、30〜31、39、46、59、66、67、81、85、95、100〜102、105、113、137、153、163、165、179、187、192、195〜197、203、205、207、210、219、222、223、227、231、234〜235、239、262、274、275、279、282〜284、286〜291、294〜302、304、308

【注意義務違反】
予見できる可能性があり、かつ結果回避義務に違反すること。予測される使用方法に応じて通常備えているべき安全性を欠いている場合に、当該事故を回避する注意義務違反があったとして、そこから生じた損害を賠償する責任があることになる。通常備えるべき安全性があるにもかかわらず、施設管理者が予想できないような使い方を利用者がしたために事故が発生してしまった場合は、施設管理者は必

要な注意をしていたと認定される可能性もある。
▽掲載頁
11、14〜15、20〜21、23、26〜28、38〜39、77、85、95、109、113、117、121、127、137、219、282、287〜288、290、294〜297

【動産】
空間の一部を占めて有形的存在を有する固体・液体・気体の全てが「動産」に該当する。他方、不動産であれば、「製造物」に該当しないので、製造物責任法は問題とならず、過失があった場合に民法上の損害賠償責任が問題となるにすぎない。また、「製造」または「加工」に該当するか否かは、危険性の除去可能性などについて、社会通念に照らして総合的に判断される。
▽掲載頁
23、31、45

【土地工作物責任】
土地工作物の設置または保存に瑕疵があり、これにより他人に損害を発生させた場合に、その工作物の占有者は、被害者に対してその損害を賠償する責任である。占有者が損害の発生を防止するのに必要な注意をしたときは、所有者がその損害を賠償しなければならないとされている。
▽掲載頁
22〜23、235

【免責同意】
指導者や主催者などが、法的責任を免れるため、競技者や参加者などから、当該スポーツ活動により生じた死傷について、指導者や主催者などを免責することに同意してもらうことが免責同意である。指導者や主催者らが負うべき責任を競技者や参加者に転嫁することであり、その同意は意味をなさない。
▽掲載頁
124、161、192、282、283

参 考 文 献

■事故データ
学校事故事例検索データベース (独)日本スポーツ振興センター
「スポーツ安全保険の加入者及び各種事故の統計データ」(公財)スポーツ安全協会

■判例など
裁判所 http://www.courts.go.jp/
「判例タイムズ」(株)判例タイムズ社 http://www.hanta.co.jp/
「判例時報」(株)判例時報社　http://hanreijiho.co.jp/

■その他
・「スポーツ事故の法務―裁判例からみる安全配慮義務と責任論」日本弁護士連合会弁護士業務改革委員会、スポーツエンターテインメント法促進PT編著　(株)創耕舎　3,333円(本体)
・「体育・部活のリスクマネジメント」小笠原正・諏訪伸夫編　信山社出版(株)　1,600円(本体)
・「部活動中の事故防止のためのガイドライン」東京都教育委員会
・「部活動における事故防止のガイドライン」神奈川県教育委員会・神奈川県高等学校体育連盟・神奈川県高等学校野球連盟
・「運動部活動指導の手引　運動部活動の在り方〜安全・安心の確保のために」大分県教育委員会
・「事故防止のためのスポーツ器具の正しい使い方と安全点検の手引き」
(公財)日本体育施設協会施設用器具部会　(株)体育施設出版　2,500円(本体)
・「水泳プールの安全管理マニュアル」(公財)日本体育施設協会水泳プール部会　1,000円(本体)
・「プール運営・監視法の安全ガイドライン」(公財)日本体育施設協会水泳プール部会　1,000円(本体)

下記、本文記載以外の関連書籍。
・「スポーツ事故防止ハンドブック」(独)日本スポーツ振興センター
・「スポーツリスクマネジメントの実践」-スポーツ事故の防止と法的責任-」(公財)日本体育協会、(公財)スポーツ安全協会
・「JRC蘇生ガイドライン」(一社)日本蘇生協議会
・「安全・安心スポーツガイドブック」(公財)スポーツ安全協会
・「救急ハンドブック」(公財)スポーツ安全協会
・「スポーツ医学検定」(一社)日本スポーツ医学検定機構編著　(株)東洋館出版社　1,800円(本体)
・「ほんとうに危ない スポーツ脳振盪」谷諭著　(株)大修館書店　1,500円(本体)

スポーツ事故に関する記事

掲載誌名	特集名	記事名	著者
文化社会学研究 (6):2015.9		スポーツ観戦中の観客事故に関する考察:安全・安心な野球観戦	諏訪伸夫
臨床スポーツ医学 26(2):2009.2	学校における運動器検診 -- スポーツ損傷や事故予防のために	野球・サッカーを対象とした野外検診の成果と課題 -- 徳島県	松浦哲也 鈴江直人 柏口新二他
東京都立大学法学会雑誌 35(1) 1994.07		少年スポーツ事故における法的責任 -- 野球・サッカー事故判例にみる安全配慮義務の一考察	菅原哲朗
日本スポーツ法学会年報 (通号 5) 1998	スポーツ法の理念とスポーツ事故問題	野球部活動での打撃練習中の事故に関する一考察	吉田勝光
高知大学教育研究部総合科学系地域協働教育学部門研究 4:2013		土佐高校サッカー部落雷事故裁判が高知県の教育現場にもたらした影響と意義に関する研究	辻田宏 岩崎将斗
週刊教育資料 (1114) (通号 1244) 2010.4.19		教育の紛争 サッカー大会中の落雷事故で教師の安全配慮義務違反が問われた裁判	梅澤秀監
北大法学論集 58(6) 2008		民事判例研究 サッカーの試合中に発生した落雷事故について引率者兼監督の教諭に予見義務違反のあることが認められた事例	岩本尚禧
アイソス 9(5)(通号 78) 2004.5	ISO 9000で検証する組織不祥事	事例1 サッカーゴール転倒死亡事件 子供と校長を不幸な事故から守る品質マネジメントシステム的考察 9000適用で事故防止は可能だった	日吉信晴
日本スポーツ法学会年報 (11) 2004		夏期合同研究会報告 高校サッカー部員落雷受傷事故裁判の一審判決と教育的視点	宮田和信
週刊教育資料 (835)=965:2004.2.9		教育の紛争 突風でサッカーゴールが転倒し、生徒が下敷きになり死亡した事故の法的責任と教訓	若井彌一
交通事故判例速報 50(5)=587:2015.5		小学生の男子児童が蹴ったサッカーボールを避けようとして、バイクを運転していた男性が転倒し負傷・死亡した事故で、両親の監督責任を否定した事案	山口崇
明星大学教育学研究紀要 ①(通号 17) 2002.3 ②(通号 19) 2004.3		登山遠足における児童の転落事故判例における安全保護義務に関する一考察 美の山公園遠足児童崖転落死亡事件及び美作北小三星山遠足児童転落事件 -- 特別活動における「果たすべき安全保護義務」に関する考察	加藤一佳
日本スポーツ法学会年報 (通号 5) 1998	スポーツ法の理念とスポーツ事故問題;日本スポーツ法学第5回大会	スポーツ事故訴訟における「判例の機能」-- 登山事故を中心に	湯浅道男
季刊現代警察 40(1)=143:2014	警察官と武道	日本柔道界がめざすもの:事故防止指導体制ほか	近石康宏
中央大学保健体育研究所紀要 (29) 2011		中央大学保健体育研究所講演会(2) スノースポーツの法的問題 -- スノースポーツ事故裁判資料の電子化とデータベース作成, 野沢温泉村スキー場安全条例の制定にかかわって [含 質疑応答]	坂東克彦 布目靖則 武田作郁
愛知大学体育学論叢 (9) 2001		スポーツ社会病理 -- 基礎理論の検討とスノー・スポーツ事故防止を事例とした試論	新井野洋一
日本スポーツ法学会年報 (通号 5) 1998	スポーツ法の理念とスポーツ事故問題	危険回避の視点からのアルペンスキー滑降競技会の義務 -- ある数学モデルの適応	塩野谷明
日本スポーツ法学会年報 (17) 2010	アジアスポーツ法学会国際学術研究大会 2009 兼日本スポーツ法学会第17回大会 -- 自由研究発表	スポーツ事故と災害共済給付制度	宮島繁成
Training journal. 23(7)(通号 261) 2001.7	特集 スポーツ法とリスクマネジメント	対談 スポーツ事故と補償問題 -- 少年スポーツを例に	伊藤堯 山岸二三夫
九州共立大学研究紀要 5(2):2015		教育現場におけるスポーツ事故に関する損害賠償責任の法的根拠:判例の動向分析	大谷美咲 森江由美子
日本スポーツ法学会年報 (16) 2009	日本スポーツ法学会第16回大会 -- スポーツと人権 他言語論題	商品スポーツ事故における業者の刑事責任	中田誠
日本スポーツ法学会年報 (8) 2001	スポーツ事故をめぐる諸問題	スポーツ事故と対策 -- ラグビー事故に即して	日比野弘

掲載誌名	特集名	記事名	著者
日本法医学雑誌 54(2) 2000.8		スカイスポーツ事故の2剖検例と過去17年間の統計的考察	浜田希世 木林和彦 PaulM Ng'walali 他
スカイスポーツシンポジウム講演集 15 2009	第15回スカイスポーツシンポジウム講演集	人力飛行機の安全かつ円滑な運用について	苗村伸夫 塚原秀行 庄司薫
流通経済大学スポーツ健康科学部紀要 4 2011.3		プールの一般開放時における安全管理対策	稲垣裕美 小峯力 小粥智浩
スクール・サイエンス 33(通号309) 2000.12	日本S・C協会全国水泳指導者研修会 水中運動のプロ資格の取得と指導内容の充実を目指して	水中運動と安全管理	菅野篤子
慶應義塾大学体育研究所紀要 22(1) 1982.12		学校における水泳事故その対策 -- 事故に対する責任と教員の安全管理義務	高嶺隆二
仙台大学紀要 46(2):2015.3		プール監視業務と警備業務の整合性：概念上の警備業万能論による安全確保の実相	田中智仁
電子情報通信学会技術研究報告 115(257):2015.10.20		消費者安全について：プールでの幼児溺死事故から考えるヒューマンエラーについて	井上枝一郎
電子情報通信学会技術研究報告 115(257):2015.10.20		プール設計と安全性強化：機械設計者の視点から見たプール事故	飯野謙次
安全安心社会研究 (3):2013.3	教育・学校と安全	子供の安全：プール事故	森山哲
季刊教育法 (151) 2006.12	いじめ、事故から子どもを守る；人権尊重・開放型の学校安全管理をめざして	プールの吸排水口事故は何が問われているか？	山中龍宏
デサントスポーツ科学 (通号18) 1997		プール飛び込み事故予防のための安全対策	武藤芳照他
臨床スポーツ医学 25(4) 2008		臨スポオピニオン ゴルフの安全対策 ゴルフ場へのアンケート調査による事故(外傷・障害)の実態と予防対策についての検討	吉原紳 山本唯博 藤象二郎 他
デサントスポーツ科学 36:2015.6		アマチュアボクシングにおいて頭部に作用する衝撃の安全・非侵襲な直接計測	長野明紀
安全衛生のひろば 56(4):2015.4	なくそう交通事故：自動車・バイク・自転車を安全に	自転車編 スポーツバイクを安全に	内海潤
跡見学園女子大学文学部紀要 (48):2013.3		地域資源を生かしたスポーツツーリズムの在り方について：自転車イベントにおける健康安全管理と水分摂取についての検討	渡辺律子 塩月亮子 丹野忠晋
流通経済大学スポーツ健康科学部紀要 2 2009.03		海洋教育・スポーツにおける安全管理対策 -- 津波対策に着目して	小峯力 風間隆宏
聖隷クリストファー大学看護学部紀要 (12) 2004		游泳と水上安全に関する研究 -- 自然の水泳場における游泳調査からの考察	長谷川勝俊
阪南論集．人文・自然科学編 51(2):2016.3		学校体育授業で行われる陸上競技種目別の事故発生について：学校事故事例検索データベースより	馬場崇豪
救急医学 31(6)(通号373) 2007.6	スポーツ外傷・障害と基本的な初期対応；種目別にみたスポーツ外傷・障害の特徴と救急診療のポイント	陸上競技	中川儀英
久留米工業大学研究報告 (25) 2001		屋内スポーツにおける安全対策の基礎的研究 -- 暑熱環境	中村本勝 小林正憲 桑野裕文
月刊フェスク (245)(通号296) 2002.3		スポーツ競技場の施設と安全性	吉宮弘志
臨床スポーツ医学 33(1):2016.1		スポーツ事故と重なる医療過誤	菅原哲朗
法律のひろば 68(10):2015.10	スポーツ振興の未来：法的立場からみた課題と紛争解決	どうしてスポーツ事故は繰り返されるのか？：今のスポーツ事故対策に欠けているものは	望月浩一郎

著者略歴

編著者

大橋卓生
①1章-1　主な事故事例
　4章-7　応急対応（脳振盪）、4章-12　免責同意
②第一東京弁護士会
③虎ノ門協同法律事務所
④TEL：03-5797-7150
　Mail：takao.ohashi@torakyo-law.com
⑤フィギュアスケート、野球、バスケットボール、サッカー、テコンドー
⑥スポーツ法務、エンターテインメント法務
⑦プロスポーツ選手・コーチ代理人、代表選考スポーツ仲裁、ドーピング事件弁護（選手側）、競技団体運営、スポーツビジネス契約（スポンサー契約、マネジメント契約、出演契約、放送権契約、興行契約）など
⑧（公財）日本オリンピック委員会評議員、（公財）日本学生野球協会理事、（一社）全日本テコンドー協会専務理事、金沢工業大学虎ノ門大学院准教授

合田雄治郎
①2章　登山／クライミング　附録-判例解説　登山
②第一東京弁護士会
③合田綜合法律事務所
④TEL：03-3527-9415
　Mail：http://www.gohda-law.com/contact.html
⑤フリークライミング、スポーツクライミング
⑥スポーツ関連案件、子どもに関する案件
⑦これまでに行ったスポーツ関連業務：スポーツ事故における代理人業務、交渉におけるアスリート代理人業務、スポーツ仲裁における仲裁人、スポーツ団体ガバナンス支援業務、スポーツ関連企業顧問業務、スポーツ法に関する大学教員、スポーツ法律相談業務など
　今後行いたいスポーツ関連業務：今後も、スポーツ関連業務の幅を広げ、アスリートのために尽くしたい
⑧現在、第一東京弁護士会総合法律研究所スポーツ法研究部会の部会長を務めています。

西脇威夫
①1章　判例から見る事故の類型パターン、施設所有者・管理者の法的責任、指定管理者の法的責任、指導者・監督・保護者などの法的責任
　2章　陸上競技
　3章　陸上競技場
　4章　施設に常備すべきマニュアルおよび日誌、天災対応（落雷、熱中症など）
　コラム「損害賠償金と慰謝料」
②第二東京弁護士会
③西脇法律事務所
④TEL03-6450-2953
　Mail：takeo.nishiwaki@nishiwakilaw.com
⑤陸上競技（短距離）、マラソン、野球
⑥企業法務・リスクマネジメント
⑦スポーツメーカーの社内弁護士、プロ野球選手の代理人、スポーツ選手マネジメント会社の契約関連業務、総合型スポーツクラブその他スポーツクラブの顧問およびこれらへの法的アドバイス、スポーツと法律に関するセミナー、スポーツに関連する記事執筆、新聞の記事へのコメント、日本スポーツコミッション理事

著者

安藤尚徳
①2章　オープンウォータースイミング
　附録　スポーツ事故関連法の解説
②第一東京弁護士会
③東京フィールド法律事務所
④TEL：03-5510-3070
　Mail：ando@tokyofield.jp
⑤水泳、テコンドー
⑥スポーツ法務、債権回収
⑦これまでに行ったスポーツ関連業務：スポーツ団体役員業務、代表選考に関する（公財）日本スポーツ仲裁機構への申立代理人業務、日本体育協会公認スポーツ指導者講習講師、スポーツ団体のガバナンス講習講師

飯田研吾
①2章　バドミントン
　3章　体育施設総論、体育館、附録-判例解説　体育館
②第二東京弁護士会
③兼子・岩松法律事務所
④TEL：03-6206-1303
　Mail：iida@kanekoiwamatsu.com
⑤サッカー、フットサル
⑥訴訟案件、スポーツ法務、医療関連法務、一般民商事案件
⑦スポーツ事故訴訟・交渉、暴力事案の相談案件、ガイドライン・意見書作成
⑧（一社）日本スポーツ法技援・研究センター事務局長

①本書籍担当項目　②所属弁護士会　③所属弁護士事務所名　④連絡先（TEL・メール）
⑤好きなスポーツ、競技をしている（した）スポーツ　⑥業務における得意分野
⑦これまでに行ったスポーツ関連の業務、今後行いたいスポーツ関連の業務　⑧その他（一言）

石原遥平
①2章　ゴルフ、附録-判例解説　ゴルフ
②第一東京弁護士会
③弁護士法人淀屋橋・山上合同（(株)スペースマーケット出向中）
④TEL：090-9617-8676
　Mail：ishihara@spacemarket.co.jp
⑥企業法務、スポーツ法務、スタートアップ企業支援
⑦（公財）日本スポーツ仲裁機構仲裁人・調停人候補者（申立代理人主担当（AP-2014－007号事件）、仲裁人パネル（AP-2015－006号事件））、（一社）日本スポーツ法支援・研究センター、（公財）日本体育協会相談窓口相談員、慶應義塾大学法科大学院オブザーバー（「スポーツと法」担当）、元プロ野球選手のセカンドキャリア問題について、選手側代理人として使用者である学校法人と交渉、なでしこリーグ球団の監督解任に関する相談（球団側・主任）、（公財）日本スポーツ仲裁機構仲裁調停専門員

礒山　海
①3章　野球場、附録-判例解説　野球場
②第一東京弁護士会
③アンダーソン・毛利・友常法律事務所
④TEL：03-6888-5871
⑤現在は、海外スポーツ全般の観戦専門です。学生時代は、アイスホッケーをしていました。
⑥国際的案件、租税案件
⑦これまで国際的なスポーツ案件、例えば、国内外の企業が行うスポーツ・ビジネスの構築に携わってきました。今後も、日本人選手が海外のリーグに、外国人選手が日本のリーグに移籍するといった国際性のある案件に関わっていきたいです。
⑧アメリカ留学中に、アメリカ法における「野球観戦中の負傷事故と球場管理者の賠償責任」についての論文を執筆し、日本スポーツ法学会年報で公刊しました。

伊藤真哉
①2章　アイスホッケー
②神奈川県弁護士会
③手塚・伊藤・平井法律事務所
④TEL：045-681-6468
　Mail：shinya.ito.yokohama@gmail.com
⑤サッカー、陸上競技、ゴルフ、柔道、水泳
⑥IT関連紛争、不動産関連事件、家事事件
⑦スポーツ事故の予防法務に力を入れていきたいと考えています。スポーツ事故に対する注意喚起の一助となれたら幸いです。

植田貴之
①4章　応急対応（突然死とAED）
②第一東京弁護士会
③インフォテック法律事務所
④TEL：03-3593-0313
　Mail：ueda@itlaw.jp
⑤野球、フットサル
⑥著作権法を中心とする知的財産法分野

上村真一郎
①2章　フィギュアスケート／スピードスケート
②第一東京弁護士会
③桃尾・松尾・難波法律事務所
④TEL：03-3288-2080
　Mail：uemura@mmn-law.gr.jp
⑤野球、テニス
⑥アジア進出、事業承継
⑦スポンサー契約、出演契約など

大塚翔吾
①2章　野球、4章　指導者による暴力／グループ内のいじめ、イップス、附録-民事訴訟・刑事訴訟手続きの基本的な流れ、附録-判例解説　野球
②第一東京弁護士会
③東京神谷町綜合法律事務所
④TEL：03-3434-7050
　Mail：otsuka@tkm-law.com
⑤野球（高校3年まで選手としてプレー）
⑥刑事事件・少年事件・離婚事件
⑦これまで行ったスポーツ関連の業務：スポーツイベント設営業務
　今後行いたいスポーツ関連の業務：プロスポーツ選手の代理人業務を積極的に行っていきたい。

小比賀正義
①2章　アーチェリー／弓道
②神奈川県弁護士会
③扶桑第一法律事務所
④TEL：045-201-7508
　Mail：obika@hanamura-law.com
⑤自転車
⑥交通事故、家事全般、民事介入暴力対策
⑦スポーツ中の事故についての損害賠償請求事件（保険付保された加害者側）など

⑧弓道は好きで毎週道場に通っていますが、全く腕が上がっておらず、⑤に書くと先生方に叱られてしまいます。真直ぐな心がないと、弓道は上達しないようです。

加藤志郎
①2章　レスリング
②第一東京弁護士会
③長島・大野・常松法律事務所
④TEL：03-6889-7000
⑤野球、サイクリング、ゴルフ、サーフィン（修行中）
⑥ファイナンスその他の企業法務、エンターテインメント法務
⑦これまでに行った業務：スポーツ番組の放映権取引、スポーツ関連会社の買収など。
　今後行いたい業務：スポーツ選手の代理人業務等を含めてより幅広く、スポーツを盛り上げる手助けとなる業務。
⑧自分自身もプレーしているスポーツはもちろんのこと、とにかくスポーツ全般が大好きですので、日本のスポーツ業界がさらに盛り上がっていけば嬉しいです。

唐澤　新
①2章　パラセーリング
②第一東京弁護士会
③岩田合同法律事務所
④TEL：03-3214-6238
　Mail：akarasawa@iwatagodo.com
⑤野球、サッカー、ゴルフ、ホッケー
⑥紛争解決、国際取引
⑦プロ選手の代理人業務、競技統括団体のガバナンス整備
⑧（公社）日本ホッケー協会理事

工藤杏平
①2章　剣道、ターゲット・バードゴルフ
　附録-判例解説　剣道
②第一東京弁護士会
③東京グリーン法律事務所
④TEL：03-5501-3641
　Mail：kudo-kyohei@greenlaw.ne.jp
⑤サッカー、フットサル
⑥医療（患者側）、刑事、家事（離婚、遺産分割など）
⑦これまでに行った業務：プロスポーツチームの監督代理人、「スポーツ権と不祥事処分をめぐる法実務」執筆
　今後行いたい業務：ドーピング関連の代理人

小嶋一慶
①2章　障がい者スポーツ、
　附録-判例解説　障がい者スポーツ
②第一東京弁護士会
③弁護士法人ゆうあい綜合法律事務所東京事務所
④TEL：03-6206-6484
　Mail：kojima@yuai-law.co.jp
⑤トレイルラン　自転車（ヒルクライム）　剣道
⑥組織のガバナンス
⑦子ども向けボランティアスポーツの管理

齋雄一郎
①2章　ウエイトリフティング
②東京弁護士会
③日比谷見附法律事務所
④TEL：03-3595-2072
　Mail：sai@m-hibiya.gr.jp
⑤サッカー
⑥なんでもやります。
⑦これまでに行った業務：スポーツ事故、選手とメーカーとの間のスポンサー契約など
　今後行いたい業務：チーム運営に関する業務、子どものスポーツ
⑧すべての人がスポーツを安心して楽しめる社会になっていくことを願っています。

佐藤貴史
①2章　ラクロス
②第一東京弁護士会
③佐藤貴史法律事務所
⑤ラグビー、サッカー、テニス、ラクロス
⑥一般企業法務（特にWeb上のサービス、コンプライアンス関連法務など）、労働、家事、刑事、交通事故
⑦これまでに行った業務：スポーツ団体内における地位確認請求訴訟、損害賠償請求訴訟、スポーツクラブ運営に関する法的助言、規約作成業務
　今後行いたい業務：ドーピングに関する法務、スポーツイベント運営に関する法務
⑧これからも、競技者・指導者に寄り添える弁護士として、活動を続けたいと思います。

下田一郎
①1章　施設所有者・管理者の法的責任、指定管理者の法的責任、指導者・監督・保護者などの法的責任

①本書籍担当項目 ②所属弁護士会 ③所属弁護士事務所名 ④連絡先（TEL・メール）
⑤好きなスポーツ、競技をしている（した）スポーツ ⑥業務における得意分野
⑦これまでに行ったスポーツ関連の業務、今後行いたいスポーツ関連の業務 ⑧その他（一言）

②第一東京弁護士会
③下田総合法律事務所
④TEL：03-3595-2876
⑤サッカー
⑥会社法関係、コンプライアンス
⑦海外スポーツチームと日本国内企業とのライセンス契約作成、交渉

下村将之
①2章　水泳　3章　プール、附録-判例解説　プール
②第一東京弁護士会
③下村総合法律事務所
④TEL：03-5615-8842
　Mail：m-shimomura@shimomuralaw.com
⑤サッカー、ゴルフ
⑥企業法務
⑦今後行いたいスポーツ関連の業務：スポーツ選手の代理人

杉原嘉樹
①3章　体育施設総論、体育館、モータースポーツ場
②第一東京弁護士会
③佐藤総合法律事務所
④TEL：03-5468-7860（代表）
　Mail：yoshiki.sugihara@satoandpartners.co.jp
⑤野球（好きなスポーツ）、テニス・ゴルフ（競技をしているスポーツ）
⑥企業法務全般
⑦NPB所属のプロ野球球団の法律事務（現在も継続的に関与中）
⑧（株）北海道日本ハムファイターズ　事業統轄本部　事業企画部　シニアディレクター（現職）
企業法務弁護士としての経験をスポーツビジネスに活かす活動をライフワークとしています。何かございましたら、お気軽に上記Eメールアドレス宛にご連絡ください。

杉山翔一
①2章　柔道、ボクシング
　附録-判例解説　柔道、ボクシング
②第二東京弁護士会
③Field-R法律事務所
④http://www.field-r.com/

関口公雄
①2章　スキューバダイビング、
　附録-判例解説　スキューバダイビング
②第二東京弁護士会
③アンカー法律事務所
④TEL：03-5217-0300
⑤サッカー、野球、剣道、カヌー、ダイビング
⑥建築事件、倒産事件、一般民事事件、刑事事件など
⑦スポーツ事故

多賀　啓
①2章　障がい者スポーツ
　3章　モータースポーツ場
②第一東京弁護士会
③中島成総合法律事務所
④TEL：03-3575-5011
　Mail：taga@nakashima-law.com
⑤バレーボール
⑥一般企業法務、スポーツ法、家事事件、刑事事件
⑦スポーツ仲裁、スポーツ事故予防

髙木亮二
①2章　体操競技
②神奈川県弁護士会
③髙木亮二法律事務所
④TEL：044-221-0533
　Mail：takagilawoffice@able.ocn.ne.jp
⑤体操競技
⑥一般民事・家事・中小企業法務
⑧神奈川県弁護士会スポーツ法研究会に所属し、スポーツ事故の法務、特に体操競技に関連する裁判例について研究をしています。スポーツ関連の業務を直接経験したことはありませんが、体操をこよなく愛していますので、体操に関連する業務に興味を持っています。

高松政裕
①2章　体操競技
②第二東京弁護士会
③京橋法律事務所
④TEL：03-6228-7534
　Mail：takamatsu@kyobashilaw.com
⑤水泳、バドミントン、柔道、フットサル
⑥スポーツ法務、エンターテインメント法務、会社法務、IT関連法務、訴訟

⑦（公財）日本スポーツ仲裁機構仲裁人・代理人、JSAA理解増進事業専門員、アスリートの代理人、競技団体やクラブの法人化・運営サポート、スポーツ事故訴訟代理人など
⑧慶應義塾大学大学院法務研究科「スポーツと法」講師（2014年〜）
日本スポーツ法学会事務局次長

竹内教敏
①2章　バスケットボール
②第一東京弁護士会
③弁護士法人岡林法律事務所
④TEL：03-5333-2355
　FAX：03-5333-2455
　Mail：mta@okabayashi-lo.com
⑤野球　バスケットボール　陸上競技
⑥企業法務　労働問題　交通事故　離婚　相続
　その他一般民事
⑦依頼者がスポーツ活動に集中できる環境を整えるため、スポーツ事故や契約交渉などはもちろん、スポーツに直接関係しない法律問題も含めて幅広いサポートができたらと考えています。

恒石直和
①2章　スキー／スノーボード、
　附録-判例解説　スノーボード
②第一東京弁護士会
③表参道総合法律事務所
④TEL03-6418-1888
　Mail：tsuneishi@oslaw.jp
⑤野球、バレーボール、スキー、ゴルフ、など
⑥スポーツ法、企業法務、労働法、その他一般民・商事、など
⑦これまでに行った業務：プロスポーツ選手に関する報道に対する救済申立、スポーツ中の事故に関する紛争、契約書のリーガルチェック、その他スポーツ関連の法律相談、（公財）日本体育協会暴力相談窓口相談員など。

椿原　直
①2章　ラグビー、4章　応急対応（脳振盪）
　附録-判例解説　ラグビー
②第一東京弁護士会
③隼あすか法律事務所
④TEL：03-3595-7070

　Mail：sunao.tsubakihara@halaw.jp
⑤ラグビー
⑥一般企業法務・渉外取引法務、倒産処理、知的財産権・エンターテインメント、訴訟・仲裁
⑦スポーツコンテンツの著作権侵害対策、コーチによるセクシャルハラスメントへの対応など

徳田　暁
①3章　スキー場、附録-判例解説　スキー場
②神奈川県弁護士会
③法律事務所インテグリティ
④TEL：045-263-6165
　Mail：tokuda@yokohama-akatuki.com
⑤スノーボード（日本スノーボード協会公認インストラクター）、テニス、登山
⑥スポーツ事故、介護事故、障害福祉関係法
⑦スポーツ事故訴訟代理
　（公財）日本アンチ・ドーピング機構ドーピング検査における採血ガイドライン作成チーム、代表選考その他スポーツ団体の処分に関する法律相談、スポーツ仲裁機構手続代理
⑧神奈川県弁護士会スポーツ法研究会事務局長幹事
　日弁連スポーツ・エンターテインメント法PT幹事

徳田光子
①3章　フィットネスクラブ
②神奈川県弁護士会
③弁護士法人常磐法律事務所
④TEL：045-620-3640
　Mail：tokuda@tokiwa-law.biz
⑤硬式テニス
⑥交通事故
⑦スポーツ事故
⑧神奈川県弁護士会スポーツ法研究会幹事

仲宗根朝洋
①2章　相撲
②沖縄弁護士会
③弁護士法人法律会計事務所さくらパートナーズ
④TEL：098-989-7431
　Mail：nakasone@splaw.jp
⑤バスケットボール
⑥中小企業法務、スポーツエンタメ法務
⑦スポーツ代理人

①本書籍担当項目　②所属弁護士会　③所属弁護士事務所名　④連絡先（TEL・メール）
⑤好きなスポーツ、競技をしている（した）スポーツ　⑥業務における得意分野
⑦これまでに行ったスポーツ関連の業務、今後行いたいスポーツ関連の業務　⑧その他（一言）

中山達樹
①2章　空手
②第一東京弁護士会
③中山国際法律事務所
④TEL：03-5797-7723
　Mail：nakayama@nkymlaw.jp
⑤野球、空手（新極真会渋谷道場指導員）
⑥国際法務、プロスポーツ代理人業務
⑦プロ野球選手代理人、プロゴルファー代理人、プロボクサーのボクシングジムのライセンス契約などの経験あり
⑧海外法務全般はお任せください。

西浦善彦
①2章　バレーボール
②第二東京弁護士会
③佐藤・西浦法律事務所
④TEL：03-5776-1288
　Mail：nishiura@sato-nishiura.jp
⑤バレーボール、クラシックバレエ、サッカー、高校野球
⑥損害賠償請求訴訟、スポーツマネジメント契約
⑦これまでに行った業務：部活動事故損害賠償請求事件、プロ野球選手マネジメント契約、スポーツ団体第三者委員会
　今後行いたい業務：スポーツ団体のガバナンスサポート
⑧大切にしている言葉：熟慮断行

藤田香織
①2章　馬術
②神奈川県弁護士会
③藤田・戸田法律事務所
④TEL：045-228-8919
　Mail：kaori.f@fujita-toda.com
⑤馬場馬術
⑥一般民事（特に交通事故、相続、離婚）、契約書作成、刑事、少年事件、子どもの虐待事件
⑦これまでに行った業務：乗馬倶楽部と顧客との間の契約書作成、予防のためのアドバイスなど。
　今後行いたい業務：乗馬クラブに関連する予防法務

松岡太一郎
①2章　空手
②第一東京弁護士会
③高田馬場総合法律事務所
④TEL03-6302-1505
　Mail：t.matsuoka@asayake-law.com

⑤空手（空手道講士館準指導員）
⑥労働事件、人事労務、家事事件、成年後見、経営学
⑦プロスポーツ選手の引退後のセカンドライフの充実化
⑧法律・経営学を使った心理戦は何でもお任せください。

松原範之
①2章　サッカー、3章　スキー場、附録-判例解説　サッカー
②神奈川県弁護士会
③横浜綜合法律事務所
④TEL045-671-9570
　Mail：matsubara@breeze.gr.jp
⑤スキー、サッカー、フットサル、ゴルフ
⑥スキー事故
⑦スポーツ事故全般

宮田義晃
①2章　トライアスロン
②第二東京弁護士会
③京橋法律事務所
④TEL：03－6228－7536
　Mail：miyata@k-lo.jp
⑤野球
⑥著作権、建築・住宅、選手代理人、スポーツ事故対応など

安田英二郎
①2章　パラグライダー／ハンググライダー
②神奈川県弁護士会
③安田法律事務所
④TEL：045-651-9631
⑤スキー、ハンググライダー

山口純子
①2章　ゲートボール、
　附録-判例解説　レクリエーションスポーツ
②第一東京弁護士会
③飯田・鈴木法律事務所
④TEL：03-6459-0331
　Mail：sumiko_yamaguchi@wing.ocn.ne.jp
⑤経験あり：スキー（幼少～大学）、バドミントン（中学・高校）、ゴルフ（ここ3年ほど）、クライミング（かじった程度）
⑥労働、民事・家事
⑦今後行いたい業務：女性アスリート特有の相談に応じ、彼女らの力になれる業務を行っていきたい。

山本晋之介
① 3章　サッカースタジアム、4章　応急対応（脳振盪）
② 第一東京弁護士会
③ 村島・穂積法律事務所
④ TEL：03-5733-3177
　Mail：yamamoto-shin@nifty.com
⑤ サッカー、フットサル
⑥ 企業法務関連
⑦ 今後行いたい業務：クラブ・選手の移籍交渉などの代理人業務

山本唯倫
① 2章　テニス
② 第一東京弁護士会
③ 新紀尾井町法律事務所
④ TEL：03-3221-7391
　お問合せ：http://shinkioicho.com/asking
　Mail：yamamoto@shinkioicho.com
⑤ 野球、サッカー、ゴルフ
⑥ 相手方当事者本人との交渉（民事・家事・刑事全般）
⑦ 今後行いたい業務：プロスポーツ契約における代理人業務

山本友也
① 2章　アーチェリー／弓道
② 神奈川県弁護士会
③ 大堀・山本法律事務所
④ TEL：044-200-4506
　Mail：yamamoto@kawasaki-law.com
⑤ アーチェリー、サッカー、野球、ゴルフ
⑥ 相続・交通事故・刑事・犯罪被害・金融
⑦ スポーツ選手の代理人・スポーツ関連団体の顧問業務など
⑧ 大学では体育会（アーチェリー部）所属でした。
弊事務所はJリーグの川崎フロンターレのサポートショップです。

山辺紘太郎
① 4章　各種保険制度について
② 第一東京弁護士会
③ 長島・大野・常松法律事務所
④ TEL：03-6889-7000
⑤ ラクロス、サッカー、バスケットボール
⑥ クラウドファンディングその他のファイナンス取引、金融規制、企業法務
⑦ スポーツクラブや選手によるクラウドファンディングを利用した資金調達
⑧ 私の専門分野を活かして、スポーツ関連の法務の発展に貢献していきたいと考えております。

吉原崇晃
① 1章　スポーツ器具の製造者などの責任
　3章　体育施設器具、公園
② 第一東京弁護士会
③ 工藤一郎国際特許事務所
④ TEL：03-3216-3770
　Mail：yoshihara@kudopatent.com
⑤ ハンドボール、野球、相撲
⑥ 契約交渉および訴訟一般
⑦ プロスポーツ選手のセカンドキャリア支援

渡邉健太郎
① 2章　パラグライダー／ハンググライダー、附録-判例解説　パラグライダー
② 第一東京弁護士会
③ 堀法律事務所
④ TEL：03-6206-1022
　Mail：watanabe@hori-laws.jp
⑤ サッカー、テニス、バスケットボール
⑥ 不動産関係、労働関係
⑦ 今後行いたい業務：スポーツ事故、スポーツ仲裁、スポーツ団体のガバナンス

佐保　豊
① 4章　スポーツ現場における安全管理体制の構築、緊急時の救急対応、エマージェンシーアクションプラン、事故発生後の対応および再発予防、応急対応（脳振盪）、天災対応（熱中症）
② NPO法人スポーツセーフティージャパン　代表理事
④ TEL：03-6804-2109
　Mail：info@sports-safety.net
　ホームページ：https://www.sports-safety.com/
⑤ 好きなスポーツ：アイスホッケー、サッカー、フットサル、ゴルフ
　競技をしていたスポーツ：サッカー
⑥ アスレティックトレーニング、スポーツ医学
⑦ （公財）日本アイスホッケー連盟理事
日本代表アイスホッケーチームトレーナー
日本代表フットサルチームトレーナー

①本書籍担当項目　②所属弁護士会　③所属弁護士事務所名　④連絡先（TEL・メール）
⑤好きなスポーツ、競技をしている（した）スポーツ　⑥業務における得意分野
⑦これまでに行ったスポーツ関連の業務、今後行いたいスポーツ関連の業務　⑧その他（一言）

名古屋グランパストレーナー
南米チリプロクラブチーム、代表チームトレーナー
北米アイスホッケーリーグ（NHL）トレーナー
⑧スポーツ現場での事故の対応は起きてからでは間に合いません。
最悪の事態が起こることを想定し、事前の準備をしっかり行いましょう。
Hope for the BEST, Plan for the WORST

※スポーツ事故、その他スポーツ法全般に関するご相談は、本書執筆弁護士までお気軽にお問合せください。

コラム執筆

望月浩一郎
①コラム「スポーツ事故予防には具体的な基準が必要」
②東京弁護士会
③虎ノ門協同法律事務所
④TEL：03-5797-7150
　ホームページ：http://www.mczkk.net
　Mail：info@mczkk.net

川添　丈
①コラム「コンタクトスポーツのスポーツの安全性」
②第一東京弁護士会
③表参道総合法律事務所
④TEL：03-6418-1888

菅原哲朗
①コラム「スポーツ法の実践」
②第二東京弁護士会
③キーストーン法律事務所
④TEL：03-5992-5133
　ホームページ：http://www.keystone-law.jp

【イラスト】
廣瀬ささつゆ
ホームページ：http://shinwa101.wixsite.com/shinwadesign

スポーツに関する問題の相談窓口一覧

【所属弁護士会】
第一東京弁護士会：http://www.ichiben.or.jp/
第二東京弁護士会：http://niben.jp/
東京弁護士会：http://www.toben.or.jp/
神奈川県弁護士会：https://www.kanaben.or.jp/
沖縄弁護士会：http://www.okiben.org/

（公財）日本オリンピック委員会
選手、指導者らを対象とした通報相談窓口
TEL：03-3214-5419　FAX：03-3214-5421
相談対応：平日10時〜18時　※時間外は留守番電話での対応。
メール：iida.joc-madoguchi@kowa-law.com　（宏和法律事務所　飯田 隆弁護士）

（一社）日本スポーツ法支援・研究センター
スポーツ相談室
相談フォームURL：http://jsl-src.org/?page_id=116

（公財）日本体育協会
スポーツにおける暴力行為等相談窓口
相談フォームURL：http://www.japan-sports.or.jp/index/tabid/983/Default.aspx

日本司法支援センター
「法テラス」
相談フォームURL：http://www.houterasu.or.jp/index.html

あとがき

編著者代表　合田 雄治郎

　このあとがきを書いている2017年の約3年後に、2020年東京オリンピック・パラリンピックが開催されます。オリンピックにおいては33競技、パラリンピックにおいては22競技があり、それらの競技はギリシャ時代から行われているとされる陸上競技から、エクストリーム系の新しい競技までさまざまです。そして、五輪・パラリンピック競技以外にも、年々新しいスポーツが生まれ、今では数え切れないほどの多種多様なスポーツがあります。

　また、昨今において、生まれたての子どもから、高齢者まで、幅広い年齢層の人々がスポーツを楽しみながら、心身の健康の増進を図ってもらおうと、「生涯スポーツ」が提唱されるようになりました。「生涯スポーツ」は、若年層ではスポーツを通じて健全な心身の発育を促し、中高年齢層ではスポーツによって医者・薬いらずの健康体を目指すものです。

　さらに2011年には、スポーツ基本法において、スポーツをする権利、スポーツを見る権利、スポーツを支える権利が認められ、スポーツはその法的な地位をも着々と固めつつあります。

　このようにスポーツは順調に発展してきたのですが、それに伴って負の側面も目につくようになってきました。その一つとして、スポーツ事故が挙げられます。

　スポーツの負の側面である事故は可及的に防止すべきですが、実際に対策を考える段になると、そう簡単ではありません。たとえば、スポーツ事故の防止ばかりに目を向けてしまうと、最終的にはスポーツを行わない方が良いという議論にもなりかねません。したがって、スポーツ事故の防止においては、スポーツ事故の可及的防止という要請とスポーツの本来的意義の維持という要請とを天秤に掛けながら、考えていかなければなりません。

　上記のような問題意識を持ちながら、スポーツを網羅的に見渡し、スポーツ事故を防止してスポーツを安全に楽しむためのさまざまな知恵を記した書籍を作ることを目的として本書を執筆しました。

　本書の前身である書籍「Sports Accident」はスポーツ事故の裁判例を扱ったものでした。もちろん、裁判例からも事故防止の重要な教訓を得ることはできます。しかし、可及的な事故防止のためには、裁判例（訴訟）にまで至らない事故、例えば、スポーツをする人のミスによって起きた事故、あるいは誰かの過失があるとは言えないが見過ごすことができない事故からも教訓を得なければなりません。

　また、本書の多くの執筆者は弁護士ですが、弁護士が通常スポーツ事故に関わる場合は、事故が起こってしまった後の損害賠償などの交渉や訴訟がほとんどといえます。しかし、本書の執筆者は、得手とする事故後の裁判例などの分析だけにとどまらず、事故が起こる前の予防策についても、関係書籍を紐解いたり、当該スポーツの国内統括団体や関係機関から取材をしたりするなどして、情報を盛り込んでいます。

　最後に、安全対策には"これで終わり"といったゴールはありません。先に述べたスポーツの本来的意義を維持しつつ、より安全を目指していくべきものです。したがって、本書を使っていただく方々には、その時代やそのスポーツに合った安全対策を随時アップデートしていただき、オリジナルの安全ガイドマニュアルを作成していただければ喜ばしい限りです。

スポーツ事故対策マニュアル

平成29年7月31日　初版第1刷発行

著　者　弁護士によるスポーツ安全対策検討委員会
編　者　大橋 卓生、合田 雄治郎、西脇 威夫
監　修　望月 浩一郎
発行人　川崎 文夫

発行所　(株)体育施設出版
　　　　〒105-0014 東京都港区芝2-27-8
　　　　VORT芝公園1階
　　　　TEL.03-3457-7122 FAX.03-3457-7112
　　　　http://www.taiiku.co.jp

デザイン・DTP　(有)オフィスアスク(浅井 美穂子)

印刷　高千穂印刷(株)

■万が一、落丁乱丁のある場合は、送料当社負担でお取り換えいたします。小社までお送りください。
■本書の一部あるいは全部を無断で複製・転載などすることは、法律で認められた場合を除き、著作者および出版者の権利の侵害となります。あらかじめ小社あて許諾をお求めください。

検印省略

©弁護士によるスポーツ安全対策検討委員会
Printed in Japan
ISBN　978-4-924833-70-8　JAN　192-2075-03600-7
定価　本体 3,600円＋税